U0737040

企业平台化管理策略研究

徐小平　著

合肥工业大学出版社

图书在版编目(CIP)数据

企业平台化管理策略研究/徐小平著．--合肥：合肥工业大学出版社，2024. -- ISBN 978-7-5650-6871-3

Ⅰ. F272

中国国家版本馆 CIP 数据核字第 2024EF4525 号

企业平台化管理策略研究

徐小平　著　　　　责任编辑　许璘琳

出　版	合肥工业大学出版社	**版　次**	2024 年 11 月第 1 版
地　址	合肥市屯溪路 193 号	**印　次**	2024 年 11 月第 1 次印刷
邮　编	230009	**开　本**	710 毫米×1010 毫米　1/16
电　话	基础与职业教育出版中心：0551-62903120	**印　张**	20.75
	营销与储运管理中心：0551-62903198	**字　数**	350 千字
网　址	press. hfut. edu. cn	**印　刷**	安徽联众印刷有限公司
E-mail	hfutpress@163. com	**发　行**	全国新华书店

ISBN 978-7-5650-6871-3　　　　**定价：** 58.00 元

如果有影响阅读的印装质量问题，请联系出版社营销与储运管理中心调换。

前　言

随着信息技术的飞速发展和商业模式的不断创新，企业管理面临着前所未有的挑战和机遇。在这个快速变化的时代，传统的企业管理模式已经难以适应市场的发展和竞争的压力。为了适应当今社会的发展趋势，很多企业整合资源、创新业务模式，开通线上销售渠道，与平台进行合作。在此背景下，平台化管理作为一种新型的管理模式应运而生，传统的供应链管理已经实现了平台化转型，这是企业供应链管理发展的必然选择。然而，在企业管理的实践中，仍然存在很多问题。企业的平台化管理直接关系企业的发展，企业要想在激烈的竞争中提高自身的经济效益，需要从多个方面进行完善。

本书主要从生产定价方面对企业的平台化运营管理进行指导和提出建议。本书共包括16个章节。第1章为绪论；第2章为考虑区域性碳交易机制下平台抽成或再销售模式叠加策略研究；第3章为考虑碳交易机制和平台抽成模式下区域碳配额分配与交付时间策略研究；第4章为考虑碳交易机制和需求波动下平台抽成和再销售模式的选择策略研究；第5章为考虑消费者退货窗口下平台抽成和再销售模式的选择策略研究；第6章为考虑平台抽成和再销售模式下制造商定价和碳减排策略研究；第7章为考虑送货时间下协调在线平台的供应链策略研究；第8章为考虑碳交易机制和绿色技术下平台抽成和再销售模式的选择策略研究；第9章为考虑区块链技术和绿色技术下平台化供应链协调策略研究；第10章为考虑碳交易机制下优惠券促销的企业运作及协调策略研究；第11章为考虑交货时间与跨渠道效应下财务约束供应链协调策略研究；第12章为考虑跨渠道效应和区块链技术下平台抽成和再销售模式的选择策略研究；第13章为考虑区块链技术下制造商平台抽成和再销售模式的选择策略研究；第

14章为考虑碳交易机制和区块链技术下在线平台供应链运营策略研究;第15章为考虑消费者退货和人工智能技术下平台运营策略研究;第16章为总结与展望。

在本书编写过程中,作者付出了大量的时间与心血。与此同时,本书在编写过程中也参考、引用了相关专家学者的研究,在此向各位专家学者表示衷心的感谢。由于作者自身水平有限,书中不足之处在所难免,恳望广大读者予以批评指正。

作　者

2024年3月

目　录

第1章　绪　论

1.1　研究背景

近几十年来,全球电商平台快速发展,许多制造商在经营线下渠道的同时进军电商平台。电商平台具有扩大潜在市场规模的能力,即“平台赋能能力”。目前,大多数电商平台有2种运作模式,一种是平台抽成模式,另一种是再销售模式。在平台抽成模式下,制造商直接通过平台的在线渠道向消费者销售其产品,并且拥有产品的零售定价权。平台按在线渠道销售的每个产品向制造商收取佣金(通常是零售价格的一定比率)。例如,天猫和印度电商企业Flipkart就是这种运作模式。而在再销售模式下,平台先从制造商处购买产品,然后销售给消费者。在这种模式下,制造商确定批发价格,而平台确定产品的零售价格。例如,京东和亚马逊就是通过这种模式运作。不同平台模式的选择影响销售定价及生产决策。因此,关于平台模式选择的研究对供应链的运作至关重要。

在供应链管理中,由于供应链成员涉及多方主体,并且受利润最大化所驱动,而容易忽略供应链整体利润最大化。在实际供应链管理运作中,很多因素会导致供应链整体利润受损,如双重边际化效用。很多学者也已经对供应链协调问题进行了研究。我们知道,在最基本的平台抽成模式下,制造商和平台无法实现协调,而在最基本的再销售模式下,制造商和平台可以实现协调。然而在考虑影响供应链运作的其他因素时,制造商和平台的协调问题是否会发生转变,这是值得探究的问题。本书通过设计契约来实现供应链协调,考虑平台化供应链中存在的一系列特点,以及平台抽成模式和再销售模式如何影响供应链协调。本书还探究了全渠道策略在协调供应链中所起的作用。

随着新技术的发展，越来越多的制造商和平台也正在探索使用新技术来解决供应链运作中存在的问题。例如，新技术中能够明显提高在线购物体验的人工智能（AI）经历了指数级增长。《财富》报道称，超过80%的财富500强企业的CEO认为，AI在企业的未来将发挥非常重要的作用。通过AI算法对消费者的消费习惯进行分析有助于提升客户需求预测的准确率，降低企业生产决策及营销管理的不确定性。又如，区块链技术是第四次工业革命中最具颠覆性的技术，目前已经成功运用到供应链、物流等领域。传统的供应链网络数据共享依托互联网打破空间和时间界限、传递数据资源，但因技术缺陷，难以保障数据在共享过程中的真实性、安全性和时效性。而在区块链中，信息一旦被记录就不能被篡改，并且，任何更改都会导致存储在后续模块中的签名失效。因此，区块链技术可以防范供应链运作中的信息操纵、恶意欺诈等道德风险。此外，区块链还能帮助制造商能够更加了解客户需求，并提高供应端的可见性，消除供应链管理中存在的牛鞭效应。由于区块链技术的透明可追溯、不可篡改等特性，将区块链技术引入供应链网络数据共享中还能够促进供应链成员决策优化。

1.2 研究意义

本书从平台化供应链运作的视角，分析了基于区域性碳交易机制的平台抽成或再销售渠道的增加、使用区块链技术对基于碳交易机制的平台化供应链运作的影响、碳交易机制和绿色技术下平台抽成模式和再销售模式之间的选择、对于再制造下的平台化运作何时使用区块链技术、再销售和平台抽成模式中考虑消费者退货的平台化运作及制造商和平台是否应该采用AI以减少消费者退货现象。

1.2.1 理论意义

尽管现有文献对电商平台的研究很多，但是这些文献大多仅仅研究制造商单一的线上渠道，而本书考虑了制造商的双渠道结构和制造商面临的两种运作模式的选择。本书还系统地考虑了可能影响平台化供应链运作的各种因素，提出利用斯塔克尔伯格博弈求解供应链成员的最优生产和定价策略。本书围绕平台化供应链运作,以制造型企业为研究对象,以碳交易机制为背景,分析了平台抽成模式和再销售模式下交货时间、跨渠道效应、平台赋能能力等常见因素对供应链运作决策的影响,同时还考虑了可能影响供应链决策的消费者退货因素,并且分析了制造商和平台对于使用 AI 技术的决策。此外,本书从政府、消费者的视角研究平台化供应链运作,使得研究问题更加完整、全面,使平台化供应链的研究体系更加系统。

本书的具体的理论意义如下。

(1)本书研究了制造商关于平台模式的选择。考虑制造商是否使用区块链进行再制造,研究发现,制造商对于平台模式的最优选择取决于平台赋能能力;制造商相对于平台在营销方面存在效率低下的问题——代理无效性,本书研究了这一特点对制造商模式选择的影响,发现当代理无效性很高时,制造商应该选择平台抽成模式,反之,应该选择再销售模式;随着在线购物的兴起,消费者退货是常见的现象,本书进一步考虑消费者退货因素,探究了制造商对于平台模式的选择,研究发现内生的和外生的消费者退货因素下的结果不同,并且制造商关于平台模式的选择还受市场相对效率的影响。本书从多个切入点考虑制造商对平台模式的选择,这使得关于平台模式选择的研究更加全面和深入。

(2)本书研究了供应链管理中的协调问题。研究发现,制造商面临渠道增加时,如果佣金率较低,制造商和平台在单一的平台抽成或再销售渠道中均无法协调,但在双渠道结构中可以协调。此外,本书通过考虑交货时间,研究了由制造商和零售商组成的供应链的协调问题。研究发现,在平台赋能能力较大时,供应链可以通过批发价格和成本分摊契约来协调,即使平台赋能能力较小,当消费者对交货时间敏感性相对较高时,供应链仍然可以通过成本分摊契约来协调。此外,研究表明,供应链中存在的需求波动因素对制造商和平台的协调存在影响;考虑到消费者退货导致的残值收入,研究发现,在平台抽成模式下制造商和平台可以设计残值收入契约实现协调,但是再销售模式不可以通过此契约实现协调;研究发现,全渠道策略可以使供应链的协调更加灵活。这进一步深化了供应链关于协调方面的理论。

(3)本书研究了新技术的采用问题。本书考虑平台的两个特征——跨渠道效应和平台赋能能力对新技术采用的影响。研究发现,如果跨渠道效应低(高),并且平台赋能能力高(低),制造商应该使用区块链,并且排放强度对制造商关于区块链技术的使用也有影响,具体来说,如果排放强度较高(低),制造商应该(不应该)使用区块链技术去再制造产品。除了区块链这一新技术之外,本书还研究了AI技术的使用问题。本书发现,AI技术的使用对制造商和平台产生了不同的影响,并且这种影响受不同运作模式和跨渠道效应的高低影响。在平台抽成模式和再销售模式下,当跨渠道效应较低时,使用AI会增加制造商的利润。然而,当跨渠道效应较高时,使用AI会降低制造商的利润。不同的是,当跨渠道效应较低时,在平台抽成模式下使用AI会降低平台的利润,而在再销售模式下会增加平台的利润;当跨渠道效应较高时,在平台抽成模式下使用AI会增加平台的利润,而在再销售模式下会损害平台的利润。这进一步拓展了供应链运作的维度,深化了关于供应链运作的理论研究。

1.2.2 现实意义

随着平台经济的迅速发展,越来越多的制造商在经营线下渠道的同时,开通平台渠道向消费者销售产品。面临平台经营的两种模式,如何决策来获取更大的市场份额和利润是制造商所面临的重要问题。与此同时,经济的迅速发展给环境带来了沉重的负担。在碳交易机制下,再制造技术和绿色技术应用而生,由于区块链的具有真实、信息准确的特点,区块链有助于消除虚假行为。这些因素的融合使得平台化供应链的决策问题变得复杂。在此背景下,本书深入研究平台化供应链的运作问题,研究结果能够有效指导制造型企业和平台开展相关实践。

本书紧扣平台化供应链运作,以利润最大化为目标,分析了不同情境下制造商对于平台模式的选择;在每种模式下研究了平台化供应链中的常见参数对供应链运作的影响,所得出的结论能够有效指导平台化供应链运作。

此外,本书分析了政府和消费者的行为对平台化供应链运作的影响。从政府视角,本书考虑了碳交易机制,分析了政府对于碳配额的分配如何影响制造商和平台的运作决策,研究结论能够为政府层面的政策制定提供建议;从消费者视角,考虑了消费者对交货时间的感知程度,以及考虑了消费者在平台购买商品之后可能会做出退货的行为,采用AI技术会减少这种行为;并且分析了这种行为对供应链运作决策的影响,将平台化供应链运作决策的问题扩展到售后阶段,所得的结论为平台化供应链运作的决策提供了全方位的指导。

本书先基于红星美凯龙、京东集团和安徽真心食品等企业数据,再基于数据分析制造商的运作决策,可为制造商的生产定价决策提供指导建议,同时为线上、线下渠道的合作提供决策支持。

1.3 研究综述

本书以平台赋能、绿色技术和区块链技术对制造商平台化运作的机理为研究基础，探讨平台赋能下制造商绿色运作优化策略和制造商线上、线下渠道协调策略，以及平台模式的选择策略。在具体的研究过程中，本书以现实背景为依托，针对现实中电商平台与制造商合作的不同模式，平台运作下制造商的绿色运作，以及区块链技术采用，分别探讨了平台运作模式下平台模式的选择决策、平台赋能下的制造商绿色运作决策和协调决策，以及平台运作模式下采用区块链技术后的生产和减排策略。因此，本书主要与现有文献中探讨平台模式的选择策略研究、平台运作模式下制造商绿色运作策略研究及平台运作下区块链技术采用策略研究相关。

1.3.1 平台模式的选择策略研究

关于平台模式的选择策略研究，Wang 等(2018)考虑了制造商是否应该采用再销售模式或加入使用平台抽成模式的电商平台。研究表明，如果制造商的单位生产成本低时，制造商更愿意加入使用平台抽成模式的电商平台。Chen 等(2020)与 Wang 等(2008)的研究类似。他们研究了库存问题，并探讨了制造商对再销售模式和平台抽成模式的选择问题。其中，制造商在旺季采用线下渠道销售产品，在淡季则采用线上渠道和线下渠道模式。研究表明，制造商在库存水平适中时，更愿意选择再销售模式；而在高库存水平时，更愿意选择平台抽成模式。Choi 和 Ouyang(2021)拓展 Wang 等(2018)和 Chen 等(2020)的研究，并进一步考虑消费者信任和区块链技术。他们研究了制造商的最优定价决策，并讨论了制造商是否通过基于区块链的产品溯源认证平台销售其产品。研究表明，在消费者信任的价值较低或单位区块链运作成本较低时，制造商应该选择电商平台。与 Wang 等(2018)、Chen 等(2020)、Choi 和 Ouyang(2021)的研究类似，He 等(2021)考虑了线下库存，并研究了零售商应该在使用再销售模式的电商平台上实施"门店发货"策略(即制造商选择从最近的实体店向消费者发货)，还是在使用线上优先策略的零售商中实施。研究表明，当线下库存成本足够低时，制造商更愿意加入该供应链。Zhang 等(2021)的研究考虑到消费者的便利成本，并构建了包括提供产品共享服务的制造商和使用平台抽成模式的电商平台的模型。他们分析了制造商应该建立自己的平台还是加入电商平台的问题。研究表明，如果消费者的不便利成本很高，制造商更愿意加入电商平台。

关于考虑权力结构的研究，Liu 和 Ke(2020)调查了制造商如何选择平台抽成模式和再销售模式，并考虑了权力结构对企业最优定价策略的影响。研究表明，在零售价格事先确定时，在平台领导的斯塔克尔伯格博弈中，平台抽成模式比再销售模式会产生更多的市场份额。Chen 等(2020)的研究不同于 Liu 和 Ke(2020)，他们考虑了制造商是否需要在再销售模式中引入平台抽成模式，发现在低佣金率下制造商应该引入平台抽成模式，探讨了权力结构对市场份额的影响。研究表明，制造商领导的斯塔克尔伯格博弈对市场份额的影响随着佣金率增加而增加。Wang 等(2022)考虑了再销售模式、平台抽成模式和直销模式，并考虑通过权力结构来扩展他们的模型。研究表明，权力结构对平台模式选择没有影响。不同于上述文献，Pu 等(2021)考虑了线下渠道中的不同权力结构，探讨了制造商在电商平台中的定价和营销决策。研究表明，在高佣金率下，制造商在垂直的纳什均衡博弈中更喜欢再销售模式。

在考虑平台赋能能力下的平台模式选择中，Shen 等(2019)分析了制造商对 3 种平台模式的选择：再销售模式、平台抽成模式和混合模式。研究表明，当佣金率和进场费都低时，制造商更倾向于混合模式。Xu 等(2020)考虑到配送时间，考虑了由制造商、零售商和电商平台构成的供应链系统，其中制造商通过线下零售商和线上平台销售产品。研究表明，当平台赋能能力低和配送时间敏感性高时，平台抽成模式更有利。Xu 等(2021)考虑了制造商使用绿色技术生产产品，并将产品通过线上渠道和线下渠道销售。研究表明，当平台赋能能力高时，平台抽成模式可以为制造商创造更高的利润，并刺激制造商投资更多的绿色技术。我们的工作对上述文献有 3 个主要的贡献。首先我们在模型中考虑了跨渠道效应和平台赋能能力，这两个特征在实践中很常见。第二，我们考虑了区块链技术来优化平台化运作。我们还将线上消费者分为两组，并研究了线上消费者的行为及区块链技术如何影响制造商的运作决策。最后我们考虑了碳交易机制，它可以直接影响制造商的运作决策。上述所有方面都很重要并以现实生活为依托。此外，我们也获得了一些新颖、重要和有趣的结论。

1.3.2 平台运作模式下制造商绿色运作策略研究

关于平台运作下制造商绿色运作策略研究，Chen 等(2017)分析了权力结构对平台运作决策和绿色水平的影响。研究表明，在制造商领导的斯塔克尔伯格博弈中，制造商的绿色水平更高。Xue 和 Zhang(2018)考虑了异质客户对绿色水平的反应，分析了权力结构如何影响制造商的绿色水平。他们发现与 Chen 等(2017)相反的结果，即零售商领导的斯塔克尔伯格博弈可以带来更高的绿色水平。Chen 等(2019)在给定的纳什博弈和权力结构的情况下比较了协调和非协调模型。研究表明，与非协调模型相比，协调模型能够带来更高的绿色水平。Xia 等(2021)通过考虑交叉持股，探讨了它如何影响零售策略和制造商的绿色水平。这里的交叉持股代表着由两个或更多企业持有一定比例的股票以增加他们的战略协同效应。研究表明，在交叉持股后，零售商和制造商可以减少更多的碳排放。基于 Xia 等(2021)的研究，Niu 等(2022)进一步考虑了垂直纳什博弈，并比较了纳什博弈、制造商领导的斯塔克尔伯格博弈和零售商领导的斯塔克尔伯格博弈下的绿色水平。研究表明，制造商领导的斯塔克尔伯格博弈具有更高的绿色水平。Xu 等(2017)探索了在碳交易机制下的最优运作决策。研究表明，增加碳交易价格有利于绿色水平，也不影响绿色水平。Yang 等(2017)考虑了垂直方向和水平方向的竞争，并在此计划下建立了 2 个竞争性的绿色供应链，以及比较了不同方向上的最优运作决策。研究表明，垂直合作可以增加绿色水平，但会削弱零售价格。Liu 和 Ke(2021)考虑制造商是否应该投资绿色技术，并研究了碳配额如何影响制造商的绿色水平。研究表明，高的碳配额可以带来更高的绿色水平。Wang 和 Wu(2021)考虑产品回收策略，并探究了产品回收策略如何影响绿色水平。研究表明，在高的再制造成本节约的情况下，制造商回收可以比零售商回收产生更高的绿色水平。不同于以前只考虑碳交易机制和绿色技术的文献，Tang 和 Yang(2020)进一步考虑了权力结构，并构建了绿色供应链模型来探索早期付款和银行贷款如何影响碳排放。研究表明，在零售商领导的斯塔克尔伯格博弈中，早期付款可以比银行贷款产生更少的碳排放和更多的社会福利。总体而言，我们与上述文献有 3 个不同之处。首先，我们探索了碳配额和碳交易价格之间的反向关系。其次，我们考虑代理无效性并发现它对最优运作决策和平台模式选择具有重要影响。最后，我们将平台抽成模式和再销售模式与绿色技术结合起来考虑，这在过去几乎没有被研究，除了 Liu 和 Ke(2021)的研究。虽然与 Liu 和 Ke(2021)的研究密切相关，但我们的研究有 2 个不同点。一是我们考虑碳配额和碳交易价格有反向关系，并得出一些重要的结果。例如，我们发现增加碳配额会削弱绿色水平，这与 Liu 和 Ke(2021)的结果相反。二是我们探究了代理无效性和权力结构如何影响平台模式选择，并发现了一些有趣的结果。例如，我们发现当代理无效性适中，平台抽成模式中的绿色水平介于制造商领导的再销售模式下的绿色水平和平台领导的再销售模式下的绿色水平之间。

关于平台运作下再制造技术的引入研究，Chang 等(2015)考虑了一个两阶段供应链。其中，制造商第一阶段生产新产品，第二阶段既生产新产品又生产再制造产品。研究表明，在替代需求市场上，碳交易机制能够有效降低二氧化碳排放，并诱导制造商选择低碳再制造技术。类似地，Chai 等(2018)考虑了碳交易机制，并分析了在单一时期内生产新产品和再制造产品的垄断制造商。研究表明，再制造产品的低二氧化碳排放特性可以使制造商在碳交易机制下获得更多利润，并且制造商应加强对绿色技术的投资。Yang 等(2020)构建了碳交易机制下包括制造商、零售商和第三方企业的再制造供应链。其中，制造商使用二手产品来再制造产品及二手产品，他们可以由制造商、零售商或第三方企业收集。研究表明，再制造可以有效减少二氧化碳排放并增加制造商的利润，第三方回收模式可以大大减少二氧化碳排放。Hong 等(2021)探讨了制造商在再制造过程中的质量信息获取与披露情况，他们考虑了自愿披露和强制披露这两种情形。研究表明，当消费者对产品质量的偏好程度低时，强制披露对制造商而言优于自愿披露。Bai 等(2022)探究了一个再制造系统，其中制造商在碳交易机制下使用原材料和收集的材料来生产新产品。研究表明，碳交易机制可以激励制造商回收更多的二手产品，这有利于减少二氧化碳排放和增加再制造商的利润。与现有文献相比，本研究做出了 3 个贡献。首先本研究考虑平台赋能能力，并发现了平台赋能能力显著影响制造商对于平台模式的选择。例如，当平台赋能能力小(大)时，选择再销售(平台抽成)模式对制造商更有利。其次，本研究将再制造和区块链技术结合起来，发现他们显著影响制造商的运作决策。例如，当排放强度高时，使用区块链技术可以提高生产量和回收率。此外，本研究也推导和分析了制造商采用区块链技术的条件。最后，本研究分析平台模式的选择及供应链成员的协调问题，并发现制造商、平台和第三方企业在再销售模式下总是可以实现协调。

1.3.3 平台运作下区块链技术采用策略研究

区块链技术使企业能够随着时间的推移检查数据的原始性、真实性和完整性，从而能够制定更可靠和可信的计划和预测(Longo 等，2019)。现有的大部分关于区块链采纳的研究都是使用案例、模拟或实证研究进行的。相关主题包括区块链技术应用的分类(Helo 和 Hao 2019)、引入区块链技术的好处和挑战(Azzi 等，2019)及区块链技术应用的模拟(Longo 等，2019)。例如，Dutta 等(2020)批判性地回顾了 178 篇关于区块链在供应链运作中的文章，并强调了相应的机遇和挑战。有一些研究探究了区块链的供应链运作优化，例如 Chod 等(2020)。我们将这些研究分为 2 个领域。第一个领域侧重于考虑基于电商平台的区块链的最优运作决策，第二个领域则关注基于物流服务的区块链的最优运作决策。

在第一个领域中，De Giovanni(2020)考虑由供应商和零售商组成的供应链的最优服务努力水平和零售价格时，利用了区块链或电商平台来管理平台供应链。研究表明，后者节省了交易成本，但是使用区块链产生了可变成本的交易成本。通过数值研究，De Giovanni 观察到，在使用区块链之后，两个企业可以实现帕累托改进。Choi 和 Ouyang(2021)同样分析了企业是否应该加入受区块链支持的电商平台，其中电商平台可以提升消费者对产品认证的信任度。研究表明，当区块链的单位运作成本较低时，企业应该加入电商平台。类似于 De Giovanni(2020)、Choi 和 Ouyang(2021)，Niu 等(2021)考虑了制造商是否应该采用区块链技术，其中制造商通过在低税区的零售部门和高税区的电商平台销售其产品。研究表明，当产品在平台上销售时面临低质量形象时，区块链被认为能够降低消费者信念不确定性；当电商平台的潜在市场规模较大时，区块链技术会提高制造商的利润。Cai 等(2021)考虑了在零售商可能对赞助商撒谎以获得更多收入的道德风险问题下的最优生产决策。研究表明，使用区块链技术会损害零售商的利润。在第二个领域中，Yoon 等(2020)研究了制造商的生产决策，其中制造商可以通过海运或空运运输他们的产品。区块链可以减少需求波动并缩短处理时间。研究表明，使用区块链技术会提高全球物流行业的运输成本。Wang 等(2021)利用 Hotelling 框架，探讨了 2 个竞争港口的最优零售价格，其中区块链技术可以节省货物滞留时间并提高物流透明度。研究表明，当使用区块链的单位成本较低时，两个港口可以取得双赢的结局。

尽管以上研究都探讨了区块链的采用，但我们的工作与他们有 2 个方面的不同。一是我们考虑平台运作，其中平台运作的一些重要特征在我们的工作中被刻画，包括跨渠道效应、平台运作模式和平台赋能能力。这些特征被证明会显著影响制造商的平台运作决策和区块链的采用。二是我们考虑交货时间决策，并得出了一些新的结论。

1.4 研究内容及方法

1.4.1 研究内容

本研究以平台赋能、绿色技术和区块链技术对制造商平台化运作的机理研究为基础，提供平台赋能下制造商绿色运作优化策略和制造商线上、线下渠道协调机制设计，以及平台模式选择策略。在具体的研究过程中，以现实背景为依托，针对现实中电商平台企业与制造商合作的不同模式，平台运作下制造商的绿色运作策略，以及区块链技术采用，分别探讨了平台运作模式下平台模式的选择、平台赋能的制造商绿色运作决策和协调问题，以及平台运作下采用区块链技术后的生产和减排策略。

1.4.2 研究方法

本书的研究方法主要有以下 3 个方面。

1. 文献研究法

文献研究是进行研究的第一步。本书所研读的中外文献具有强参考性，主要来源于国内外各种数据库。本书首先广泛地收集文献及相关参考资料，其次在研读了国内外关于平台模式选择、平台运作下制造商绿色运作研究，以及区块链技术采用研究三者相关的文献后，对相关文献进行了认真梳理与分析，以明晰当前该领域的研究现状与发展趋势，并通过归纳整理前人学者的研究成果，奠定了本书研究的理论基础，同时确定了本书的研究思路，形成了本书的研究模型。

2. 数学建模法

依托平台供应链的相关理论，通过对相关的变量及参数进行定义，构建数学模型，求出在不同平台模式下的制造商和零售商的最优运作决策，并分析模型中的参数变量对供应链中的价格、制造商和平台利润的影响，比较不同情形下的最优运作决策，分析不同情况下平台供应链的协调问题，从而得出对现实社会具有建议性的结论。

3. 数值仿真法

本书结合现实生活中具体案例，借助 MATLAB、Mathematica、Maple，Excel 等软件，以数值仿真的形式对构建的平台模式选择模型，以及对平台供应链的协调问题进行推理验证；探讨了不同因素对制造商平台模式的选择，以及制造商和平台的利润的影响；通过图表直观反映得出的结果。

1.4.3　技术路线

企业平台化管理策略研究技术路线如图 1－1 所示。

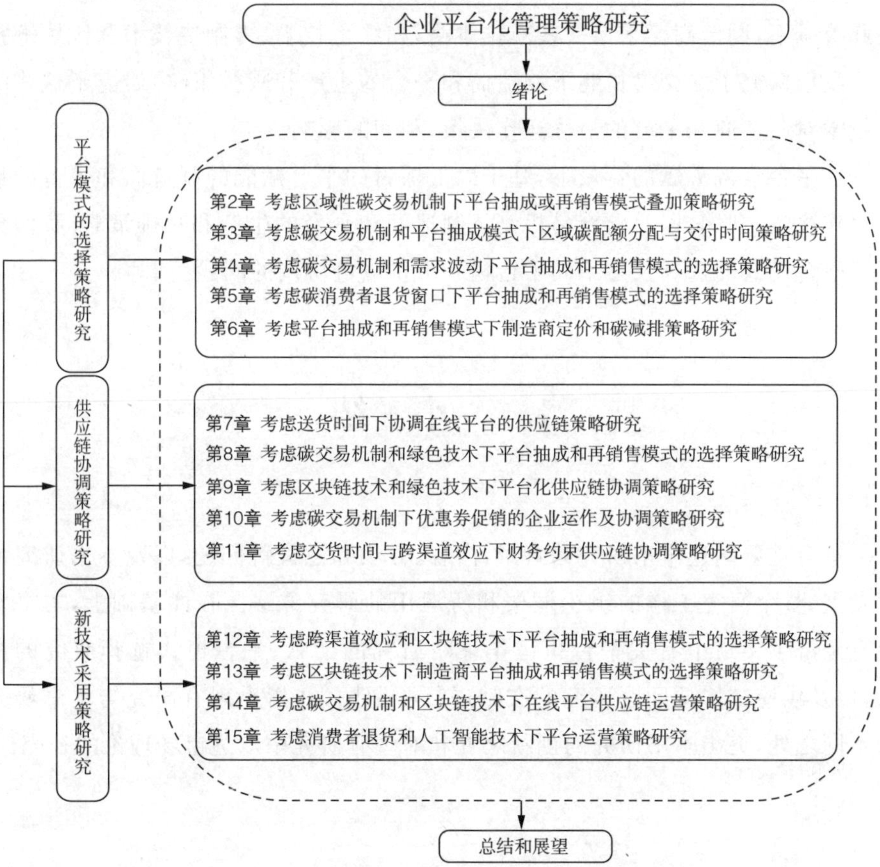

图 1－1　企业平台化管理策略研究技术路线图

1.5 研究创新

本书研究的创新点如下。

在平台经济下,平台赋能制造商的形式多种多样,其中也展现了各种平台的特征,如平台赋能能力、递送时间、退货政策和跨渠道效应等。在此背景下,我们探讨了平台赋能的制造商和平台的最优运作决策、利润,研究了这些特征对最优运作决策和制造商及平台的利润的影响。

在碳交易机制下,平台经济的火爆也不可避免地增加制造商的生产压力。在此背景下,制造商会采取一些减排策略,如绿色技术、再制造技术和区块链技术。我们探究了碳交易机制下制造商和平台的生产和减排策略,研究了这些绿色技术对制造商和平台的最优运作决策、利润的影响。

在平台经济火爆的背景下,基于以上探讨的平台赋能的制造商和平台的最优运作决策、利润,以及碳交易机制下制造商和平台的生产和减排策略,我们分析了平台模式的选择及在不同平台模式下供应链协调的问题。

1.6 小　结

本章主要阐述本书研究的背景、内容、方法和意义等问题,以及本书研究的出发点、整个研究工作的组织框架和所运用的研究方法。在此基础上,本书对现有经济学文献中有关平台化运作策略研究的文献、平台模式选择研究的文献,以及供应链协调问题研究的文献进行了回顾,并指出现有研究与本书研究的不同之处,突出本书研究的创新之处和对现有研究中双边市场理论的补充。

第 2 章　考虑区域性碳交易机制下平台抽成或再销售模式叠加策略研究

许多电子商务供应链采用双渠道(平台抽成模式和再销售模式)以满足更多消费者的需求。有研究对两种渠道的比较进行了深入地探讨。然而,在大多数情况下,这两种渠道是顺序采用而不是同时采用的。当前,对于在现有渠道中叠加另一个渠道的研究还不足。本章研究了制造商的渠道叠加问题(该制造商目前在在线平台通过平台抽成渠道或再销售渠道销售产品,并且受到区域性碳交易机制的约束)。我们探讨并比较了在渠道叠加前后的制造商的利润。首先,在单个渠道中,最优生产量随着区域配额的增加而增加。然而,在双渠道情形下,当两种渠道之间的竞争强度适中时,最优生产量随着区域配额的增加而减少。其次,我们发现,向平台抽成渠道叠加再销售渠道时,制造商的利润将始终增加;而向再销售渠道叠加平台抽成渠道时,如果佣金率低且订单执行成本高,制造商的利润将会减少。最后,如果佣金率较低,制造商和平台在平台抽成或再销售渠道中均无法协调,但在双渠道中可以实现协调。

2.1　问题的引出

近几十年来,全球电子商务迅速发展。许多制造商通过在线平台向消费者销售产品(Zhang 等,2017;Tan 和 Carrillo,2017;Tian 等,2018;Shen 等,2019)。目前,大多数在线平台采用一种或两种模式:一种是平台抽成模式,另一种是再销售模式(Abhishek 等,2016;Yan 等,2019;吴传良等,2023)。在平台抽成模式下，平台向制造商提供在平台的在线渠道上直接向消费者销售产品的机会（Xu 等，2020；段永瑞等，2023）。例如，许多制造商在中国最大的在线平台（天猫）上开设了自己的在线旗舰店（Wang 和 Li，2020）。此时，制造商拥有产品的零售定价权并承担订单执行成本。平台对通过在线渠道销售产品的制造商收取佣金（通常是零售价格的一定比率）（Tian 等，2018）。再销售模式下，平台首先从制造商处购买产品，然后销售给消费者。例如，中国最大的在线零售商京东（Hu 等，2019）从许多制造商处购买产品并将其销售给在线消费者。在这种模式下，制造商确定批发价格，而平台确定产品的零售价格并承担订单执行成本。

在当今的全渠道零售环境中，越来越多的在线平台开始叠加其它模式以获取更多的利润。例如，天猫在 2011 年开设了“天猫超市”零售模式，吸引了许多制造商成为其供应商。同时，京东也开设了平台抽成模式，在该模式下，许多制造商直接在京东上向消费者销售产品。亚马逊在 2001 年开设了平台抽成模式，许多制造商可以通过亚马逊网站销售产品给消费者。在此背景下，一些最初选择通过平台抽成渠道与平台合作的制造商在该平台上叠加再销售渠道，而那些最初选择通过再销售渠道与平台合作的制造商在该平台上叠加平台抽成渠道。例如，著名家电制造商格力集团和海尔集团都在京东上同时注册为直接零售商（通过平台抽成渠道）和批发商（通过再销售渠道）。

渠道叠加可能为制造商带来更多的销售（Zhang 等，2017）。然而，它也会给制造商和平台带来新的问题。一方面，消费者可以通过两种渠道购买产品，由于这两种渠道上产品的卖方不同（即制造商和平台），两种渠道之间的竞争问题就产生了（Tian 等，2018）。因此，渠道叠加是否能够同时为制造商和平台带来利润尚不明确。另一方面，更多的销售意味着制造商将排放更多的碳。考虑到政府的碳排放法规，制造商应该在生产上谨慎决策。

实际上，环境保护在近几十年来已经引起了政府和实践者的广泛关注（Xu 等，2016；Xu 等，2017；Xu 等，2017）。产品的制造过程通常伴随着大量的碳排放（Hua 等，2011；Gong 和 Zhou，2013）。一些政府（如一些欧洲国家和中国）已经出台了各种政策（例如碳交易机制、碳税法规和强制性碳排放法规）来限制制造企业产生的碳排放（Du 等，2016；Xu 等，2017；Ji 等，2020）。例如，澳大利亚、芬兰和挪威实行了碳税法规，而中国和欧盟则实行了碳交易机制。在这些法规中，碳交易机制是基于市场的控制碳排放量的较有效的法规之一（Hua 等，

2011；Benjaafar 等，2012；Xu 等，2016；Xu 等，2017；Turki 等，2018)，被认为是生态政策中较成功的创新之一(Perdan 和 Azapagic，2011；Turki 等，2018)。根据这项法规，政府为位于某一地区的企业分配一定数量的碳排放配额。该配额可以称为“区域配额”。每家企业从这个区域配额中分配了一定数量的许可证。这些许可证可以在这些企业之间交易，交易价格由市场规则决定：分配给某一地区的许可证数量越少，则该地区许可证的交易价格越高。碳排放法规可能会对制造商和平台产生重要影响。例如，如果法规趋于严格，碳交易价格将会上涨，这会导致制造商的成本变高，从而改变制造商和平台的销售和利润。

在区域性碳交易机制下，制造商与平台合作时是否应该使用单个渠道(即平台抽成渠道或再销售渠道)或两个渠道(即平台抽成渠道和再销售渠道)仍然是一个不明确的问题。在本章中，我们考虑一个由制造商和平台构成的供应链，其中平台同时以两种模式(平台抽成模式和再销售模式)运作。通过单个渠道(即平台抽成模式或再销售模式)与平台合作的制造商有机会在该平台上叠加另一个渠道。我们在碳交易机制下研究了制造商的渠道叠加问题，并进一步探讨了制造商和平台是否可以协调并像集中式供应链一样实现利润最大化。

2.2　模型的建立

我们考虑一个通过在线平台销售产品的制造商。该平台有两种模式：平台抽成模式和再销售模式。制造商可以通过单个渠道(即平台抽成渠道或再销售渠道)或同时通过两个渠道(即平台抽成渠道和再销售渠道)与平台合作。在平台抽成渠道中，平台根据单位产品的零售价向制造商收取一定的佣金。在本章中，我们假设佣金率 φ 是外生的，这与前人的研究一致(Hao 和 Fan，2014；Geng 等，2018)。正如前人研究所示，佣金率是固定的，而且很少会发生变化(Hao 等，2017；Chen 等，2018)。在再销售渠道中，制造商以批发价向平台批发产品，平台进一步以零售价将产品销售给消费者。对于每个渠道，存在订单配送成本 F，包括交付和库存成本。在本章中，我们假设两个渠道的订单配送成本是固定且相等的(即 $F_1=F_2=F$)。我们的目标是揭示不同渠道结构所造成的差异，而不是比较两个渠道的固有成本差异。因此，如果我们为两个渠道设置不同的订单配送成本，可能会得出叠加一个渠道比叠加另一个渠道更好的结论。很多相关研究都采用了相似的处理方式，如 Hagiu 和 Wright(2015)、Tian 等(2018)和 Shen 等(2019)。

本章探讨的问题是制造商是否应该在通过单个渠道与平台合作的基础上，添加另一个渠道(即平台抽成渠道或再销售渠道)。我们使用斯塔克尔伯格博弈来刻画制造商和平台的博弈过程。其中，平台扮演领导者，制造商扮演追随者。这个假设是合理的，因为在电子商务业务中，绝大多数平台对制造商拥有更强的控制力。当制造商通过平台抽成渠道与平台合作时，唯一的决策变量是制造商的生产量，它也对应着零售价。因此，博弈将转化为制造商的决策优化问题。当制造商通过再销售渠道与平台合作时，两家企业将进行斯塔克尔伯格博弈。其中，制造商的决策变量是生产量和批发价，平台的决策变量是零售价。

在区域性碳交易机制下，政府向区域分配一定数量的碳排放总量配额或“区域配额(Q_0)”，同时规定碳交易价格不能超过 a_0。每家企业从该区域配额中分配一定数量的许可证。这些许可证可以在这些企业之间交易，交易价格为 $b=a_0-b_0Q_0$(我们将总量配额价格系数设定为 b_0)。该逆向关系在实践中存在，并被许多研究广泛采用，如 Hua 等(2011)、Benjaafar 等(2012) 和 Ji 等(2020)。我们假设制造商生产单位产品产生的碳排放为 e_0，所需要的单位生产成本为 c；同时，制造商被分配了 C 单位的排放额度。实际上，制造商的初始碳配额(C) 不应超过区域配额(Q_0)，即 $C\leqslant Q_0$。然而，我们的模型中没有必要明确加入这个约束条件。因为初始碳配额(即 C) 对制造商的最优决策没有影响。许多类似的研究也得出了这个结论，如 Hua 等(2011)、Benjaafar 等(2013) 和 Xu 等(2017)。而且在实践中，C 没有机会大于 Q_0。为简洁起见，我们在模型中省略了这个约束条件。此外，C 和 Q_0 都是外生参数，由政府确定。

根据 Goyal 和 Netessine(2007)、Xu 等(2017)、Tian 等(2018) 和 Shen 等(2019) 的研究，我们用 α 表示潜在市场规模，λ 表示两种渠道之间的竞争强度。当制造商只通过单个渠道销售产品时，我们假设逆向需求函数为

$$p=\alpha-q \tag{2-1}$$

当制造商同时通过两个渠道销售产品时，我们假设逆向需求函数为

$$p_1=\alpha-q_1-\lambda q_2 \tag{2-2}$$

$$p_2=\alpha-q_2-\lambda q_1 \tag{2-3}$$

其中，q 和 $q_1(q_2)$ 分别表示通过单个渠道和两个渠道的生产量；p 和 $p_1(p_2)$ 分别表示相应的价格。

在单个平台抽成渠道下，我们将逆向需求函数改写为 $p_{M0}=\alpha-q_{M0}$，并用上标 m 代表制造商、上标 p 代表平台、下标 $M0$ 代表单个平台抽成渠道情况。制造商和平台的利润如下：

$$\pi_{M0}^{m}=(1-\varphi)p_{M0}q_{M0}-cq_{M0}-(a_0-b_0Q_0)(e_0q_{M0}-C)-F \quad (2-4)$$

$$\pi_{M0}^{p}=\varphi p_{M0}q_{M0} \quad (2-5)$$

在单个再销售渠道下，我们将需求函数改写为 $p_{R0}=\alpha-q_{R0}$，并用下标 $R0$ 代表单个再销售渠道情况、w_{R0} 表示批发价格。制造商和平台的利润如下：

$$\pi_{R0}^{m}=(w_{R0}-c)q_{R0}-(a_0-b_0Q_0)(e_0q_{R0}-C) \quad (2-6)$$

$$\pi_{R0}^{p}=(p_{R0}-w_{R0})q_{R0}-F \quad (2-7)$$

在双渠道情形下，我们用下标 M 代表双渠道情形下的平台抽成渠道、下标 R 代表双渠道情形下的再销售渠道、下标 $M-R$ 代表双渠道情形。我们将需求函数重写为 $p_M=\alpha-q_M-\lambda q_R$，$p_R=\alpha-q_R-\lambda q_M$，制造商和平台的利润如下：

$$\pi_{M-R}^{m}=(1-\varphi)p_Mq_M-cq_M+(w_R-c)q_R-(a_0-b_0Q_0)[e_0(q_M+q_R)-C]-F \quad (2-8)$$

$$\pi_{M-R}^{p}=\varphi p_Mq_M+(p_R-w_R)q_R-F \quad (2-9)$$

2.3　主要结论

在本节中，我们首先探讨两种单个渠道情况下（即单个平台抽成渠道或单个再销售渠道）和双渠道情况下（即平台抽成渠道和再销售渠道）的最优生产和定价决策，然后比较制造商在这3种情况下的生产量和利润。

2.3.1　单个渠道情况

我们得到最优决策和利润的定理如下所示。所有定理和推论的证明可以在附录A中找到。

定理 2.1 在单个平台抽成渠道情况下，制造商和平台的最优决策和利润如下：

$$q_{M0}^{*}=[(1-\varphi)\alpha-c-e_0(a_0-b_0Q_0)]/[2(1-\varphi)]$$

$$\pi_{M0}^{m*}=[(1-\varphi)\alpha-c-e_0(a_0-b_0Q_0)]^2/[4(1-\varphi)]+(a_0-b_0Q_0)C-F$$

$$\pi_{M0}^{p*}=\varphi\{[(1-\varphi)\alpha]^2-[c+e_0(a_0-b_0Q_0)]^2\}/[4\,(1-\varphi)^2]$$

定理 2.1 表明，最优生产量不依赖于初始碳配额(C)，但随着区域配额(Q_0)增加。由于在前人的研究中已经发现了最优生产量与初始碳配额无关的结论，如 Hua 等(2011)、Benjaafar 等(2012)，我们不再进一步解释这一现象。然而，我们发现了区域配额对最优生产量的影响。正如 Hua 等(2011) 所指出的，区域性碳交易机制旨在抑制某个区域的碳排放，因此区域配额可以影响碳交易价格并进一步影响制造商的生产决策。定理 2.1 还表明，制造商的最优利润随着初始碳配额的增加而增加，这在多项研究中也得到了验证，如 Gong 和 Zhou(2013)、Xu 等(2016) 和 Xu 等(2017)。此外，由定理 2.1 可知，制造商的最优生产量随着佣金率的增加而减少。因此，佣金率越高，最优生产量越少。

定理 2.2 在单个再销售渠道情形下，制造商和平台的最优决策和利润如下：

$$q_{R0}^{*}=[\alpha-c-e_0(a_0-b_0Q_0)]/4$$

$$\pi_{R0}^{m*}=[\alpha-c-e_0(a_0-b_0Q_0)]^2/16+(a_0-b_0Q_0)C$$

$$\pi_{R0}^{p*}=[\alpha-c-e_0(a_0-b_0Q_0)]^2/8-F$$

由定理 2.2 得出的结论与定理 2.1 类似，在此不再赘述。

2.3.2 双渠道情形

在双渠道情形下，我们得到有关制造商最优决策的定理如下。

定理 2.3 在双渠道情形下，最优生产量如下：(1) 如果 $0<\varphi\leqslant[2\sqrt{1-\lambda^2}-2(1-\lambda^2)]/\lambda^2$，我们得到 $q_M^{*}=\dfrac{X}{2[8\,(1-\varphi)^2-\lambda^2(2-\varphi)(4-6\varphi+\varphi^2)]}$ 和 $q_R^{*}=\dfrac{Y}{8\,(1-\varphi)^2-\lambda^2(2-\varphi)(4-6\varphi+\varphi^2)}$。

(2) 如果 $[2\sqrt{1-\lambda^2}-2(1-\lambda^2)]/\lambda^2<\varphi<1$，我们得到：(i) 当 $0<F<$

$\max\{Z/[16(1-\varphi)],0\}$，则：$q_M^*=[(1-\varphi)\alpha-c-e_0(a_0-b_0Q_0)]/[2(1-\varphi)]$，$q_R^*=0$。(ii) 当 $F\geqslant\max\{Z/[16(1-\varphi)],0\}$，则：$q_M^*=0$，$q_R^*=[\alpha-c-e_0(a_0-b_0Q_0)]/4$，其中 $X=8(1-\varphi)[(1-\varphi)\alpha-c-e_0(a_0-b_0Q_0)]-2\lambda[\alpha-c-e_0(a_0-b_0Q_0)](1-\varphi)(2-\varphi)+\lambda^2(2-\varphi)[2c+2e_0(a_0-b_0Q_0)-\alpha(2-4\varphi+\varphi^2)]$，$Y=2\alpha(1-\lambda)(1-\varphi^2)-[c+e_0(a_0-b_0Q_0)][2(1-\varphi)^2-\lambda(2-4\varphi+\varphi^2)]$，$Z=4[(1-\varphi)\alpha-c-e_0(a_0-b_0Q_0)]^2-(1-\varphi)[\alpha-c-e_0(a_0-b_0Q_0)]^2$。

定理2.3表明，当佣金率相对较低时，制造商应该同时通过两个渠道销售产品。否则，制造商应根据订单执行成本(F) 选择其中一种渠道销售产品。对于制造商来说，如果只通过平台抽成渠道销售产品，则可以直接销售产品给消费者，但与此同时会面临订单执行成本；如果只通过再销售渠道销售产品，可以更低的批发价格(低于零售价格) 将产品销售给平台。因此，如果订单执行成本较低，制造商愿意通过平台抽成渠道销售产品；反之制造商将通过再销售渠道销售产品。

定理2.1和定理2.2表明，政府可以利用区域配额来控制不同供应链结构(即平台抽成渠道结构、再销售渠道结构和双渠道结构) 中的总碳排放量。许多碳交易市场(如欧盟碳排放交易体系) 通过减少区域配额来控制总碳排放量。然而，根据定理2.3，在双渠道结构中，减少区域配额并不意味着两个渠道中的碳排放量同时减少。实际上，当两个渠道之间的竞争强度适中时，减少区域配额可以增加平台抽成渠道中的碳排放量，并减少再销售渠道中的碳排放量。

2.3.3　渠道叠加的比较

在本节中，我们比较了两种单个渠道情况和双渠道情况下制造商和平台的最优利润。首先，我们以单个平台抽成渠道为基础，与双渠道进行比较，以分析叠加再销售渠道到平台抽成渠道的结论。然后，我们以单个再销售渠道为基础，与双渠道进行比较，以分析叠加平台抽成渠道到再销售渠道的结论。

1. 向平台抽成渠道叠加再销售渠道

我们将定理2.3中的最优决策代入公式(2-8) 和公式(2-9) 中，并将定理2.1中制造商的最优利润进行比较，可以发现，在双渠道情况下，制造商的利润大于单个平台抽成渠道下的利润。也就是说，当制造商将再销售渠道添加到当前的单个平台抽成渠道时，其利润总是增加的。

2. 向再销售渠道叠加平台抽成渠道

通过比较定理 2.2 和定理 2.3 中的最优生产量，可以发现，如果制造商在单个再销售渠道中叠加另一个平台抽成渠道，再销售渠道的销售量总是会减少。此外，通过比较渠道叠加前后制造商的利润，得到定理 2.4。

定理 2.4 ① 如果 $0<\varphi\leqslant[2\sqrt{1-\lambda^2}-2(1-\lambda^2)]/\lambda^2$，我们得到：当 $0\leqslant F<F_{M-R}$，$\pi_{M-R}^{m*}>\pi_{R0}^{m*}$；当 $F\geqslant F_{M-R}$，$\pi_{M-R}^{m*}\leqslant\pi_{R0}^{m*}$。② 如果 $[2\sqrt{1-\lambda^2}-2(1-\lambda^2)]/\lambda^2<\varphi<1$，则 $\pi_{M-R}^{m*}\geqslant\pi_{R0}^{m*}$。

定理 2.4 表明，如果制造商在单个再销售渠道上叠加平台抽成渠道，制造商能否获得更多利润取决于佣金率和订单执行成本。当佣金率低而订单执行成本高时，制造商的利润将会降低。

从以上分析中，可以发现，制造商的初始渠道在叠加另一个渠道时可以显著影响制造商的利润。具体来说，与单个平台抽成渠道相比，双渠道总是能够为制造商带来更多的利润。此外，双渠道可能会降低制造商的利润，这取决于竞争强度和订单执行成本。由此可知，叠加新渠道并不总是导致更多的碳排放，也可能会减少碳排放。

2.3.4 协调

在本小节中，我们探讨了制造商和平台之间的协调问题。首先，我们定义了协调问题。其次，我们研究了单个渠道情况下的协调问题。最后，我们分析了双渠道情况下的协调问题。

在参考了 Chen 等(2012)、Xu 等(2017)、Choi 和 Guo(2020) 的研究后，我们定义协调问题如下。

定义 2.1 在单个平台抽成模式(再销售模式) 中，当存在一个佣金率(批发价格)，使得分散式决策下得到的最优产量与集中式决策下得到的最优产量相等时，制造商和平台可以实现协调。

我们将集中式决策下得到的结论作为基准。在集中式供应链中，制造商和平台被看成整体，制造商不必向平台支付任何佣金(在平台抽成渠道中)，或者终端消费者购买产品的价格与制造商向平台批发产品的价格一致(在再销售渠道中)。尽管这两种情况在分散式供应链中不存在，但如果分散式供应链中的最优生产量与集中式供应链中的最优生产量相等，则制造商和平台可以实现协调。

1. 单渠道情形

在单渠道情形下，制造商和平台的总利润如下：

$$\pi_c = (p_c - c)q_c - (a_0 - b_0 Q_0)(e_0 q_c - C) - F \tag{2-10}$$

通过求解公式(2-10)，得到使得总利润最大化的最优生产量为 $q_c^* = [\alpha - c - e_0(a_0 - b_0 Q_0)]/2$。

由定理 2.1，可以得到在单个平台抽成渠道情形下，$q_{M0}^* = [(1-\varphi)\alpha - c - e_0(a_0 - b_0 Q_0)]/[2(1-\varphi)]$。为使 $q_c^* = q_{M0}^*$，可以推出 $\varphi = 0$。在平台抽成渠道中，佣金率应该是正数，否则平台没有利润。这说明在单个平台抽成渠道中，制造商和平台无法协调。

由定理 2.2 的证明(见附录 A)，可以得到在单个再销售渠道中，$q_{R0} = [\alpha - \Delta - c - e_0(a_0 - b_0 Q_0)]/2$。令 $q_c^* = q_{R0}$，可得 $\Delta = 0$，即($p_{R0} = w_{R0}$)。由公式(2-7)，我们发现平台将会亏损。因此，在单个再销售渠道中，平台和制造商无法像集中式供应链一样协调运作。

2. 双渠道情况

在双渠道情况下，制造商和平台的总利润如下：

$$\pi_c = (p_{c1} - c)q_{c1} + (p_{c2} - c)q_{c2} - (a_0 - b_0 Q_0)[e_0(q_{c1} + q_{c2}) - C] - 2F \tag{2-11}$$

得到定理 2.5 如下。

定理 2.5　在集中式供应链中，可得 $q_{c1}^* = [\alpha - c - e_0(a_0 - b_0 Q_0)]/[2(1+\lambda)]$，$q_{c2}^* = [\alpha - c - e_0(a_0 - b_0 Q_0)]/[2(1+\lambda)]$，$\pi_c = [\alpha - c - e_0(a_0 - b_0 Q_0)]^2/[2(1+\lambda)] + (a_0 - b_0 Q_0)C - 2F$。

现在我们尝试设置一组参数(φ, w)来协调平台和制造商。这意味着，有了这组参数，制造商和平台将像集中式供应链一样协调运作。

我们得到有关协调的定理如下。

定理 2.6　① 当制造商在平台上通过两个渠道销售产品时，参数(φ_c, w_c)能够让制造商和平台实现协调，其中，

$$\varphi_c = \frac{[\alpha - c - e_0(a_0 - b_0 Q_0)]\lambda}{\alpha\lambda + [c + e_0(a_0 - b_0 Q_0)](2+\lambda)},$$

$$w_c = \frac{[\alpha + c + e_0(a_0 - b_0 Q_0)][2 + 2\lambda - 2\varphi_c - 4\lambda\varphi_c + \lambda^2\varphi_c^2 - 2\lambda^2\varphi_c] + 2\lambda\alpha\varphi_c^2}{4(1+\lambda)(1-\varphi_c)}。$$

② 当制造商和平台通过单个渠道合作时，制造商和平台无法在没有契约的情况下实现协调。

定理 2.6① 表明，当制造商在平台上通过两个渠道销售产品时，制造商和平台可以达成合作，从而获得更多利润。众所周知，传统的再销售供应链由于双重边际化（Xu 等，2017）而效率低下。当制造商在再销售渠道上叠加平台抽成渠道时，双重边际化可以被削弱，因为制造商可以直接向消费者销售产品。然而，佣金率的存在增强了双重边际化。因此，佣金率较低时，在双渠道情况下，制造商和平台组成的供应链可以实现协调。定理 2.6② 表明，当制造商和平台通过单个渠道合作时，如果没有契约，如成本分担契约（Zhao 和 Shi，2011；He 等，2020），将无法实现协调。与渠道叠加不同的是，协调后的最优生产量等于集中式供应链中的最优生产量，大于分散式供应链中的最优生产量。因此，尽管协调可以为供应链成员带来更多利润，但也会带来更多的碳排放。

为了进一步分析制造商和平台的协调并验证我们的结论，我们基于 A 企业在天猫商城上售卖瓜子的销售数据进行了数值研究。由数值研究的结果，我们得知，天猫商城对 A 企业的在线销售收取 2% 的佣金率。因此，$\varphi=0.02$。不同竞争强度下协调后的零售价如图 2－1 所示，不同竞争强度下协调后的佣金率如图 2－2 所示。

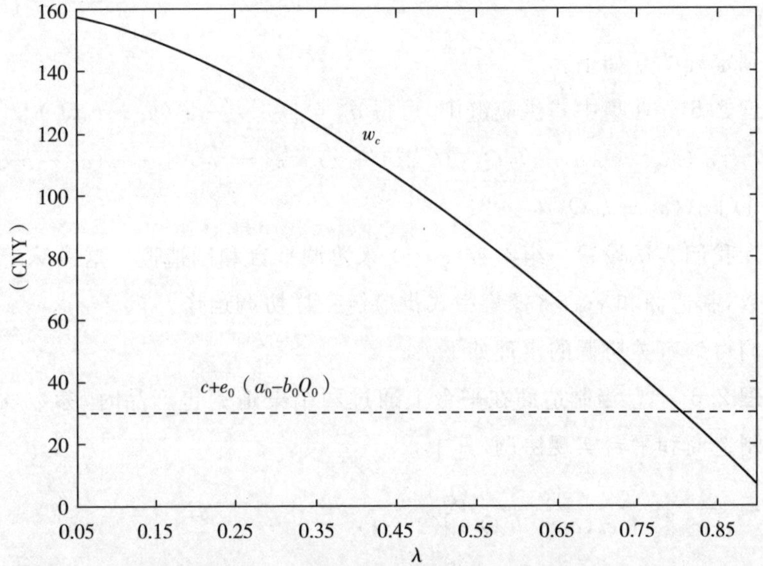

图 2－1　不同竞争强度下协调后的零售价

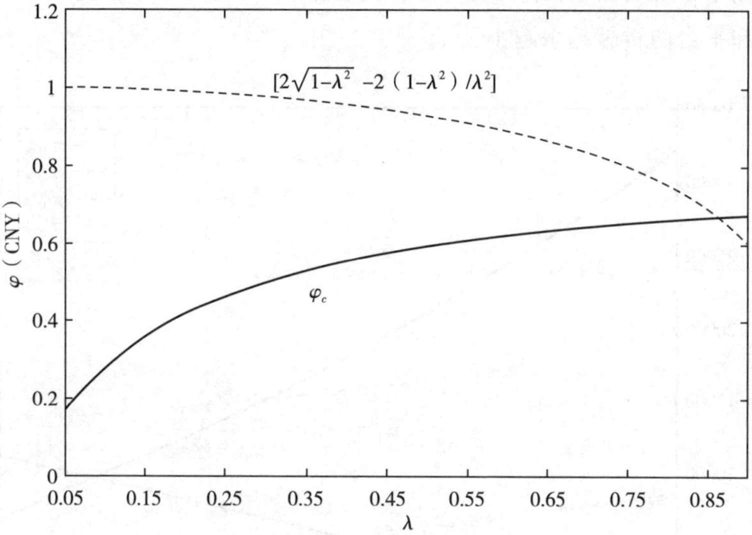

图 2-2　不同竞争强度下协调后的佣金率

图 2-1 表明，如果 $0<\lambda\leqslant 0.81$，那么 $w_c\geqslant c+e_0(a_0-b_0Q_0)=30$；如果 $0.81<\lambda<1$，那么 $w_c<c+e_0(a_0-b_0Q_0)=30$。图 2-2 表明，如果 $0<\lambda\leqslant 0.87$，那么 $\varphi_c\leqslant 2[\sqrt{1-\lambda^2}-(1-\lambda^2)]/\lambda^2$；如果 $0.87<\lambda<1$，那么 $\varphi_c>2[\sqrt{1-\lambda^2}-(1-\lambda^2)]/\lambda^2$。根据图 2-1 和图 2-2 所示，我们发现，如果 $0<\lambda\leqslant 0.81$，制造商和平台可以达成合作，从而获得更多利润。

我们进一步分别分析了制造商和平台在协调后的利润变化，协调前后的制造商和平台的利润如图 2-3 所示，制造商和平台的供应链效率如图 2-4 所示。

图 2-3 对应于定理 2.3 和定理 2.6 的结论。如果 $0<\lambda<0.59$，那么 $\pi_{M-R}^{m-c*}>\pi_{M-R}^{m*}$，这意味着制造商的利润将在协调后增加；如果 $0.59<\lambda\leqslant 1$，那么 $\pi_{M-R}^{m-c*}<\pi_{M-R}^{m*}$，这表示制造商的利润将在协调后减少；如果 $0<\lambda<0.5$，那么 $\pi_{M-R}^{p-c*}<\pi_{M-R}^{p*}$，平台的利润将在协调后减少；如果 $0.5<\lambda\leqslant 1$，那么 $\pi_{M-R}^{p-c*}>\pi_{M-R}^{p*}$，平台的利润将在协调后增加。综上所述，如果两个渠道之间的竞争强度较低（高），协调可以通过牺牲平台（制造商）的利润来实现。这表明，随着竞争强度的增加，协调可以增加平台的利润，但会降低制造商的利润。在图 2-4 中，我们将供应链效率定义为协调前后制造商和平台总利润的比率。换句话说，这个比率等于 $(\pi_{M-R}^{m*}+\pi_{M-R}^{p*})/(\pi_{M-R}^{m-c*}+\pi_{M-R}^{p-c*})$。供应链效率在[0.87，0.97]的区间内变化。因此，制造商和平台可以根据竞争强度的不同，通过合作将总利润提高 3% ～

13%。竞争强度越高,合作效率越高。这意味着,随着竞争强度的增加,协调对制造商和平台的贡献越来越小。

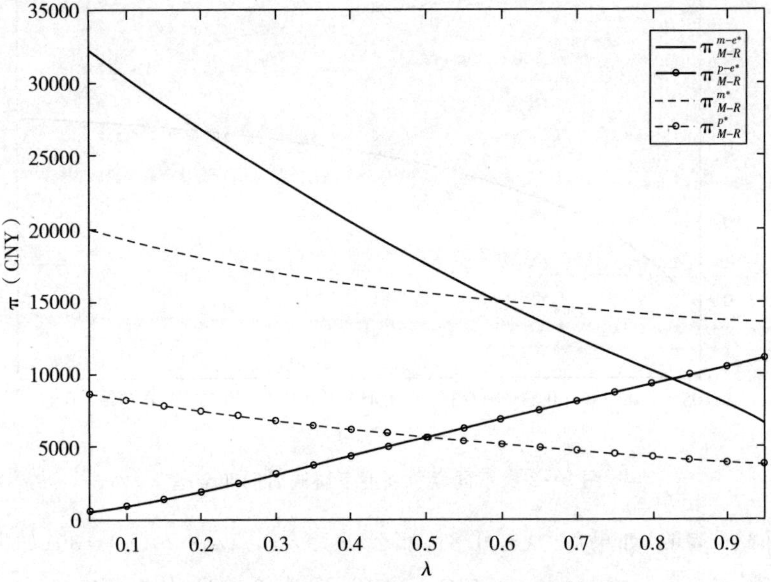

图 2-3　协调前后的制造商和平台的利润

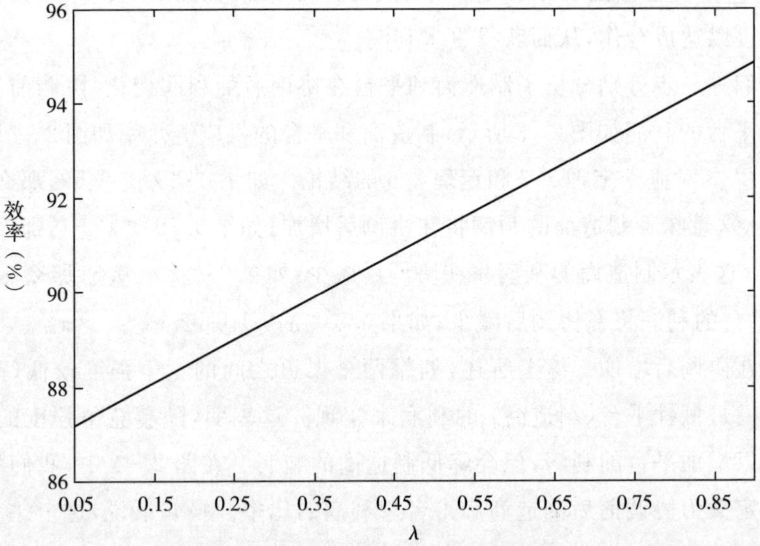

图 2-4　制造商和平台的供应链效率

从图 2－3 中可以发现，如果 $0.5<\lambda\leqslant 0.59$，则制造商和平台的利润都会在协调后得到提高。通常情况下，协调是通过牺牲制造商的利润来实现的。然而，我们发现，在适中的竞争强度下，制造商和平台的利润都得到了提高。从图 2－4 中可以观察到，尽管制造商或平台的利润可能会降低，但制造商和平台可以在协调后获得更多利润。为了实现“双赢”，制造商和平台可以使用契约，如利润共享契约（Chen 等，2012）或两部分关税契约（Xu 等，2017；Bai 等，2017；Chen 等，2017）。

2.4　小　结

本章研究了制造商在区域性碳交易机制下通过在线平台销售产品时所面临的渠道叠加问题，分别考虑了平台抽成渠道、再销售渠道和双渠道这 3 种不同的供应链结构。在平台抽成（再销售）模式下，制造商（平台）承担了订单执行成本。首先，我们求解了每种情况下的最优生产量。其次，我们比较了两种情况下的渠道叠加对最优利润的影响。其中，一种是在平台抽成渠道上叠加再销售渠道，另一种是在再销售渠道上叠加平台抽成渠道。最后，我们讨论了制造商和平台的协调问题。同时，根据真实数据进行的多项数值研究证实了我们的理论发现。

通过将双渠道情形与两个单个渠道情形进行比较，我们发现有关渠道叠加的结论如下：当制造商向平台抽成渠道叠加再销售渠道时，制造商的利润增加；当制造商向再销售渠道叠加平台抽成渠道时，如果佣金率低，订单执行成本高，两个渠道的制造商利润都会下降。通过探索两家企业的协调问题，我们发现：在单个平台抽成渠道或单个再销售渠道情形下，制造商和平台不能在没有契约的情况下实现协调；在双渠道情形下，制造商和平台可以实现协调并像一个集中式供应链一样运作。

我们的研究也存在着一些限制。首先，我们假设制造商仅通过在线渠道销售产品，而考虑离线渠道及在线渠道和离线渠道之间的竞争可能会得到一些新的发现。其次，我们只考虑了平台主导的斯塔克尔伯格博弈，其中，平台充当领导者，制造商充当追随者。如果能力结构反转，即制造商充当领导者，平台充当追随者，可能会发现一些新的结论。最后，在本章中，虽然考虑了碳交易机制，但我们假设制造商不采用减碳技术。实际上，为了在长时间内最小化总成本，制造商可能会采用绿色技术来减少碳排放量。因此，在本章的研究问题中考虑绿色技术投资也是有趣的方向。

第 3 章　考虑碳交易机制和平台抽成模式下区域碳配额分配与交付时间策略研究

本章考虑单个制造商通过平台抽成模式下的在线平台销售产品，我们研究了制造商的生产和交货时间决策，以及在碳交易机制下，基于祖父制和基于基准制分配规则的政府区域碳配额设置；并对两种规则在生产和交货时间决策及社会福利方面进行了比较。研究发现，在某些情况下，祖父制分配规则下的最优生产量随着区域碳配额（制造商收益率）的增大而增大，而在其他规则下的最优生产量随着区域碳配额（制造商收益率）的增大而减小。此外，对交货时间的日益敏感带来了更多的生产量，这进一步表明制造商的碳配额比例越高，两种规则下的碳排放量越大。随着环境损害系数的增大，基于祖父制分配规则的最优区域碳配额在某些情况下减小，而基于其他规则的最优区域碳配额在某些情况下增大。通过对比两种分配规则，我们发现，当环境损害系数较高时，祖父制的分配规则产生的碳排放量更少，社会福利更高；相反，基准制的分配规则往往会带来更多的碳排放量和更多的社会福利。因此，对于环境问题严重的地区，政府应采取祖父制分配规则；对于其他地区，政府应该采用基准制分配规则。

3.1　问题的引出

过度的碳排放带来了严重的环境问题（Du 等，2015；Wang 和 Choi，2016），如全球变暖，中国的雾霾。为了缓解碳排放过度带来的负面影响，许多学者和政府都提出了碳交易机制。根据这一规定，企业被分配一些免费的碳配额（“配额”),他们可以通过碳交易市场购买(出售)额外的(剩余的)碳配额。碳交易机制被广泛认为是较有效的市场监管制度之一(Gong 和 Zhou,2013;Xu 等,2016;Ji 等,2017),全球有 21 个碳交易市场,约占全球碳排放总量的 15%(ICAP,2018)。特别是欧盟(EU)碳交易市场覆盖了 31 个国家,控制了欧洲约 45%的碳排放量(Xu 等,2017)。

在过去的 20 年中,初始碳配额分配逐渐受到关注(Xu 等,2015),越来越多的学者考虑区域碳配额(即分配给地区的配额),如 Yi 等(2011),Wang 等(2013)和 Yu 等(2014)。“祖父法”和“基准法”是两种主要的分配规则(Bode,2006;Ji 等,2017)。祖父制分配规则是以过去的碳排放量为基础进行分配。基准制分配规则是政府根据排放基准进行分配(Ji 等,2017)。这两种分配规则在不同的国家或时期实施。例如,欧盟碳交易市场的配额分配是基于第一阶段和第二阶段(2005—2012 年)的祖父制,而第二阶段(2012 年至今)之后是基准制。在中国,重庆、天津、北京和广东建立了碳交易市场,并采用祖父制分配规则和基准制分配规则对初始配额进行分配(Hua 和 Dong,2019)。在碳交易市场中,政府通常先将初始配额分配给地区(即区域碳配额),然后再分配给企业。此外,配额直接影响到碳交易价格,这一点也得到了越来越多学者的关注,如 Hua 等(2011)、Benjaafar 等(2012)、Drake 等(2016)、Ji 等(2020)和 Xu 等(2021)。在他们的研究中,他们提出了配额与碳交易价格之间的反比关系,一些实证研究也对此进行了探讨,如 Benz 和 Trück(2009)。

最近,许多企业通过在线平台获得成功(Liu 等,2019;Xu 等,2020),在线平台的典型运作模式是平台抽成模式,平台以佣金率分享企业的在线收入。例如,中国著名的互联网时尚品牌韩都集团,通过网络平台天猫进行销售,并以平台抽成模式运作。通过这种方式,韩都集团的网络销售额在短短 6 年内从 20 万元人民币增长到 300 亿元人民币。林氏木业和三只松鼠也是在平台运作方面取得成功的著名企业。天猫通常收取 2%～5%的在线销售佣金。此外,这些企业不断缩短交货时间,以满足消费者对闪电交货的需求。韩都集团建立了多个仓储系统,包括 6000 平方米的自动化仓库,以缩短交货时间,并与第三方物流服务商合作,当日发货超过 95%,缩短交货时间。缩短交货时间可以增加各行业的竞争力(Pekgün 等,2017),这也可以增加需求(Hua 等,2010;Wu 等,2012;Niu 等,2019)。Dotcom Distribution 对在线消费者进行了调查,结果显示 87%的在线消费者认为送货时间是关键因素。此外,67%的人愿意为当日送达支付更多费用(Modak 和 Kelle,2019;Xu 等,2020)。

为了更好地了解天猫与制造商的合作,我们于 2018 年 11 月 21 日采访了 A 企业的一位通过天猫销售产品的副总裁。我们总结了这次采访的主要结论。首先,A 企业通过天猫销售产品,每笔在线销售收入,天猫收取 2%的佣金。其次,消费者对交货时间越来越敏感。它建立了四大生产基地,并与多家第三方物流企业合作,缩短交货时间,满足客户对交货时间的需求。最后,中国已经建立了 7 个碳交易试点,并在 2021 年通过建立全国碳排放权交易市场来加强对碳排放权交易机制的推广。而这家企业不知道如何应对这一规定。从这次访谈中,我们发现探索最优生产和交货时间决策是 A 企业迫切需要解决且重要的问题。

3.2　模型的建立

在我们的模型中,我们考虑政府是领导者,而制造商是追随者。在碳交易机制下,制造商决定了最优的生产和交货时间决策。碳交易机制可以通过两种方式实施:一种是祖父制,另一种是基准制。采用祖父制,政府首先将排放额度 C 分配给某一地区(即区域碳配额),然后再将排放额度 Q 分配给制造商(即碳配额)(Ji 等,2017;Xu 等,2021)。如果制造商的实际碳排放量大于 Q,则必须从碳交易市场购买额外的排放额度。否则,它将把剩余的排放额度出售给碳交易市场。采用基准制,政府制定单位产品的排放标准 e_m。如果制造商的单位产品碳排放量 e_0 低于排放标准,则将剩余的排放额度出售给碳交易市场,否则必须购买额外的排放额度(Ji 等,2017)。为了便于表达,如果 $e_0 \geqslant e_m(e_0 < e_m)$,我们认为制造商生产的是普通(绿色)产品。

制造商通过在线平台销售其产品,该平台以平台抽成模式运作,平台佣金率为 $(1-\varphi)$,φ 为制造商的碳配额比例(Tan 和 Carrillo,2017;Tian 等,2018;Xu 等 2021)。为了增加需求,制造商可以缩短交货时间。根据 Hua 等(2010)、Modak 和 Kelle(2019)、Xu 等(2020) 的研究,我们假设制造商的需求如下:

$$q=\alpha-p-\lambda l \tag{3-1}$$

在公式(3-1)中，α 是潜在市场份额，p 是产品零售价格，λ 是配送时间敏感性，l 是配送时间。

在祖父制下，我们得到制造商的利润如下：

$$\pi_m = \varphi pq - (a - bC)(e_0 q - Q) - (\lambda_0 - \lambda_1 l)^2 \tag{3-2}$$
$$s.t. \quad 0 \leqslant l \leqslant \lambda_0/\lambda_1$$

在公式(3-2)中，第一项为在线销售收入，第二项为碳交易成本/收入，其中 a 是最大碳交易价格，b 是碳价格对区域碳配额的敏感性，$(a-bC)$ 为碳交易价格，最后一项为配送成本。假设配送成本 $(\lambda_0 - \lambda_1 l)^2$ 是有约束 $0 \leqslant l \leqslant \lambda_0/\lambda_1$ 的配送时间的递减函数，其中 λ_0 为物流配送系统的固定成本，λ_1 为压缩配送时间的边际成本(Modak 和 Kelle，2019；Xu 等，2020；He 等，2021)。同样地，我们可以得到基准制下制造商的利润：

$$\pi_m = \varphi pq - (a - bC)(e_0 - e_m)q - (\lambda_0 - \lambda_1 l)^2 \tag{3-3}$$
$$s.t. \quad 0 \leqslant l \leqslant \lambda_0/\lambda_1$$

本章有两个假设：配送成本假设为二次型，即 $(\lambda_0 - \lambda_1 l)^2$，其中 $0 \leqslant l \leqslant \lambda_0/\lambda_1$。这种形式在文献中被广泛使用，如 Modak 等(2019) 和 Xu 等(2020)；假设碳交易价格与区域碳配额呈线性关系。在实践中，区域碳配额越多，碳交易价格越低。这种现象在许多碳交易市场都可以看到，如欧盟碳交易市场和中国碳交易市场。因此，许多相关研究都采用了这一假设，如 Hua 等(2011)、Benjaafar 等(2012)、Drake 等(2016)、Ji 等(2020) 和 Xu 等(2021)。

3.3 主要结论

在本节中，我们首先分析了基于祖父制分配规则下的制造商在生产和交货时间上的最优运营决策。在此基础上，我们进一步探讨了政府为实现社会福利最大化而设置的区域碳配额。

3.3.1 祖父制下制造商的运营决策

通过求解公式(3-2)，我们得到以下定理。

定理3.1　在祖父制下，我们得到制造商的最优生产和交货时间决策如下：① 如果 $0<\varphi<\min\{1,4\lambda_1^2/\lambda^2\}$，那么 $l_g^*=[4\lambda_0\lambda_1-\alpha\lambda\varphi+e_0\lambda(a-bC)]/(4\lambda_1^2-\lambda^2\varphi)$，$q_g^*=2\lambda_1[\varphi(\alpha\lambda_1-\lambda\lambda_0)-e_0\lambda_1(a-bC)]/(4\lambda_1^2\varphi-\lambda^2\varphi^2)$。② 如果 $\min\{1,4\lambda_1^2/\lambda^2\}\leqslant\varphi\leqslant 1$，那么 $l_g^*=0$，$q_g^*=[\alpha\varphi-e_0(a-bC)]/(2\varphi)$。

定理3.1的证明及后续的证明见附录A。定理3.1表明制造商的最优决策受到制造商收益率的显著影响。由定理3.1可知，最优生产量随着制造商收益率的增加而增加，而最优交货时间随着制造商收益率的增加而减少。随着制造商所占碳配额的增加，制造商的边际利润则相应增加，这促使制造商生产更多的产品，缩短交货时间。定理3.1还表明，随着地区配额的增加，最优生产量增加，最优交货时间减少。由于区域碳配额与碳交易价格之间的线性关系，当分配更多的区域碳配额时，制造商可以较低的碳交易价格购买排放额度。这表明制造商将有较高的边际利润，这促使其生产更多，缩短交货时间。此外，我们还发现最优生产量与碳配额无关，类似于 Dong 等(2016)、Xu 等(2017) 和 Ji 等(2017)。一些研究假设排放额度的购买价格不低于销售价格。他们发现，随着区域碳配额的增加，最优生产量首先保持不变，然后增加，最后保持不变，如 Gong 和 Zhou(2013)、He 等(2017) 和 Xu 等(2017)。与这些研究不同的是，我们的研究结果表明，最优生产量随着区域碳配额的增加而增加，这表明政府可以利用区域碳配额来控制碳排放。

由定理3.1可知，最优生产量随着单位产品碳排放量的增加而减小，这个结果是直观的。有趣的是，我们发现最优碳排放总量随着区域碳配额的增加先增加后减少。即单位产品碳排放量越高，碳排放量就越大。减少的原因是，当单位产品的碳排放量较高时，制造商向碳交易市场出售排放额度。实际上，对于制造商来说存在着边际利润与碳交易价格之间的平衡。单位产品碳排放量越低，边际利润越高，制造商会购买排放配额进行生产，这会导致更多的碳排放量。否则，制造商将出售排放额度而不是进行生产，从而减少碳排放量。从这个发现中，我们可以得出结论：使用绿色技术可能会破坏环境，因为会产生更多的碳排放量。

定理3.1还表明，消费者对交货时间的敏感性可能有助于控制碳排放。q_0^* 表示消费者不关心交货时间($\lambda=0$)时的最优生产量。考虑当定理3.1①成立时的情形，我们可以验证 q_0^* 与 q_g^* 的差是 $\lambda l_g^*/2$，即 q_0^* 大于 q_g^*。这是因为，当消费者不关心交货时间时，制造商为了降低产品的边际成本将不会缩短交货时间。

为了保持合理的边际利润，制造商降低了零售价格，从而增加了市场需求。更多的市场需求意味着更多的生产，从而带来更多的碳排放量。因此，可以看到，如果消费者对交货时间敏感，制造商的产量就会减少，这有利于控制碳排放。

由定理 3.1 可以很容易地验证，当制造商的碳配额比例大于(小于)某一阈值时，即 $\min\{1, 4\lambda_1^2/\lambda^2, 2\lambda_1[(a-bC)e_0\lambda+2\lambda_0\lambda_1]/(2a\lambda\lambda_1-\lambda^2\lambda_0)\}$，最优生产量随交货时间的敏感性增大(减小)。制造商的碳配额越大，边际利润就越高。因此，随着对交货时间敏感性的提高，制造商通过减少(增加)交货时间来增加(减少)需求。我们知道，随着网上购物的日益普及，消费者对送货时间越来越敏感，在做出购买决策时将送货时间视为关键因素，甚至有些消费者愿意支付更多的钱来获得当日送达服务(Hua 等，2010；Modak 和 Kelle，2019；Zhang 等，2019)；很多平台，如天猫，佣金率不超过 5%，这表明制造商的碳配额比例很高量。因此，在实践中，对交货时间的敏感性的提高将导致生产量的增加，从而带来更多的碳排放量。因此，政府有必要采取措施控制制造商的交货时间以控制碳排放。

3.3.2 祖父制下政府的运营决策

在祖父制下，政府作为斯塔克尔伯格博弈的领导者，决定最优的区域碳配额以实现社会福利最大化。我们将 $\pi_{gm}^{s*}=\varphi p_g^* q_g^*-(\lambda_0-\lambda_1 l_g^*)^2$ 定义为制造商销售产品的利润。与 Krass 等(2013)、Xu 等(2016)、He 等(2017)、Ji 等(2020)、Dou 和 Choi(2021)类似，社会福利的定义是制造商通过销售产品获得的利润、平台的利润和消费者剩余减去环境损害的总和。用 W_g 表示碳交易机制下的最优社会福利，则：

$$W_g=\pi_{gm}^{s*}+\pi_{gp}^*+\int_0^{q_g^*}(p-p_g^*)dq-ve_0q_g^* \tag{3-4}$$

在公式(3-4)中，前两项分别是制造商和平台通过销售产品获得的利润，第三项是消费者剩余，最后一项是环境损害，这是由环境损害系数 $v>0$，和碳排放总量的积来衡量的。在这里，我们定义了关于制造商收益率以及环境损害系数的几个阈值，如下所示：

$$\bar{\varphi}=1-\sqrt{\lambda^2-2\lambda_1^2}/\lambda,$$

$$v_1=\frac{ae_0\lambda_1[2\lambda_1^2-\varphi\lambda^2(2-\varphi)]+\varphi(a\lambda_1-\lambda\lambda_0)[2\lambda_1^2+\varphi\lambda^2(1-\varphi)]}{\varphi e_0\lambda_1(4\lambda_1^2-\varphi\lambda^2)},$$

$v_{11}=\dfrac{(\alpha\lambda_1-\lambda\lambda_0)[2\lambda_1^2+\varphi\lambda^2(1-\varphi)]}{e_0\lambda_1(4\lambda_1^2-\varphi\lambda^2)}$,

$\bar{v}_3=\dfrac{ae_0\lambda_1[2\lambda_1^2-\varphi\lambda^2(2-\varphi)]+2\varphi(\alpha\lambda_1-\lambda\lambda_0)[2\lambda_1^2+\varphi\lambda^2(1-\varphi)]}{2\varphi e_0\lambda_1(4\lambda_1^2-\varphi\lambda^2)}$,

$\bar{v}_4=(ae_0+\alpha\varphi)/(2\varphi e_0)$ 和 $v_{14}=\varphi/(2e_0)$。

上述阈值在附录A定理3.2的证明中推导出来。阈值$\bar{\varphi}$是保证社会福利在区域碳配额内凹的制造商收益率的最大值。环境损害系数阈值是为了确保最优区域碳配额落在可行区域内。如果制造商的碳配额比例大于该阈值,则政府将设置区域碳配额的极值,如$C_g^*=0$,$C_g^*=a/b$;如果环境损害系数低于最小阈值或高于最大阈值,则政府将为区域碳配额设定极值。我们将λ^2/λ_1^2定义为交货时间的性价比。由公式(3-2)和公式(3-3)可知,交货时间的性价比越低,制造商获得的利润越大。

定理3.2　在祖父制下,政府的最优区域碳配额见附录B中表B-1所列。

定理3.2表明,最优区域碳配额由交货时间的性价比、制造商收益率和环境损害系数决定。在给定的性价比和制造商收益率下,随着环境损害系数的增大,最优区域碳配额先保持不变,然后减小(或保持不变),最后保持不变。这一结果与Xu等(2016)、He等(2017)等研究相似。

定理3.2还表明,最优区域碳配额随着单位产品碳排放量的减小而减少。单位产品碳排放量的增加了碳排放总量,损害了社会福利。因此,政府分配的区域碳配额将会减少,这将提高碳交易价格,进一步降低制造商的边际利润。结果表明,如果制造商通过经营管理或采用绿色技术降低单位碳排放量,政府应分配更多的区域碳配额,这也是一种激励机制。

3.3.3　基准制下的制造商的运营决策

通过求解公式(3-3),我们得到以下定理。

定理3.3　在基准制下,我们得到制造商的最优生产和交货时间决策如下:①如果$0<\varphi<\min\{1,4\lambda_1^2/\lambda^2\}$,那么$l_b^*=[4\lambda_0\lambda_1-\alpha\varphi\lambda+\lambda(a-bC)(e_0-e_m)]/(4\lambda_1^2-\varphi\lambda^2)$,$q_b^*=2\lambda_1[\varphi(\alpha\lambda_1-\lambda\lambda_0)-\lambda_1(a-bC)(e_0-e_m)]/[\varphi(4\lambda_1^2-\lambda^2\varphi)]$。②如果$\min\{1,4\lambda_1^2/\lambda^2\}\leqslant\varphi\leqslant1$,那么$l_b^*=0$,$q_b^*=[\alpha\varphi-(a-bC)(e_0-e_m)]/(2\varphi)$。

定理3.3表明,最优生产量(交货时间)与区域碳配额的关系取决于单位产品碳排放量与排放标准的差值。当单位产品碳排放量大于排放标准时，即制造商生产普通产品时，最优产量随区域碳配额的增加而提高，最优交货时间随区域碳配额的减少而缩短。这个结果类似于定理3.1中的发现。反之，最优产量随区域碳配额的增加而降低，而最优交货时间随区域碳配额的增加而延长。这个结果似乎有悖直觉。在这种情况下，制造商生产绿色产品，这意味着它会将多余的碳配额出售给碳交易市场。由于区域碳配额与碳交易价格成反比关系，区域碳配额的提高会导致碳交易价格降低，从而降低制造商的边际利润，因此最优生产量也会减少。此外，由于制造商的边际利润减少，制造商没有动力去缩短交货时间，因此交货时间会增加。

直觉上，如果政府分配更多的区域碳配额，那么制造商将生产更多的产品，从而产生更多的碳排放。定理3.3表明，如果制造商生产的是普通产品，则区域碳配额的增加会扩大市场份额。但是，如果制造商生产绿色产品，则区域碳配额的增加会降低市场份额。因此，政府有必要通过区域划分对制造商进行管理，将绿色(普通)制造商分配在一起；并实施不同的区域碳配额分配策略来控制碳排放。

由定理3.3，我们可以验证对于普通产品，最优生产量随着制造商收益率的增加而增加；对于绿色产品，随着制造商收益率的增加，最优生产量先减少后增加，最后减少。很明显，最优产量随制造商收益率的增加而增加。因为制造商收益率的增加可以增加边际利润，这意味着制造商有动力生产更多的产品。然而，最优生产量可能随着制造商收益率的增加而减少，这是违反直觉的。当制造商的碳配额比例较低时，制造商的边际利润较低。这时制造商会在碳交易市场出售排放额度来获取利润，进一步降低生产量。当制造商的碳配额比例高时，制造商的边际利润较高。但是，配送时间等于零，这意味着它不能通过缩短配送时间以吸引更多的消费者。因此，企业通过向碳交易市场出售排放额度来获取利润，从而降低生产量。

定理3.3也表明，当制造商生产普通产品时，碳排放总量随单位产品碳排放量的增加先增加后减少，这与定理3.1的结果相似。然而，如果制造商生产绿色产品，则碳排放总量总是随着单位产品碳排放量的增加而增加。我们知道，单位产品的低碳排放意味着制造商的高边际利润。此时，制造商进行更多的生产，而不是将剩余的碳配额出售给碳交易市场。更多的生产量意味着更多的碳排放量。因此，碳排放总量急剧增加。

由于消费者对交货时间的敏感性对最优生产量和碳排放总量的影响与定理3.1的结果相似,我们不作进一步解释。此外,制造商的碳交易决策取决于单位产品的碳排放量。当单位产品的碳排放量大于排放标准时,制造商购买高于排放标准的排放额度。否则,它将出售多余的排放额度。

3.3.4　基准制下政府的运营决策

$\pi_{bm}^{s*}=\varphi p_b^* q_b^*-(\lambda_0-\lambda_1 l_b^*)^2$ 和 $\pi_{bp}^*=(1-\varphi)p_b^* q_b^*$ 表示制造商和平台通过销售产品获得的利润。在第3.3.2小节中,我们参考了Krass等(2013)、Xu等(2016)、He等(2017)、Ji等(2020)、Dou和Choi(2021)的研究,同样推导出基准制下的最优社会福利:

$$W_b=\pi_{bm}^{s*}+\pi_{bp}^*+\int_0^{q_b^*}(p-p_b^*)dq-ve_0q_b^* \tag{3-5}$$

与3.3.2小节相似,我们定义了以下关于环境损害系数的阈值:

$$\bar{v}_1=\frac{a\lambda_1(e_0-e_m)[2\lambda_1^2-\varphi\lambda^2(2-\varphi)]+\varphi(\alpha\lambda_1-\lambda\lambda_0)[2\lambda_1^2+\varphi\lambda^2(1-\varphi)]}{\varphi e_0\lambda_1(4\lambda_1^2-\varphi\lambda^2)},$$

$$\bar{v}_3=\frac{a\lambda_1(e_0-e_m)[2\lambda_1^2-\varphi\lambda^2(2-\varphi)]+2\varphi(\alpha\lambda_1-\lambda\lambda_0)[2\lambda_1^2+\varphi\lambda^2(1-\varphi)]}{2\varphi e_0\lambda_1(4\lambda_1^2-\varphi\lambda^2)},$$

$$\bar{v}_4=\frac{a(e_0-e_m)+\alpha\varphi}{2\varphi e_0}。$$

与第3.3.2小节中的阈值类似,上述环境损害系数的阈值在定理3.4的证明中得出,用于确保最优区域碳配额处于可行区域。如果环境损害系数低于最小阈值或高于最大阈值,政府将为区域碳配额设定极值。

定理3.4　在基准制下,政府的最优区域碳配额见附录B中表B-2所列。

定理3.4表明,区域碳配额与环境损害系数的关系取决于单位产品碳排放量与排放标准的差值。当单位产品碳排放量大于排放标准时,即制造商生产普通产品时,最优区域碳配额随着环境损害系数的增大而减少。这个结果类似于定理3.2。当单位产品碳排放量低于排放标准,即制造商生产绿色产品时,可以发现,最优区域碳配额随着环境损害系数的增加而增加。定理3.4表明,当政府面对普通制造商时,随着环境损害系数的增大,政府分配的区域碳配额越少。否则,政府应该分配更多的区域碳配额。定理3.4还表明,与普通制造商相比,绿色制造商对基准制的影响更大。这种影响产生的原因如下:为了控制碳排放，鼓励绿色产品的生产，政府可能会分配较少的区域碳配额，从而导致高碳交易价格。高碳交易价格有利于绿色制造商向交易市场出售多余的排放额度；然而，它损害了购买排放额度以保证生产的普通制造商的利润。从表B-2中，我们可以很容易地验证，如果$e_0 > e_m$（$e_0 < e_m$），最优区域碳配额C_b^1随制造商的碳配额比例增加（减少）。在实践中，一些平台，如美团、亚马逊，增加佣金率表明制造商的碳配额比例较低。在此背景下，对于绿色产品（普通产品），政府应增加（减少）区域碳配额。

在现有文献中，一些研究者将碳交易价格视为固定值，他们发现区域碳配额并不影响碳排放（Hua等，2011；Zhang和Xu，2013；Chang等，2015；Xu等，2017）。也有一些研究对不平等的碳交易价格进行了探讨，发现高碳配额或低碳配额对碳排放没有影响（Gong和Zhou，2013；He等，2017；Xu等，2017）。虽然我们的研究表明碳配额并不影响碳排放，但有趣的是，我们发现政府可以很好地利用区域碳配额来控制碳排放。

3.3.5 两种分配制下的比较

定理3.5 附录B中表B-3列给出了在祖父制和基准制下的制造商最优运营决策的比较。

定理3.5表明，采用祖父制下的最优生产量并不大于采用基准制下的最优生产量，说明基准制带来更多的碳排放。这是因为在祖父制下，制造商被分配了与生产量无关的固定排放额度。在基准制下，制造商可以通过生产更多的产品来获得更多的排放额度，因为它需要购买或出售的排放额度只是超过排放标准的部分。因此，基准制带来了更多的碳排放。

定理3.5还表明，基准制往往比其他规则的交付时间更短。通过以上分析，我们发现基准制使得制造商有动力生产更多的产品。也就是说，在基准制下，制造商可以通过销售更多的产品来获得更多的利润，从而有动机去缩短更多的交货时间。以上分析表明，交货时间对碳排放有显著影响。由公式（3-1）可知，较短的交货时间会导致更多的产量，从而产生更多的碳排放量。由于基准制在缩短交付时间方面具有优势，因此该规则最终会产生更多的碳排放量。具体而言，如果制造商生产绿色产品，基准制总是产生更多的碳排放；如果制造商生产普通产品，在某些情况下，两种分配规则没有区别。因此，从碳排放控制的角度来看，建议政府采用祖父制对绿色产品制造商进行监管，而这两种规则可以看作是对普通产品制造商进行监管的替代工具。

定理3.6　附录B中表B-3列出了在祖父制和基准制下的社会福利的比较。

定理3.6表明当单位产品碳排放量低于排放标准时，如果环境损害系数低于(高于)某一阈值，采用祖父制的社会福利小于(大于)基准制。由公式(3-4)和公式(3-5)可知，如果环境损害系数较低，碳排放对社会福利的负面影响是有限的。即在环境损害系数较低的情况下，生产更多的产品可以产生更多的社会福利。由定理3.5可知，基于祖父制的最优生产量并不大于基于基准制的最优生产量。因此，基准制产生更多的社会福利。同样，我们可以解释环境损害系数高时的情况。

定理3.6还表明当单位产品碳排放量大于排放标准时，如果环境损害系数较高，基于祖父制的社会福利大于基于基准制的社会福利；当环境损害系数较低时，两者的社会福利相等。由定理3.5可知，基于祖父制的最优生产量并不大于基于基准制的最优生产量。也就是说，如果环境损害系数高，那么祖父制对社会福利的影响较小，这意味着它可以带来更多的社会福利。

定理3.5和定理3.6表明，当环境损害系数高时，基于祖父制的分配规则不仅会产生更多的社会福利，而且可以很好地控制碳排放。也就是说，政府应该实行祖父制的分配规则。如果环境损害系数较低，政府则应采用基准制的分配规则。然而，它会带来更多的碳排放量。定理3.5和定理3.6还表明当单位产品的碳排放量低于排放标准，即制造商生产绿色产品时，两种分配规则都不能总是产生更多的社会福利。然而，当单位产品的碳排放量高于排放标准时，即制造商生产普通产品时，祖父制分配规则总是产生更多的社会福利。因此，对于高耗能行业，政府应采取祖父制的分配制度。

在中国，不同行政区域的环境问题是不同的。例如，河北省、山西省和山东省面临严重的环境问题，表明环境损害系数值较高。因此，由定理3.6可知，为了产生更多的社会福利，更好地控制碳排放，政府应该对这些地区采用祖父制分配规则；但是，有些省(区)，如云南省、海南省和广西壮族自治区，环境相对较好。因此，由定理3.6可知，政府应采用基准制的分配规则。

为了验证比较结果的稳健性，我们根据一家制造商的代表性数据进行数值实验。由于数据的敏感性，我们使用企业A来代表这个制造商。它是一家零食企业，通过天猫销售产品。我们获得其2018年5月—2018年11月的销售和交货时间数据。经过一些变换，我们提出了生产量的函数为 $q=28-p-1.5l$，即 $\alpha=2$ 和 $\lambda=1.5$。根据我们的调查，A 企业通过天猫销售其产品，每售出一件产品需向平台支付 2% 的佣金率。因此，我们设置了模型 $\varphi=0.98$。在单位产品碳排放低于排放标准的情况下，分别设 e_0 和 e_m 为 0.4、0.5。否则，我们设 $e_0=0.6$。模型中的其他参数设置如下：$a=10$，$\lambda_0=10$，$\lambda_1=2$，$b=0.2$。

根据定理 3.4，我们可以推导出两种分配规则下的最优社会福利。在这里，我们给出了在 $0<\lambda^2/\lambda_1^2<2$（$\lambda=1.5$ 和 $\lambda_1=2$）情况下的最优社会福利的比较。根据给定的参数，得到了环境损害系数所涉及的阈值。当 $e_0=0.4$ 和 $e_m=0.5$，$\bar{v}_1=28.82$，$v_{11}=29.88$，$\bar{v}_1=34.14$；当 $e_0=0.6$ 和 $e_m=0.5$ 时，$v_{11}=19.92$，$\bar{v}_1=20.63$，$\bar{v}_1=24.18$。

两种分配规则下的最优社会福利的对比如图 3-1 所示，如果 $e_0<e_m$，则当 $0\leqslant v<29.88$ 时，采用祖父制的最优社会福利小于采用基准制的最优社会福利，而当 $v>29.88$ 时，则大于采用基准制的最优社会福利；如果 $e_0>e_m$，则当 $0\leqslant v<20.63$ 时，采用祖父制的最优社会福利等于采用基准制的最优社会福利，并且当 $v\geqslant 20.63$ 时，采用祖父制的最优社会福利大于采用基准制的最优社会福利。我们知道企业 A 是传统制造业企业，这意味着其单位产品的碳排放量可能大于排放标准。因此，政府应该实行祖父制分配规则。

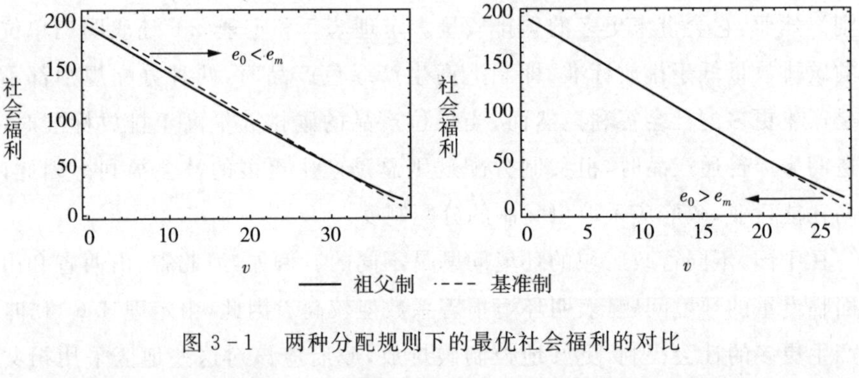

图 3-1　两种分配规则下的最优社会福利的对比

因为对制造商的利润在两种分配规则下的比较很繁琐，在这里我们用数值实验的方式来展示比较结果。

两种分配规则下的制造商的最优利润的对比如图 3-2 所示，如果 $e_0<e_m$，当 $0\leqslant v<29.88$ 时，采用祖父制时制造商的最优利润小于采用基准制时制造商的最优利润，而当 $v>29.88$ 时，采用祖父制时制造商的最优利润大于采用基准制时制造商的最优利润；如果 $e_0 > e_m$，则当 $0 \leqslant v < 19.92$ 时，采用祖父制时制造商的最优利润等于采用基准制时的最优利润，且当 $v \geqslant 19.92$，采用祖父制时制造商的最优利润大于采用基准制时的最优利润。由于企业 A 是传统制造企业，而政府采用前文所述的祖父制，因此可以为企业 A 带来更多的利润。

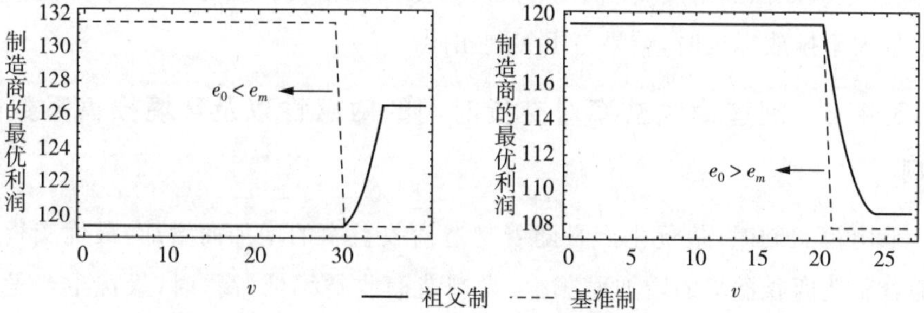

图 3-2　两种分配规则下的制造商的最优利润的对比

3.4　小　结

本章考虑单个政府和单个制造商。政府通过两种分配规则实行碳交易机制，即祖父制和基准制。制造商受该法规监管，通过在线平台销售其产品，并且每单位产品的销售都会向平台支付一定比例的佣金。制造商需要确定最优的生产量和交货时间，政府需要确定最优的区域碳配额。首先研究了祖父制下的制造商的最优运营决策和最优区域碳配额；然后探讨了基准制下制造商的最优运营决策和最优区域碳配额，分析了制造商碳配额、交货时间敏感性、区域碳配额等重要参数对最优运营决策的影响；最后比较了两种分配规则下的生产量（碳排放量总量）、交货时间和社会福利。通过实际数据的数值研究来说明我们的主要发现。

3.4.1　总的碳配额和制造商的碳配额比例的影响

在祖父制下，最优生产量（交货时间）与分配给制造商的碳配额无关。这一违反直觉的结果已经在许多研究中被发现，如 Dong 等（2016）、Xu 等（2017）和 Ji 等（2017）。然而，我们发现，最优生产量（交货时间）随着区域碳配额的增加而增加(减少),这表明政府可以利用区域碳配额来控制碳排放。在基准制下,分配给制造商的最优生产量(交货时间)与分配给制造商的碳配额之间的关系与祖父制相同。最优运营决策与区域碳配额的关系取决于单位产品碳排放量和排放标准的差值。当单位产品碳排放量低于排放标准时,最优生产量(交货期)随区域碳配额的增加而减小(增大),与祖父制相反。但是,当单位产品的碳排放量大于排放标准时,结果与祖父制相同。

3.4.2 制造商收益率对交货时间的敏感性以及环境损害系数的影响

采用祖父制时,最优生产量随着制造商收益率的增加而增加,最优交货时间随着制造商收益率的增加而减少;当制造商收益率低(高)时,最优生产量随交货时间的敏感性降低(增加);最优区域碳配额随着环境损害系数和单位产品碳排放量的增大而减小。

在基准制下,当单位产品碳排放量大于排放标准时,最优生产量随着制造商收益率的增加而增加;最优区域碳配额随环境损害系数的增大而减小。然而,当单位产品碳排放低于排放标准时,最优生产量随着制造商收益率的增加先减少后增加,最后减少;最优区域碳配额随环境损害系数的增大而增大。基于祖父制的最优生产量与交货时间的关系在基准制下仍然成立。

3.4.3 两种分配制度下的比较

通过对两种分配规则的比较,我们发现基准制总是导致更短的交货时间,但产生更多的碳排放量。当单位产品碳排放低于排放标准时,当环境损害系数低于(高于)某一阈值时,采用祖父制的社会福利小于(大于)采用基准制的社会福利;当单位产品碳排放量大于排放标准时,环境损害系数高时,采用祖父制的社会福利大于采用基准制的社会福利,环境损害系数低时,两者的社会福利相等。当环境损害系数较高时,祖父制不仅产生更多的社会福利,而且带来更少的碳排放量。当环境损害系数较低时,基准制产生更多的社会福利,但带来更多的碳排放量。

第 4 章　考虑碳交易机制和需求波动下平台抽成和再销售模式的选择策略研究

本章考虑了在碳交易机制下，单个制造商在线下渠道和在线平台上销售产品时的运营模式选择问题。平台可以采用抽成模式或再销售模式。我们研究了制造商在考虑需求波动时的最优运营决策和平台模式的选择。首先，在应用碳交易机制的过程中，随着碳配额的降低，如果跨渠道效应较小，该机制实施先易后难。尽管平台提高其佣金率，更大的跨渠道效应仍然可以带来更多的生产量。其次，需求波动的增加为制造商和平台带来更多利润。具体而言，在考虑需求波动时，分散式情况下再销售模式的总利润在某些情况下大于集中式情况下的总利润。再次，没有需求波动时，如果佣金率低(高)，制造商更倾向于选择抽成模式(再销售模式)。然而，需求波动使制造商的模式选择变得复杂。最后，没有需求波动时，制造商和平台可以通过再销售模式进行协调，但不能通过抽成模式进行协调。在存在需求波动时，制造商和平台在某些情况下可以通过这两种模式进行协调。

4.1　问题的引出

平台电子商务在过去的 20 年中蓬勃发展(Choi 等，2020；Dolgui 等，2020；Liu 等，2020)。越来越多的制造商与平台合作，增加在线销售渠道来销售他们的产品(Tian 等，2018；Choi 等，2019；Hosseini 等，2019；Zhang 等，2019)。这里通常有 2 种典型模式：平台抽成模式和再销售模式(Tan 和 Carrillo，2017；

Liu 和 Ke,2020;Liu 等,2020;Xu 等,2020)。在抽成模式下,制造商可以通过平台直接向消费者销售产品,平台收取佣金和一定期间的固定上架费(Shen 等,2019),而制造商具有决定零售价格的权利。在再销售模式下,制造商将其产品批发给平台,后者将其进一步销售给消费者,其中制造商确定批发价格,平台确定零售价格和订购数量(Shen 等,2019;Wang 等,2020)。这两种模式广泛存在于当前的电子商务环境中。例如,天猫是中国最大的在线平台,主要采用抽成模式。亚马逊和京东以再销售模式而闻名。

作为制造商获取利润的新途径,线上渠道必然对线下销售产生影响。根据先前的文献(Abhishek 等,2016;Nie 等,2019;Yi 等,2019),我们将这种影响称为"跨渠道效应"。这种效应在实践中广泛存在,其方向(正向或负向)取决于具体的行业。例如,在音乐行业中,线上渠道对线下销售产生正向影响(Yan 等,2018);而在家电行业中,线上渠道对线下销售产生负向影响。积极(消极)效应意味着线上渠道的销售增加(减少)了线下渠道的销售(Abhishek 等,2016)。这种"跨渠道效应"可能对制造商的生产和定价决策产生重大影响。

除了"跨渠道效应"之外,还有 2 个因素可能对制造商的生产和定价决策产生影响。第一个因素是需求波动,即在某些特定情况下销售需求突然变化(Cao,2014;Shen 和 Li,2017;Gupta 等,2020;Gupta 和 Ivanov,2020;Choi,2021)。此类情况的典型例子包括原材料短缺、新冠疫情暴发、中国的"双十一"购物节、美国的"黑色星期五"等。这些突发情况直接导致需求的减少或增加(Ivanov,2020;Ivanov 和 Dolgui,2020;Queiroz 等,2020;Zhao 等,2020)。例如,在中国,2019 年的"双十一"购物节(仅一天),天猫的销售额达到 2684 亿元人民币,约占当年杭州市(天猫总部所在地)国内生产总值的 17%。需求的突然增加无疑促使制造商大幅提高生产量,进而引发额外的生产成本。

第二个因素是碳交易机制。制造和营销活动的繁荣对环境不利,这主要是因为这些活动产生的碳排放(Liu 等,2015)。为了控制工业活动产生的碳排放,世界各国政府实施了各种碳排放监管措施。碳交易机制是控制碳排放较有效的市场化监管之一,因此得到越来越多的从业者和学者的提倡(Gong 和 Zhou,2013;Xu 等,2017;Xu 等,2017)。例如,欧盟排放交易体系(EU ETS)是全球最大的碳交易市场,覆盖了欧盟总碳排放量的 50%以上(Xu 等,2017)。中国政府还建立了 7 个碳交易试点区并在那里实施了碳交易机制(Xu 等,2017;Xu 等,2017)。在碳交易机制下,政府首先向制造商分配一定数量的免费排放配额,制造商可以通过碳交易市场以碳交易价格购买更多或出售分配的排放配额（Wang和Wu,2020；Wang等,2018）。在碳交易机制下，制造商除了投资于绿色技术以满足监管要求外，还可以选择交易碳排放权。

需求波动和碳交易机制可以同时影响制造商的运营决策。需求波动直接影响总碳排放量，进而影响制造商的碳交易决策。例如，在2019年底突袭而至的新型冠状病毒疫情后，由于对钢铁出口的限制，钢铁需求大幅减少。许多钢铁生产商不得不以非常低的价格出售产品。如果没有这种需求波动，钢铁生产商可能会购买排放配额来生产更多产品。然而，在这种需求波动之后，他们生产的产品较少，可能会将排放配额销售给碳交易市场。需求波动可以由自然灾害引起，如2004年印度尼西亚苏门答腊岛海啸、2008年中国汶川地震等。

为了更好地理解本章研究问题的背景，我们于2019年5月在安徽省调查了一家食品企业，并建立了一个项目来探索制造商的运营决策和与平台在双渠道在线供应链结构中的合作关系。为保护其隐私，在本章中我们将其称为A企业。该企业不仅通过线下渠道销售产品，还通过天猫和京东2个在线渠道进行销售。我们收集了该企业在2018年天猫上的销售数据，并从调查中得出以下结论。首先，当A企业通过天猫销售产品时，后者会从每笔在线订单的收入中抽取2%的佣金。其次，当该企业与在线平台合作时，在线渠道的销售确实会影响线下渠道的销售。最后，由于A企业是一家传统制造业企业，中国政府对其生产过程的污染进行严格控制。此外，无法预测的环境变化也给该企业带来了需求波动。通过对该企业经理的采访，发现新型冠状病毒疫情对其线下销售几乎没有影响，但对其在线销售有显著影响。A企业超过90%的线下销售来自中国东北地区，与湖北省相距甚远，因此其线下销售几乎没有受到影响。然而，A企业的在线销售覆盖了几乎整个中国，在特殊时期由于物流限制而受到显著影响。在这个背景下，本章假设需求波动会对A企业的销售产生影响。我们认为需求波动直接影响在线渠道的销售，同时通过跨渠道效应间接影响线下渠道的销售。

综合以上情况，我们建立了斯塔克尔伯格博弈来描述制造商和平台之间的关系。首先，我们研究了在没有需求波动的情况下，制造商在碳交易机制下使用两种模式的最优生产决策。此外，我们讨论了制造商在这种情况下抽成模式和再销售模式的模式选择。然后，我们研究了在存在需求波动时制造商的最优决策，并讨论了在这种情况下两种模式的选择问题。最后，我们探讨了制造商和平台在有或没有需求波动时的协调问题。

4.2 模型的建立

在本节中，我们考虑了在碳交易机制下，制造商在需求波动下的定价和生产决策问题。制造商通过在线平台和线下渠道销售产品。在线平台可以采用抽成模式或再销售模式运营。在抽成模式下，制造商直接向消费者销售产品，但需要支付给平台固定上架费用 F 和佣金费用（佣金率为 φ）(Shen 等，2019)。在再销售模式下，制造商以批发价格 ω 向平台销售产品，平台进一步以零售价格 p 向消费者销售。我们将线下渠道的零售价格表示为 p_0。参考 Abhishek 等(2016)和 Yan 等(2019) 的研究，我们假设线下渠道的需求由基础需求 Q 和在线渠道的影响构成。线下渠道的需求为 $Q+rq$。其中，q 表示在线销售量，$r\in[-1,1]$ 表示跨渠道效应。

在碳交易机制下，制造商会得到免费的碳配额 C，必要时可以购买或出售碳配额。此外，碳交易价格与配额呈相反关系，这一点已经通过实证研究(Benz 和 Truck，2009) 和建模研究(Benjaafar 等，2012；Ji 等，2020) 得到证实。根据这些研究，我们假设碳交易价格为 a_0-b_0C，其中 a_0 是最大的碳交易价格、b_0 是配额的价格敏感度。单位产品的碳排放量为 e_0。类似于 Xu 等(2017)、Xu 等(2017) 和 Ji 等(2020)，我们将在线渠道的需求定义如下：

$$d=q=a-kp \tag{4-1}$$

其中，a 是最大的市场规模，k 是零售价格的敏感度。

我们使用斯塔克尔伯格博弈模型来刻画博弈过程，制造商是领导者，平台是追随者。事件的顺序如下：在再销售模式下，制造商首先确定批发价格，平台进一步确定零售价格。在抽成模式下，制造商确定生产量和零售价格。实际上，许多在线平台(如天猫) 为大多数产品收取 2%～5% 的佣金率，并且该佣金率很少改变。因此，遵循 Geng 等(2018) 和 Tian 等(2018) 的做法，本章假设佣金率是外生的。因此，在抽成模式下的博弈演变为制造商的最优决策问题。

4.3　主要结论

4.3.1　无需求波动模型

在本节中，我们首先研究了集中式情况下的最优定价和生产决策，然后分别研究了分散式情况下平台抽成模式和再销售模式的最优定价和生产决策。

1. 集中式情况

在集中式的情况下，我们先将制造商和平台视为整体。然后，通过计算 $\pi^{SC-0*}=\max\pi^{SC-0}(p)$ 得到这个"整体"的总利润，其中：

$$\pi^{SC-0}(p)=p_0(Q+rq)+pq-(a_0-b_0C)[e_0(Q+rq+q)-C] \quad (4-2)$$

公式(4-2)中，第一项是线下渠道的利润，第二项是线上渠道的利润，最后一项是碳排放交易的成本或收益。由此我们得到最优决策，如引理4.1所示。

引理4.1　没有需求波动，① 集中式情况下的最优决策如下，$p^{SC-0*}=\frac{\bar{a}+\bar{M}}{2k}$，$q^{SC-0*}=\frac{\bar{a}-\bar{M}}{2}$，$\pi^{SC-0*}=\frac{(\bar{a}-\bar{M})^2}{4k}+p_0Q+(a_0-b_0C)(C-Qe_0)$，其中 $\bar{M}=-krp_0+e_0k(a_0-b_0C)(1+r)$。

② 当 $r>(2-e_0\sqrt{b_0k})/(e_0\sqrt{b_0k})$，$\pi^{SC-0*}$ 随着C而递增，否则，当 $r\leqslant(2-e_0\sqrt{b_0k})/(e_0\sqrt{b_0k})$，$\pi^{SC-0*}$ 随着C先递增后递减。

引理4.1① 表明最优生产量和最优总利润是随着跨渠道效应递增的。此外，最优生产量随着碳配额递增。这一结论似乎是直观的，但却是一个重要的发现。这表明，碳配额能够直接有效地控制碳排放。以往许多论文揭示：碳配额不能直接控制碳排放(Benjaafar 等，2012)；碳配额部分控制了碳排放(Xu 等，2016；He 等，2017；Xu 等，2017；Xu 等，2017)。在本章中，我们考虑了碳配额与碳排放交易价格的反向关系，有趣地发现碳配额可以直接有效地控制碳排放。然而，根据引理4.1②，如果 $r>(2-e_0\sqrt{b_0k})/(e_0\sqrt{b_0k})$，最优总利润随碳配额递增；如果 $r<(2-e_0\sqrt{b_0k})/(e_0\sqrt{b_0k})$，最优总利润随碳配额先递增后递减。这反映了跨渠道效应对总利润和碳配额的单调性的影响。据我们所知，这是第

一次发现跨渠道效应对碳配额与总利润关系的影响。以往的考虑固定的或不等的碳排放交易价格的研究表明,最优总利润(或制造商的利润)总是随着碳配额的增加而增加(Gong 和 Zhou,2013;Xu 等,2017;Xu 等,2017;He 等,2017)。最优总利润随碳配额递增,这是直观的。然而,如果跨渠道效应较小,本章的结果呈现相反的结论。其背后的逻辑是,随着碳配额的增加,碳排放交易价格下降。因此,当制造商向碳排放市场出售排放信用额时,收入会减少。因此,在这个方面,当跨渠道效应较小时,碳交易机制首先容易实施,然后变得困难。

2. 没有需求波动的分散式情况

在分散式的情况下,我们考虑平台的 2 种模式:一种是再销售模式,另一种是平台抽成模式。

再销售模式。在再销售模式下,制造商将其产品以批发价 ω 出售给平台,平台再以零售价 p 出售给消费者。那么,制造商和平台的利润如下:

$$\pi_m^{DR-0}(\omega)=p_0(Q+rq)+\omega q-(a_0-b_0C)[e_0(Q+rq+q)-C] \quad (4-3)$$

$$\pi_p^{DR-0}(p)=(p-\omega)q \quad (4-4)$$

我们得到以下关于最优决策和利润的引理。

引理 4.2 在没有需求波动时,我们得到了在分散式情况下的再销售模式中的最优决策如下:$\omega^{DR-0*}=\frac{\bar{a}+\overline{M}}{2k}$,$p^{DR-0*}=\frac{3\bar{a}+\overline{M}}{4k}$,$q^{DR-0*}=\frac{\bar{a}-\overline{M}}{4}$,$\pi_m^{DR-0*}=\frac{(\bar{a}-\overline{M})^2}{8k}+p_0Q+(a_0-b_0C)(C-Qe_0)$,$\pi_p^{DR-0*}=\frac{(\bar{a}-\overline{M})^2}{16k}$。

由于引理 4.2 与引理 4.1 呈现类似的结果,此处不再进行进一步的分析。

平台抽成模式。通过平台抽成模式,平台向制造商提供在线市场服务,并收取一定比例的佣金费用 φ。那么,制造商和平台的利润如下:

$$\pi_m^{DM-0}(p)=p_0(Q+rq)+(1-\varphi)pq-(a_0-b_0C)[e_0(Q+rq+q)-C]-F \quad (4-5)$$

$$\pi_p^{DM-0}=\varphi pq+F \quad (4-6)$$

通过最大化 $\pi_m^{DM-0}(p)$,我们得到以下引理。

引理 4.3 在没有需求波动时,采用平台抽成模式的分散式情况下,制造商的最优决策如下:

$$p^{DM-0*}=\frac{\bar{a}(1-\varphi)+M}{2k(1-\varphi)},q^{DM-0*}=\frac{\bar{a}(1-\varphi)-M}{2(1-\varphi)},$$

$$\pi_m^{DM-0*}=\frac{[\bar{a}(1-\varphi)-\bar{M}]^2}{4k(1-\varphi)}+p_0Q+(a_0-b_0C)(C-Qe_0)-F,$$

$$\pi_p^{DM-0*}=\frac{\varphi\{[\bar{a}(1-\varphi)]^2-\bar{M}^2\}}{4k(1-\varphi)^2}+F。$$

引理 4.3 表明在满足 $-1\leqslant r<e_0(a_0-b_0C)/[p_0-e_0(a_0-b_0C)]$ 的条件下，最优零售价格（生产量）随着佣金率的增加而增加（减少），而在满足 $e_0(a_0-b_0C)/[p_0-e_0(a_0-b_0C)]\leqslant r<1$ 的条件下，最优零售价格（生产量）随着佣金率的增加而减少（增加）。直观上，最优生产量应该随着佣金率的增加而减少。然而，我们有趣地发现，如果跨渠道效应很大，最优生产量会随着佣金率的增加而增加。跨渠道效应更大的值意味着制造商可以从线下渠道获得更多利润。因此，尽管平台提高了佣金率，但是制造商仍有动机增加生产量。当没有跨渠道效应时，最优生产量会随着佣金率的增加而减少。一些以前的研究没有考虑跨渠道效应，并发现最优生产量与佣金率无关（Tian 等，2018；Shen 等，2019）。这是因为他们假设生产成本为零。实际上，如果考虑非零的生产成本，最优生产量将随着佣金率的增加而减少。一些以前的研究考虑了跨渠道效应，并发现最优生产量随着佣金率的增加而增加（Abhishek 等，2016；Yan 等，2018）。在本研究中，我们考虑了碳交易机制，并揭示了最优生产量与佣金率之间的新结果。

此外，我们还得出了以下结论：① 制造商的利润随佣金率的增加而减少；② 平台的利润随佣金率的增加先增加后减少。将引理 4.2 与引理 4.3 进行比较，我们发现：如果 $0<\varphi\leqslant(\bar{a}-\bar{M})/(\bar{a}+\bar{M})$，则 $p^{DR-0*}\geqslant p^{DM-0*}$；如果 $(\bar{a}-\bar{M})/(\bar{a}+\bar{M})<\varphi<1$，则 $p^{DR-0*}<p^{DM-0*}$。因此，当佣金率较低（高）时，再销售（平台抽成）模式的双重边际化比平台抽成（再销售）模式更为严重。

推论 4.1　当 $0<\varphi<\varphi_0$ 时，采用平台抽成模式的制造商利润大于采用再销售模式的利润；否则，采用再销售模式的制造商利润大于采用平台抽成模式的利润。其中，$\varphi_0=1-\frac{(\bar{a}+\bar{M})^2+2F+\sqrt{[(\bar{a}+\bar{M})^2-2F]^2-16\bar{a}^2\bar{M}^2}}{4\bar{a}^2}$。

推论 4.1 表明，如果佣金率较低（高），制造商更喜欢采用平台抽成模式（再销售模式）。采用平台抽成模式时，制造商需要向平台支付佣金以进行在线销售，而采用再销售模式会导致双重边际化，从而降低制造商的利润。因此，如果佣金率较低，制造商更倾向于选择平台抽成模式；否则，制造商更倾向于选择再销售模式。这表明，佣金率的影响小于双重边际化的影响。

接下来，通过数值模拟进一步说明该结论。我们在数值研究中使用的参数值设置如下：$p_0=120$，$Q=2000$，$C=300$，$e_0=2$，$a_0=50$，$b_0=0.01$，$\lambda_1=12$ 和 $\lambda_2=10$。图 4-1 中的结果验证了我们在推论 4.1 中的结论。从上述数据中，我们可以轻松得出 $(\overline{M}-\overline{a})/4=-829.29$。不失一般性，我们设置 $\Delta a\in[-2000,-829.29]$。这里下界可以更小或更大。我们还可以得出 $\dfrac{\overline{a}-\Delta a-2\sqrt{\Delta a(\overline{M}-\overline{a})}}{k(1+r)}\in[-0.133,7.655]$。由于 $\lambda_2=10$，推论 4.1 中的条件得到满足。可以发现，在分散式情况下，采用再销售模式的利润大于集中式情况下的利润。在再销售模式的分散和集中情况下的总利润如图 4-1 所示，我们观察到，随着需求波动的增加，两种利润之间的差异逐渐变小。这表明随着需求波动的增加，分散式情况的优势逐渐减弱。

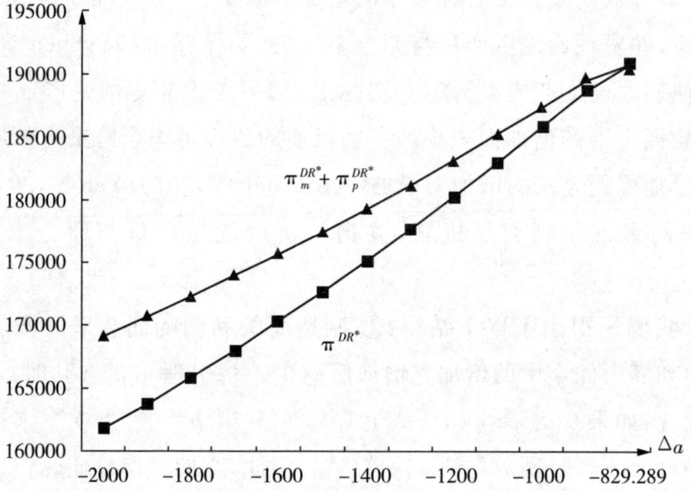

图 4-1　在再销售模式的分散和集中情况下的总利润

4.3.2　有需求波动模型

类似于 Qi 等（2004）、Wu 等（2020）及 Zhao 等（2020），我们将决策过程分为 2 个阶段。第一阶段是销售季节之前，第二阶段是销售季节中。在销售季节之前，制造商和平台在没有需求波动的情况下做出决策。在这个阶段，制造商的生产计划或平台的订单数量被确定。在销售季节中，存在需求波动的情况，采用再销售模式的平台可能会调整订单，采用平台抽成模式的制造商可能会改变其生产量，这两种情况都与第一阶段不同。在本节中，我们首先探讨集中式情况下有需求波动下的最优决策，然后分别研究在分散式情况下的两种模式中的决策。

1. 集中式情况下的需求波动

需求波动指需求突然变化，导致产生一定的偏离成本，这在正常环境下不会发生。在本节中，需求波动的模型将在2个阶段构建。第一阶段，我们假设在线需求为 $d=q=a-kp$，以制定生产计划。第二阶段，实际在线需求为 $\bar{d}=\bar{q}=a+\Delta a-kp$，其中需求波动通过 Δa 来捕捉(我们假设 $\Delta a\geqslant -a$，以确保需求 $\bar{d}\geqslant 0$)。当 $\Delta a>0$ 时，意味着正向波动，最大需求量将增加；当 $\Delta a<0$ 时，意味着负向波动，最大需求量将减少。需要明确的是，我们没有考虑线下渠道的需求波动。原因是紧急情况发生的地点可能不是企业的主要市场。换句话说，企业主要在 A 地销售产品，而紧急情况可能发生在 B 地。例如，新型冠状病毒疫情几乎没有对恰恰食品和宝贝网上购物企业等许多企业的线下销售产生影响。然而，在线渠道上的商品的销售地点更广泛。当发生紧急情况时，在线渠道将直接受到影响，因为在线渠道没有地理限制。正如在引言部分提到的那样，新型冠状病毒的突袭而至对 A 企业的线下销售几乎没有影响，但对其在线销售产生了重大影响。

我们首先假设存在一个中心决策者，他寻求制造商和平台的总利润最大化。当发生需求波动时，制造商需要承担额外的成本。一方面，如果实际生产量大于计划生产量(即引理 4.1 中给出的生产量)，制造商必须承担与某些临时和昂贵资源相关的成本，这意味着增加的需求有更高的生产成本。另一方面，如果实际生产量小于计划生产量，制造商必须承担未销售产品的库存成本或在二级市场销售导致的损失。因此，考虑需求波动的总利润可以写成：

$$\pi^{SC}(p)=p_0(Q+r\bar{q})+p\bar{q}-(a_0-b_0C)[e_0(Q+r\bar{q}+\bar{q})-C]$$
$$-\lambda_1(\bar{q}+r\bar{q}-q^{SC-0*}-rq^{SC-0*})^{+}$$
$$-\lambda_2(q^{SC-0*}+rq^{SC-0*}-\bar{q}-r\bar{q})^{+} \tag{4-7}$$

在公式(4-7)中，$(x)^{+}=\max\{x,0\}$。$\lambda_1>0$ 和 $\lambda_2>0$ 分别是需求增加和需求减少的边际额外成本。

命题 4.1　在有需求波动的情况下，集中式情况下的最优决策如下，情况 1：当 $-\bar{a} \leqslant \Delta a \leqslant -\lambda_2 k(1+r)$ 时，则 $p^{SC*} = \dfrac{\bar{a} + \Delta a + \bar{M}}{2k} - \dfrac{\lambda_2}{2}(1+r)$，$q^{SC*} = \dfrac{\bar{a} - \bar{M} + \Delta a + \lambda_2 k(1+r)}{2}$，$\pi^{SC*}$

$$= \frac{(\bar{a} - \bar{M})(\bar{a} + 2\Delta a - \bar{M}) + [\Delta a + \lambda_2 k(1+r)]^2}{4k} + p_0 Q + (a_0 - b_0 C)(C - Qe_0);$$

情况 2：当 $-\lambda_2 k(1+r) < \Delta a \leqslant \lambda_1 k(1+r)$ 时，则 $p^{SC*} = \dfrac{\bar{a} + 2\Delta a + \bar{M}}{2k}$，$\bar{q}^{SC*} = \dfrac{\bar{a} - \bar{M}}{2}$，$\pi^{SC*} = \dfrac{(\bar{a} - \bar{M})(\bar{a} + 2\Delta a - \bar{M})}{4k} + p_0 Q + (a_0 - b_0 C)(C - Qe_0)$；

情况 3：当 $\Delta a > \lambda_1 k(1+r)$ 时，则 $p^{SC*} = \dfrac{\bar{a} + \Delta a + \bar{M}}{2k} + \dfrac{\lambda_1}{2}(1+r)$，$\bar{q}^{SC*} = \dfrac{\bar{a} - \bar{M} + \Delta a - \lambda_1 k(1+r)}{2}$，

$\pi^{SC*} = \dfrac{(\bar{a} - \bar{M})(\bar{a} + 2\Delta a - \bar{M}) + [\Delta a - \lambda_1 k(1+r)]^2}{4k} + p_0 Q + (a_0 - b_0 C)(C - Qe_0)$。

根据命题 4.1，我们还发现最优生产量随着碳配额的增加而增加。因此，需求波动对最优生产量和碳配额的单调性没有影响。从命题 4.1 的第 2 种情况中，我们发现 $q^{SC*} = \dfrac{\bar{a} - \bar{M}}{2} = q^{SC-0*}$。这意味着，在需求波动稍微变化时，原始生产计划 q^{SC-0*} 是稳健的。在这种情况下，零售价格的调整可以弥补需求波动产生的相关成本。当需求波动超过阈值[即 $\lambda_1 k(1+r)$]或小于阈值[即 $-\lambda_2 k(1+r)$]时，制造商应修改其生产决策和零售价格。此外，集中式情况下的总利润随着碳配额的增加而增加。这一发现与 Qi 等(2004)、Cao(2014) 和 Zhao 等(2020) 的研究结果相似。通过比较引理 4.1 和命题 4.1，我们发现，如果需求正向波动(负向波动)，则集中式情况下有需求波动时的总利润大于(小于)没有需求波动时的总利润。

2. 分散式情况下有需求波动的再销售模式

在分散式情况下，制造商以批发价格 ω 将其产品销售给平台，而平台再以零售价格 p 进一步销售产品。制造商和平台的利润如下所示：

$$\pi_m^{DR}(\omega) = p_0(Q + r\bar{q}) + \omega q - (a_0 - b_0 C)[e_0(Q + r\bar{q} + \bar{q}) - C]$$

$$-\lambda_1(\bar{q}+r\bar{q}-q^{DR-0*}-rq^{DR-0*})^+$$

$$-\lambda_2(q^{DR-0*}+rq^{DR-0*}-\bar{q}-r\bar{q})^+ \tag{4-8}$$

$$\pi_p^{DR}(p)=(p-\omega)\bar{q} \tag{4-9}$$

命题 4.2　在有需求波动的情况下，我们得出了分散式情况下再销售模式的最优决策，如下所示：

情况 1：当 $-\bar{a}\leqslant\Delta a\leqslant-\lambda_2 k(1+r)$ 时，则 $\omega^{DR*}=\dfrac{\bar{a}+\Delta a+\bar{M}}{2k}-\dfrac{\lambda_2}{2}(1+r)$，$p^{DR*}=\dfrac{3\bar{a}+3\Delta a+\bar{M}}{4k}-\dfrac{\lambda_2}{4}(1+r)$，$\bar{q}^{DR*}=\dfrac{\bar{a}-\bar{M}+\Delta a+\lambda_2 k(1+r)}{4}$，$\pi_m^{DR*}=\dfrac{(\bar{a}-\bar{M})(\bar{a}+2\Delta a-\bar{M})+[\Delta a+\lambda_2 k(1+r)]^2+8k[p_0+(a_0-b_0C)(C-Qe_0)]}{8k}$，

$\pi_p^{DR*}=\dfrac{[\bar{a}+\Delta a-\bar{M}+\lambda_2 k(1+r)]^2}{16k}$。

情况 2：当 $-\lambda_2 k(1+r)<\Delta a\leqslant\lambda_1 k(1+r)$ 时，则 $\omega^{DR*}=\dfrac{\bar{a}+2\Delta a+\bar{M}}{2k}$，$p^{DR*}=\dfrac{3\bar{a}+4\Delta a+\bar{M}}{4k}$，$\bar{q}^{DR*}=\dfrac{\bar{a}-\bar{M}}{4}$，$\pi_m^{DR*}=\dfrac{(\bar{a}-\bar{M})(\bar{a}+2\Delta a-\bar{M})}{8k}+p_0Q+(a_0-b_0C)(C-Qe_0)$，$\pi_p^{DR*}=\dfrac{(\bar{a}-\bar{M})^2}{16k}$。

情况 3：当 $\Delta a>\lambda_1 k(1+r)$ 时，则 $\omega^{DR*}=\dfrac{\bar{a}+\Delta a+\bar{M}}{2k}+\dfrac{\lambda_1}{2}(1+r)$，$p^{DR*}=\dfrac{3\bar{a}+3\Delta a+\bar{M}}{4k}+\dfrac{\lambda_1}{4}(1+r)$，$\bar{q}^{DR*}=\dfrac{\bar{a}-\bar{M}+\Delta a-\lambda_1 k(1+r)}{4}$，$\pi_m^{DR*}=\dfrac{(\bar{a}-\bar{M})(\bar{a}+2\Delta a-\bar{M})+[\Delta a-\lambda_1 k(1+r)]^2}{8k}+p_0Q+(a_0-b_0C)(C-Qe_0)$，

$\pi_p^{DR*}=\dfrac{[\bar{a}+\Delta a-\bar{M}-\lambda_1 k(1+r)]^2}{16k}$。

根据命题 4.2 中的第二种情况，我们发现当需求波动略有变化时，平台的利润保持不变。因此，在再销售模式下，当需求波动略有变化时，平台的利润是稳健的。当需求波动大于一个阈值[即 $\lambda_1 k(1+r)$]或小于一个阈值[即 $-\lambda_2 k(1+r)$]时，制造商和平台的利润随需求波动的增加而增加。根据命题 4.2，很容易验证最优的批发价格和最优的零售价格随需求波动的增加而增加。我们还发现最优的生产量随着碳配额的增加而增加，这与引理 4.1 和命题 4.1 类似。

推论4.2 当$\Delta a < \frac{\overline{M}-\overline{a}}{4}$且$\frac{\overline{a}-\Delta a-2\sqrt{\Delta a(\overline{M}-\overline{a})}}{k(1+r)} < \lambda_2 < \frac{k(1+r)}{}$时，分散式情况下再销售模式的利润大于集中式情况下的利润。

推论4.2展现了一个有趣的结果。它显示在某些情况下，分散式的情况可以带来比集中式情况更多的利润。推论4.2表明，在有需求波动的情况下，与没有需求波动的情况不同，在集中式情况下制造商和平台的总利润始终大于分散式情况。此外，在传统的供应链中，集中式情况被认为在总利润方面比分散式情况具有更多优势。从公式(4-8)中我们知道，当$\Delta a < \frac{\overline{M}-\overline{a}}{4} < 0$时，制造商会产生处理剩余库存的额外成本。而且，当$\lambda_2$较高时，这个额外成本相对较高。通过比较命题4.1和4.2，可以很容易地验证集中式情况下的最优生产量大于分散式情况下的数量，这表明集中式情况可能会产生更多的成本。因此，分散式情况下再销售模式的利润大于集中式情况下的利润。据我们所知，本研究是首次发现这一有趣结果。之前考虑需求波动的研究，如Qi等(2004)、Cao等(2015)和Zhao等(2020)，主要讨论了制造商和零售商之间的协调问题。需要明确的是，如果我们不考虑碳交易机制与跨渠道效应，我们将发现集中式情况始终大于再销售模式下的分散式情况，这与传统供应链研究的发现一致。

3. 分散式情况下有需求波动的平台抽成模式

制造商和平台的利润如下：

$$\begin{aligned}\pi_m^{DM}(p) = {} & p_0(Q+r\overline{q})+(1-\varphi)p\overline{q}-(a_0-b_0C)[e_0(Q+r\overline{q}+\overline{q})-C]- \\ & F-\lambda_1(\overline{q}+r\overline{q}-q^{DM-0*}-rq^{DM-0*})^{+} \\ & -\lambda_2(q^{DM-0*}+rq^{DM-0*}-\overline{q}-r\overline{q})^{+}\end{aligned} \tag{4-10}$$

$$\pi_p^{DM}=\varphi p\overline{q}+F \tag{4-11}$$

在平台抽成模式下，佣金率是一个关键变量。实践中，许多平台采用较低的佣金率。例如，作为采用平台抽成模式运营的典型示例，天猫对其平台上销售的大多数产品采用2%—5%的佣金率。为了关注有价值的结果，我们做出以下假设：$0 < \varphi < \min\{\frac{\overline{a}-\overline{M}}{2\overline{a}}, \frac{\overline{a}-\lambda_2 k(1+r)}{}\}$。

命题4.3 在有需求波动的情况下，分散式情况下平台抽成模式的制造商的最优决策如下所示：

情况1：当 $-\bar{a} \leqslant \Delta a \leqslant -\frac{\lambda_2 k(1+r)}{1-\varphi}$ 时，则

$$p^{DM*} = \frac{(\bar{a}+\Delta a)(1-\varphi)+M-\lambda_2 k(1+r)}{2k(1-\varphi)},$$

$$q^{DM*} = \frac{(\bar{a}+\Delta a)(1-\varphi)-\bar{M}+\lambda_2 k(1+r)}{2(1-\varphi)}, \pi_m^{DM*}$$

$$= \frac{[(\bar{a}+\Delta a)(1-\varphi)-\bar{M}]^2+\lambda_2 k(1+r)[2\Delta a(1-\varphi)+\lambda_2 k(1+r)]}{4k(1-\varphi)}+$$

$$p_0 Q+(a_0-b_0 C)(C-Qe_0)-F,$$

$$\pi_p^{DM*} = \frac{\varphi\{(\bar{a}+\Delta a)^2\ (1-\varphi)^2-[\bar{M}-\lambda_2 k(1+r)]^2\}}{4k\ (1-\varphi)^2}+F;$$

情况2：当 $-\frac{\lambda_2 k(1+r)}{1-\varphi} < \Delta a \leqslant \frac{\lambda_1 k(1+r)}{1-\varphi}$ 时，则

$$p^{DM*} = \frac{(\bar{a}+2\Delta a)(1-\varphi)+\bar{M}}{2k(1-\varphi)},$$

$$q^{DM*} = \frac{\bar{a}(1-\varphi)-\bar{M}}{2(1-\varphi)},$$

$$\pi_m^{DM*} = \frac{[(1-\varphi)\bar{a}-\bar{M}][(1-\varphi)(\bar{a}+2\Delta a)-\bar{M}]}{4k\ (1-\varphi)^2}+$$

$$p_0 Q+(a_0-b_0 C)(C-Qe_0)-F\pi_p^{DM*}$$

$$= \frac{\varphi[(1-\varphi)\bar{a}-\bar{M}][(1-\varphi)(\bar{a}+2\Delta a)+\bar{M}]}{4k\ (1-\varphi)^2}+F;$$

情况3：当 $\Delta a > \frac{\lambda_1 k(1+r)}{1-\varphi}$ 时，则

$$p^{DM*} = \frac{(\bar{a}+\Delta a)(1-\varphi)+M+\lambda_1 k(1+r)}{2k(1-\varphi)},$$

$$q^{DM*} = \frac{(\bar{a}+\Delta a)(1-\varphi)-\bar{M}-\lambda_1 k(1+r)}{2(1-\varphi)},$$

$$\pi_m^{DM*} = \frac{[(\bar{a}+\Delta a)(1-\varphi)-\bar{M}]^2-\lambda_1 k(1+r)[2\Delta a(1-\varphi)-\lambda_1 k(1+r)]}{4k(1-\varphi)}+$$

$$p_0 Q+(a_0-b_0 C)(C-Qe_0)-F\pi_p^{DM*}$$

$$= \frac{\varphi\{(\bar{a}+\Delta a)^2\ (1-\varphi)^2-[\bar{M}+\lambda_1 k(1+r)]^2\}}{4k\ (1-\varphi)^2}+F。$$

命题4.3展现了关于最优生产量和佣金率之间关系的重要且有趣的结果。如果 $-1 \leqslant r < \frac{e_0(a_0-b_0 C)-\lambda_2}{p_0-e_0(a_0-b_0 C)+\lambda_2}$，则在以上三种情况下，最优生产量随着

佣金率的降低而减少。如果$\frac{e_0(a_0-b_0C)-\lambda_2}{p_0-e_0(a_0-b_0C)+\lambda_2}\leqslant r<\frac{e_0(a_0-b_0C)}{p_0-e_0(a_0-b_0C)}$，则在情况 1(情况 2 和情况 3) 中的最优生产量随佣金率的增加而增加(减少)。如果$\frac{e_0(a_0-b_0C)}{p_0-e_0(a_0-b_0C)}\leqslant r<\frac{e_0(a_0-b_0C)+\lambda_1}{p_0-e_0(a_0-b_0C)-\lambda_1}$，则在情况 1 和情况 2(情况 3) 中的最优生产量随佣金率的增加而增加(减少)。如果$\frac{e_0(a_0-b_0C)+\lambda_1}{p_0-e_0(a_0-b_0C)-\lambda_1}\leqslant r<1$，则在三种情况下的最优生产量随佣金率的增加而增加。最优生产量随佣金率而降低是直观的。然而，在某些情况下，它们实际上随佣金率的增加而增加。随着需求波动的增加，制造商可以获得更多利润。此外，随着跨渠道效应的增加，制造商也可以从线下渠道获得更多利润。这些导致了生产量随佣金率的增加而增加。通过比较命题 13.3 和引理 13.3，可以发现，正向的需求波动会导致制造商在平台提高佣金率时减少最优生产量。我们还发现，最优生产量随着碳配额的增加而增加，这与引理 13.1 和命题 13.1、命题 13.2 类似。

命题 4.4 当 $F\geqslant\bar{F}$ 时，再销售模式能给制造商带来更多的利润，相反，当 $F<\bar{F}$ 时，

① 在满足 $\varphi<\min\{\frac{\bar{a}-\lambda_2k(1+r)}{},\bar{\varphi}\}$ 的条件下，存在唯一的 Δa_2^*，如果 $\Delta a\geqslant\Delta a_2^*$，再销售模式能为制造商带来更多的利润，否则，平台抽成模式能为制造商带来更多的利润；

② 在满足 $\min\{\frac{\bar{a}-\lambda_2k(1+r)}{},\bar{\varphi}\}\leqslant\varphi\leqslant\frac{\bar{a}-\lambda_2k(1+r)}{}$ 的条件下，有 Δa_1^* 和 Δa_2^*($\Delta a_2^*>\Delta a_1^*$)，如果 $\Delta a\leqslant\Delta a_1^*$ 或者 $\Delta a\geqslant\Delta a_2^*$，再销售模式可以为制造商带来更多利润；反之，平台抽成模式可以为制造商带来更多利润，其中

$$\bar{F}=\frac{\bar{a}\lambda_2k(1+r)}{4k}-\frac{\bar{M}\lambda_2k(1+r)(1-\varphi)-\varphi^2\{\bar{M}^2+[\lambda_2k(1+r)]^2\}}{4k(1-\varphi)(1-2\varphi)},$$

$$\bar{\varphi}=\frac{2\bar{a}\lambda_2k(1+r)-(\lambda_2k(1+r))^2-\bar{M}^2}{[\lambda_2k(1+r)]^2+\bar{M}^2+2\bar{a}\lambda_2k(1+r)}。$$

命题 4.4 揭露了一个有趣的结果。在没有需求波动的情况下，我们知道如果佣金率低(高)，制造商更倾向于选择平台抽成模式(再销售模式)。然而，随着需求波动的增加，制造商的偏好取决于佣金率、需求波动和上架费。当上架费足够高时，制造商总是更喜欢再销售模式。当上架费低时，我们发现在佣金

率较低的情况下，如果需求波动较低（高），制造商更喜欢平台抽成模式（再销售模式）；在佣金率较高的情况下，随着需求波动的增加，制造商首先倾向于选择再销售模式，然后是平台抽成模式，最后是再销售模式。在以前的研究中，关于选择平台抽成模式和再销售模式有两个主要结论。一些研究，如 Shen、Willems、Dai(2019) 和 Shen、Yang、Dai(2019)，表明当上架费低（高）时，制造商更倾向于选择平台抽成模式（再销售模式）。另一些研究，如 Liu 和 Ke(2020)，发现当佣金率低（高）时，更倾向于选择平台抽成模式（再销售模式）。我们的研究通过分析需求波动对这两种模式选择的影响，增加了相关研究的边际贡献。众所周知，新冠感染导致口罩和一些特殊药物的需求大幅增加。命题 4.4 表明制造商应采用再销售模式。从佣金率的阈值可以发现，碳交易机制的存在降低了这个阈值。这表明，碳交易机制的存在直接影响了在需求波动相对较小的情况下对平台抽成模式和再销售模式的选择。在没有碳交易机制的情况下，我们知道如果需求波动相对较小，制造商可能会选择平台抽成模式。然而，有了碳交易机制，佣金率的阈值会降低。根据命题 4.4(ii)，我们知道如果需求波动相对较小，制造商会选择再销售模式。因此，如果需求波动相对较小，碳交易机制会对制造商的选择产生影响。

接下来通过数值模拟进一步说明该结论。在有无需求波动下的两种模式选择如图 4－2 所示。图 4－2(a) 显示没有需求波动的模式选择，如果 $0<\varphi<0.56$，则平台抽成模式可以为 A 企业带来更多利润；如果 $\varphi\geqslant 0.56$，则再销售模式可以带来更多利润。由于实际数据中 $\varphi=0.02$，因此，如果没有需求波动，A 企业应采用平台抽成模式。图 4－2(b) 显示有需求波动的模式选择，如果

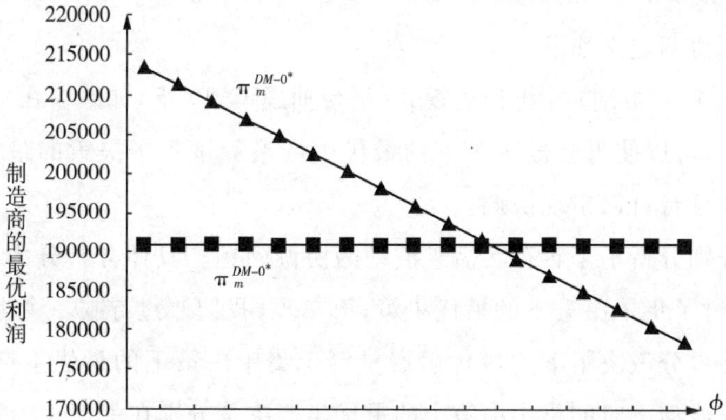

(a) 没有需求波动的模式选择

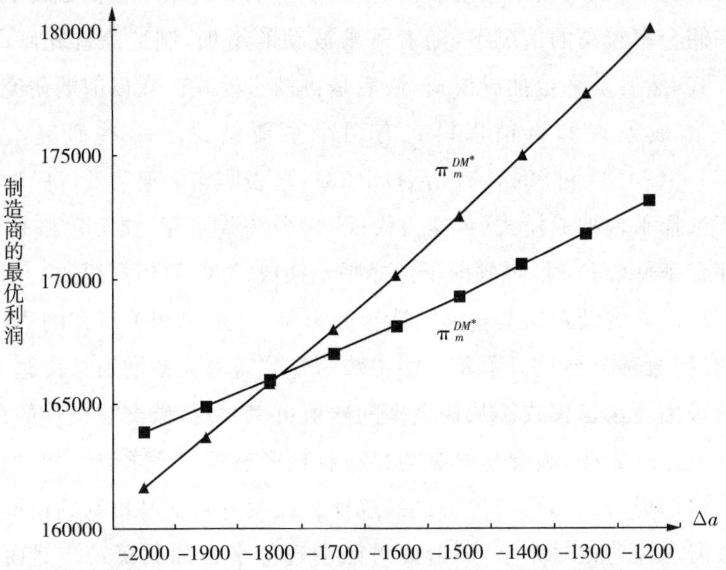

(b) 具有需求波动的模式选择

图 4-2　在有无需求波动下的两种模式选择

$-2000 < \Delta a < -1782$，则 A 企业应采用再销售模式；如果 $\Delta a > -1782$，则应采用平台抽成模式。

4.3.3　制造商和平台的协调

在本节中，我们探讨了在是否存在需求波动的情况下制造商和平台的协调问题。与 Chen 等(2012)，Xu 等(2017) 及 Choi 和 Guo(2020) 类似，我们将制造商和平台的协调定义如下。

定义 4.1　(协调) 在再销售模式(平台抽成模式) 下，如果存在一个批发价格(佣金率)，可以使得分散决策下的最优生产量等于集中决策的最优生产量，则制造商和平台可以实现协调。

我们分别分析了是否存在需求波动的协调问题。具体分析分为两个步骤：第一步，探讨了集中决策下的最优决策；第二步，我们通过寻找一个批发价格或者佣金率使得分散决策下的最优生产量等于集中决策下的最优生产量。在是否存在需求波动下时的集中决策中的最优生产决策分别在引理 4.1 和命题 4.1 中给出。在是否存在需求波动时制造商和平台的协调的结果分别在以下第 1 点和第2点给出。

1. 不存在需求波动的情况下

命题4.5　当没有需求波动时，如果 $-1 \leqslant r < \min\{r_0, 1\}$，则制造商和平台可以通过设定 $\omega = \frac{k}{-}$ 在再销售模式下实现协调；否则其无法协调，其中 $r_0 = \frac{e_0(a_0 - b_0 C)}{p_0 - e_0(a_0 - b_0 C)}$。制造商和平台在平台抽成模式下无法实现协调。

命题4.5说明了在不存在需求波动时协调的一些重要结果。首先，如果跨渠道效应较小，再销售模式可以协调制造商和平台。众所周知，再销售模式实际上是通过批发价格合同进行运作。因此，这一发现是个有趣的结果，并且它不同于对传统批发价格契约的研究。许多先前的研究表明，由于双重边际效应（Xu等，2020），批发契约无法协调供应链成员。这背后的原因在于跨渠道效应和碳排放交易规定的存在有助于增加批发价格。为了简化，假设生产成本为0。其次，再销售模式下的制造商和平台协调损害了制造商的利润，提高了平台的利润。最后，在平台抽成模式下制造商和平台无法实现协调。换句话说，如果制造商与以再销售模式经营的在线平台（如京东）合作，两者可以尝试协调从而获得更多利润。然而，如果制造商与在线平台（如天猫）合作，则无法协调以获得更多利润。

2. 存在需求波动的情况下

命题4.6　在存在需求波动的情况下，我们对采用再销售模式的制造商和平台的协调得到以下结果。

① 当 $-1 \leqslant r < \min\{r_1, 1\}$，制造商和平台可以实现协调；当 $a \leqslant \Delta a < -\lambda_2 k(1+r)$，制造商和平台可以通过设定 $\omega = \frac{\overline{M} - \lambda_2 k(1+r)}{k}$ 实现协调。具体来说，当 $-\lambda_2 k(1+r) \leqslant \Delta a < \lambda_1 k(1+r)$，制造商和平台可以通过设定 $\omega = \frac{\overline{M} + \Delta a}{k}$ 实现协调。当 $\Delta a \geqslant \lambda_1 k(1+r)$，制造商和平台可以通过设定 $\omega = \frac{\overline{M} + \lambda_1 k(1+r)}{k}$ 实现协调。

② 当 $\min\{r_1, 1\} \leqslant r < \min\{r_2, 1\}$，如果 $\Delta a \geqslant -\lambda_2 k(1+r)$，制造商和平台可以实现协调；否则其无法协调。具体来说，当 $-\lambda_2 k(1+r) \leqslant \Delta a < \lambda_1 k(1+r)$，制造商和平台可以通过设定 $\omega = \frac{\overline{M} + \Delta a}{k}$ 实现协调。当 $\Delta a \geqslant \lambda_1 k(1+r)$，制

造商和平台可以通过设定 $\omega=\frac{\overline{M}+\lambda_1 k(1+r)}{k}$ 实现协调。

③ 当 $\min\{r_2,1\}\leqslant r<\min\{r_3,1\}$，如果 $\Delta a\geqslant\lambda_1 k(1+r)$，制造商和企业可以通过设定 $\omega=\frac{\overline{M}+\lambda_1 k(1+r)}{k}$ 实现协调；否则其无法实现协调。

④ 当 $\min\{r_3,1\}\leqslant r\leqslant 1$，制造商和平台无法实现协调。其中 $r_1=\frac{e_0(a_0-b_0C)-\lambda_2}{p_0-e_0(a_0-b_0C)+\lambda_2}$，$r_2=\frac{e_0k(a_0-b_0C)+\Delta a}{k[p_0-e_0(a_0-b_0C)]}$，$r_3=\frac{e_0(a_0-b_0C)+\lambda_1}{p_0-e_0(a_0-b_0C)-\lambda_1}$。

命题4.6表明了跨渠道效应和需求波动对再销售模式下制造商与平台协调的影响。其揭示了一些重要结果。首先，当跨渠道效应足够低时，制造商和平台可以实现协调。其次，当跨渠道效应适度时，在某些条件下存在需求波动时，制造商和平台可以实现协调。也就是说，随着跨渠道效应的增加，只有在需求波动较大的情况下，制造商和平台才能够协调。第三，如果跨渠道效应足够大，无论需求波动是否存在，制造商和平台都无法协调。最后，这种协调会损害制造商的利润。然而，这并不意味着制造商的利润不能提高。正如许多传统供应链研究表明，两部分关税协定即通过下游企业（如零售商）向制造商支付固定费用可以协调供应链（Chen 等，2012；Xu 等，2017；Choi 和 Guo，2020）。在探索制造商和平台的协调时，也可以使用两部分关税协定来提高制造商和平台的利润。

命题4.7　在存在需求波动时，在平台抽成模式下制造商和平台的协调，我们得出以下结果。

① 当 $-1\leqslant r<\min\{r_2,1\}$，如果 $0<\Delta a<\lambda_1 k(1+r)$，制造商和平台可以通过设定 $\varphi=\frac{\Delta a}{\Delta a+\overline{M}}$ 实现协调；否则其无法协调。

② 当 $\min\{r_2,1\}\leqslant r<\min\{r_3,1\}$，如果 $-\lambda_2 k(1+r)<\Delta a\leqslant 0$，制造商和平台可以通过设定 $\varphi=\frac{\Delta a}{\Delta a+\overline{M}}$ 实现协调；否则其无法协调。

③ 当 $\min\{r_3,1\}\leqslant r\leqslant 1$，如果 $\lambda_1 k(1+r)<\Delta a\leqslant\frac{\lambda_1 k(1+r)}{1-\varphi}$，制造商和平台可以通过设定 $\varphi=\frac{\lambda_1 k(1+r)}{\overline{M}+\lambda_1 k(1+r)}$ 实现协调；否则其无法协调。

命题 4.7 还提出了一些新的重要结论。首先，制造商和平台在平台抽成模式下不能总是实现协调。将命题 4.7 与命题 4.6 进行比较，我们可以发现再销售模式下更能协调制造商和平台。其次，需求波动的存在有利于制造商和平台的协调。因为当没有需求波动时，制造商和平台无法通过平台抽成模式实现协调。最后，当跨渠道效应很小或适度时，制造商和平台可以通过共同的佣金率进行协调，具体取决于需求波动的大小；当跨渠道效应很大时，实现协调所需的佣金率与需求波动的大小无关。

为了更好地展示采用再销售模式的协调效益，我们定义了一个效率变量，该变量通过协调前后制造商和平台的总利润之比的差值来计算。在再销售模式下制造商和平台的效率如图 4－3 所示，效率在[0.4%，10.1%]的区间内变化。因此，如果企业 A 与采用再销售模式的平台进行协调，它们的总利润可以增加 0.4%～10.1%，具体取决于需求波动的程度。此外，需求波动越高，效率越高。

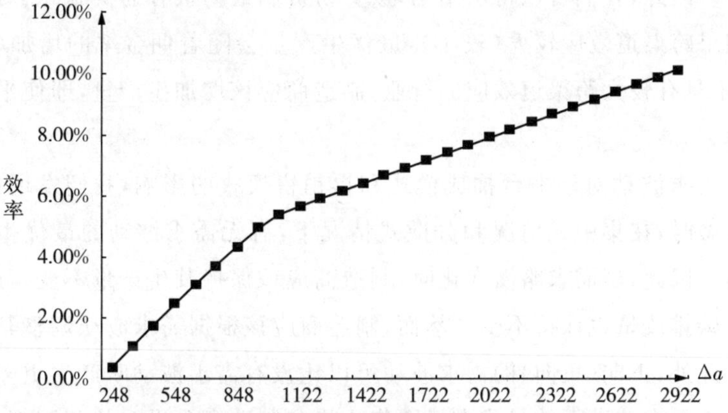

图 4－3　在再销售模式下制造商和平台的效率

4.4　小　结

在本章中，我们考虑单个制造商在碳排放限额交易机制下通过线下渠道和在线平台销售其产品。该平台可以采用抽成模式或再销售模式。我们考虑跨渠道效应来反映在线渠道销售对线下渠道销售的影响。首先，我们探讨制造商在没有需求波动的情况下的运营决策和平台模式选择。我们分析了 3 种情况，即集中式情况、分散式情况下的再销售模式和抽成模式;也进行了敏感性分析来揭示主要参数(即跨渠道效应、排放配额和佣金率)对最优决策和制造商利润的影响,以及分析了平台模式的选择。其次,我们研究需求波动的影响,并分别基于无需求波动和有需求波动的结果建立模型。

关于碳排放配额交易机制和跨渠道效应对制造商运营决策的影响,我们发现这些影响与平台的运营模式和需求波动无关。①在集中式情况和分散式情况下,最优生产量总是随着碳排放配额的增加而增加。这表明,碳交易机制总能控制碳排放,这与以往关于碳交易机制实施的一些常见结论相悖。②如果跨渠道效应较小,制造商的利润和与平台的总利润在分配的配额下先增加后减少;相反,在分配的配额下它们会增加。在实践中,许多碳交易市场,如欧盟排放交易体系(EU ETS),逐渐降低配额以控制碳排放,并且跨渠道效应在实践中通常较小。因此,我们可以得出结论,碳交易机制最初很容易实施,然后变得困难。③如果跨渠道效应较大(较小),最优生产量会随着佣金率的增加(减少)。因此,对于具有较大跨渠道效应的行业,制造商应该增加生产量,即使平台提高了佣金率。

关于需求波动对于平台抽成模式和再销售模式的影响,我们发现:①当需求波动轻微时,在集中式情况和分散式情况下,有无需求波动的最优生产量都是稳健的。因此,当需求略微变化时,制造商应该保持其生产量不变。此时,制造商的总碳排放量也保持不变。然而,制造商应该根据需求波动调整其在线零售价格。此外,正向(负向)的需求波动可以比没有需求波动时产生更多(更少)的利润。②需求波动下的最优在线零售价格和制造商及平台的利润都会增加。因此,随着需求波动的增加,制造商应该增加在线零售价格,从而为自己和平台带来更多的利润。③在需求波动和由减少需求带来的边际额外成本都很大时,分散式情况下再销售模式的总利润要大于集中式情况下的总利润。这是个有趣的结果,因为它表明,制造商和平台的合作可能会损害两者的总利润。

在没有需求波动的情况下,我们发现如果佣金率较低(较高),制造商更喜欢抽成模式(再销售模式)。在实践中,许多平台采取相对较低的佣金率。因此,制造商需要加入采用抽成模式的在线平台,如天猫。当存在需求波动时,结果取决于上架费。①当上架费足够高时,再销售模式总是更受青睐。②当上架费较低时,我们发现:佣金率较低时,若需求波动小(大),制造商更喜欢抽成模式(再销售模式);在佣金率较高的情况下,随着需求波动的增加,制造商首先更喜欢再销售模式，其次是抽成模式，最后是再销售模式。由于许多平台采取较低的佣金率和相对较低的上架费，当需求波动小（大）时，制造商应该通过抽成模式（再销售模式）销售其产品。

需求波动对协调结果有重大影响。在没有需求波动的情况下，如果跨渠道效应较小，则制造商和平台不能通过抽成模式进行协调，但可以通过再销售模式进行协调。在实践中，跨渠道效应通常较小。因此，如果制造商加入采用抽成模式的在线平台（如天猫），则制造商和平台无法协调。但是，如果制造商加入采用再销售模式的在线平台（如京东），则它们可以协调。当存在需求波动时，制造商和平台在某些情况下既可以通过抽成模式又可以通过再销售模式进行协调。①当跨渠道效应足够小时，制造商和平台总是可以通过再销售模式进行协调。然而，如果跨渠道效应增大，则需要更大的需求波动才能使这制造商和平台协调。②制造商和平台并不总是可以通过抽成模式进行协调。无论是采用再销售模式还是抽成模式，需求波动的存在对于制造商和平台的协调都是有益的。这表明，当出现需求波动时，制造商有必要与一家独立于其运营模式的在线平台合作。

本研究还存在一些限制，这些限制可能成为未来的研究方向。首先，尽管本研究涉及碳交易机制，但我们没有考虑制造商的绿色技术投资，而考虑绿色技术投资可能会产生一些新的结果。其次，我们将制造商视为领导者，平台视为追随者。如果我们改变供应链的权力结构，可能会导致一些结果的变化。最后，尽管我们讨论了平台的 2 种模式，但我们没有直接进行比较。

第5章 考虑消费者退货窗口下平台抽成和再销售模式的选择策略研究

平台运作中的消费者退货现象很常见。本章考虑消费者退货窗口下，制造商在再销售和平台抽成模式下的运作决策，探讨了外生和内生消费者退货窗口这两种情形。

5.1 问题的引出

近年来，越来越多的制造商通过与第三方平台合作获得市场份额（Belhadj 等，2020；Choi 等，2020；Farshidi，等，2020；Shen 等，2019；Xu 等，2020；Yi 等，2019）。2017 年，亚马逊平台销售额达到 1779 亿美元，比 2016 年增长了 31%（Zennyo，2020）。2020 年，亚马逊第四季度的销售额首次突破了 1000 亿美元。以格力集团与天猫合作为例，格力集团 2013 年在天猫开设了官方旗舰店。2018 年，天猫帮助格力集团推广空气能热水器，交易额近 1 亿元人民币，同比增长了 260%。与平台合作时，消费者退货窗口成为越来越重要的因素，这已经被一些研究所考虑（Chiu 等，2020；Wang 等，2018；Yan 等，2020）。现实中，消费者退货窗口可以固定或可变。例如，京东设置了 7 天的退货期限，Flipkart 设置了 10 天的退货期限，而亚马逊则设置了 30 天的退货期限。

平台的典型运作模式包括再销售模式和平台抽成模式。在再销售模式下，制造商以批发价格向平台销售产品，平台以零售价格进一步向消费者销售产品（Hagiu 和 Wright，2015；Kwark 等，2013；Yan 等，2018）。然而，在平台抽成模式下，制造商直接以设定的零售价格通过平台向消费者销售产品，同时向平台支付一定的佣金（Mantin 等，2014；Ryan 等，2012；Walia 和 Zahedi，2013；Yan 等，2018）。这两种模式之间有 4 个主要差异。第一，两种模式对零售价格的定价权不同。在再销售模式下，产品的零售价格由平台确定，而在平台抽成模式下，产品的零售价格由制造商确定。中国的天猫和印度的 Flipkart 以采用平台抽成模式而闻名，而中国的京东和美国的亚马逊则以采用再销售模式而闻名。第二，由于许多平台或制造商为退回的产品设置消费者退货窗口，因此这两种模式下的消费者退货窗口决策权也不同。在再销售模式下，平台设计消费者退货窗口，而在平台抽成模式下，则由制造商决定。消费者退货窗口的长度可以直接影响产品的成本，从而最终影响制造商和平台的运作决策。实践中，消费者退货窗口是不同的。例如，京东提供 7 天的消费者退货窗口。然而，苹果的在线商店提供 14 天的消费者退货窗口，亚马逊则提供 30 天的消费者退货窗口。第三，相较于以平台抽成模式运作的平台，消费者在以再销售模式运作的平台上有更好的体验（Yan 等，2018）。再销售模式的优势可能来自更好的产品质量或在线购物体验的差异。本章将这种现象称为“市场相对效率”，即平台抽成模式相对于再销售模式的相对效率。例如，京东提供更快的物流和分销服务（与平台抽成模式平台相比），为消费者提供真品保证。同样，亚马逊提供了一种名为“亚马逊配送（FBA）”的物流服务，以更好地服务消费者。第四，在再销售模式下，平台负责提高产品对市场的适合度。例如，京东和亚马逊在全球范围内都采用再销售模式并以此闻名，他们都应用人工智能技术（AI）来提高产品在市场上的适合度。亚马逊推出了一项名为“Room Decorator”的现实购物工具，允许用户在个人空间中直观地查看家具和其他家居装饰。同样，京东推出了一个项为“3D 虚拟衣柜”的服务，为服装行业提供个性化的专属 3D 模型，以优化消费者的在线购物体验。类似的例子也可以在许多其他平台上找到，如 1 号店（Yhd. com）、苏宁易购和国美等电商平台，他们也采用再销售模式。而在平台抽成模式下，提高产品对市场的适合度是制造商的责任。例如，海尔打造了“3D 云镜”，通过改善消费者的互动体验来解决合身问题，从而提高了产品适合度。

虽然在线购物已经广泛进行，并且逐渐成为消费者的消费习惯，但产品在电商平台上的描述与实际产品之间总是存在差距（Li 等，2013；Ma 等，2020；Shang 等，2017），这不可避免地导致退货。例如，2019 年的中国“双十一”年度促销活动期间，电商平台的退货率是全年最高的，平均占销售额的 30%，而平时则为10%。例如，消费者通过电商平台购买服装并收到产品时，他们可能会对颜色差异或尺码感到不满。还有另外一个例子是服装产品(Shen 等，2020)。具体来说，如果消费者在电商平台上发现一双漂亮的鞋子并购买它们，他们在收到鞋子后可能会发现鞋子不适合自己的实际尺码，故选择退货。因此，与线下购物不同，消费者可能会因为电商平台产品描述的不足而退回购买的产品。为了更好地服务消费者，电商平台设置了消费者退货窗口，消费者可以在消费者退货窗口内免费退货。

平台的运作模式和消费者退货窗口可以直接影响制造商的定价和生产决策。在平台抽成模式下，制造商需要确定最优的消费者退货窗口，不同的消费者退货窗口会产生不同的成本。通常，消费者退货窗口越长，制造商面临的成本就越高，但消费者享受的效用就越大。因此，制造商的运作决策将受到影响。在再销售模式下，平台确定最优的消费者退货窗口。消费者退货窗口影响平台的其他最优运作决策，进一步影响制造商的运作决策。因此，消费者退货窗口影响制造商的运作决策，进一步影响平台模式的选择及供应链的协调。

为了更好地理解本章问题的背景，作者于 2020 年 6 月对中国江苏省的一家服装企业进行了调查，并与该企业建立了合作关系。出于保护隐私的目的，在本章中将其命名为企业 A。这家企业主要通过亚马逊销售晚礼服，作者获得了从 2015 年到 2017 年其在亚马逊上销售的数据。从这项调查中，作者得出以下结论。首先，当企业 A 通过亚马逊销售晚礼服时，退货率约为 20%，因为亚马逊的产品直到交付后才能被触摸或直接观察到。当企业 A 通过亚马逊销售其产品时，亚马逊将消费者退货窗口设置为 30 天。其次，企业 A 对平台模式的选择不确定。虽然亚马逊提供更好的服务，但企业 A 希望更多地了解采用平台抽成模式的 eBay。最后，随着企业 A 的快速发展，该企业希望与这样的平台进行更深入的合作，以获得更多的利润。

5.2 模型的建立

本章研究了一个由制造商和平台组成的平台系统。代表性的平台模式有两种：再销售模式和平台抽成模式。在再销售模式下，制造商以批发价 w

将产品销售给平台，平台再以零售价 p 将产品销售给消费者。在平台抽成模式下，制造商通过平台直接以零售价 p 将产品销售给消费者，平台对通过平台销售的每一件产品收取一定的佣金率 φ。通常情况下，消费者在平台抽成模式下获得的效用较低，因为在再销售模式下的服务更好（Yan 等，2018；Cao 等，2016；Chen 等，2018）。因此，当消费者通过平台抽成模式购买产品时，会产生市场相对效率 ρ（Yan 等，2018；Mantin 等，2014；Chen 等，2018）。当消费者从平台上购买产品时，产品可能并不适合他们。作者假设 α 为产品与消费者口味的适合度，本章假设 $\alpha > 0.5$ 来简化模型，这类似于 Ma 等（2020）和 McWilliams 等(2012)。正如作者在 5.1 中提到的，"在 2019 年中国'双十一'年度销售活动期间，电商退货率是全年最高的，平均占销售额的 30%，而通常是 10%"。这表明假设 $\alpha > 0.5$ 是现实的。当产品不适合消费者时，他们会在一个退货窗口 T 内退货。此外，不同的平台在现实中有不同的退货窗口，退货窗口通常以"天"为单位。所有参数在的区间[0,1]内变化，因此，T 也是在区间[0,1]内，与 Ma 等(2020)相似。对于退回的产品来说，产品的价值会有所损失。参数 s 为残值。T 和 s 都在 0 和 1 之间变化。参考 Ma 等(2020)、Shi 等(2013)和 Shulman 等(2010)的研究，本章用效用函数来描述生产量函数。本章用 θ 来代表消费者对产品的支付意愿。再销售模式和平台抽成模式下的效用函数分别如下：

$$U_R = \alpha(\theta - p) + (1-\alpha)(1-T)(0-p) + (1-\alpha)T \cdot 0 \qquad (5-1)$$

$$U_M = \alpha(\rho\theta - p) + (1-\alpha)(1-T)(0-p) + (1-\alpha)T \cdot 0 \qquad (5-2)$$

在公式(5-1)中，$\alpha(\theta - p)$ 和 $(1-\alpha)T \cdot 0$ 分别表示在再销售模式和平台抽成模式下，产品适合消费者时的消费者效用。$(1-\alpha)T \cdot 0$ 表示消费者在退货窗口范围 T 内对不适合自己的产品没有退货时的效用，这是因为消费者无法在短期内判断产品（如电子产品）的性能（Heiman 等，2002）。$(1-\alpha)T \cdot 0$ 表示，当产品不适合消费者时，他们在 T 内退货，消费者的效用保持不变。

众所周知消费者只会购买效用不小于零的产品。因此，根据上述效用函数，可以得到当效用为 0 时，消费者愿意购买该产品的概率，分别为 $\theta_R = p_R[1-(1-\alpha)T]/\alpha$ 和 $\theta_M = p_M[1-(1-\alpha)T]/(\alpha\rho)$。$\theta$ 在区间[0,1]内均匀分布，则可得出再销售模式和平台抽成模式下的需求函数：

$$q_R = 1 - p[1-(1-\alpha)T]/\alpha \qquad (5-3)$$

$$q_M = 1 - p[1-(1-\alpha)T]/(\alpha\rho) \qquad (5-4)$$

我们假设 $\rho > p[1-(1-\alpha)T]/\alpha$ 和 $2\alpha\varphi(1-\varphi) > (1-\alpha)s^2$ 用于确保生产量为正。换句话说，如果制造商的需求是负的，他就会破产。同样的方法可以在 Shen 等(2019)、Li 等(2016) 和 Chen 等(2012) 中找到。模型框架如图 5-1 所示。

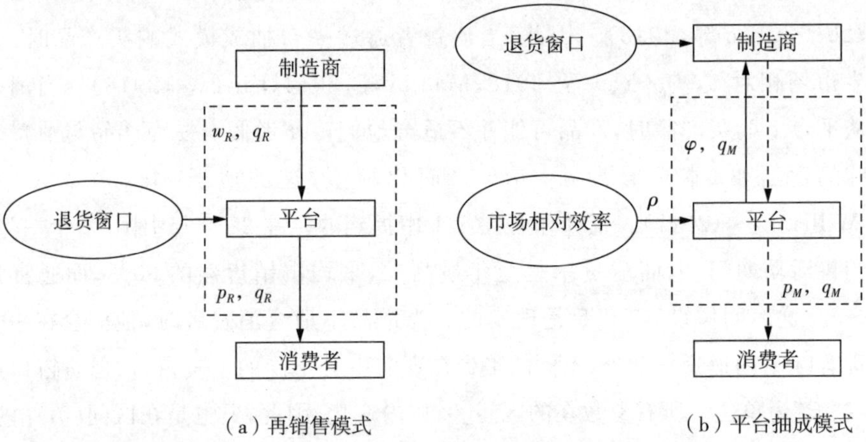

图 5-1 模型框架

本章考虑两种场景，即外生消费者退货窗口场景(即基本模型) 和内生消费者退货窗口场景(即扩展模型)。外生消费者退货窗口是指很多平台简单地按照行业规范来设定消费者退货窗口的常见情况(一周比较常见)。例如，京东在中国的消费者退货窗口为 7 天，而美国的亚马逊则为其产品提供 30 天的消费者退货窗口。内生消费者退货窗口案例被认为是一个扩展分析。如 5.1 所述，天猫允许制造商设置消费者退货窗口。令人惊讶的是，消费者退货窗口是内生的还是外生的至关重要，因为这些情况下的结论可能有显著不同。

制造商和平台在再销售模式下进行斯塔克尔伯格博弈，制造商为领导者，平台为追随者。在实际操作中，佣金率是一个固定值，很少会发生变化(Chen 等，2018；Xu 等，2021；Hao 和 Fan，2014)。例如，中国的天猫对通过其销售的大部分产品收取 2% ～ 5% 的佣金(Xu 等，2021)，美国的 eBay 对书籍、DVD、电影和音乐(唱片除外) 收取 12% 的佣金。从这一实践观察中，我们得出前人文献中的固定佣金率，如 Abhishek 等(2016) 和 Geng 等(2018)。因此，平台抽成模式下制造商与平台的博弈退化为制造商的优化。博弈顺序如下：对于外生消费者退货窗口，再销售模式下，制造商先确定批发价格，平台再确定零售价格；在平台抽成模式下，制造商决定零售价格。对于内生消费者退货窗口，在再销售模式下，制造商先决定批发价格，平台再决定消费者退货窗口和零售价格；在平台抽成模式下，制造商决定零售价格和消费者退货窗口。

5.3　主要结论

本节讨论一个基本模型，在这个模型中，最优生产决策是由外生消费者退货窗口（行业规范）做出的。

5.3.1　再销售模式下的最优运作决策

在再销售模式下，制造商和平台的利润函数如下：

$$\pi_{B-R}^{p}(p_{B-R}) = (p_{B-R} - w_{B-R})[1-(1-\alpha)T]q_{B-R} + s(1-\alpha)Tq_{B-R} - (1-\alpha)T^2/2 \tag{5-5}$$

$$\pi_{B-R}^{m}(w_{B-R}) = w_{B-R}q_{B-R} \tag{5-6}$$

在公式（5-5）中，s 是残值。由于被退回的产品由于时间延迟导致残值较低，本章用 $(1-\alpha)T^2/2$ 来表示总残值成本以简化模型，这与 Ma 等（2020）的研究类似。本章根据边际成本递增的原则（Gilbert 和 Cvsa，2003；Pun，2014；Reimann 等，2019；Wu 和 Zhou，2017），用二次形式来描述残值总成本，这通常是由于退货而增加的成本。实际上，这种带有平方项的函数形式在以往的研究中很常见，如 Yan 等（2020）、Li 等（2013）、Ma 等（2020）、Choi 和 Ouyang（2021）。分析这些公式，可得出以下定理。

定理 5.1　在再销售模式下，外生消费者退货窗口下的最优运作决策和利润如下：

$w_{B-R}^{*} = [\alpha + (1-\alpha)sT]/[2-2(1-\alpha)T]$，$p_{B-R}^{*} = [3\alpha - (1-\alpha)sT]/[4-4(1-\alpha)T]$，$q_{B-R}^{*} = [\alpha + (1-\alpha)sT]/(4\alpha)$，$\pi_{B-R}^{m*} = [\alpha + (1-\alpha)sT]^2/\{8[\alpha - (1-\alpha)\alpha T]\}$，$\pi_{B-R}^{p*} = \{\alpha^2 + 2(1-\alpha)\alpha sT - (1-\alpha)[8\alpha - (1-\alpha)s^2]T^2\}/(16\alpha)$。

定理5.1有趣地指出，最优生产量随着适合度的增加而减少，这与以往的研究不同。例如 Ma 等（2020）发现最优生产量随着适合度的增加而增加。根据定理5.1，作者可以验证 $d(p_{B-R}^{*} - w_{B-R}^{*})/d\alpha = (1-T+3sT)/\{4[1-(1-\alpha)T]^2\} > 0$，

因为 s 和 T 的范围在 $0\sim1$。这意味着适合度(即 α)的增加使零售价格与批发价格之间的差异增大,表明双重边际化得到加强。因此,适合度的增加会降低最优生产量。

定理 5.1 也表明,最优生产量随消费者退货窗口递增,这与目前的研究类似,如 Ma 等(2020);在长消费者退货窗口下,随着适合度的增加,制造商应降低批发价格,平台应提高零售价格。这一结果与直观上的结论相矛盾,这可以在 Shen 等(2019)、Xu 等(2020)、Tian 等(2018) 和 Cao 等(2014) 中找到,他们发现随着适应度的增加,制造商提高批发价格,平台提高零售价格。此发现背后的逻辑是,适合度的增加降低了生产量,这进一步促使制造商降低批发价格来刺激需求。由定理 5.1,作者可以验证 $d(p_{B-R}^{*}-w_{B-R}^{*})/dT=(1-\alpha)(\alpha-3s)/\{4[1-(1-\alpha)T]^{2}\}$ 并得到:如果 $\alpha>3s$,那么 $d(p_{B-R}^{*}-w_{B-R}^{*})/dT>0$,这意味着增加消费者退货窗口可以加强双重边际化;如果 $\alpha<3s$,那么 $d(p_{B-R}^{*}-w_{B-R}^{*})/dT<0$,则意味着消费者退货窗口的增加可以削弱双重边际化。批发价格和零售价格随着消费者退货窗口的增加而增加。这些结果表明,消费者退货窗口将在平台系统的协调中发挥重要作用。

性质 5.1(a) $d\pi_{B-R}^{p*}/d\alpha>0$;如果 $\alpha<\alpha_0$,那么 $d\pi_{B-R}^{m*}/d\alpha<0$;如果 $\alpha>\alpha_0$,那么 $d\pi_{B-R}^{m*}/d\alpha>0$,其中 $\alpha_0=s(1-T)T/[1-T(1+s+sT)]$。(b) 如果 $T<T_0$,那么 $d\pi_{B-R}^{p*}/dT>0$;如果 $T>T_0$,那么 $d\pi_{B-R}^{p*}/dT<0$,其中 $T_0=\alpha s/(8\alpha+\alpha s^{2}-s^{2})$;$d\pi_{B-R}^{m*}/dT>0$。

性质 5.1(a) 指出:平台的最优利润随适合度递增,这个发现很直观;制造商的最优利润随适合度的增加先减小后增大。在再销售模式下,平台负责提高适合度。在实践中,一些平台已经利用 AI 技术来提高产品对市场的适合度。如第一节所述,亚马逊和京东分别使用了“Room Decorator”和“3D 虚拟衣柜”的 AI 技术,为消费者提供更好的网购体验。在实践中,许多平台,如苏宁和国美,也使用人工智能技术为消费者提供更好的网上购物体验。例如,苏宁利用人工智能技术,通过推荐在线消费者感兴趣的潜在产品,获取在线消费者的深度需求。类似的例子还有国美利用 AI 技术打造智能“家与生活”,实现消费者与产品的互联互通。这些平台以采用再销售模式而闻名,很多制造商都通过这些平台销售产品。在此背景下,适合度的提高总是可以增加平台的利润,当适合度提高到较高水平时,也可以增加制造商的利润。

性质 5.1(b)　指出：① 平台的最优利润随消费者退货窗口先增加后减少。这一发现背后的原因是消费者退货窗口增加了生产量和总残值损失。由于总残值损失是消费者退货窗口的二次函数，当消费者退货窗口较长时，总残值损失较高，这就导致了上述现象。② 制造商的最优利润随着消费者退货窗口的增加而增加。这一现象背后的原因是消费者退货窗口的增加了生产量，从而增加了制造商的利润。需要注意的是，虽然消费者退货窗口的增加带来了更多的残值损失，但平台承担了这些损失。在实践中，不同的平台通常有不同的消费者退货窗口。一些平台具有较长的消费者退货窗口，这表明消费者退货窗口可能超过性质 5.1(b) 中的阈值（即 T_0），这意味着延长消费者退货窗口将损害他们的利润。例如，亚马逊有一个 30 天的消费者退货窗口。该平台已经很好地建立起来，以采用再销售模式而闻名，许多制造商如 Falke 和 Lee 都在亚马逊上销售他们的产品。2020 年，由于新型冠状病毒疫情，亚马逊宣布临时延长消费者退货窗口。在此背景下，性质 5.1(b) 表明，这种行为可能为亚马逊带来较小的利润，但对通过亚马逊销售产品的制造商总是有利的。

5.3.2　平台抽成模式下的最优运作决策

在平台抽成模式下，制造商和平台的利润函数如下：

$$\pi_{B-M}^{m}(p_{B-M})=(1-\varphi)p_{B-M}[1-(1-\alpha)T]q_{B-M}+s(1-\alpha)Tq_{B-M}-(1-\alpha)T^2/2 \tag{5-7}$$

$$\pi_{B-M}^{p}=\varphi p_{B-M}[1-(1-\alpha)T]q_{B-M} \tag{5-8}$$

由公式(5-7) 和公式(5-8)，我们可以推导出以下定理。

定理 5.2　在平台抽成模式下，外生消费者退货窗口下的最优运作决策和利润如下：

$$p_{B-M}^{*}=[\alpha\rho(1-\varphi)-sT(1-\alpha)]/\{2[1-(1-\alpha)T](1-\varphi)\}q_{B-M}^{*}$$

$$=[\alpha\rho(1-\varphi)+(1-\alpha)sT]/[2\alpha\rho(1-\varphi)]$$

$$\pi_{B-M}^{m*}=[2(1-\alpha)(1-\varphi)(s-T)T\alpha\rho+$$

$$(1-\alpha)^2s^2T^2+\alpha^2\rho^2(1-\varphi)^2]/[4\alpha\rho(1-\varphi)]$$

$$\pi_{B-M}^{p*}=[(1-\alpha)sT+\alpha\rho(1-\varphi)][\alpha\rho(1-\varphi)-sT(1-\alpha)]\varphi/[4\alpha\rho(1-\varphi)^2]$$

定理 5.2 指出,最优生产量随着市场相对效率的增加而减少;相反,平台和制造商的最优利润随市场相对效率递增。这一发现背后的原因是市场相对效率的提高增加了零售价格,这进一步提高了平台和制造商的最优利润。市场相对效率是由以平台抽成模式运行的平台引起的。事实上,一些平台已经改进了市场相对效率。例如,天猫建立"菜鸟"物流网络,为消费者提供更好的物流服务,提高市场相对效率;Flipkart 建立 Ekart,改善物流配送时间,为消费者提供更好的购物体验,提高市场相对效率。天猫和 Flipkart 以采用平台抽成模式而闻名,许多制造商都通过 Flipkart 和天猫销售他们的产品,例如苹果和三星。由定理 5.2 可知,平台的这些行为总是有利于自身(如 Flipkart 和天猫)和通过这些平台销售产品的制造商。

定理 5.2 还指出,制造商的最优利润随着佣金率递减,这与之前的研究类似,如 Shen 等(2019) 和 Xu 等(2021)。然而,我们发现,零售价格随着佣金率递减,这与之前的研究如 Shen 等(2019) 不一致;最优生产量随佣金率的增加而增加,这与现有研究相反。例如,Xu 等(2021) 研究发现,最优生产量随佣金率的增加而减少,而 Shen 等(2019) 和 Tian 等(2018) 发现最优生产量与佣金率无关。由于佣金率的提高降低了零售价格,从而导致更多的生产以获得更多的利润,因此产生了相互矛盾的结果。为了获得更大的市场规模,Flipkart 在 2019 年再次降低了佣金率。在这种背景下,通过 Flipkart 销售产品的制造商(如美的和海尔) 需要提高零售价格。此外,这也增加了这些制造商的利润。

5.3.3 平台抽成模式与再销售模式的比较

本节讨论平台模式的选择,作者通过比较 2 种平台模式下制造商的利润,得到定理 5.3。

定理 5.3 如果 $\rho < \rho_0$,那么 $\pi_{B-R}^{m*} > \pi_{B-M}^{m*}$;如果 $\rho \geqslant \rho_0$,那么 $\pi_{B-R}^{m*} \leqslant \pi_{B-M}^{m*}$,其中 $\rho_0 = \frac{\{4\alpha^2[1-(1-\alpha)T](1-\varphi)\}}{}$。

定理 5.3 表明,在低市场相对效率下,制造商在再销售模式下的最优利润高于平台抽成模式下的最优利润;否则,结果相反。此外,两种模式下制造商的最优利润之差随着市场相对效率的增大而减小,这可以从定理 5.1 和定理 5.2 的证明中得到。早期,天猫、eBay 等平台抽成模式运作的平台面对京东、亚马逊等再销售模式运作的平台,市场相对效率较低。京东和亚马逊建立了自己的物流体系，极大地改善了消费者的网购体验，意味着较高的市场相对效率。在这种背景下，再销售模式下的平台可以吸引更多的制造商通过其销售产品，因为通过再销售模式销售的制造商可以获得更高的利润。这可以解释为什么亚马逊在 2019 年的市场规模比 eBay 大。最近，天猫建立了“菜鸟”物流网络，Flipkart 建立了 Ekart，这大幅提高了市场相对效率。特别是，“菜鸟”物流网络在 2021 年“618 预售日”可以实现 95% 以上的包裹在当日或次日送达，这意味着“菜鸟”物流网络的建立大大提高了市场相对效率。在这样的背景下，天猫可以吸引更多的制造商，如华为、兰蔻等通过天猫销售自己的产品。这可以解释为什么天猫在 2021 年“双十一”的市场份额高于京东。外生消费者退货窗口下的模式选择如图 5－2 所示。

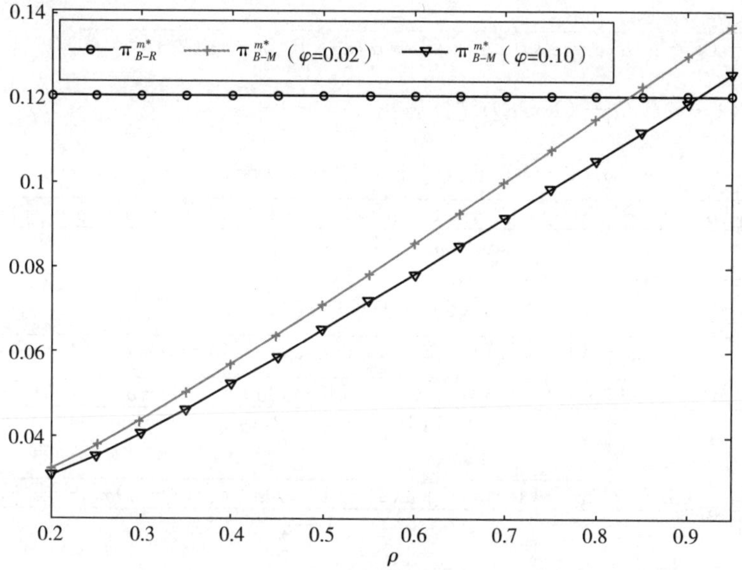

图 5－2　外生消费者退货窗口下的模式选择

5.3.4　拓展模型：内生消费者退货窗口下的企业运作决策

本节将分析内生消费者退货窗口的情况。正如预期的那样，相应的分析处理和优化决策将更加复杂。

1．再销售模式下的最优运作决策

在再销售模式下，制造商和平台的利润函数如下：

$$\pi_R^p(p_R,T_R)=(p_R-w_R)[1-(1-\alpha)T_R]q_R+s(1-\alpha)T_Rq_R-(1-\alpha)T_R^2/2 \tag{5-9}$$

$$\pi_R^m(w_R)=w_Rq_R \tag{5-10}$$

由公式(5-9)和公式(5-10),我们可以得到定理5.4。

定理5.4 在再销售模式下,内生消费者退货窗口下制造商和平台的最优运作决策和利润如下:

$$w_R^*=\{\alpha(2+s^2)-s^2-\sqrt{-(1-\alpha)\alpha(\alpha+2s)[2\alpha-(1-\alpha)s^2]+[s^2-\alpha(2+s^2)]^2}\}/[(1-\alpha)(\alpha+2s)]$$

$$T_R^*=\{\alpha(2+s^2)-s^2-\sqrt{-(1-\alpha)\alpha(\alpha+2s)[2\alpha-(1-\alpha)s^2]+[s^2-\alpha(2+s^2)]^2}\}/\{2(1-\alpha)[2\alpha-(1-\alpha)s^2]\}$$

$$q_R^*=\frac{\alpha s[2-(1-s)s]+\alpha^2(2+s^2)-s\{s^2+\sqrt{[2\alpha-(1-\alpha)s^2][\alpha(2-(1-\alpha)\alpha)-2(1-\alpha)\alpha s-(1-\alpha)s^2]}\}}{4\alpha[2\alpha-(1-\alpha)s^2]}$$

$$p_R^*=\frac{\alpha^2(6+s+s^2)-\alpha^3s-\alpha s-3\alpha\sqrt{[2\alpha-(1-\alpha)s^2]\{\alpha[2-(1-\alpha)\alpha]-2(1-\alpha)\alpha s-(1-\alpha)s^2\}}+2s\{s^2+\sqrt{[2\alpha-(1-\alpha)s^2][\alpha(2-(1-\alpha)\alpha)-2(1-\alpha)\alpha s-(1-\alpha)s^2]}\}}{2(1-\alpha)(\alpha+2s)\alpha}$$

$$\pi_R^{p*}=\frac{1}{8}\{\alpha-\frac{2-\sqrt{[2\alpha-(1-\alpha)s^2][\alpha(2-(1-\alpha)\alpha)-2(1-\alpha)\alpha s-(1-\alpha)s^2]}}{1-\alpha}+\frac{s^2+\sqrt{[2\alpha-(1-\alpha)s^2][\alpha(2-(1-\alpha)\alpha)-2(1-\alpha)\alpha s-(1-\alpha)s^2]}}{\alpha}+s[2-\frac{\sqrt{(2\alpha-(1-\alpha)s^2)(\alpha(2-(1-\alpha)\alpha)-2(1-\alpha)\alpha s-(1-\alpha)s^2)}}{2\alpha-(1-\alpha)s^2}]\}$$

$$\pi_R^{m*}=\{\alpha^2s-s^2-\alpha(-2+s-s^2)-\sqrt{[2\alpha-(1-\alpha)s^2][\alpha(2-(1-\alpha)\alpha)-2(1-\alpha)\alpha s-(1-\alpha)s^2]}\}/[4(1-\alpha)\alpha]$$

定理5.4表明,最优消费者退货窗口随残值的增加而增加,这是直观的。由于最优运作决策的复杂性，对其他单调关系的分析具有挑战性。下面重点讨论平台模式的选择和平台系统的协调。

2. 平台抽成模式下的最优运作决策

在平台抽成模式下，制造商和平台的利润函数为

$$\pi_M^m(p_M, T_M) = (1-\varphi)p_M[1-(1-\alpha)T_M]q_M + s(1-\alpha)T_M q_M - (1-\alpha)T_M^2/2 \tag{5-11}$$

$$\pi_M^e = \varphi p_M[1-(1-\alpha)T_M]q_M \tag{5-12}$$

由公式(5-11)和公式(5-12)，我们可以推导出了定理 5.5。

定理 5.5　在平台抽成模式下，内生消费者退货窗口下的最优运作决策和利润如下：

$$p_M^* = \{\alpha\rho[(1-\alpha)s^2 - \alpha\rho(1-\varphi)]\}/$$

$$[(1-\alpha)s^2 - 2\alpha\rho(1-\varphi) + (1-\alpha)\alpha s\rho(1-\varphi)]$$

$$T_M^* = \alpha s\rho(1-\varphi)/[2\alpha\rho(1-\varphi)-(1-\alpha)s^2]q_M^*$$

$$= \alpha\rho(1-\varphi)/[2\alpha\rho(1-\varphi)-(1-\alpha)s^2]$$

$$\pi_M^{m*} = \alpha^2\rho^2(1-\varphi)^2/[4\alpha\rho(1-\varphi)-2(1-\alpha)s^2]$$

由定理 5.5，可以得到如下的注解：

① 最优生产量随着市场相对效率的增加而减少，平台的最优利润随着市场相对效率的增加而增加，与定理 5.2 相似；

② 随市场相对效率增加，最优消费者退货窗口是递减的，这是违反直觉的。这是因为市场相对效率的增加导致生产量减少，消费者退货窗口的增加会给制造商带来一定的损失；

③ 市场相对效率的增加，制造商的最优利润先降低后增加，这与外生消费者退货窗口情况不同。

由定理5.2可知，随市场相对效率的增加，外生消费者退货窗口下的制造商的最优利润总是增加的。然而，对于内生消费者退货窗口，其方向可能相反。在实践中，一些平台已经采取措施提高市场相对效率。例如，eBay 在 2019 年与 Fulfilio

合作，推出全国物流服务，将物流时间平均提高15%。天猫在2013年建立了“菜鸟”物流网络，大幅度提高了市场相对效率，这也可以从定理5.3中发现。众所周知，eBay和天猫都是平台抽成模式，很多制造商都通过他们销售产品。定理5.5表明，如果这些平台让制造商设计消费者退货窗口，建立Fulfilio或“菜鸟”物流网络对这些平台和制造商总是有利的。这些平台将市场相对效率提高到较高的水平，这表明制造商的最优利润可能随着市场相对效率的增加而增加。

定理5.5还指出，最优产量随佣金率的增加而增加，与定理5.2一致，并且消费者退货窗口随佣金率递增。这一重要结果背后的逻辑是，提高佣金率可以提高产量，而延长消费者退货窗口可以进一步促进产量。

3. 平台抽成模式和再销售模式的比较

本节将分析平台模式的选择，为市场相对效率定义了以下阈值，其中

$$J=\sqrt{[2\alpha-(1-\alpha)s^2]\{\alpha[2-(1-\alpha)\alpha]-2(1-\alpha)\alpha s-(1-\alpha)s^2\}},$$

$$\rho_2=\frac{\begin{array}{c}\alpha J-\alpha^3 s(1-\varphi)+\alpha^2 s(1-\varphi)-\alpha^2[2-(1-s)s](1-\varphi)-\alpha J\varphi+\\ \sqrt{\begin{array}{c}\{\alpha^2[-2\alpha+(1-\alpha)\alpha s+(1+\alpha(1-2(2-\alpha)\alpha))s^2+J]\\ [-\alpha^2 s+s^2+\alpha(s-2-s^2)+J](1-\varphi)^2\}\end{array}}\end{array}}{-2(1-\alpha)(1-\varphi)^2\alpha^3},$$

比较两种平台模式下制造商的利润，得到定理5.6。

定理5.6　如果 $\rho<\rho_2$，那么 $\pi_M^{m*}>\pi_R^{m*}$；如果 $\rho\geqslant\rho_2$，那么 $\pi_R^{m*}\geqslant\pi_M^{m*}$。

定理5.6指出，如果市场相对效率较低，制造商倾向于平台抽成模式；否则，制造商更倾向于再销售模式。从定理5.4和定理5.5可以很容易地理解这一发现背后的逻辑。

从定理5.6和定理5.3可以发现市场相对效率对外生消费者退货窗口和内生消费者退货窗口平台模式选择的影响是不同的。由定理5.5可知，在平台抽成模式下，制造商的最优利润随着市场相对效率的增加先减小后增大。这种关系表明，在市场相对效率较低的情况下，采用平台抽成模式的制造商的最优利润较高，而采用再销售模式的制造商的最优利润保持不变。因此，在低市场相对效率下，制造商更倾向于平台抽成模式。在实践中，天猫建立了“菜鸟”物流网络，提高市场相对效率；天猫设定了固定的消费者退货窗口(7天)。考虑到市场相对效率的这种改善，制造商应该加入天猫，这可以解释为什么天猫的市场份额高于京东。如果天猫让制造商设计消费者退货窗口，那么制造商应该加入京东，这可以解释为什么天猫会推广固定的消费者退货窗口(7天)。内生消费

者退货窗口下的模式选择如图 5-3 所示。

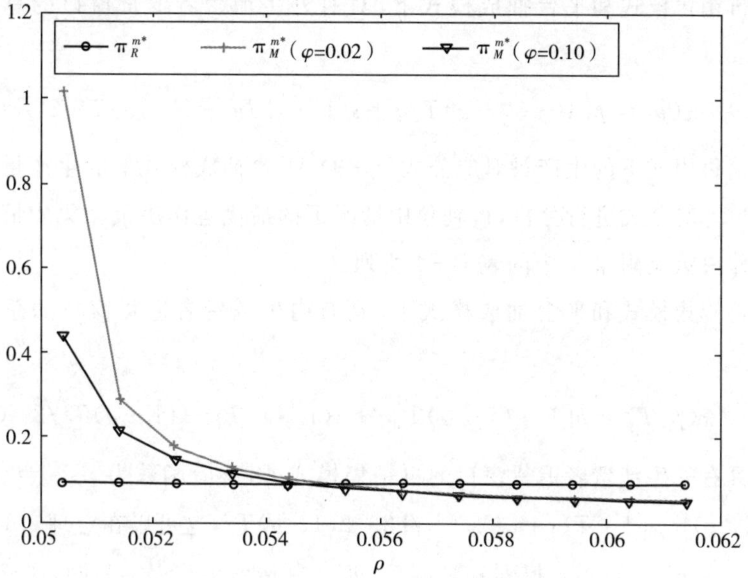

图 5-3　内生消费者退货窗口下的模式选择

5.3.5　制造商-平台协调

本节将探讨制造商和平台的协调问题，首先研究了再销售模式和平台抽成模式下的协调问题，然后设计了一个残值收入共享契约，探讨了两种模式下的协调问题。根据 Xu 等(2021)，Choi 和 Guo(2021)，本章对平台系统的协调定义如下：

定义 5.1　数量协调——在再销售(平台抽成)模式下，如果存在一个批发价(佣金率)，使得分散情况下的最优产量与集中情况下的最优产量相等，则平台系统在该批发价(佣金率)处实现数量协调。

在再销售模式下，如果存在一个批发价格满足平台的订单数量等于考虑制造商和平台整体(即平台系统)的最优生产量，则实现了平台系统的协调。在平台抽成模式下，如果存在一个佣金率满足制造商的生产量等于平台系统中的最优生产量，则实现了平台系统的协调。在平台抽成模式下，只有制造商做出最优运作决策。本章对协调的定义是指存在一个参数满足分散决策等于集中决策(即平台系统)。定义不要求制造商或平台协调后的利润提升。在实践中，由于协调后双方的总利润具有确定性的提高，因此很容易实现“双赢”。例如，他们可以使用两部分关税契约来实现双赢(Chen 等，2012；Hao 和 Fan，2014；Xu

等，2017；Chen 等，2019）。

在再销售模式和平台抽成模式下，具有外生消费者退货窗口的总利润函数为

$$\pi(p)=p[1-(1-\alpha)T]q+s(1-\alpha)Tq-(1-\alpha)T^2/2 \quad (5-13)$$

再销售模式下的生产量对应公式(5-3)，平台抽成模式下的生产量对应公式(5-4)。对公式进行分析，得到集中情况下的最优运作决策。集中情况下的最优运作决策见附录B中的表B-4所列。

在再销售模式和平台抽成模式下，具有内生消费者退货窗口的总利润函数为

$$\pi(p,T)=p[1-(1-\alpha)T]q+s(1-\alpha)Tq-(1-\alpha)T^2/2 \quad (5-14)$$

在具有外生消费者退货窗口的再销售模式下，反应函数为 $p_{B-R}=\{w_{B-R}-T(s+w_{B-R})+\alpha[1+T(s+w_{B-R})]\}/[2-2(1-\alpha)T]$，这可以在定理5.1的证明中找到。令 $p_{B-R}=p^*_{R-T}$，得到 $w_{B-R}=0$。那么制造商将获得零利润，这意味着平台系统无法协调。对于外生消费者退货窗口情况下的平台抽成模式，定理5.2表明 $p^*_{B-M}=[\alpha\rho(1-\varphi)-sT(1-\alpha)]/\{2[1-(1-\alpha)T](1-\varphi)\}$。令 $p^*_{B-M}=p^*_{M-T}$，得到 $\varphi=0$。那么平台将获得零利润，这再次表明平台系统无法协调。同样，对于内生消费者退货窗口，可以发现两种模式下的平台系统无法协调。通过以上分析，我们知道如果没有契约，无论是外生消费者退货窗口还是内生消费者退货窗口，平台系统都无法协调。以下考虑了几个扩展来分析平台系统的协调问题。

退货在实践中很常见。在再销售模式下，由于退回产品可以被制造商再制造，制造商愿意分享残值收入，这有助于节省一些生产成本。在平台抽成模式下，平台愿意分享残值收入，这提高了制造商的销量；也增加了平台的收益。因此，作者设计了一个残值收入共享契约来探讨协调问题。残值收入实际上是制造商或平台处理退回产品所产生的成本。在残值收入共享契约下，在再销售模式（平台抽成模式）下，残值收入由平台（制造商）按一定比例 φ 分享，剩余收入由制造商（平台）共享。考虑此契约后，两种模式下制造商和平台的利润函数为

$$\pi^m(w)=wq+(1-\varphi)s(1-\alpha)Tq \quad (5-15)$$

$$\pi^p(p)=(p-w)[1-(1-\alpha)T]q+\varphi s(1-\alpha)Tq-(1-\alpha)T^2/2 \quad (5-16)$$

$$\pi^m(p)=(1-\varphi)p[1-(1-\alpha)T]q+\varphi s(1-\alpha)Tq-(1-\alpha)T^2/2 \tag{5-17}$$

$$\pi^p=\varphi p[1-(1-\alpha)T]q+(1-\varphi)s(1-\alpha)Tq \tag{5-18}$$

定理5.7　在外生和内生消费者退货窗口下，当$\bar{\varphi}=1-\varphi$时，残值收入共享契约可以协调平台抽成模式下的平台系统。但是无论消费者退货窗口内生或外生，该契约都不能协调再销售模式下的平台系统。

定理5.7指出，残值收入共享契约永远无法协调使用再销售模式的平台系统。原因是双重边际化的存在，这在很多研究中都可以找到，如Cachon和Kök(2010)、Xu等(2017)、Xu等(2020)。定理5.7还表明，残值收入共享契约可以协调平台抽成模式下的平台系统。一个精心选择的残值收入共享契约使佣金率大于0，这是协调平台系统所必需的。

5.3.6　双渠道协调的拓展

本节参考Yan等(2018)、Xu等(2021)、Abishek等(2016)和Nie等(2019)，线下渠道的需求由基础需求和跨渠道效应组成。也就是说，线下渠道的需求是$Q+rq$，基础需求是Q，线上需求是q，$r\in[-1,1]$是跨渠道效应。跨渠道效应是指线上渠道销售对线下渠道销售的影响。这种效应在实践中很常见，其方向取决于不同的行业。在某些行业，如服装和计算机，其跨渠道效应为负(Xu等，2021；Brynjolfsson等，2009)。然而，在其他行业，如电影、音乐和书籍，他们的跨渠道效应是正的(Yan等，2018；Abhishek等，2016)。负跨渠道效应在实践中很常见。拓展模型的框架图如图5-4所示。

再销售模式和平台抽成模式下，具有外生和内生消费者退货窗口的总利润函数如下所示：

$$\pi(p)=p[1-(1-\alpha)T]q+s(1-\alpha)Tq-(1-\alpha)T^2/2+p_0(Q+rq) \tag{5-19}$$

$$\pi(p,T)=p[1-(1-\alpha)T]q+s(1-\alpha)Tq-(1-\alpha)T^2/2+p_0(Q+rq) \tag{5-20}$$

由公式(5-19)和公式(5-20)可以得到集中情况下的最优运作决策。

接下来，本节探讨了该框架下平台系统的协调问题，并通过考虑线上线下残值收入共享契约进一步扩展了协调问题。

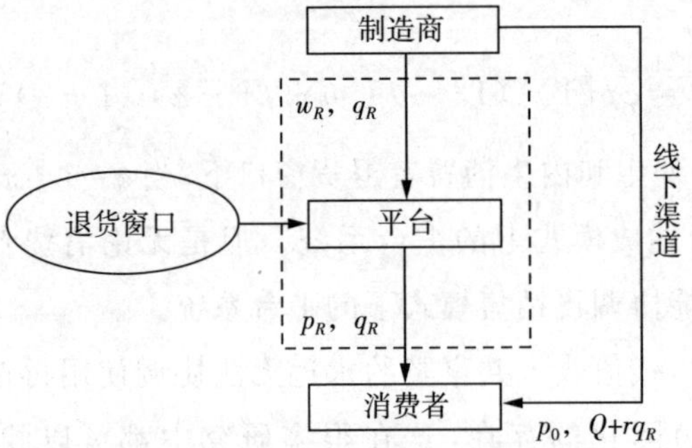

（a）再销售模式

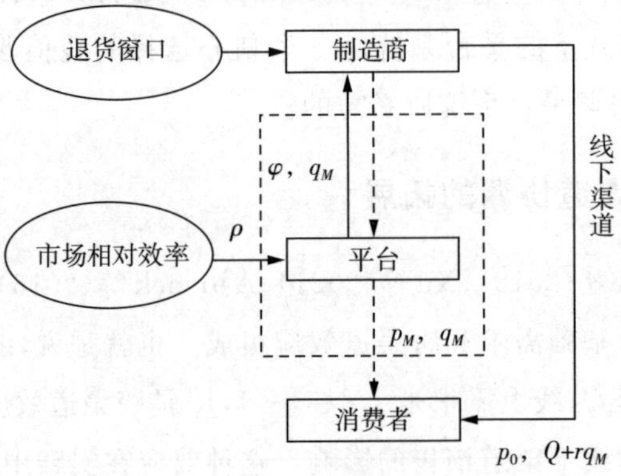

（b）平台抽成模式

图 5-4　拓展模型的框架图

1. 没有契约的平台系统协调

定理 5.8　① 在外生消费者退货窗口的情况下，当 $w_{O\text{-}B\text{-}R}=-p_0r/[1-(1-\alpha)T]$ 时，采用再销售模式的平台系统可以协调，而采用平台抽成模式的平台系统没有契约就不能协调。② 在内生消费者退货窗口下，当 $w_{O\text{-}R}=p_0r[s^2-\alpha(2+s^2)]/[2\alpha-(1-\alpha)(\alpha+p_0r)s-(1-\alpha)s^2]$ 时，使用再销售模式的平台系统可以协调，而使用平台抽成模式的平台系统在无契约时无法协调。

定理 5.8 说明了一个重要的结果：采用再销售模式的平台系统是可以协调的。众所周知，再销售模式是通过批发价格契约来运作的，而以往的研究发现批发价格契约并不能协调 2 家企业，如 Xu 等（2020）、Cachon 和 Kök（2010）。但是，在考虑线下渠道后，发现再销售模式下的平台系统是可以协调的。而缺乏跨渠道效应会导致无法协调。因此，跨渠道效应的存在使这个平台系统得以协调。定理5.8还表明,平台抽成模式下的平台系统没有契约是无法协调的。在实践中,很多制造商都建立了线下渠道,如飞利浦和夏普。京东和亚马逊以采用再销售模式而闻名,而天猫和Flipkart则以采用平台抽成模式而闻名。在这样的背景下,飞利浦和夏普通过与京东和亚马逊的合作可以获得更多的利润。然而,制造商不能与天猫或Flipkart合作以获得更多的利润。

2. 线上-线下残值收入共享契约协调平台系统

本小节考虑线上-线下残值收入共享契约,其中φ是再销售(平台抽成)模式下平台(制造商)的收入份额。本契约是在前述残值收入共享契约的基础上,考虑到跨渠道效应。与残值收入共享契约类似,在再销售模式(平台抽成模式)下,制造商(平台)愿意分享残值收入。具体而言,在再销售模式下,制造商愿意分享残值收入[即$s(1-\alpha)Tq$],因为退回产品可以被制造商再制造。这有助于节省一些生产成本。在平台抽成模式下,平台愿意分享残值收入,这进一步增加了制造商的销售额,也增加了平台的收入。为此,本节设计了一个线上-线下残值收入共享契约来探讨协调问题。在外生消费者退货窗口的情况下,再销售(平台抽成)模式下制造商和平台的利润如下:$\pi^{p}_{O-B-R-SR}(p_{O-B-R-SR})=(p_{O-B-R-SR}-w_{O-B-R-SR})[1-(1-\alpha)T]q_{O-B-R-SR}+\varphi_{O-B-R-SR}s(1-\alpha)Tq_{O-B-R-SR}-(1-\alpha)T^2/2$和$\pi^{m}_{O-B-R-SR}(w_{O-B-R-SR})=w_{O-B-R-SR}q_{O-B-R-SR}+p_0(Q+rq_{O-B-R-SR})+(1-\varphi_{O-B-R-SR})s(1-\alpha)Tq_{O-B-R-SR}$。

$$\pi^{m}_{O-B-M-SR}(p_{O-B-M-SR})=\frac{(1-\varphi)p_{O-B-M-SR}[1-(1-\alpha)T]q_{O-B-M-SR}+\varphi_{O-B-M-SR}s(1-\alpha)Tq_{O-B-M-SR}-(1-\alpha)T^2}{2+p_0(Q+rq_{O-B-M-SR})}$$

和$\pi^{p}_{O-B-M-SR}=\varphi p_{O-B-M-SR}[1-(1-\alpha)T]q_{O-B-M-SR}+(1-\varphi_{O-B-M-SR})s(1-\alpha)Tq_{O-B-M-SR})$。

在消费者退货窗口内生的情况下,再销售(平台抽成)模式下制造商和平台的利润如下:$\pi^{p}_{O-R-SR}(p_{O-R-SR},T_{O-R-SR})=(p_{O-R-SR}-w_{O-R-SR})[1-(1-\alpha)T_{O-R-SR}]q_{O-R-SR}+\varphi_{O-R-SR}s(1-\alpha)T_{O-R-SR}q_{O-R-SR}-(1-\alpha)T^2_{O-R-SR}/2$和$\pi^{m}_{O-R-SR}(w_{O-R-SR})=w_{O-R-SR}q_{O-R-SR}+p_0(Q+rq_{O-R-SR})+(1-\varphi_{O-R-SR})s(1-\alpha)T_{O-R-SR}q_{O-R-SR}$。

$\pi^{m}_{O-M-SR}(p_{O-M-SR},T_{O-M-SR})=$
$(1-\varphi)p_{O-M-SR}[1-(1-\alpha)T_{O-M-SR}]q_{O-M-SR}+\varphi_{O-M-SR}s(1-\alpha)T_{O-M-SR}q_{O-M-SR}-$

$(1-\alpha)T^2_{O-M-SR}/2+p_0(Q+rq_{O-M-SR})$ 和 $\pi^p_{O-M-SR}=\varphi p_{O-M-SR}[1-(1-\alpha)T_{O-M-SR}]q_{O-M-SR}+(1-\varphi_{O-M-SR})s(1-\alpha)T_{O-M-SR}q_{O-M-SR})$。然后可以得到定理 5.9。

定理5.9 ① 在外生消费者退货窗口的情况下，当 $w_{O-B-R-SR}=[-p_0r+sT(\alpha-1+\varphi_{O-B-R-SR}-\alpha\varphi_{O-B-R-SR})]/[1-(1-\alpha)T]$ 时，线上-线下残值收入共享契约可以协调再销售模式下的平台系统；当 $\varphi=(1-\alpha)(1-\varphi_{O-B-M-SR})sT/[p_0r+(1-\alpha)sT]$ 时，线上-线下残值收入共享契约可以协调平台抽成模式下的平台系统。

② 在内生消费者退货窗口的情况下，当 $w_{O-R-SR}=[-2\alpha p_0r-(1-\alpha)\alpha s^2+(1-\alpha)(\alpha+p_0r)s^2\varphi_{O-R-SR}]/[2\alpha-(1-\alpha)(\alpha+p_0r)s-(1-\alpha)s^2]$ 时，线上-线下残值收入共享契约可以协调再销售模式下的平台系统；当 $\varphi=(1-\alpha)(p_0r+\alpha\rho)(1-\varphi_{O-M-SR})s^2/\{\alpha\rho[2p_0r+(1-\alpha)s^2]\}$ 时，线上-线下残值收入共享契约可以协调平台抽成模式下的平台系统。

定理 5.9 指出了一个重要的结果，即线上一线下残值收入共享契约可以在外生或内生消费者退货窗口的再销售模式或平台抽成模式协调该平台系统。在实践中，采用线上一线下残值收入共享契约，可以为平台抽成模式下（如 Flipkart、天猫）或再销售模式下（如亚马逊、京东）的制造商和平台实现更多的利润。这一发现与消费者退货窗口是外生的还是内生的无关。残值收入共享契约下的外生消费者退货窗口如图 5－5 所示，残值收入共享契约下的内生消费者退货窗口如图 5－6 所示。

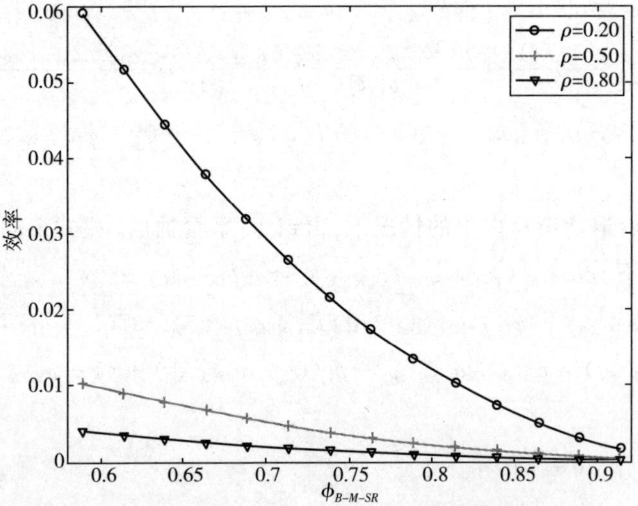

图 5－5　残值收入共享契约下的外生消费者退货窗口

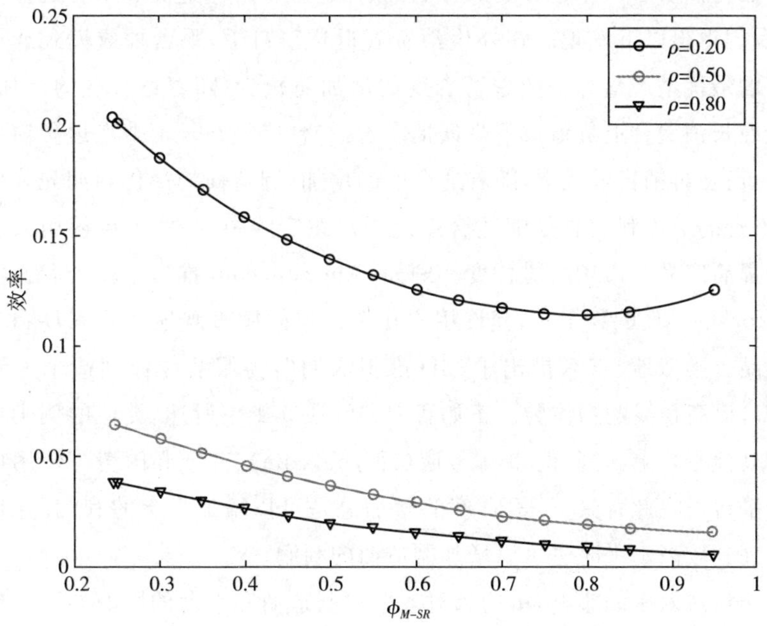

图 5－6　残值收入共享契约下的内生消费者退货窗口

5.4 小　结

本章研究一家通过电商平台销售产品的制造商，该平台可能有外生或内生的退货窗口（消费者退货窗口），探讨了平台系统的协调问题。本章考虑了 2 种典型的平台模式：再销售模式和平台抽成模式，不同的平台模式和消费者退货窗口选项显著影响制造商和平台的最优运作决策和利润。本章探究了外生和内生消费者退货窗口下的最优运作决策以及平台模式的选择。实际上，许多平台在实践中设定固定的消费者退货窗口。从这个角度来看，外生消费者退货窗口是现实的。然而，本章也发现不同的平台有不同的消费者退货窗口。从这个角度来看，内生消费者退货窗口也符合实践。此外，即使对于遵循消费者退货窗口行业规范的平台，本章也提供了关于潜在改变消费者退货窗口好处的见解。

产品与消费者口味适合度的影响:研究适合度对制造商和平台运作决策的影响,我们得出以下发现。在外生消费者退货窗口下,平台抽成模式或再销售模式下的最优生产量总是随着适合度的增加而减少;随着适合度的增加,制造商应该在长消费者退货窗口下降低批发价,平台应该在长消费者退货窗口下提高零售价;在再销售模式下,随着适合度的增加,制造商的最优利润先降低后增加,而平台的最优利润总是随适合度递增。在实践中,一些平台使用人工智能技术来提高产品对市场的适合度。例如,Amazon. com 推出了一个名为"Room Decorator"的 AR 购物工具,允许用户在个人空间中直观地查看家具和其他家居装饰品。类似地,京东推出了"3D 虚拟衣橱",为服装行业创造个人专属的 3D 模型,提高在线购物体验。正如我们在性质 5.1 中所述,类似的例子也可以在许多其他平台上找到,例如,1 号店(即 yhd. com)、苏宁和国美等使用再销售模式的平台。在此背景下,适合度的增加总是可以增加平台的利润,并且在适合度提高到较高水平时也可以增加制造商的利润。

市场相对效率的影响:市场相对效率对制造商和平台的影响如下。在外生消费者退货窗口下,平台抽成模式下的最优生产量总是随着市场相对效率的增加而减少;在平台抽成模式下,最优零售价及制造商和平台的利润随着市场相对效率的增加而增加。在内生消费者退货窗口下,平台抽成模式下的最优生产量总是随着市场相对效率的增加而减少;令人意外的是,在平台抽成模式下,最优消费者退货窗口随着市场相对效率的增加而减少;随着市场相对效率的增加,制造商在平台抽成模式下的最优利润先降低后增加,这与外生消费者退货窗口情况不同。此外,在平台抽成模式下,平台的最优利润随着市场相对效率的增加而增加。在实践中,一些平台已经采取了措施来改善其市场相对效率。例如,eBay 于 2019 年与 Fulfilio 合作推出了一个全国性物流服务,以改善物流时间,平均改善 15%。天猫在 2013 年建立了"菜鸟"物流网络,极大地提高了市场相对效率。众所周知,eBay 和天猫采用平台抽成模式经营,许多制造商通过它们销售其产品。因此,如果这些平台让制造商设计消费者退货窗口,建立 Fulfilio 或"菜鸟"物流网络始终对这些平台和制造商有益。这些平台将市场相对效率提高到了一个高水平,表明制造商的最优利润可能会随着市场相对效率的提高而增加。

消费者退货窗口和佣金率的影响:对于消费者退货窗口,在再销售模式或平台抽成模式下,最优生产量总是随着外生消费者退货窗口的增加而增加;再销售模式下制造商的最优利润随着外生消费者退货窗口的增加而增加。对于佣金率，在外生和内生消费者退货窗口下，零售价随着佣金率递减；最优生产量随着佣金率的增加而增加。

再销售模式和平台抽成模式的选择：在外生消费者退货窗口下，制造商在低（高）市场相对效率下更偏向再销售模式（平台抽成模式）。但是，在内生消费者退货窗口下，制造商的选择将有所不同。在低（高）市场相对效率下，制造商更偏向平台抽成模式（再销售模式）。实际上，一些平台已经改善了配送服务以提高市场相对效率。例如，Flipkart 已建立 Ekart 以大大提高市场相对效率，天猫建立了“菜鸟”物流网络以提高其市场相对效率。Flipkart 和天猫以采用平台抽成模式而著名，而 Amazon. com 和京东以采用再销售模式而著名。在实践中，这些平台设置外生消费者退货窗口。因此，在这种情况下，制造商应该加入 Flipkart 和天猫。然而，如果平台或制造商能够设置内生消费者退货窗口，则制造商应该加入 Amazon. com 和京东。这些结果揭示了为什么 Flipkart 和天猫在实践中设定了固定的消费者退货窗口（即消费者退货窗口是外生的）。

平台系统的协调：在外生或内生消费者退货窗口下，本章的基本平台系统无法在再销售模式或平台抽成模式下实现协调，需要额外的契约来实现协调。在外生和内生消费者退货窗口下，残值收入共享契约可以协调使用平台抽成模式的平台系统，而它永远无法协调再销售模式下的平台系统；使用再销售模式的平台系统可以实现协调，而在平台抽成模式下，如果没有额外的契约，则不能实现协调；线上-线下残值收入共享契约可以协调使用平台抽成模式或再销售模式下的平台系统。

第6章　考虑平台抽成和再销售模式下制造商定价和碳减排策略研究

本章研究了一个通过在线平台和线下渠道向具有环保意识的消费者销售产品的制造商的定价和碳减排决策。该平台以平台抽成模式或再销售模式运营。为了反映线上渠道对线下渠道的影响,我们考虑了跨渠道效应。平台抽成模式下,制造商通过平台直接向消费者销售产品,并为每个订单支付佣金。再销售模式下,平台从制造商处批发产品并向消费者销售产品。我们发现,跨渠道效应的增长可以对碳减排水平、生产量及制造商和平台的利润产生积极影响。平台抽成模式(再销售模式)比再销售模式(平台抽成模式)带来更多的利润,并在跨渠道效应高(低)时促使制造商采用更环保的技术。如果跨渠道效应为负,则平台抽成模式无法协调制造商和平台,而再销售模式可以协调。我们还将模型扩展到全渠道策略的情况,并发现在某些条件下,全渠道策略能带来更高的碳减排水平,并给制造商带来更多利润。此外,平台抽成模式无法协调制造商和平台,而再销售模式始终可以。本章的研究结果不仅丰富了平台和低碳运营管理的理论研究,还指导了这些方面的管理实践。

6.1　问题的引出

许多实证研究证实了消费者对环保产品购买意愿与环保意识间的正向关系(Jayaraman 等,2012;Choi,2013;Xu 等,2020;Zhang 等,2020)。例如,根据2007年的BBMG中绿色意识消费者报告,67%的美国人认为购买环保产品对他们很重要,其中51%的人愿意购买售价相对较高的环保产品(Yu 等,2016;

Hammami 等,2018)。此外,根据香港贸易发展局在 2017 年进行的一项调查,超过 90%的中国人愿意以平均溢价 14%的价格购买绿色家具。越来越多的制造商意识到消费者环保意识的重要性,他们尝试通过提高产品的环保性增加销售额(Choi,2013;Chen,2019)。受到这一现象的启发,越来越多关于制造商运营决策的研究将产品需求与产品碳减排水平联系起来(Tao 等,2018)。

为了开拓市场,许多制造商在现有的线下渠道上增加了线上销售渠道(Liu 等,2020;Wei 等,2020),并通过双边平台(如中国的京东和天猫,美国的亚马逊)销售产品。例如,美的集团(中国较大的家电制造商之一)与天猫合作,在 2017 年的七个月内实现了超过 100 亿人民币的在线销售收入。双边平台的运营策略大致分为两种:一种是平台抽成模式,即平台从通过平台销售的产品收入中收取固定费率;另一种是再销售模式,即平台从制造商处订购产品,然后在平台上进一步销售给消费者。近年来,全渠道策略在市场上很受欢迎(Choi 等,2020)。在这一战略下,消费者可以从制造商、零售商等提供的各种渠道中获得无缝服务。这种战略的一个典型特点是各个渠道上的价格相同(Gao 和 Su,2017;Kim 和 Chun,2018)。全渠道策略可以与平台抽成模式或再销售模式相结合,为消费者提供更好的体验并促进销售。

线上渠道的繁荣发展可能会对线下店铺的销售产生负面或正面的影响。这种现象被称为"跨渠道效应"(以下简称 CSE)(Abhishek 等,2016;Nie 等,2019)。CSE 有 2 种类型:蚕食型 CSE 和刺激型 CSE(Yan 等,2018)。例如,在销售计算机时,线上渠道的销售对线下店铺的销售产生负面影响(Brynjolfsson 等,2009);在销售电影时,线上渠道的销售对线下店铺的销售产生积极影响(Mortimer 等,2012)。CSE 对电子商务企业的运营决策有直接影响,我们将其纳入模型中。

我们的研究基于 2018 年 5 月 24 日对海尔集团的一位副总裁的采访。为了履行社会责任和迎合消费者的环保意识,海尔集团坚持在产品制造过程中采用绿色技术。在 2017 年,海尔集团在制造过程中减少了 41860 吨碳排放。为了提高销售额,海尔集团与天猫和京东合作,并在 2017 年实现了 100 亿元人民币的在线销售额。近年来,海尔集团与这些平台正在尝试采用全渠道的合作策略。由于天猫和京东的经营模式不同,海尔集团面临的一个问题是这些平台的运营模式会对海尔的产品设计产生什么样的影响;另一个问题是全渠道策略是否有益于海尔集团和平台的发展。

6.2 模型的建立

我们研究了一家在 2 种渠道(自身的线下渠道和在线平台)向环保意识强的消费者销售产品的制造商的定价和碳减排决策。该平台可以采用两种模式：平台抽成模式或再销售模式。平台抽成模式下,平台会按照在线收入向制造商收取佣金率为 φ 的佣金。为了与现实保持一致,我们假设 $0<\varphi<0.5$。再销售模式下,平台先以批发价 w 从制造商处订购产品,然后以零售价 p 将其出售给消费者。在线下渠道中,制造商以零售价 p_0 销售产品,并面临基本需求 Q(Abhishek 等,2016;Nie 等,2019)。我们将线下渠道的零售价设定为固定值,因为现实生活中制造商通常会在商店设定参考价格,很少更改零售价(Yan 等,2018)。线上渠道(即平台)的销售额用 q 表示。我们通过修改传统渠道的销售额为 $Q+rq$ 来刻画这种效应。其中,q 表示线上渠道的销售额,r 表示 CSE 系数(Abhishek 等,2016;Nie 等,2019;Yan 等,2018)。与此同时,我们假设线上潜在市场需求为 α。在我们的模型中,CSE 可能是正值($r>0$),负值($r<0$)或零($r=0$)。

考虑到消费者的环保意识水平 τ,制造商正在计划实施碳减排措施以降低产品的碳排放。用 e_0 表示单位产品的初始碳排放量,用 e 表示单位产品的减排水平,减排后每单位产品的碳排放水平为 e_0-e。碳减排成本系数为 h。与 Yan 等(2018)的假设相似,我们假设参数满足以下要求：$\max\{\tau^2/3,\tau^2(1+r-\varphi)/4\}<h<\tau^2(1-\varphi)/2$。我们给出这个假设是为了保证碳减排的正常进行。我们将制造商和平台的决策建模为斯塔克尔伯格博弈,其中制造商作为领导者,平台作为追随者。再销售模式下,斯塔克尔伯格博弈用于探讨制造商和平台的最优决策。平台抽成模式下,我们探讨在给定的佣金率下制造商的最优定价和碳减排决策。这意味着具有平台抽成模式的斯塔克尔伯格博弈退化为制造商的优化决策问题。我们通过采用全渠道策略拓展模型。尽管全渠道策略具有许多特点,但我们选择最典型的特点之一,即整合定价(线上和线下渠道的价格相同),将其纳入我们的模型。我们将分析整合定价对制造商和平台运营决策的影响。

类似于 Liu 等(2012)和 Xu 等(2017),我们假设在线需求函数如下:

$$q = \alpha - p + \tau e \tag{6-1}$$

在本章中,我们没有考虑碳减排对线下需求的影响。原因是制造商在两个渠道销售不同的产品,以避免竞争(Abhishek 等,2016)。再销售模式如图 6-1,平台抽成模式如图 6-2 所示。

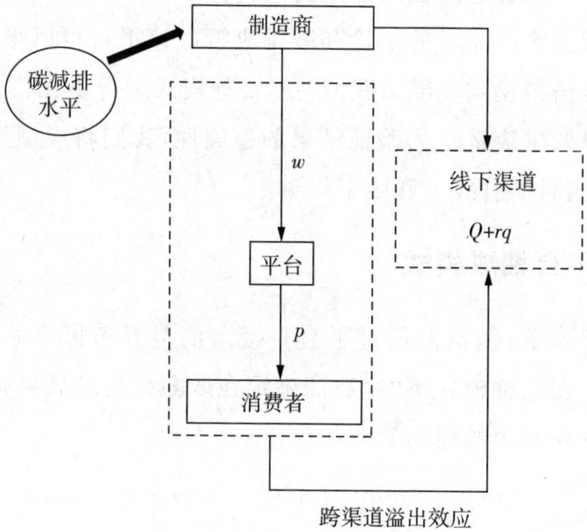

图 6-1　再销售模式

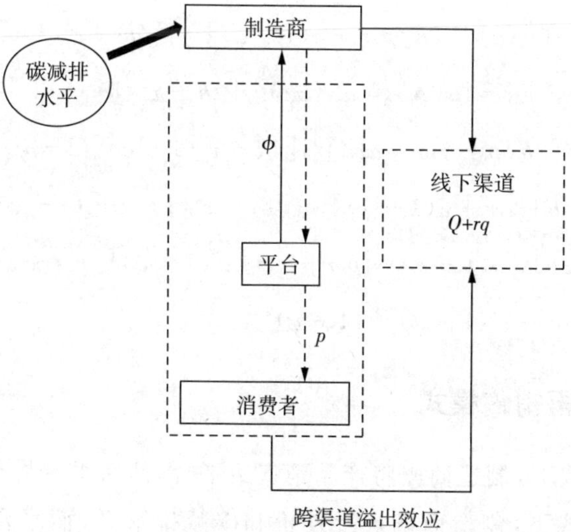

图 6-2　平台抽成模式

6.3 主要结论

本节考虑了一家制造商在两种渠道（自身的线下渠道和在线平台）向环保意识强的消费者销售产品时的定价和减排决策。该平台可以采用 2 种模式：平台抽成模式或再销售模式。随后我们对这 2 种模式进行了比较并分析了这 2 种模式是否可以协调供应链。为验证结果的稳健性，我们将模型扩展到全渠道的情况，即零售商同时拥有线上和线下渠道。

6.3.1 平台抽成模式

平台抽成模式下，制造商通过平台直接向消费者销售产品，并从中收取在线销售的佣金。在这种模式下，制造商确定在线零售价和碳减排水平。平台抽成模式下制造商和平台的利润如下：

$$\pi_M^m = p_0(Q + rq_M) + (1-\varphi)p_M q_M - he_M^2 \tag{6-2}$$

$$\pi_M^p = \varphi p_M q_M \tag{6-3}$$

定理 6.1 使用平台抽成模式时，制造商和平台的最优决策和利润如下：

$$p_M^* = \{p_0 r\tau^2(1-\varphi) - 2h[p_0 r - \alpha(1-\varphi)]\}/\{[4h - \tau^2(1-\varphi)](1-\varphi)\}$$

$$e_M^* = [\tau(p_0 r + \alpha - \alpha\varphi)]/[4h - \tau^2(1-\varphi)]$$

$$q_M^* = [2h(p_0 r + \alpha - \alpha\varphi)]/\{[4h - \tau^2(1-\varphi)](1-\varphi)\}\pi_M^{m*}$$

$$= h[p_0 r + \alpha(1-\varphi)]^2/\{[4h - \tau^2(1-\varphi)](1-\varphi)\} + p_0 Q$$

$$\pi_M^{p*} = 2h\varphi\{2h[\alpha(1-\varphi) - p_0 r] + p_0 r\tau^2(1-\varphi)\}[p_0 r + \alpha(1-\varphi)]/$$
$$\{[4h - \tau^2(1-\varphi)]^2(1-\varphi)^2\}$$

6.3.2 再销售模式

在这种模式下，制造商先将产品销售给平台，然后平台将它们出售给消费者。在这种模式下，制造商确定批发价和碳减排水平，而平台确定线上零售价。本章中的线下零售价是固定的。因此，决策过程分为两步：第一，制造商确定批发价和碳减排水平；第二，平台确定线上零售价。也就是说，在这种情况下，制造商首先确定批发价和碳减排水平，然后平台确定零售价。采用再销售模式时，制造商和平台的利润为

$$\pi_R^m = p_0(Q + rq_R) + w_R q_R - he_R^2 \tag{6-4}$$

$$\pi_R^p = (p_R - w_R) q_R \tag{6-5}$$

定理 6.2　使用再销售模式时，制造商和平台的最优决策和利润如下：

$$p_R^* = (6h\alpha + p_0 r\tau^2 - 2hp_0 r)/(8h - \tau^2)$$

$$e_R^* = \tau(p_0 r + \alpha)/(8h - \tau^2)$$

$$q_R^* = 2h(p_0 r + \alpha)/(8h - \tau^2)$$

$$\pi_R^{m*} = h(p_0 r + \alpha)^2/(8h - \tau^2) + p_0 Q$$

$$\pi_R^{p*} = 4h^2(p_0 r + \alpha)^2/(8h - \tau^2)^2$$

跨渠道效应系数对最优生产量的影响如图 6-3 所示，得到两种模式下的最优生产量随跨渠道效应系数的增加而增加。从图 6-3 中可以观察到，当 $r \leqslant -1.1645$ 为时，再销售模式可以获得更多的市场份额；否则，平台抽成模式将获得更多的市场份额。由于企业 A 的跨渠道效应系数为 0.54，平台抽成模式促使企业 A 生产更多的产品。

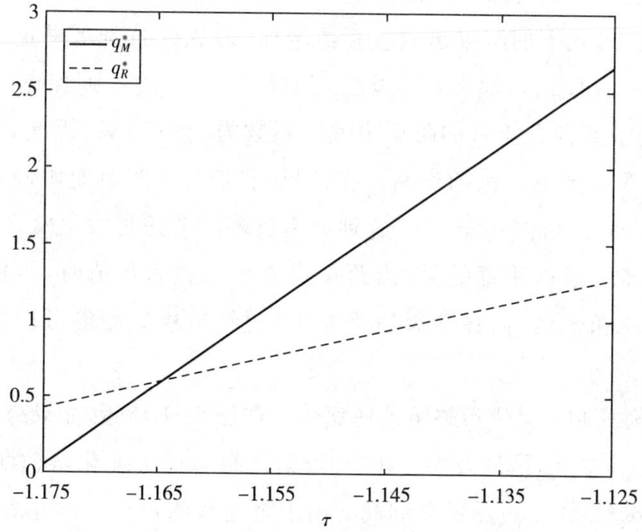

图 6-3　跨渠道效应系数对最优生产量的影响

跨渠道效应系数对制造商最优利润的影响如图 6-6 所示。如果 $r \leqslant -1.1440$，那么再销售模式可以为制造商带来更多的利润；反之，平台抽成模式可以产生更多的利润。由于企业 A 的跨渠道效应系数为 0.54，制造商应加入采用平台抽成模式的平台，如天猫。

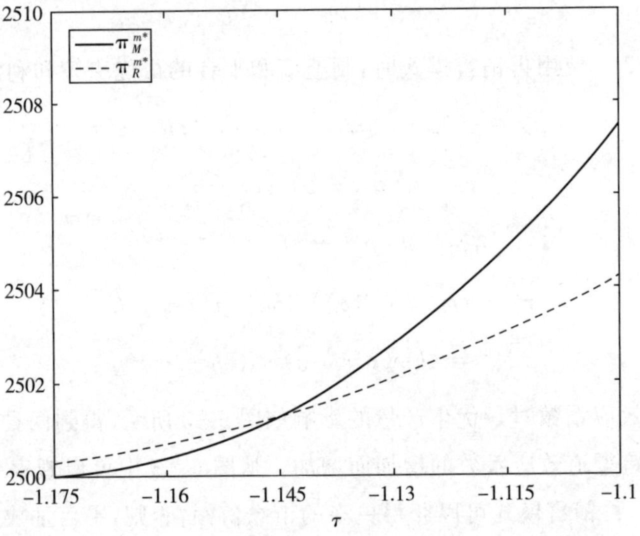

图 6-4　跨渠道效应系数对制造商最优利润的影响

跨渠道效应系数对最优碳减排水平的影响如图 6-5 所示，随着平台抽成模式和再销售模式下的跨渠道效应系数增加，最优碳减排水平也相应提高。此外，如果 $r \leqslant -1.164$，那么 $e_M^* \leqslant e_R^*$。如果 $r > -1.164$，那么 $e_M^* > e_R^*$。从图 6-6 中，我们了解到企业 A 的跨渠道效应系数为 $r = 0.54$。因此，平台抽成模式促使企业 A 生产更绿色的产品。在这里，我们将 2 家企业协调效率定义为 $(\pi_T^* - \pi_R^{m*} - \pi_R^{p*})/(\pi_R^{m*} + \pi_R^{p*})$。这种效率反映了考虑集中化模式后 2 家企业总利润的提高。值得注意的是，当跨渠道效应系数为负值时，再销售模式可以协调制造商和平台，而在全渠道策略下，再销售模式始终可以协调制造商和平台。

再销售模式和全渠道策略下的协调效率如图 6-6 所示，如果跨渠道效应系数在[-0.5,0]变化，协调效率会在[10.26%,24.39%]变化，这意味着协调可以提高 10.26%～24.39% 的总利润。由于企业 A 的 $r=0.54$，再销售模式无法实现平台和企业 A 的协调。

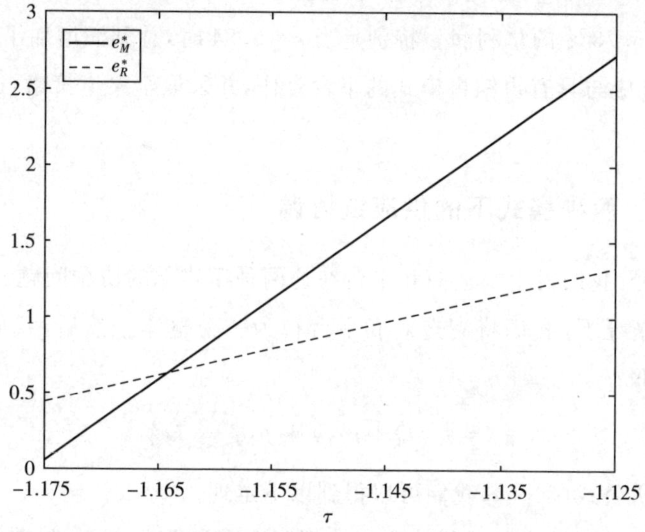

图 6-5 跨渠道效应系数对最优碳减排水平的影响

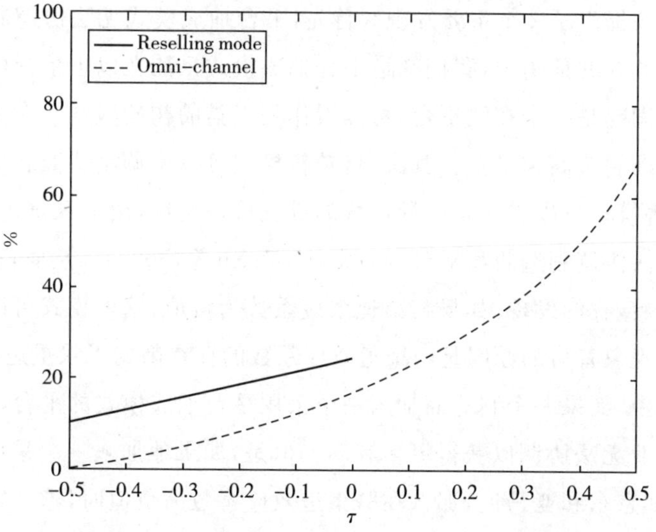

图 6-6 再销售模式和全渠道策略下的协调效率

在全渠道策略下，我们同样将效率定义为$(\pi_{OT}^{*}-\pi_{OR}^{m*}-\pi_{OR}^{p*})/(\pi_{OR}^{m*}+\pi_{OR}^{p*})$。可以看到，如果跨渠道效应系数在[−0.5,0]变化，企业A和平台的总利润在[0.30%,17.04%]变化，这与不考虑全渠道策略的情况相比效果较差。然而，当跨渠道效应系数在[0,0.6]变化时，企业A和平台的总利润迅速增加，并在[17.04%,95.73%]变化，这意味着企业A与平台的协调可以提高约17.04%～95.73%的总利润。特别是当$r=0.54$时，总利润增加了77.13%。因此，企业A应与具有再销售模式的平台合作，并采取全渠道策略，这将显著提高其利润。

6.3.3 两种模式下的供应链协调

在本部分，我们讨论制造商和平台在这两种模式下的协调问题。

在集中情况下，我们将制造商和平台视为一个整体。然后，我们得到两家企业的总利润：

$$\pi_T = p_0(Q + rq_T) + p_T q_T - he_T^2 \tag{6-6}$$

通过分析公式(6-6)，我们可以得到以下定理。

定理6.3 ①平台抽成模式无法协调制造商和平台；②如果跨渠道效应系数为负值，再销售模式可以协调制造商和平台，协调后的批发价为$w^c=-p_0 r$。

定理6.3提出了2个重要发现。首先，平台抽成模式无法协调制造商和平台。从定理6.3的证明中，我们知道平台抽成模式只能在以下情况协调2家企业：在中国，淘宝是一个在线平台，可以看作是天猫的初始版本。淘宝不收取佣金时可以协调制造商和平台。其次，再销售模式可以协调制造商和平台。众所周知，再销售模式可以看作是一种传统的批发价格契约，由于双重边缘化，批发价格契约无法协调制造商和平台(Xu等,2017;Xu等,2020)。然而，在考虑跨渠道效应系数后，我们发现，如果跨渠道效应系数为负值，这种模式可以协调2家企业。这一现象背后的原因是跨渠道效应系数的存在削弱了双重边缘化。

在实践中，如果一个制造商加入一个采用平台抽成模式的平台，如天猫，那么这2家企业无法协调以获得更多利润。但是，如果他加入一个采用再销售模式的平台，如京东和亚马逊，那么在跨渠道效应系数为负值时，这2家企业可以相互协调以获得更多利润。

我们将模型扩展到全渠道的情况，为了避免繁琐的讨论，我们假设：$(\varphi-1)<r<(1-\varphi)$。

定理6.4 在全渠道策略下，平台抽成模式下的制造商和平台的最优决策如下：$q_{OM}^* = \frac{1}{2}\left[\frac{4h\alpha + Q\tau^2}{4h - \tau^2(1+r-\varphi)} - \frac{Q}{1+r-\varphi}\right]$，$e_{OM}^* = \tau[Q + \alpha(1 + r -$

$\varphi)]/[4h-\tau^2(1+r-\varphi)]$。

定理6.4显示，随跨渠道效应系数的增加，最优碳减排水平和生产量也增加。这是因为当跨渠道效应系数增加时，制造商可以从线下渠道获得更多的利润。

通过比较定理6.1和6.4，我们发现，如果跨渠道效应系数为正（负），则全渠道策略可以引导制造商在产品具有较大的线下需求且相对较低（高）的线下零售价时采用更环保的技术。从Abhishek等（2016）的研究中，我们了解到在图书行业和音乐行业存在积极的跨渠道效应系数。在这些行业中，线下需求较大，线下零售价较低。因此，全渠道策略可以引导制造商减少更多的单位产品碳排放。在具有消极跨渠道效应系数的行业（如家电行业），线下需求较大，线下零售价相对较高。全渠道策略也可以引导制造商减少更多的单位产品碳排放。

从定理6.1和定理6.4中，我们还发现，当线下需求较高时，全渠道策略下的制造商利润大于平台抽成模式下的利润，这可以解释为什么越来越多的制造商正在建立全渠道策略。

定理6.5　在全渠道策略下，再销售模式下的制造商和平台的最优决策如下：$e_{OR}^*=\dfrac{[Q(3+r)+(1+r)^2\alpha]\tau}{4h(2+r)-(1+r)^2\tau^2}$，$q_{OR}^*=\dfrac{2h[(1+r)\alpha-Q]+Q(1+r)\tau^2}{4h(2+r)-(1+r)^2\tau^2}$。

定理6.5表明，在全渠道策略下，再销售模式下的最优碳减排水平和生产量随跨渠道效应系数的增加而增加。这是因为当跨渠道效应系数增加时，制造商可以从线下渠道获得更多的利润。

在集中式情况下，我们将制造商和平台视为一个整体。然后，我们得到全渠道策略下2家企业的总利润如下：

$$\pi_{OT}=p_{OT}(Q+rq_{OT})+p_{OT}q_{OT}-he_{OT}^2 \tag{6-7}$$

通过分析公式（6-7），我们可以得到以下命题。

命题6.1　在全渠道策略下的集中式供应链的最优决策如下：

$e_{OT}^*=\tau[Q+\alpha(1+r)]/[4h-\tau^2(1+r)]$，$q_{OT}^*=\{2h[\alpha(1+r)-Q]+Q(1+r)\tau^2\}/\{(1+r)[4h-\tau^2(1+r)]\}$。

命题6.1呈现了一个新的结果。① 最优碳减排水平随需求的增加而增加；② 如果跨渠道效应系数满足$r>(2h-\tau^2)/\tau^2$，最优生产量随需求的增加而增加；否则，它随需求的增加而减少。从定理 6.5 中，我们知道在许多行业，如图书、音乐和家电行业，需求非常大。因此，在全渠道策略下，制造商采用绿色技术是有益的。

定理6.6 ① 平台抽成模式无法协调制造商和平台；② 再销售模式可以协调制造商和平台，并且在协调时的批发价为 $w_o^c = Q/(1+r)$。

定理 6.6 揭露了 2 个重要结果。首先，平台抽成模式下，制造商和平台仍然无法实现协调。其次，再销售模式可以协调 2 家企业。这意味着当采用再销售模式的平台实施全渠道策略时，2 家企业也可以实现协调。全渠道策略增强了 2 家企业的协调性。定理 6.6 表明，如果制造商与采用平台抽成模式的在线平台合作，如天猫，他们将无法协调以获得更多利润；但是，对于采用再销售模式的平台，如京东，制造商和平台可以协调以获得更多利润。

6.4 小 结

在本章中，我们首先探讨了一个制造商在具有平台抽成模式和再销售模式的 2 类在线平台下的供应链的最优运营决策。然后，我们比较了 2 种模式下的碳减排水平、生产决策和制造商利润，并讨论了制造商与平台之间的协调。最后，我们将模型扩展到全渠道策略，分析了最优运营决策和协调问题。

通过分析平台抽成模式和再销售模式下的运营决策，我们得出以下结论：①跨渠道效应系数的增加提高了最优碳减排、最优生产量和制造商与平台的利润；②如果跨渠道效应系数较低（较高），制造商采用再销售模式（平台抽成模式）时采用更环保的技术；③平台抽成模式无法协调制造商和平台，而再销售模式可以在跨渠道效应系数为负时协调。我们将模型扩展到全渠道策略，并发现：④碳减排水平随线下渠道需求的增加而增加；⑤在全渠道策略下，平台抽成模式无法协调制造商和平台，而再销售模式始终可以协调制造商和平台。

第 7 章　考虑送货时间下协调在线平台的供应链策略研究

在本章中，我们探讨了一个由上游制造商、下游零售商和在线平台组成的供应链。零售商通过线下渠道和在线平台销售产品，而在线平台为零售商带来了新的潜在市场（Shen 等，2019；Yi 等，2019；Liu 等，2019）。为了简化讨论，我们引入了一个新的概念——“平台赋能能力”，用以衡量在线平台扩大零售商市场的能力。随着在线购物的普及，消费者对交货时间越来越敏感（Xiao 等，2016；Pekgün 等，2017；Ding 等，2018）。然而，在考虑平台赋能能力和以平台抽成模式经营的在线平台的情况下，鲜有研究讨论供应链协调问题。因此，本章将探讨平台的佣金率和平台赋能能力是否会影响供应链成员的运营决策和供应链协调，以及消费者对交货时间的敏感度是否会对供应链成员的运营决策和供应链协调产生影响。此外，本章还将分析批发价格和交货成本分摊契约是否能实现供应链协调。我们将主要讨论批发价格契约和交货成本分摊契约在协调供应链方面的作用。

7.1　问题的引出

近年来，众多线下零售商纷纷选择通过在线平台以平台抽成模式开展在线销售业务，以此扩大市场规模（Zhang 等，2016；Cui 等，2019；Yi 等，2019；Liu 等，2019）。例如，中国的天猫、印度的 Flipkart 和美国的亚马逊等在线平台，允许零售商借助其平台向消费者销售产品，并针对每件经平台售出的产品向零售商收取佣金(Abhishek 等,2016;Yan 等,2018;Shen,2018;Lin 和 Zhou,2019)。据 Dotcom Distribution 的一项调查显示,87%的消费者认为交货时间是从在线渠道购买产品的关键因素。同时,67%的消费者表示愿意为更短的交货时间支付更高的价格(Modak 和 Kelle,2019;Niu 等,2019)。因此,对于零售商而言,提供快速且高效的物流服务至关重要。中国第二大零售商苏宁集团便在此方面做出了积极努力。为了扩展在线市场规模,苏宁集团加大了在物流服务上的投入。他们并购了天天快递,并建立了多个配送中心,以支持每天平均 7 万单的发货量。当消费者从天猫的苏宁旗舰店购买产品时,他们可以在 2 小时内甚至 5 分钟内拿到所购商品。

然而,由于双重边际化的存在,分散式供应链的效率往往低于集中式供应链。这促使许多学者和企业家研究各种供应链协调问题,以期提高整体效率(Cachon,2003;He 等,2009;Ji 等,2020;张伸等,2019;鲁其辉和朱道立,2009)。其中,批发价格契约和成本分摊契约是两种广泛使用的契约类型(Cachon,2003;Xu 等,2017;Ji 等,2020)。这些契约旨在实现供应链各环节之间的协同合作,从而提高整体运营效率。

在综合了所有因素后,我们制定了一个全新的供应链结构:制造商先将产品批发给零售商,然后由零售商通过其线下渠道和在线平台进行销售。在这个结构中,供应链协调问题具有一些独特的特性。首先,我们需要考虑到平台佣金率和平台赋能能力这两个关键因素。其次,交货时间是这个供应链的一个核心决策,因此消费者对交货时间的敏感度可能在供应链协调中起到重要作用。受平台运营实践的启发,我们在本章中研究了一种考虑在线平台的新型供应链协调问题。具体来说,我们探讨了批发价格契约和交货成本分摊契约是否能够有效地协调供应链。为了验证我们的结果的稳健性,我们还将对模型进行扩展,研究制造商而不是零售商在平台上开设直销渠道的情况,并探讨这种新型供应链的协调问题。

7.2 模型的建立

类似于 Huang 和 Swaminathan(2009)、Hua 等(2010)、Li 等(2014)、Saha 等(2018)、Modak 和 Kelle(2019),我们假设零售商通过在线平台和线下渠道的

需求函数分别为 d_1 和 d_2：

$$d_1 = a - p - \gamma l \tag{7-1}$$

$$d_2 = 1 - p \tag{7-2}$$

制造商以批发价格 ω 向零售商提供产品，零售商通过传统的线下渠道和在线平台（如亚马逊、天猫等）以相同的零售价格 p 销售产品以满足消费者需求。零售商投资物流技术以设定交货时间 l，即如果顾客通过平台下单，则能够在 l 时间内收到产品。平台对每个通过平台销售的产品向零售商收取佣金，该佣金率 φ 为在线收入的比例。为了便于分析，我们假设佣金率 φ 在本章是外生变量。在上述需求函数中，a 和 1 分别是在线渠道和线下渠道的潜在市场容量。在本章中，这个新的潜在市场容量 a 被称为“平台赋能能力”。

在公式(7-1)中，γ 表示消费者对在线渠道交货时间的敏感度。假设将产品送给消费者的运输成本是 $(c_0 - c_1 l)^2$，其中 $0 \leqslant l \leqslant \frac{c_0}{c_1}$，$c_0$ 和 c_1 为在线平台的交货时间成本系数（Savaskan 和 Van Wassenhove，2006；Modak 和 Kelle，2019）。实际上，对于同一家零售商的同一种产品，在线渠道和线下渠道的零售价格通常设置为同价，以避免渠道竞争。此外，我们假设 $(1-\varphi)p > \omega$，以确保零售商可以从 2 个渠道获得利润。

7.3　主要结论

本部分首先研究制造商和零售商的运营决策，分别采用批发价格契约和交货成本分摊契约；随后讨论这两种契约是否可以协调供应链。为了验证结果的稳健性，我们将模型扩展到一个新的供应链结构，即制造商在平台上开设直销渠道。

在批发价格契约下，给定佣金率 φ 和批发价格 ω，零售商通过最大化总利润来选择其在线渠道的交货时间和 2 个渠道的零售价格：

$$\begin{aligned}\pi_r^w &= [(1-\varphi)p - \omega]d_1 + (p-\omega)d_2 - (c_0 - c_1 l)2 \\ &= [(1-\varphi)p - \omega](a - p - \gamma l) + (p-\omega)(1-p) - (c_0 - c_1 l)2\end{aligned} \tag{7-3}$$

制造商利润：

$$\pi_m^w=\omega(d_1+d_2)=\omega(1+a-2p-\gamma l) \tag{7-4}$$

平台利润：

$$\pi_p^w=\varphi p d_1=\varphi p(a-p-\gamma l) \tag{7-5}$$

在交货成本分摊契约下，制造商先以批发价格 ω 向零售商供应产品；然后，零售商通过线下渠道和在线渠道销售产品。平台不仅收取佣金率 φ，而且承担了零售商 β 比例的交货成本 $(c_0-c_1 l)^2$。采用交货成本分摊契约时，零售商、制造商和平台的利润如下：

$$\pi_r^\beta=[(1-\varphi)p-\omega](1-p-\gamma l)+(p-\omega)(1-p)-(1-\beta)(c_0-c_1 l)^2 \tag{7-6}$$

$$\pi_m^\beta=\omega(a+1-2p-\gamma l) \tag{7-7}$$

$$\pi_p^\beta=\varphi p(a-p-\gamma l)-\beta(c_0-c_1 l)^2 \tag{7-8}$$

7.3.1 两种契约下的供应链协调

在本小节中，我们将分 2 步分析协调供应链的条件。首先，我们解决集中式供应链中的最优交货时间和定价决策。其次，我们分别分析了采用批发价格契约和交货成本分摊契约的供应链协调问题。

集中式供应链的总利润公式如下：

$$\pi^c=p(d_1+d_2)-(c_0-c_1 l)^2=p(1+a-2p-\gamma l)-(c_0-c_1 l)^2 \tag{7-9}$$

在接下来的两小节中，我们将讨论采用批发价格契约和交货成本分摊契约的供应链协调问题。在现实中，佣金率非常低。例如，天猫将佣金率设置为不超过 5%。因此，为了简化问题，我们在接下来的两小节中做出以下假设。

假设：佣金率满足 $\varphi<\min\{\varphi_2,\varphi_3,\varphi_4\}$，其中 $\varphi_2=\dfrac{4c_1^2(a+1-\frac{c_0}{c_1}\gamma)}{8c_1^2(a-\frac{c_0}{c_1}\gamma)+\gamma^2}$，$\varphi_3=\dfrac{1+a}{2a}$，$\varphi_4=\dfrac{|4c_1^2-\gamma^2|(a+1-c_0\gamma/c_1)}{(8c_1^2-\gamma^2)|a-c_0\gamma/c_1|}$。

7.3.2　批发价格契约下的供应链协调

在这一小节中，我们讨论批发价格契约是否可以协调供应链。我们设计了批发价格契约?（ω^{cw}，l^{cw}），其中 ω^{cw} 和 l^{cw} 分别代表批发价格和交货时间。如果该契约能协调供应链，那么在该契约下的交货时间和零售价格应该与集中式供应链中的交货时间和零售价格相同，即 $l^{cw}=l^{c*}$，$p^{cw}=p^{c*}$。

令 $l^{cw}=l^{c*}$，我们可以得到采用批发价格契约时零售商的利润：

$$\pi_r^{cw}=[(1-\varphi)p-\omega](a-p-\gamma l^{c*})+(p-\omega)(1-p)-(c_0-c_1 l^{c*})^2 \tag{7-10}$$

零售商对批发价格的反应函数：

$$p^{cw}=\frac{1+(1-\varphi)(a-\gamma l^{c*})+2\omega}{2(2-\varphi)}$$

为了让 $p^{cw}=p^{c*}$，当 $\gamma\leqslant\dfrac{8c_0c_1}{a+1}$，$\omega^{cw}=\varphi\dfrac{4c_1^2(a+1-\frac{c_0}{c_1}\gamma)-(8c_1^2-\gamma^2)}{2(8c_1^2-\gamma^2)}$；当 $\gamma>\dfrac{8c_0c_1}{a+1}$，$\omega^{cw}=\dfrac{\varphi(a-1)}{4}$。另外，批发价格契约当且仅当 $(1-\varphi)p^{cw}>\omega^{cw}>0$ 时是可行的。因此，我们得到以下命题。

命题7.1　① 当 $1\leqslant a\leqslant a_1$，批发价格契约不能协调供应链；

② 当 $a>a_1$，批发价格契约可以协调供应链，其中 $a_1=1+\dfrac{\gamma(4c_0c_1-\gamma)}{4c_1^2}$。

在传统的供应链中，批发价格契约由于双重边际化而无法协调供应链（Cachon 和 Kök，2010；Xu 等，2017）。命题7.1表明，批发价格契约能否协调供应链取决于平台赋能能力的大小。当平台赋能能力较小时，批发价格契约无法协调供应链。但是当平台赋能能力较大时，批发价格契约可以协调供应链。与此同时，我们还发现当平台赋能能力较小时，它对强化双重边际化的影响大于对增加供应链利润的影响；当平台赋能能力较大时，则相反。值得注意的是，当 $a=1$ 时，批发价格契约无法协调供应链。这意味着，对于传统的双渠道供应链，批发价格契约无法协调供应链。命题7.1表明制造商、零售商和平台应该加强合作，提高平台赋能能力。

我们设置 $c_0=1$，$c_1=0.8$。根据命题7.1，我们发现如果平台赋能能力较小，则批发价格契约无法协调供应链。如果平台赋能能力较大，则批发价格契约可以协调供应链，基于批发价格契约的平台赋能能力对供应链协调的影响如图7-1所示。

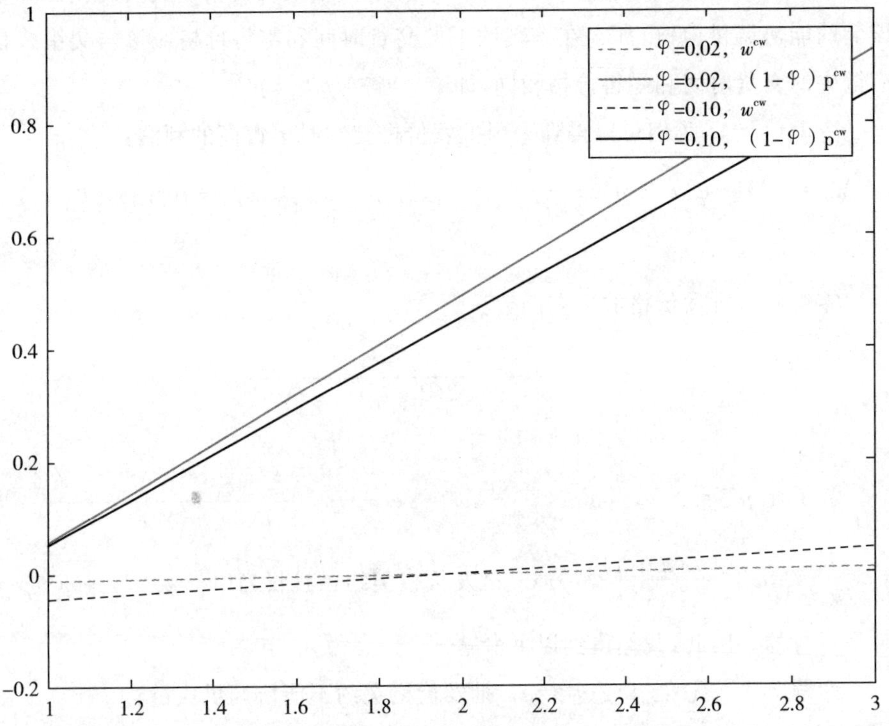

图7-1　基于批发价格契约的平台赋能能力对供应链协调的影响

图7-1显示，当 $a > 1.99$ 时，批发价格契约可以协调供应链。根据安徽新二连企业的数据，我们有 $a=2.8$ 和 $\varphi=0.02$。因此，我们发现批发价格契约可以协调安徽真爱食品集团的供应链。协调前后供应链的总利润分别为0.8039和0.8308。因此，协调后的供应链总利润比协调前提高约2%。在协调后，平台和零售商的利润分别增加了19.77%和636.89%。然而，制造商的利润减少了98%。这意味着协调供应链必须牺牲制造商的利润。由于供应链总利润增加了2%，制造商、零售商和平台可以通过预先达成契约[如两部分定价契约，可参考Chen等(2012)、Zhang等(2015)和Xu等(2017)]实现共赢。在这里，我们设 F_1，F_2 为制造商向平台和零售商收取的总费用。如果 $F_1 \in (0, 0.0052)$ 且 $F_2 \in (0.6585 - F_1, 0.6802)$，制造商、零售商和平台可以实现共赢。

7.3.3　交货成本分摊契约下的供应链协调

在这一小节中，我们讨论交货成本分摊契约是否可以协调供应链。我们设计了一个交货成本分摊契约（$\omega^{\beta},\beta,l^{\beta}$），其中$\beta$代表平台承担零售商交货成本的比例，$\omega^{\beta}$ 和 l^{β} 分别表示该契约下的批发价格和交货时间。零售商的利润如下：

$$\pi_r^{\beta}=[(1-\varphi)p-\omega](a-p-\gamma l)+(p-\omega)(1-p)-(1-\beta)(c_0-c_1 l)^2 \tag{7-11}$$

如果 $\gamma\leqslant\frac{8c_0c_1}{a+1}$，令 $\partial\pi_r^{\beta}/\partial l=0,\partial\pi_r^{\beta}/\partial p=0$，我们可以得到 $l^{\beta}=\frac{4c_0c_1(2-\varphi)(1-\beta)+2\gamma\omega-\gamma(1-\varphi)[1+(1-\varphi)a]}{4c_1^2(2-\varphi)(1-\beta)-\gamma^2(1-\varphi)^2}$，$p^{\beta}=\frac{[4c_1^2(1-\beta)-\gamma^2(1-\varphi)]\omega+2c_1^2(1-\beta)[1+(1-\varphi)(a-\frac{c_0}{c_1}\gamma)]}{4c_1^2(2-\varphi)(1-\beta)-\gamma^2(1-\varphi)^2}$。

令 $l^{\beta}=l^{c*}$，$p^{\beta}=p^{c*}$。我们可以得到 $\beta=1-\frac{\gamma^2(1-\varphi)^2}{4c_1^2(2-\varphi)}\in(0,1)$，$\omega^{\beta}=\frac{1-\varphi}{2}[1+(1-\varphi)(a-\frac{c_0}{c_1}\gamma)]>0$。

如果$\gamma>\frac{8c_0c_1}{a+1}$，令 $l^{\beta}=l^{c*}$，$p^{\beta}=p^{c*}$。我们发现，β可以在$(0,1)$范围内取任何值，且 $\omega^{\beta}=\frac{\varphi(a-1)}{4}\geqslant 0$。因此，只有当$(1-\varphi)p^{\beta}>\omega^{\beta}>0$时，交货成本分摊契约才能协调供应链。通过上述讨论，我们得出以下命题。

命题 7.2　① 如果$1\leqslant a\leqslant a_2$，当$\gamma\leqslant 2c_1$时，交货成本分摊契约无法协调供应链；当$\gamma>2c_1$时，交货成本分摊契约可以协调供应链。

② 如果$a>a_2$，则交货成本分摊契约可以协调供应链，其中$a_2=\frac{8c_0c_1}{\gamma}-1$。

命题 7.2 表明，交货成本分摊契约能否协调供应链取决于平台赋能能力和消费者对交货时间的敏感度。命题 7.2① 说明，在平台赋能能力和敏感度较低时，交货成本分摊契约无法协调供应链。原因是零售商无法从在线平台获得收益，即$(1-\varphi)p^{\beta}-\omega^{\beta}<0$。命题 7.2 表明，增加平台赋能能力和消费者对交货时间的敏感度可以促进供应链协调。因此，供应链成员需要相互合作，提高平台赋能能力。在现实中，天猫在 2013 年建立了“菜鸟”物流网络，以缩短交货时

间，满足消费者不断增长的在线需求。此外，天猫每年投入大量资金吸引更多的消费者通过平台购买产品。命题 7.2 表明，这些措施有利于整个供应链。

从命题 7.1 和命题 7.2 可以发现，在批发价格契约无法协调供应链时（即 $1 \leqslant a \leqslant a_1$），供应链成员可以尝试在消费者对交货时间敏感度较高的情况下使用交货成本分摊契约来协调供应链。当交货成本分摊契约无法协调供应链时（即 $1 \leqslant a \leqslant a_2$ 且 $\gamma \leqslant 2c_1$），供应链成员可以尝试在 $a_1 \leqslant a \leqslant a_2$ 时使用批发价格契约来协调供应链。这表明，在供应链协调方面，这两种契约并没有总是比另一个更具优势。

根据安徽新二连企业的数据，我们得到命题 7.2 中的阈值为 $a_2 = 3.26$。根据命题 7.2，在 $a > 3.26$ 时，交货成本分摊契约总是可以协调供应链，因此我们仅在 $1 < a < 3.26$ 时进行分析；同时我们有 $\gamma = 1.5 \leqslant 2c_1 = 1.6$。根据命题 7.2，交货成本分摊契约无法协调供应链。交货成本分摊契约下平台赋能能力对供应链协调的影响如图 7－2 所示。然而，由于消费者对交货时间越来越敏感，结果在未来可能会改变，交货成本分摊契约可以协调供应链。交货成本分摊契约下平台赋能能力对供应链协调的影响如图 7－3 所示。因此，根据安徽新二连企业的数据，交货成本分摊契约无法协调供应链。但是该企业可以与天猫合作，以缩短交货时间满足消费者对交货时间增加的敏感度，从而吸引更多顾客。

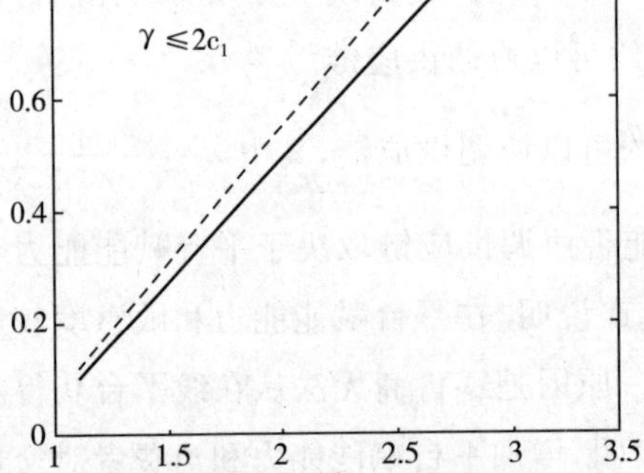

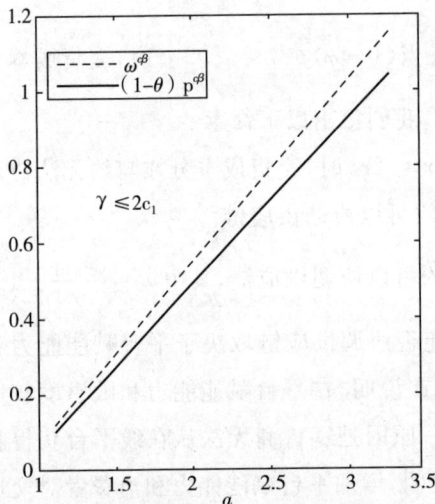

图 7－2　交货成本分摊契约下平台赋能能力对供应链协调的影响

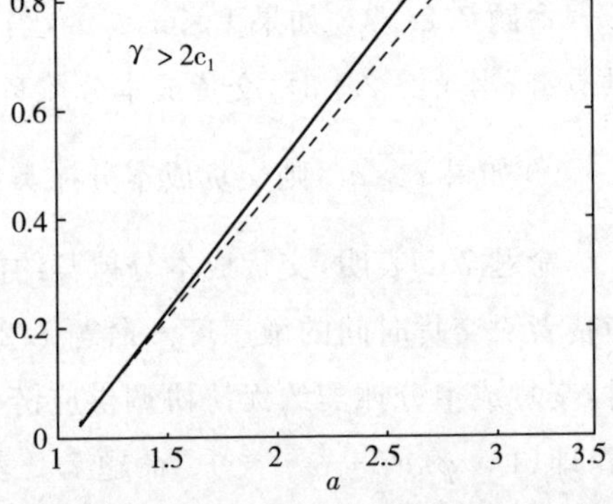

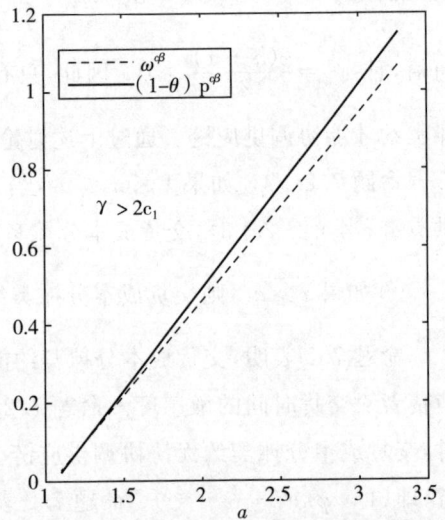

图 7－3　交货成本分摊契约下平台赋能能力对供应链协调的影响

7.3.4　制造商加入平台后的供应链协调

为了检验结果的稳健性，在本节中，我们将之前的模型扩展到制造商而不是零售商在平台开设直销渠道的情况。在这种情况下，制造商投资于物流技术，并确定在线渠道的交货时间。平台向制造商收取在线渠道的佣金。

在集中式情况下，新供应链的总利润与旧供应链相同，即公式(7-9)。然而，在分散式情况下，制造商和零售商的利润是不同的。我们分别研究了在2种契约下的新型供应链结构。

如果采用批发价格契约，则制造商和零售商的利润如下：

$$\pi_m^{w1} = (1-\varphi)pd_1 + \omega d_2 - (c_0 - c_1 l)^2 \tag{7-12}$$

$$\pi_r^{w1} = (p-\omega)d_2 \tag{7-13}$$

按照证明命题7.1的过程，我们分析了供应链在两种情况下的协调：一种是制造商确定零售价格，另一种是零售商确定零售价格。我们发现批发价格契约协调供应链的条件与命题7.1中的条件完全相同。这意味着：无论制造商还是零售商加入在线平台，协调供应链的条件都是一样的；当制造商加入在线平台时，无论制造商还是零售商确定零售价格，协调供应链的条件也是一样的。因此，就供应链协调而言，制造商或零售商加入在线平台是没有区别的。此外，在制造商加入在线平台时，制造商或零售商确定零售价格也没有区别。

如果在这个新供应链中采用交货成本分摊契约，则制造商和零售商的利润如下：

$$\pi_m^{\beta 1} = (1-\varphi)pd_1 + \omega d_2 - (1-\beta)(c_0 - c_1 l)^2 \tag{7-14}$$

$$\pi_r^{\beta 1} = (p-\omega)d_2 \tag{7-15}$$

按照证明命题7.2的过程，我们发现，无论制造商或零售商确定零售价格，交货成本分摊契约协调供应链的条件与命题7.1的条件是一样的。因此，当零售商加入在线平台且供应链无法协调时(即$1 \leqslant a \leqslant a_2$且$\gamma \leqslant 2c_1$)，让制造商加入在线平台可以在$a_1 \leqslant a \leqslant a_2$时协调供应链。在现实中，消费者对交货时间越来越敏感，这意味着相对较高的交货时间敏感度(即$\gamma > 2c_1$)。也就是说，当零售商加入在线平台时，交货成本分摊契约总是可以协调供应链。但是，如果制造商加入在线平台，则当 $1 \leqslant a \leqslant a_1$ 时，供应链可以协调。因此，让零售商加入在线平台有益于供应链协调。

7.4 小结

本章探讨了由制造商、零售商和在线平台组成的供应链的最优运营决策和协调问题，分析了平台的佣金率和平台赋能能力如何影响供应链成员的运营决策和供应链协调；消费者对于交货时间的敏感度如何影响供应链成员的运营决策和供应链协调；批发价格和交货成本分摊契约能否协调供应链。

研究结果表明，在批发价格契约中，只有当平台赋能能力大于一个阈值时，供应链才能协调，因此制造商、零售商和平台应加强合作增加平台赋能能力，因为这可以进一步增加他们的利润；无论制造商还是零售商加入在线平台，协调供应链的条件都相同；当制造商加入在线平台时，无论制造商还是零售商确定零售价格，协调供应链的条件也相同。在交货成本分摊契约中，当平台赋能能力较小时，如果交货时间的敏感度高，供应链可以协调，而当平台赋能能力较大时，供应链总是可以协调；当制造商加入平台时，无论制造商还是零售商确定零售价格，协调供应链的条件与批发价格契约的条件相同。

第 8 章　考虑碳交易机制和绿色技术下平台抽成和再销售模式的选择策略研究

在电商火爆的背景下，制造商为了提高利润会寻求与平台的合作。然而平台的运作模式有多种，其中最常见的是平台抽成模式和再销售模式。因此平台模式的选择是制造商需要解决的问题。为了控制制造业的发展所带来的碳排放量，政府会实施碳交易机制来限制制造业的生产。因此，制造商会投资绿色技术来减少碳排放。绿色技术不仅可以降低碳排放量，而且可以节约碳配额，并且多余的碳配额可以用来交易并获取利润。本章首先探究在不同平台模式下，制造商和平台的最优运作决策和利润，然后探究碳配额对最优运作决策和平台利润的影响，最后依据求解出的最优运作决策和利润，通过比较他们来探究制造商平台模式的选择策略。

8.1　问题的引出

电商平台在全球范围内正以前所未有的速度发展。据报道，2018 年全球平台销售总额达到 25.6 万亿美元，相当于 2004 年销售额的 216 倍（Zhang 等，2022）。平台通过克服地理限制来与消费者交流，极大地扩大了潜在市场需求，因此大量的制造商将其视为其重要的分销渠道（Wei 和 Dong，2022；Zhang 等，2022），其中一些制造商只通过平台进行销售。在制造商和平台的合作过程中，平台抽成模式和再销售模式是常见的两种模式（Cheng 等，2022；Wei 和 Dong，2022；Xu 等，2023；冯中伟等，2023）。平台抽成模式的特点是制造商直接在平台上与消费者进行交易，但需要分享其收入的一部分作为佣金(Yu 等，2021)。再销售模式的特点是平台先向制造商批发产品，然后再向消费者销售(Chen 等，2023；Zhang 等，2023)。在制造商和平台的合作中，小型制造商会处于劣势地位，但是大型制造商却拥有更具优势的谈判权利。因此，权力结构的大小会对供应链的决策顺序产生重大影响。在平台的运作中，“平台赋能能力”和“代理无效性”是两种典型的平台特征(Shen 等，2019；Xu 等，2022；Yan 等，2018)。平台赋能能力代表着平台通过消除空间限制来吸引更多潜在消费者的能力。例如，天猫平台投资“自媒体”和“广告”来吸引流量并增加其平台赋能能力。代理无效性指的是相较于平台，制造商在销售效率和分销服务方面有相对的劣势，如亚马逊的退货政策已成为其吸引消费者的最有效方法(Yan 等，2019)。

虽然平台做出了巨大的经济贡献，但是也会带来巨大的碳排放，并加剧臭氧层空洞和全球变暖，碳交易机制也应运而生。在该机制下，政府向制造商分配碳配额指标，这意味着如果制造商的实际碳排放超过指标，则必须购买额外的碳配额，否则可以出售其剩余的碳配额(Shi 等，2023；程承等，2023)。在这种背景下，制造商愿意采用绿色技术去生产更环保的产品，一方面是为了节约碳配额并用于销售，另一方面是消费者对绿色产品的偏好促使制造企业生产更环保的产品(Cao 等，2023；Fu 等，2023；Wu 等，2022；李梦祺等，2023)。例如，67%的美国人支持环保产品，其中 51%的人愿意以更高的零售价格购买它们(Xu 等，2022)。在实践中，许多制造商投资绿色技术，例如，格力一直坚持自主创新并在“双碳”背景下专注于“清洁能源转型”和“能效提升”方面的绿色制冷技术创新，以实现“开源减收”。

8.2 模型的建立

本章探讨碳交易机制下制造商和平台合作模式的选择。制造商有2种平台模式的选择，一种是像天猫这样采用平台抽成模式的平台，另一种是像京东这样采用再销售模式的平台。在平台抽成模式中，平台向制造商收取一定比例的佣金 φ。该佣金一般是外生变量，因为在同一类产品中，它对所有产品保持恒定，在不同类别中很少有变化(Hao 等，2017)。例如，天猫会根据生产目录向制造商收取2%～5%的费用。为了与实际情况保持一致，我们假设$0<\varphi<1$。在再销售模式中，平台首先以批发价w从制造商购买产品，然后以零售价p销售给消费者。在碳交易机制下，政府为制造商设定了一个碳配额C，其规则是如果制造商实际的碳排放低于碳配额则可以销售其碳配额，否则需要购买额外的碳配额。在实践中，碳配额和其交易价格成反比关系。因此，其价格为a_0-b_0C，其中a_0是最大碳交易价格，b_0是碳配额的敏感度。此外，实际碳排放强度为e_0-e，其中e是绿色技术。我们假设一个二次绿色成本函数he^2，其中h是碳减排成本系数。我们考虑$h>\max\{[\beta(a_0-b_0C)+\tau(1-\varphi)]^2/4\beta(1-\varphi),[\beta(a_0-b_0C)+\tau]^2/4\beta\}$并假设潜在的市场需求$\alpha$足够大来避免琐碎的情况(He等,2021)。在文中，上标m,p代表制造商或平台的利润，上标$*$代表最优运作决策，下标A代表平台抽成模式，下标R代表再销售模式，下标m代表制造商领导的斯塔克尔伯格博弈，下标p代表平台领导的斯塔克尔伯格博弈。

仿效Cheng等(2022)和Cao等(2023)，再销售模式和平台抽成模式下的需求函数为

$$q_A=\theta\alpha(1+\rho)-\beta p_A+\tau e_A \tag{8-1}$$

$$q_R=\alpha(1+\rho)-\beta p_R+\tau e_R \tag{8-2}$$

在公式(8-1)和公式(8-2)中，θ是代理无效性，ρ是平台赋能能力，α是潜在市场需求，β是价格敏感度，τ是绿色技术敏感度。本研究考虑权力结构。我们讨论每种情况下的博弈顺序并展示出制造商和平台的利润。

平台抽成模式：在固定佣金率的情况下，决策过程只有一个步骤，制造商确定绿色水平e和零售价格p。该模式下制造商和平台的利润如下：

$$\pi_A^m(p_A,e_A)=p_Aq_A(1-\varphi)-(a_0-b_0C)[(e_0-e_A)q_A-C]-he_A^2 \tag{8-3}$$

$$\pi_A^p=\varphi p_Aq_A \tag{8-4}$$

制造商主导的再销售模式：决策过程分为2步。制造商作为斯塔克尔伯格博弈的领导者，首先确定绿色水平e和批发价格w；然后平台作为追随者，确定零售价格p。该模式下制造商和平台的利润如下：

$$\pi_{Rm}^m(w_{Rm},e_{Rm})=w_{Rm}q_{Rm}-(a_0-b_0C)[q_{Rm}(e_0-e_{Rm})-C]-he_{Rm}^2 \tag{8-5}$$

$$\pi_{Rm}^p(p_{Rm})=q_{Rm}(p_{Rm}-w_{Rm}) \tag{8-6}$$

平台主导的再销售模式:决策过程同样分为2步。平台作为斯塔克尔伯格博弈的领导者,首先确定零售价格 p,然后制造商作为追随者,确定绿色水平 e 和批发价格 w。该模式下制造商和平台的利润与制造商主导下的再销售模式相同。

8.3 主要结论

8.3.1 平台抽成和再销售模式下的最优运作决策和利润

定理 8.1 在平台抽成模式下,最优的运作决策和制造商及平台的利润如下:

$$e_A^* = \frac{[\alpha\theta(1+\rho)(1-\varphi) - e_0\beta(a_0 - b_0C)][\beta(a_0 - b_0C) + \tau(1-\varphi)]}{4h\beta(1-\varphi) - [\beta(a_0 - b_0C) + \tau(1-\varphi)]^2}$$

$$q_A^* = \frac{2h\beta[\alpha\theta(1+\rho)(1-\varphi) - e_0\beta(a_0 - b_0C)]}{4h\beta(1-\varphi) - [(a_0 - b_0C)\beta + \tau(1-\varphi)]^2}$$

$$\pi_A^{m*} = C(a_0 - b_0C) + \frac{h[\alpha\theta(1+\rho)(1-\varphi) - e_0\beta(a_0 - b_0C)]^2}{4h\beta(1-\varphi) - [\beta(a_0 - b_0C) + \tau(1-\varphi)]^2}$$

$$\pi_A^{p*} = 2h\beta[\alpha\theta(1+\rho)(1-\varphi) - e_0\beta(a_0 - b_0C)]$$

$$\frac{ah[\alpha\theta(1+\rho)(1-\varphi) + e_0\beta(a_0 - b_0C)] - (a_0 - b_0C)[[\beta(a_0 - b_0C) + \tau(1-\varphi)][\alpha\theta(1+\rho) - e_0\tau]}{\{4h\beta(1-\varphi) - [(a_0 - b_0C)\beta + \tau(1-\varphi)]^2\}^2}$$

定理8.1发现了平台赋能能力总是有利于最优零售价格、最优生产量及制造商和平台的最优利润。此外我们也发现较高的平台赋能能力会带来更高的绿色水平。实际上,天猫投资"自媒体"和"广告"来增加网络流量,这也有助于增加其平台赋能能力。在这种情况下,它可以激励制造商生产更环保的产品。定理8.1还发现了代理无效性有利于最优运作决策和两家企业利润。这表明平台需要增加代理无效性来赋能供应链。在实践中,天猫通过推广物流服务和实施安全的退货政策来持续提高代理无效性。在这种情况下,它不仅可以刺激制造商生产更多、更环保的产品,而且可以使供应链成员受益。

在展示结果之前，我们定义了以下碳配额的阈值：

$$C_{A1}=\frac{a_0e_0\beta-\alpha\theta(1+\rho)(1-\varphi)+\sqrt{\{(1-\varphi)\left[\alpha\theta(1+\rho)+e_0\tau\right]^2-4h\beta e_0^2\}(1-\varphi)}}{e_0b_0\beta}。$$

推论 8.1　① 如果 $0<C<C_{A1}$，则 $\partial q_A^*/\partial C<0$；如果 $C\geqslant C_{A1}$，则 $\partial q_A^*/\partial C\geqslant 0$。② $\partial e_A^*/\partial C<0$。

直观上，碳配额总是有利于最优生产量。一些研究发现碳配额不会影响最优生产量（Wang 和 Wu，2021；Xu 等，2017），而另一些研究发现碳配额对最优生产量有积极影响（Xu 等，2021；Yu 等，2021）。然而推论 8.1① 发现了碳配额可能对最优生产量产生负面影响。原因是当碳配额较低时，制造商会因为生产利润无法弥补购买碳配额的成本而减少生产量。值得注意的是，降低碳配额会提高碳交易价格。因此制造商会出售其碳配额以获得更多利润。在欧盟碳排放交易体系的早期阶段，它给制造商分配较高的碳配额而导致碳减排效果不佳。现在除了欧盟，中国也在逐渐降低碳配额。

推论 8.1② 看似直观但是却提出了一个新的发现。以前的文献发现碳配额不会影响最优绿色水平（Cao 等，2020；Yang 等，2017），或者对最优绿色水平产生积极影响（Liu 和 Ke，2021）。然而我们的发现与这些研究结果完全不同。原因是，在考虑到碳配额与碳交易价格之间的反向关系后，增加碳配额会削弱碳交易价格，制造商觉得获得碳配额的成本较低而不愿增加绿色投资。因此政府可以降低碳配额来激励制造商减少碳排放。例如，中国一些碳交易市场正在逐步降低碳配额来刺激制造商生产更环保的产品。这一发现可以解释为什么一些像格力这样的制造商开始将绿色技术纳入其生产过程中。

定理 8.2　在制造商主导的再销售模式下，最优的运作决策和制造商及平台的利润如下：

$$e_{Rm}^*=\frac{[\beta(a_0-b_0C)+\tau][\alpha(1+\rho)-\beta e_0(a_0-b_0C)]}{8h\beta-[\beta(a_0-b_0C)+\tau]^2}$$

$$q_{Rm}^*=\frac{2h\beta[\alpha(1+\rho)-\beta e_0(a_0-b_0C)]}{8h\beta-[\beta(a_0-b_0C)+\tau]^2}$$

$$\pi_{Rm}^{p*}=\frac{4h^2\beta[\alpha(1+\rho)-\beta e_0(a_0-b_0C)]^2}{\{8h\beta-[\beta(a_0-b_0C)+\tau]^2\}^2}$$

$$\pi_{Rm}^{m*}=C(a_0-b_0C)+\frac{h[\alpha(1+\rho)-\beta e_0(a_0-b_0C)]^2}{8h\beta-[\beta(a_0-b_0C)+\tau]^2}$$

定理 8.2 发现平台赋能能力总是有利于最优零售价格、最优生产量及制造商和平台的最优利润，这与定理 8.1 的结论本质上相同。这意味着平台赋能能力对最优运作决策的积极影响在不同的平台模式下保持稳健性。我们还发现平台赋能能力对两家企业的最优利润产生了积极影响。现实中，像亚马逊这样的大型平台具有更高的平台赋能能力，这不仅激励制造商生产更环保的产品，而且也有利于供应链成员。

在展示结果之前，我们定义了以下的阈值：

$$C_{R1}=\frac{a_0e_0\beta-\alpha(1+\rho)+\sqrt{-8h\beta e_0^2+[\alpha(1+\rho)+e_0\tau]^2}}{e_0b_0\beta}。$$

推论8.2 ①如果 $0<C<C_{R1}$，则 $\partial q_{Rm}^*/\partial C<0$；如果 $C\geqslant C_{R1}$，则 $\partial q_{Rm}^*/\partial C\geqslant 0$。②$\partial e_{R-m}^*/\partial C<0$。③如果 $0<C<C_{R1}$，则 $\partial \pi_{Rm}^{p*}/\partial C<0$；如果 $C\geqslant C_{R1}$，则 $\partial \pi_{Rm}^{p*}/\partial C\geqslant 0$。

推论 8.2① 发现增加碳配额先会损害然后增加最优生产量，推论 8.2② 发现增加碳配额会损害最优绿色水平。这些结果本质上与推论 8.1 相同。推论 8.2③ 发现增加碳配额会先削弱然后增加平台的最优利润。原因是由于 $p_{Rm}^*-w_{Rm}^*=2h\beta[\alpha(1+\rho)-e_0\beta(a_0-b_0C)]/\{8h\beta-[(a_0-b_0C)\beta+\tau]^2\}$，由此可以推断，增加碳配额会先增加再削弱双重边际效益。因此，由于双重边际效益先增加后减少，则平台的最优利润先减少后增加。现实中我们知道欧洲和中国政府逐渐降低碳配额，这可以激励制造商生产更少但更环保的产品，但会损害平台的利润。

定理8.3 在平台主导的再销售模式下，最优的运作决策和制造商及平台的利润如下：

$$q_{Rp}^*=\frac{h\beta[\alpha(1+\rho)-\beta e_0(a_0-b_0C)]}{4h\beta-[\beta(a_0-b_0C)+\tau]^2}$$

$$e_{Rp}^*=\frac{[\beta(a_0-b_0C)+\tau][\alpha(1+\rho)-\beta e_0(a_0-b_0C)]}{8h\beta-2[\beta(a_0-b_0C)+\tau]^2}$$

$$\pi_{Rp}^{p*}=\frac{h[\alpha(1+\rho)-\beta e_0(a_0-b_0C)]^2}{8h\beta-2[\beta(a_0-b_0C)+\tau]^2}$$

$$\pi_{Rp}^{m*}=C(a_0-b_0C)+\frac{h[\alpha(1+\rho)-\beta e_0(a_0-b_0C)]^2}{4\{4h\beta-[\beta(a_0-b_0C)+\tau]^2\}}$$

定理 8.3 表明，平台赋能能力总是有利于最优的绿色水平、生产量、制造商的最优利润和平台的最优利润。这些结果本质上与定理 8.2 相同。这表明再销售模式下，平台赋能能力对最优运作决策和平台最优利润的影响在不同权力结构下保持稳健性。

在展示结果之前，我们定义了以下的阈值：

$$C_{R2}=\frac{a_0e_0\beta-\alpha(1+\rho)+\sqrt{-4h\beta e_0^2+[\alpha(1+\rho)+e_0\tau]^2}}{e_0b_0\beta},$$

$$C_{R3}=\frac{-4e_0h\beta+[\alpha(1+\rho)+e_0\tau](a_0\beta+\tau)}{b_0\beta[\alpha(1+\rho)+e_0\tau]}。$$

推论 8.3　① 如果 $C\geqslant C_{R2}$，则 $\partial q_{Rp}^*/\partial C<0$；如果 $C\geqslant C_{R2}$，则 $\partial q_{Rp}^*/\partial C\geqslant 0$。②$\partial e_{R-p}^*/\partial C<0$。③ 如果 $C<C_{R3}$，则 $\partial\pi_{Rp}^{p*}/\partial C<0$；如果 $C\geqslant C_{R3}$，则 $\partial\pi_{Rp}^{p*}/\partial C\geqslant 0$。

推论 8.3① 发现增加碳配额会首先削弱然后再提高最优生产量。推论 8.3② 和 8.3③ 的结果与命题推论 8.1② 和推论 8.2③ 相同。碳配额对最优的生产量的影响如图 8-1 所示，碳配额对最优的平台利润的影响如图 8-2 所示。

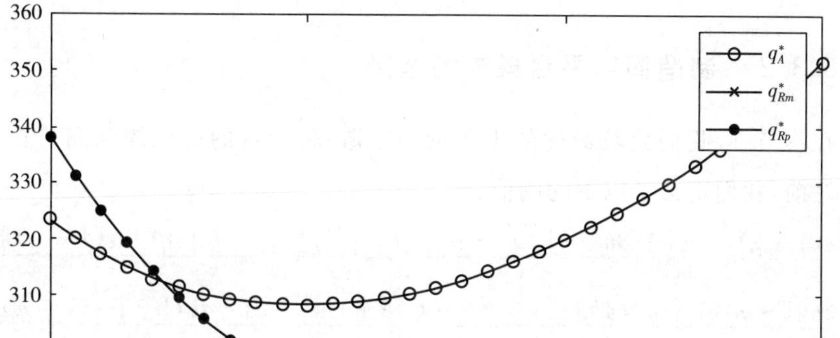

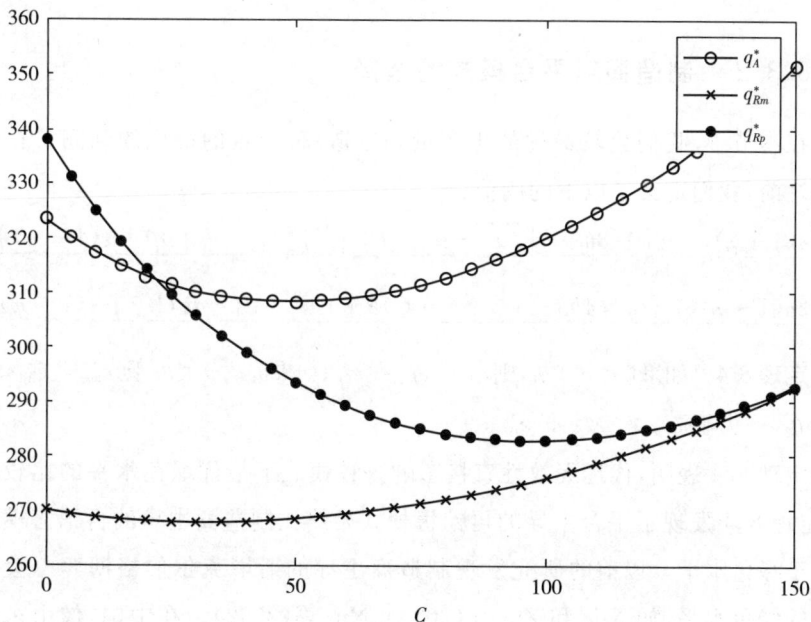

图 8-1　碳配额对最优的生产量的影响

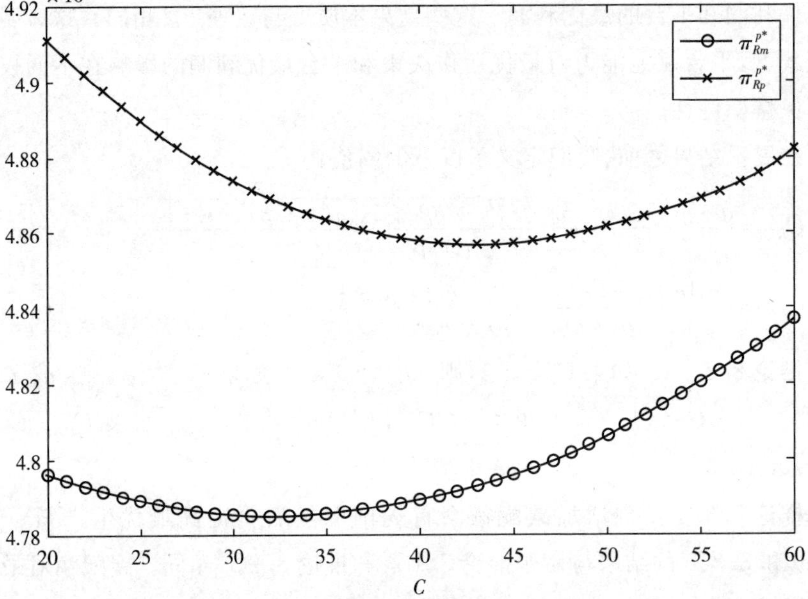

图 8-2　碳配额对最优的平台利润的影响

8.3.2　制造商对平台模式的选择

在本节中，我们比较最优的生产量和制造商、平台的最优的利润。在展示结果之前，我们定义了以下的阈值：

$$\theta_1 = \frac{\alpha(1+\rho)(1-\varphi)\{8h\beta - [(a_0 - b_0 C)\beta + \tau]^2\}[(a_0 - b_0 C)\beta + \tau(1-\varphi)]}{},$$

$$\theta_2 = \frac{2\alpha(1+\rho)(1-\varphi)\{4h\beta - [(a_0 - b_0 C)\beta + \tau]^2\}[(a_0 - b_0 C)\beta + \tau(1-\varphi)]}{}。$$

定理 8.4　如果$0<\theta<\theta_1$，则$e_A^* < e_{Rm}^* < e_{Rp}^*$；如果$\theta_1<\theta<\theta_2$，则$e_{Rm}^* < e_A^* < e_{Rp}^*$；如果$\theta_2<\theta$，则$e_{Rm}^* < e_{Rp}^* < e_A^*$。

定理 8.4 表明，代理无效性直接影响三种模式下最优绿色水平的比较。首先，定理 8.4 发现了平台主导的再销售模式始终比制造商主导的再销售模式更有益于绿色水平。以前的研究发现制造商主导的斯塔克尔伯格博弈总会带来更高的绿色水平，如 Xue 和 Zhang(2018)、Niu 等(2022)。在中国，像山东这样的省份正在积极鼓励小型制造商与京东这样的平台合作，并为前 600 家企业提供 50% 的补贴，这表明平台主导的再销售模式有利于制造商生产更环保的产品。其次，平台抽成模式下，提高代理无效性会增加制造商的最优绿色水平。现实生活中天猫在早期的物流效率是非常低的。在这种情况下，制造商加入京东更有利于绿色水平。然而，天猫的物流效率在与菜鸟驿站合作之后得到了大幅度提高，此时，天猫平台更有利于制造商生产更绿色的产品。当代理无效性适中时，平台抽成模式下的最优绿色水平介于制造商主导的再销售模式和平台主导的再销售模式之间。因此，对于一些大型制造商来说，与天猫合作可以帮助他们生产更环保的产品；然而对于一些小型制造商来说，他们与亚马逊和京东合作可以生产更环保的产品。

在展示结果之前，我们定义了以下的阈值：

$$\theta_3 = \frac{e_0\beta(a_0 - b_0 C)}{\alpha(1+\rho)(1-\varphi)} + \frac{\alpha(1+\rho) - e_0\beta(a_0 - b_0 C)}{\alpha(1+\rho)(1-\varphi)}\sqrt{\frac{4h\beta(1-\varphi) - [\beta(a_0 - b_0 C) + \tau(1-\varphi)]^2}{16h\beta - 4[\beta(a_0 - b_0 C) + \tau]^2}},$$

$$\theta_4 = \frac{e_0\beta(a_0 - b_0 C)}{\alpha(1+\rho)(1-\varphi)} + \frac{\alpha(1+\rho) - e_0\beta(a_0 - b_0 C)}{\alpha(1+\rho)(1-\varphi)}\sqrt{\frac{4h\beta(1-\varphi) - [\beta(a_0 - b_0 C) + \tau(1-\varphi)]^2}{8h\beta - [\beta(a_0 - b_0 C) + \tau]^2}}。$$

定理 8.5　① 如果 $0 < \theta < \theta_3$，则 $\pi_A^{m*} < \pi_{Rp}^{m*} < \pi_{Rm}^{m*}$；如果 $\theta_3 < \theta < \theta_4$，则 $\pi_{Rp}^{m*} < \pi_A^{m*} < \pi_{Rm}^{m*}$；如果 $\theta_4 < \theta$，则 $\pi_{Rp}^{m*} < \pi_{Rm}^{m*} < \pi_A^{m*}$。②$\pi_{Rm}^{p*} < \pi_{Rp}^{p*}$。

定理 8.5①发现了制造商主导的再销售模式对制造商更有益。此外，逐渐提高代理无效性可以增加制造商在平台抽成模式中的最优利润。天猫平台的物流效率早期十分低下，因此制造商倾向于与京东合作。近年来，菜鸟驿站的建立帮助天猫提高了物流效率，这会刺激大量的制造商加入天猫。例如，天猫在 2021 年“双 11”购物节的交易额达到了 5403 亿元，这表明菜鸟驿站对制造商的利润是有益的。此外，近年来拼多多的崛起不仅是由于电商的发展，还有一个重要的原因是它拥有自己的物流系统——极兔物流。然而当代理无效性表现适中时，制造商在平台抽成模式中的最优利润介于制造商主导的再销售模式和平台主导的再销售模式之间。因此，与京东合作可以帮助像格力和美的这样的大型制造商赚取更多的利润。然而，小型制造商可以与天猫合作来赚取更多的利润。这个发现解释了天猫平台为什么有大量的中小制造商，而这个比例在 2021 年“双 11”购物节中达到了 65%。定理 8.5②发现了平台主导的再销售模式可以比制造商主导的再销售模式有更高的平台利润。这意味着在斯塔克尔伯格博弈中，谁占据决策主导权谁就可以获得更多的利润。代理无效性对三种情况下最优的绿色水平的影响如图 8－3 所示，代理无效性对三种情况下制造商最优的利润的影响如图 8－4 所示。

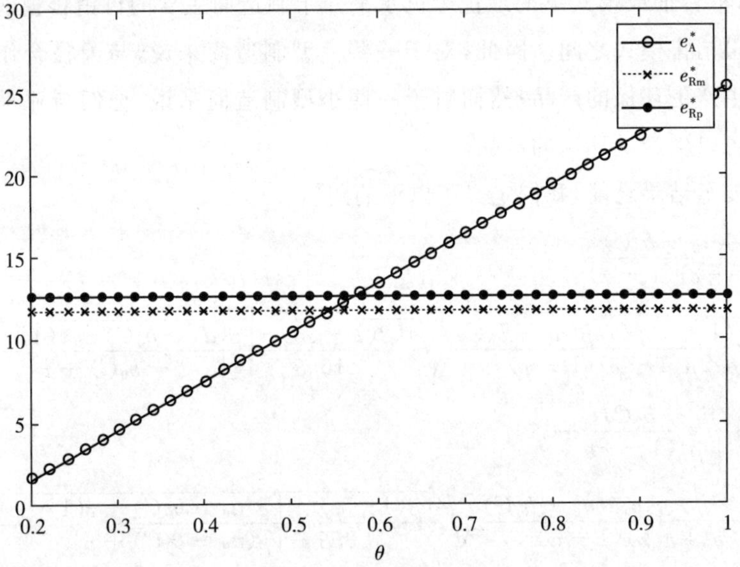

图 8－3　代理无效性对三种情况下最优的绿色水平的影响

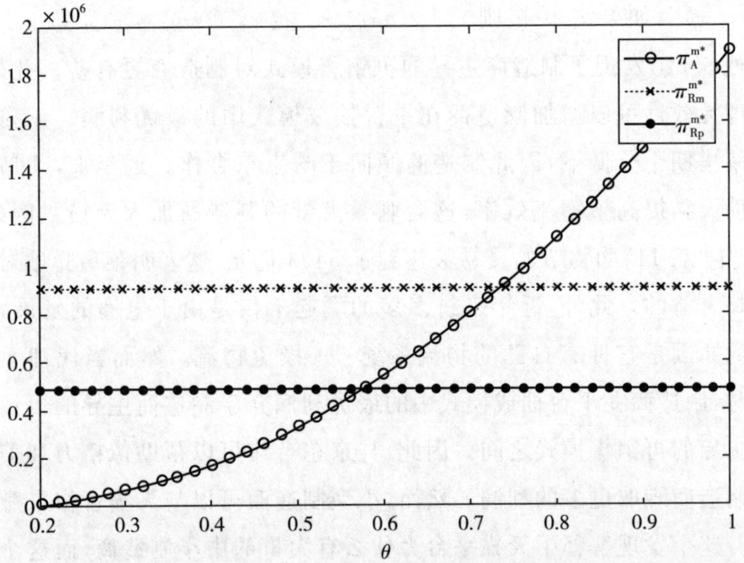

图 8－4　代理无效性对三种情况下制造商最优的利润的影响

8.4 小　结

本章主要研究了在碳交易机制和3种平台模式下，制造商的平台运作和平台模式的选择。此外平台赋能能力和代理无效性这两种平台特点被我们考虑来体现再销售模式在售后服务和物流服务方面的固有优势。我们首先分析了3种分散的情况，并研究了碳配额、平台赋能能力对最优运作决策和制造商、平台的利润产生的影响，然后比较3种情况下最优绿色水平和制造商、平台的最优的利润。

通过探讨碳配额如何影响最优的绿色水平、最优的生产量和平台最优利润，我们发现：①增加碳配额会损害制造商的绿色水平。在现实中，中国和欧洲政府正在减少碳配额来激励制造商生产更环保的产品。此外像格力这样的制造商开始将绿色技术纳入到他们的生产流程中，这不仅为消费者提供了更环保的产品，而且也符合政府实现碳中和的目标。②增加碳配额会先会削弱然后增加最优生产量。在欧盟排放交易体系早期，欧盟曾经给制造商大量的碳配额，这显然对于碳排放控制是不利的。如今欧盟和中国正在逐步减少碳配额，这不仅有助于控制生产量，而且可以控制碳排放。③增加碳配额会先削弱然后增加平台的最优利润。

通过比较最优的绿色水平和制造商、平台的最优利润，我们发现：①代理无效性越高，平台抽成模式的绿色水平也越高。特别是在代理无效性适中时，平台抽成模式下最优的绿色水平介于制造商主导和平台主导的再销售模式之间。在再销售模式下，平台主导的再销售模式总是比制造商主导的再销售模式具有更高的绿色水平。②制造商主导的再销售模式可以带来比平台主导的再销售模式更高的制造商利润。逐渐增加代理无效性可以增加平台抽成模式下制造商的最优利润。然而当代理无效性适中，平台抽成模式下制造商的最优利润介于制造商主导和平台主导的再销售模式之间。③平台主导的再销售模式会比制造商主导的再销售模式带来更多的平台的利润。

第9章 考虑区块链技术和绿色技术下平台化供应链协调策略研究

本章考虑了一个由制造商和零售商组成的供应链,制造商通过零售商和在线平台销售产品,并同时采纳区块链技术和绿色技术。该平台可以平台抽成模式或再销售模式运作。平台赋能能力反映了平台扩大潜在市场规模的能力。在分散式供应链中,尽管零售价格相同,但在线平台仍蚕食了线下需求。平台赋能能力的增加提高了减排水平,虽有益于制造商和平台,但损害了零售商的利润。对于供应链的协调而言,如果平台赋能能力较高,集中式供应链中采用再销售模式的减排水平将低于分散式供应链中的减排水平;如果平台赋能能力较低,平台抽成模式和再销售模式都可以实现供应链的协调。区块链技术的应用能够提升产品的环保性,为制造商和平台带来更多利润,并促进供应链的协调。根据真实数据,一个供应链的利润在协调后增加了3%。

9.1 问题的引出

随着平台经济的快速发展,越来越多的制造商通过传统零售商和在线平台销售产品(Tan 和 Carrillo,2017;Shen 等,2019)。例如,苹果和华为等电子设备制造商不仅通过线下零售店销售产品,还通过京东或天猫等在线平台销售产品。一般来说,在线平台有2种模式,即平台抽成模式和再销售模式(Tian 等,2018;Shen 等,2019)。在平台抽成模式下,制造商直接向消费者销售产品,但需要向平台支付佣金。例如,天猫,中国最大的B2C在线平台(Wang 和 Li,

2020;Lin,2014),根据行业的不同收取 2%～5%的产品佣金率。在再销售模式下,平台先以批发价从制造商处购买产品,然后以零售价将这些产品销售给消费者(Hagiu 和 Wright,2015;Shen 等,2019)。例如,海尔以批发价向京东销售产品,京东以零售价将产品进一步销售给消费者。在这种模式下,平台有权决定零售价。实际上,像亚马逊和京东这样的在线平台主要采用再销售模式。这些在线平台通常从制造商那里购买产品,并在平台上进行销售。此外,与传统的线下渠道相比,在线平台具有固有的"平台赋能能力"(Shen 等,2019;Yi 等,2019;Xu 等,2020)。平台赋能能力使得制造商能够通过在线平台扩大潜在市场需求,因为消费者在在线平台上购买产品不再受时间和空间限制。此外,为了顺应全渠道的发展趋势,并避免线下渠道和在线平台之间的冲突,越来越多的制造商在线下渠道和在线平台上实施相同的零售价(Gao 和 Su,2017;Zhou 等,2018;Xu 等,2020)。例如,优衣库、太平鸟和森马在线下渠道和在线平台以相同的零售价格销售产品。

除了在线销售,产品的属性在确定其受欢迎程度方面扮演了另一个关键角色。如今,随着社会对环境保护的关注度越来越高,消费者越来越偏爱"更环保"的产品(Xu 等,2017)。为了迎合这种偏好,许多制造商采用绿色技术为消费者提供环保产品。例如,苹果企业使用绿色技术(如可再生能源和基于生物技术的可回收塑料)来生产 iPhone 11 Pro。同样,可回收和生物材料在华为的产品中被广泛使用,帮助华为在 2018 年减少了 612 吨的碳排放量。这些环保行动吸引了更多消费者购买华为的产品。根据 Canalys 发布的中国智能手机出货量报告,华为以 38.5%的市场份额排名第一。当制造商采用绿色技术时,采用平台抽成模式的平台可以获得更多利润,因为制造商通过平台销售了更多产品,而采用再销售模式的平台可以通过销售更多产品获取更多利润。

最近,区块链技术在供应链的相关研究中引起了越来越多的关注(Chang 等,2020;Pournader 等,2020;Manupati 等,2020;Dubey 等,2020;Yoon 等,2020)。其中一些研究认为,区块链技术增强了消费者对绿色或可持续供应链的信任(Dutta 等,2020;Cai 等,2020),因为消费者希望能够验证产品的绿色程度(Kouhizadeh 等,2020)。换言之,区块链技术对于可持续性认证是有益的(Kouhizadeh 等,2020)。举个常见的例子,如果消费者接受到未被认证的产品绿色程度信息,该消费者可能会怀疑该绿色程度的准确性,购买该产品的可能性也会比较低。然而,使用区块链技术后,整个生产过程的数据被记录下来,而且数据不能被随意更改(Chod 等,2018;Choi 等,2019;Choi 等,2020)。因此,应用区块链技术可以帮助消费者了解绿色信息的真实性,从而增加消费者购买绿色产品的可能性(Choi 等,2019)。

由于双重边际化的存在,制造商和零售商在单个渠道中无法通过批发价格合同实现协调。当制造商通过传统零售商和在线平台销售产品时,将涉及到平台模式和平台赋能能力。此外,制造商采用绿色技术以获取更多市场份额。这些行动直接影响制造商的生产决策,进而影响制造商和零售商之间的协调。换言之,制造商和零售商是否能够协调取决于平台模式、平台赋能能力及绿色技术的使用。

在上述背景下,我们考虑一个同时使用区块链和绿色技术的制造商,他通过零售渠道和在线平台销售产品。该平台可以平台抽成模式或再销售模式进行运营。平台赋能能力是反映平台扩大潜在市场规模的能力。制造商的运营决策和供应链的协调具有一些特征。其中之一是平台模式和平台赋能能力可以直接影响制造商的运营决策和供应链的协调;另一个是使用区块链时的绿色技术在制造商的运营决策中起着至关重要的作用,进而影响了供应链的协调。据我们所知,在考虑了使用区块链时的绿色技术后,目前还没有研究探讨平台抽成模式和再销售模式下的供应链协调问题。

9.2 模型的建立

我们考虑一个由制造商和零售商组成的供应链。在这个供应链中,制造商通过零售渠道和在线平台销售产品。制造商的决策过程被建模为一种斯塔克尔伯格博弈,其中制造商是领导者,零售商和平台是追随者。对于零售渠道,零售商以批发价格 w_r 从制造商那里订购产品,并将产品以零售价 p 销售到市场上。对于以平台抽成模式运营的在线平台,平台通常会从制造商的在线销售中收取费率为 φ 的佣金;对于以再销售模式运营的在线平台,平台会以批发价 w_p 从制造商处采购产品,并将产品以零售价 p 卖给消费者。为了顺应全渠道的发展趋势并避免线下渠道和在线渠道之间的冲突,制造商在这两个渠道上实施相同的零售价格。许多研究也考虑到了这一点,如 Gao 和 Su(2017),Zhou 等

(2018)。由于消费者具有环保意识,他们愿意为绿色产品支付更高的价格(Liu 等,2012;Xu 等,2017)。为了保护环境并提高市场竞争力,制造商采用绿色技术来减少单位产品的碳排放,并使用区块链技术记录减排水平的数据(Kouhizadeh 等,2020)。消费者可以通过零售渠道和平台购买这种绿色产品。根据 Shen 等(2019) 的研究,零售商和平台的需求是与产品的零售价格和绿色程度呈线性关系的函数。因此,两个渠道的需求函数如下:

$$D_r = a - \gamma p + (1 + \tau_b)\tau_g e \tag{9-1}$$

$$D_p = (1 + \rho)a - \gamma p + (1 + \tau_b)\tau_g e \tag{9-2}$$

在公式(9-1)、(9-2) 中,a 代表零售渠道的潜在需求。$\rho(\rho > 0)$ 代表平台赋能能力(Shen 等,2019;Yi 等,2019;Xu 等,2020),意味着制造商在在线平台上具有更大的潜在需求。e 代表产品的绿色程度(即减排水平)。γ 代表零售价格敏感系数。τ_g 代表消费者对绿色技术的环保意识水平。τ_b 代表当制造商使用区块链技术时消费者的环境意识的提升水平(Dutta 等,2020;Choi,2019)。在不失一般性的情况下,我们假设制造商的生产成本和使用区块链技术的成本都归一化为零。如果制造商的减排水平为 e,则制造商要承担成本 he^2,其中 h 代表绿色程度的成本系数。这种二次函数在前人的研究中经常被使用(Xu 等,2017;Li 等,2018)。此外,为了确保模型中的利润函数在决策变量上是联合凹的,我们假设 $h > [(1 + \tau_b)\tau_g]^2(2 - \varphi)/(2\gamma)$。实际上,这种假设也可以避免琐碎的讨论。类似的假设可以在 Wang 等(2016) 中找到。

9.3　主要结论

本节中,我们将探讨分散式供应链中制造商和零售商在平台抽成模式和再销售模式下的最优决策。

9.3.1　平台抽成模式

在平台抽成模式下,制造商向零售商收取批发价格 w_{M-r}。我们将零售商和制造商在平台抽成模式下的利润分别表示为 π_{M-r} 和 π_{M-m},则零售商和制造商的利润如下所示：

$$\pi_{M-r}=(p_M-w_{M-r})D_r \tag{9-3}$$

$$\pi_{M-m}=w_{M-r}D_r+(1-\varphi)p_M D_p-he_M^2 \tag{9-4}$$

在公式(9－3)、(9－4)中，我们可以推导零售商的反应函数为 $p_M=[a+w_{M-r}\gamma+e_M(1+\tau_b)\tau_g]/(2\gamma)$。显然，零售价格与批发价格之间存在一一对应的关系。将 p_M 代入公式(9－4)，进一步得到 π_{M-m} 如下：

$$\pi_{M-m}=\frac{\begin{array}{c}2\gamma w_{M-r}[a-w_{M-r}\gamma+e_M(1+\tau_b)\tau_g]+(1-\varphi)\\ [a+w_{M-r}\gamma+e_M(1+\tau_b)\tau_g][a+2a\rho-w_{M-r}\gamma+e_M(1+\tau_b)\tau_g]\end{array}}{4\gamma}-he_M^2 \tag{9-5}$$

基于公式(9－5)，我们可以得到以下定理。

定理 9.1 平台抽成模式下的最优决策：

① 如果 $0<\rho<\dfrac{2h\gamma(2-\varphi)}{(1-\varphi)\{2h\gamma-2[(1+\tau_b)\tau_g]^2+\varphi[(1+\tau_b)\tau_g]^2\}}$，

则 $w_{M-r}^*=\dfrac{4h\gamma a+a\rho(1-\varphi)\{4h\gamma+\varphi[(1+\tau_b)\tau_g]^2)\}}{\gamma\{4h\gamma(3-\varphi)-[(1+\tau_b)\tau_g]^2(2-\varphi)^2\}}$，

$e_M^*=\dfrac{a\tau[(1+\tau_b)\tau_g][(2-\varphi)^2+\rho(4-\varphi)(1-\varphi)]}{4h\gamma(3-\varphi)-[(1+\tau_b)\tau_g]^2(2-\varphi)^2}$，

$p_M^*=\dfrac{2a\rho(1-\varphi)\{h\gamma+[(1+\tau_b)\tau_g]^2\}+2h\gamma a(4-\varphi)}{\gamma\{4h\gamma(3-\varphi)-[(1+\tau_b)\tau_g]^2(2-\varphi)^2\}}$，

$q_{M-r}^*=\dfrac{2h\gamma a(2-\rho+\rho\varphi-\varphi)+\rho a[(1+\tau_b)\tau_g]^2(2-\varphi)(1-\varphi)}{4h\gamma(3-\varphi)-[(1+\tau_b)\tau_g]^2(2-\varphi)^2}$，

$q_{M-p}^*=\dfrac{2h\gamma a(2+5\rho-\rho\varphi-\varphi)-\rho[(1+\tau_b)\tau_g]^2a(2-\varphi)}{4h\gamma(3-\varphi)-[(1+\tau_b)\tau_g]^2(2-\varphi)^2}$，

$\pi_{M-m}^*=\dfrac{a^2\{h\gamma[(2-\varphi)^2+2\rho(4-\varphi)(1-\varphi)+\rho^2(1-\varphi)^2]+\rho^2[(1+\tau_b)\tau_g]^2(1-\varphi)^2]\}}{\gamma\{4h\gamma(3-\varphi)-[(1+\tau_b)\tau_g]^2(2-\varphi)^2\}}$。

② 如果 $\rho\geqslant\dfrac{2h\gamma(2-\varphi)}{(1-\varphi)\{2h\gamma-2[(1+\tau_b)\tau_g]^2+\varphi[(1+\tau_b)\tau_g]^2\}}$，则

$e_M^*=\dfrac{a[(1+\tau_b)\tau_g](1+\rho)(1-\varphi)}{4h\gamma-[(1+\tau_b)\tau_g]^2(1-\varphi)}$，$p_M^*=\dfrac{2ah(1+\rho)}{4h\gamma-[(1+\tau_b)\tau_g]^2(1-\varphi)}$，$q_{M-r}^*=0$，

$q_{M-p}^*=\dfrac{2ah\gamma(1+\rho)}{4h\gamma-[(1+\tau_b)\tau_g]^2(1-\varphi)}$，$\pi_{M-m}^*=\dfrac{a^2h(1+\rho)^2(1-\varphi)}{4h\gamma-[(1+\tau_b)\tau_g]^2(1-\varphi)}$。

定理 9.1 揭示了一些重要的发现。① 通过零售商销售的最优生产量随着平台赋能能力的增加而减少，而通过平台销售的最优生产量随着平台赋能能力的增加而增加。这表明，尽管 2 个渠道的零售价格相同，但在线平台可以侵占线下需求。特别是，如果平台赋能能力足够大，制造商将只通过平台销售产品。② 最优减排水平随着平台赋能能力的增加而增加。这意味着提高平台赋能能力可以帮助供应链变得更“绿色”。此外，在平台赋能能力较低时，减排水平的增长率大于平台赋能能力较高时的增长率。因此，如果平台赋能能力较低，增加平台赋能能力对于改善减排水平更有利。③ 最优批发价格和最优零售价格随着平台赋能能力的增加而增加。这表明，平台赋能能力的增加加强了双重边际化。④ 最优减排水平随着佣金率的降低而降低。⑤ 最优减排水平以及制造商和平台的利润都随着 τ_b 的增加而增加。因此，使用区块链技术可以提高减排水平，并为制造商和平台带来更多利润。这揭示了制造商和平台使用区块链技术的必要性。

根据定理 9.1，易得制造商和平台的利润也随着平台赋能能力的增加而增加。然而，零售商的利润却随着平台赋能能力的增加而减少。因此，如果平台采取一些措施来增加平台赋能能力，将很容易获得制造商的支持。

我们基于一个食品企业的销售数据对定理 9.1 的结论进行了数值验证。为了避免数据的敏感性，我们使用 A 企业来代表这家企业。我们使用了 A 企业在 2018 年 5 月 —2018 年 11 月的葵花籽的线下渠道和在线渠道(天猫网)的销售数据。根据对 A 企业的调查，我们得知天猫网对 A 企业的在线销售收取 2% 的佣金。平台赋能能力对线下渠道最优生产量的影响如图 9 - 1 所示，平台赋能能力对在线渠道最优生产量的影响如图 9 - 2 所示。

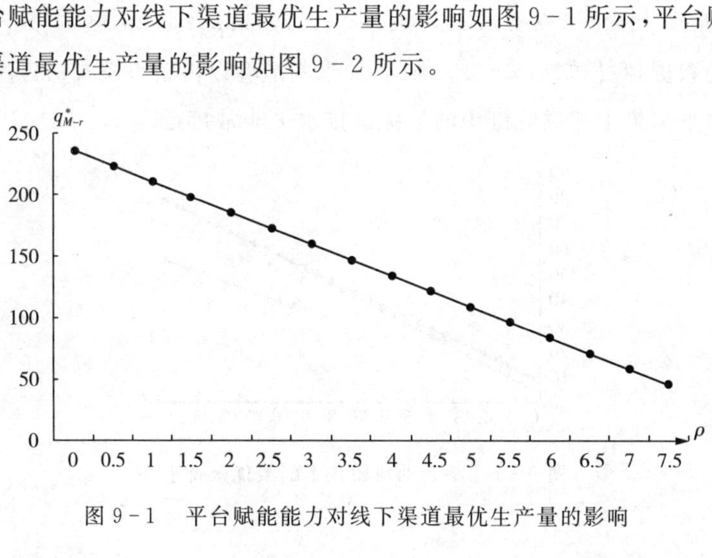

图 9 - 1　平台赋能能力对线下渠道最优生产量的影响

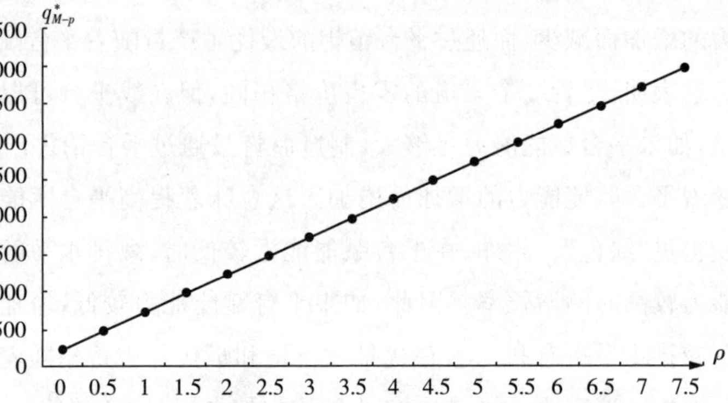

图 9-2　平台赋能能力对在线渠道最优生产量的影响

图 9-1 和图 9-2 表明，随着平台赋能能力的增加，线下渠道的最优生产量会减少，而在线渠道的最优生产量会增加。这说明，尽管 2 个渠道的零售价格相同，但在线渠道可以侵占线下渠道的需求。因此，如果平台赋能能力增加，A 企业应该减少线下销售并增加在线销售。

平台抽成模式下的最优减排水平如图 9-3 所示，在集中式供应链中，平台抽成模式下的最优减排水平大于分散式供应链中的最优减排水平。此外，如果 $0<\rho<9.32$，随着平台赋能能力的增加，分散式供应链中的最优减排水平与集中式供应链中的接近程度越来越高；反之，分散式供应链中的最优减排水平与集中式供应链中的最优减排水平相距更远。再销售模式下的最优减排水平如图 9-4 所示，如果 $0<\rho<2.26$，则 $e_R^*<e_R^{c*}$；如果 $\rho\geqslant 2.26$，则 $e_R^*>e_R^{c*}$。根据 A 企业的数据，我们知道 $\rho=2$。因此，如果制造商以再销售模式销售产品，则最优减排水平与集中式供应链中的最优减排水平非常接近。

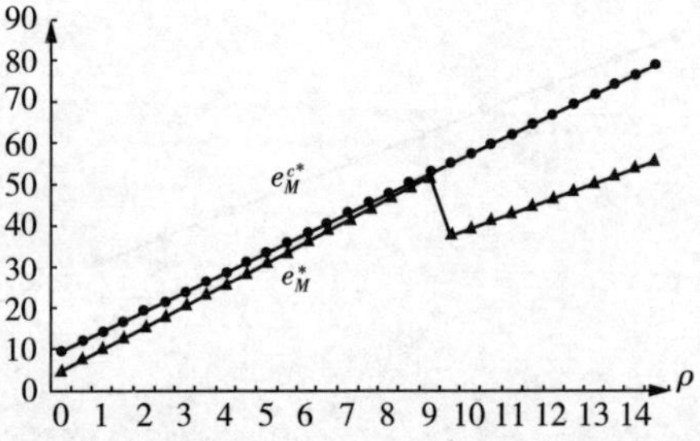

图 9-3　平台抽成模式下的最优减排水平

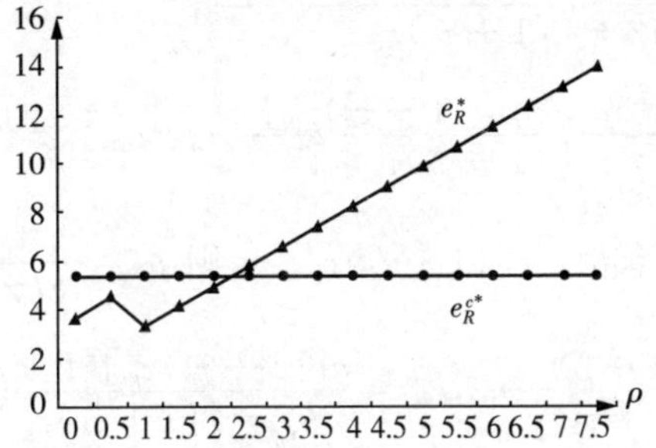

图 9－4　再销售模式下的最优减排水平

9.3.2　再销售模式

再销售模式下，制造商向零售商收取批发价格 w_{R-r} 并向平台收取批发价格 w_{R-p}。我们将再销售模式下零售商和制造商的利润设为 π_{R-r} 和 π_{R-m}，可以得到：

$$\pi_{R-r}=(p_R-w_{R-r})D_r \tag{9-6}$$

$$\pi_{R-p}=(p_R-w_{R-p})D_p \tag{9-7}$$

$$\pi_{R-m}=w_{R-r}D_r+w_{R-p}D_p-he_R^2 \tag{9-8}$$

由公式(9－6)，我们可以得到零售商的反应函数 $w_{R-r}=\{2p_R\gamma-a-e_R[(1+\tau_b)\tau_g]\}/\gamma$。同样，我们可以得到平台的反应函数 $w_{R-p}=\{2p_R\gamma-(1+\rho)a-e_R[(1+\tau_b)\tau_g]\}/\gamma$。将它们代入公式(9－8)，我们可以得到以下定理。

定理 9.2　再销售模式下的最优决策如下：

① 如果 $0<\rho<2h\gamma/\{3h\gamma-[(1+\tau_b)\tau_g]^2\}$，

则 $p_R^*=\dfrac{3ah(2+\rho)}{2\{4h\gamma-[(1+\tau_b)\tau_g]^2\}}$，$w_{R-p}^*=\dfrac{a\{4h\gamma-2h\gamma\rho+\rho[(1+\tau_b)\tau_g]^2\}}{2\gamma\{4h\gamma-[(1+\tau_b)\tau_g]^2\}}$，

$w_{R-r}^*=\dfrac{a\rho\{4h\gamma-[(1+\tau_b)\tau_g]^2\}+2h\gamma a(2+\rho)}{2\gamma\{4h\gamma-[(1+\tau_b)\tau_g]^2\}}$，

$e_R^*=\dfrac{a[(1+\tau_b)\tau_g](2+\rho)}{2\{4h\gamma-[(1+\tau_b)\tau_g]^2\}}$，$q_{R-r}^*=\dfrac{a\{h\gamma(2-3\rho)+\rho[(1+\tau_b)\tau_g]^2\}}{2\{4h\gamma-[(1+\tau_b)\tau_g]^2\}}$，

$q_{R-p}^*=\dfrac{a\{h\gamma(2+5\rho)-\rho[(1+\tau_b)\tau_g]^2\}}{2\{4h\gamma-[(1+\tau_b)\tau_g]^2\}}$，

$\pi_{R-m}^*=\dfrac{a^2\{h\gamma(4+4\rho-7\rho^2)+2\rho^2[(1+\tau_b)\tau_g]^2\}}{4\gamma\{4h\gamma-[(1+\tau_b)\tau_g]^2\}}$，

$$\pi_{R-r}^{*}=\frac{a^{2}\{2h\gamma-3h\gamma\rho+\rho[(1+\tau_{b})\tau_{g}]^{2}\}^{2}}{4\gamma\{4h\gamma-[(1+\tau_{b})\tau_{g}]^{2}\}^{2}},$$

$$\pi_{R-p}^{*}=\frac{a^{2}\{h\gamma(2+5\rho)-\rho[(1+\tau_{b})\tau_{g}]^{2}\}^{2}}{4\gamma\{4h\gamma-[(1+\tau_{b})\tau_{g}]^{2}\}^{2}}。$$

② 如果 $\rho\geqslant 2h\gamma/\{3h\gamma-[(1+\tau_{b})\tau_{g}]^{2}\}$，则 $p_{R}^{*}=\dfrac{6ah(1+\rho)}{8h\gamma-[(1+\tau_{b})\tau_{g}]^{2}}$，

$$w_{R-p}^{*}=\frac{4ah(1+\rho)}{8h\gamma-[(1+\tau_{b})\tau_{g}]^{2}},e_{R}^{*}=\frac{a[(1+\tau_{b})\tau_{g}](1+\rho)}{8h\gamma-[(1+\tau_{b})\tau_{g}]^{2}},$$

$$q_{R-p}^{*}=\frac{2ah\gamma(1+\rho)}{8h\gamma-[(1+\tau_{b})\tau_{g}]^{2}},q_{R-r}^{*}=0,\pi_{R-m}^{*}=\frac{a^{2}h(1+\rho)^{2}}{8h\gamma-[(1+\tau_{b})\tau_{g}]^{2}},\pi_{R-r}^{*}=0,$$

$$\pi_{R-p}^{*}=\frac{4a^{2}h^{2}\gamma(1+\rho)^{2}}{\{8h\gamma-[(1+\tau_{b})\tau_{g}]^{2}\}^{2}}。$$

定理 9.2 表明，对于平台而言，批发价格随着平台赋能能力的增加而减少，但随消费者环保意识水平的提高而增加。此外，对于零售商而言，批发价格和零售价格也随消费者环保意识水平的提高而增加。因此，如果制造商采纳区块链技术，那么平台和零售商从制造商处购买产品的批发价格将会上升。其他发现与定理 9.1 的结果类似，我们不再进行解释。

9.3.3 供应链协调

在本节中，我们将分别探讨平台抽成模式和再销售模式下的供应链的协调问题，并探讨制造商、零售商和平台之间的协调。

1. 集中式供应链的最优决策

① 平台抽成模式

设 π_{M}^{c} 为集中式供应链的利润，可以得到：

$$\pi_{M}^{c}=p_{M}^{c}D_{r}+(1-\varphi)p_{M}^{c}D_{p}-h(e_{M}^{c})^{2} \tag{9-9}$$

在公式(9-9)中，第一项是通过零售渠道获得的利润，第二项是通过在线渠道获得的利润，最后一项是使用绿色技术的成本。

定理 9.3 集中式供应链中平台抽成模式下的最优决策如下：

$$e_{M}^{c*}=\frac{a[(1+\tau_{b})\tau_{g}][(2-\varphi)+(1-\varphi)\rho]}{4h\gamma-[(1+\tau_{b})\tau_{g}]^{2}(2-\varphi)},$$

$$p_{M}^{c*}=\frac{2ah[2+\rho(1-\varphi)-\varphi]}{\{4h\gamma-[(1+\tau_{b})\tau_{g}]^{2}(2-\varphi)\}(2-\varphi)},$$

$\pi_M^{c*}=\dfrac{ha^2[(2-\varphi)+\rho(1-\varphi)]^2}{(2-\varphi)\{4h\gamma-[(1+\tau_b)\tau_g]^2(2-\varphi)\}}$。

推论 9.1　$e_M^{c*}>e_M^*$。

如果 $0<\rho<\dfrac{2h\gamma(2-\varphi)}{(1-\varphi)\{2h\gamma-2[(1+\tau_b)\tau_g]^2+\varphi[(1+\tau_b)\tau_g]^2\}}$，

则 $\dfrac{\mathrm{d}(e_M^{c*}-e_M^*)}{\mathrm{d}\rho}<0$。

如果 $\rho\geqslant\dfrac{2h\gamma(2-\varphi)}{(1-\varphi)\{2h\gamma-2[(1+\tau_b)\tau_g]^2+\varphi[(1+\tau_b)\tau_g]^2\}}$，

则 $\dfrac{\mathrm{d}(e_M^{c*}-e_M^*)}{\mathrm{d}\rho}>0$。

推论 9.1 表明，集中式供应链中的最优减排水平比分散式供应链中的最优减排水平要大。主要原因是集中式供应链消除了双重边际化，带来了相对较高的边际利润。此外，我们发现，随着低平台赋能能力的增加，分散式供应链中的最优减排水平逐渐接近集中式供应链中的最优减排水平；而随着高平台赋能能力的增加，两者之间的差距变得更大。这表明存在某个水平的平台赋能能力，使得两种情况下的最优减排水平最接近。

② 再销售模式

在集中式供应链，我们可以得到集中式供应链中的利润如下：

$$\pi_R^c=p_R^cD_r+w_{R-p}^cD_p-h\,(e_R^c)^2 \tag{9-10}$$

由 9.3.2 小节，可以得知，平台的反应函数为 $w_{R-p}^c=\{2p_R^c\gamma-(1+\rho)a-e_R^c[(1+\tau_b)\tau_g]\}/\gamma$，并得到以下定理。

定理 9.4　集中式供应链中再销售模式下的最优决策如下：

$e_R^{c*}=\dfrac{a[(1+\tau_b)\tau_g]}{3h\gamma-[(1+\tau_b)\tau_g]^2}$，$p_R^{c*}=\dfrac{\rho a\{3h\gamma-[(1+\tau_b)\tau_g]^2\}+4h\gamma a}{2\gamma\{3h\gamma-[(1+\tau_b)\tau_g]^2\}}$，

$w_{R-p}^{c*}=\dfrac{ah}{3h\gamma-[(1+\tau_b)\tau_g]^2}$，$q_{R-r}^{c*}=\dfrac{2h\gamma a-\{3h\gamma-[(1+\tau_b)\tau_g]^2\}\rho a}{2\{3h\gamma-[(1+\tau_b)\tau_g]^2\}}$，

$q_{R-p}^{c*}=\dfrac{2h\gamma a+\{3h\gamma-[(1+\tau_b)\tau_g]^2\}\rho a}{2\{3h\gamma-[(1+\tau_b)\tau_g]^2\}}$，

$\pi_R^{c*}=\dfrac{4h\gamma a^2-\rho^2a^2\{3h\gamma-[(1+\tau_b)\tau_g]^2\}}{4\gamma\{3h\gamma-[(1+\tau_b)\tau_g]^2\}}$。

由定理 9.4，我们得到了一些重要的发现。首先，最优减排水平和平台的批发价格与平台赋能能力无关。这个发现很出乎意料，这意味着制造商应该保持

减排水平和平台的批发价格恒定不变。其次，零售价格和在线需求随着平台赋能能力的增加而增加，而线下需求随着平台赋能能力增加而减少。最后，我们发现供应链的总利润随着平台赋能能力的增加而减少。随着平台赋能能力的增加，在线渠道会侵占线下渠道的需求。此外，零售价格随着平台赋能能力的增加而增加，而平台的批发价格保持不变。这表明制造商从在线渠道获得的利润相对较少。因此，供应链的总利润会随着平台赋能能力的增加而减少。此外，最优的减排水平和最优的总利润都随着平台赋能能力的增加而增加。因此，使用区块链技术可以提高减排水平并增强总利润。此外，最优的减排水平和最优的总利润都是随 τ_b 的增加而增加。因此，使用区块链技术可以提高减排水平和总利润。

推论 9.2 ① 如果 $0<\rho<5hr/\{3hr-[(1+\tau_b)\tau_g]^2\}$，则 $e_R^*<e_R^{c*}$；② 如果 $\rho\geqslant 5hr/\{3hr-[(1+\tau_b)\tau_g]^2\}$，则 $e_R^*>e_R^{c*}$。

由推论 9.2，我们得到了一个有趣的发现。直观上，集中式供应链中的最优减排水平应该大于分散式供应链中的最优减排水平。然而，如果平台赋能能力很大，则出现相反的结果。分散式供应链中的最优减排水平随着平台赋能能力的增加而增加，而集中化供应链中的最优减排水平保持不变。因此，如果平台赋能能力很大，集中式供应链中的最优减排水平小于分散式供应链中的减排水平。通过比较推论 9.1 和推论 9.2，我们发现集中式供应链中的减排水平上是否具有优势取决于平台的运营模式和平台赋能能力。

2. 平台抽成模式下的供应链协调

在这一小节中，我们设置了一个批发价格 w_M^c 以实现供应链的协调，并得到以下定理。

定理 9.5 如果 $0<\rho\leqslant\dfrac{2h\gamma(2-\varphi)}{(1-\varphi)\{2h\gamma-2[(1+\tau_b)\tau_g]^2+\varphi[(1+\tau_b)\tau_g]^2\}}$，当 $w_M^c=a\rho(1-\varphi)/[\gamma(2-\varphi)]$，供应链可以协调；如果 $\rho>\dfrac{2h\gamma(2-\varphi)}{(1-\varphi)\{2h\gamma-2[(1+\tau_b)\tau_g]^2+\varphi[(1+\tau_b)\tau_g]^2\}}$，供应链不能协调。

定理 9.5 表明，如果平台赋能能力较低，批发价格契约可以协调供应链。在传统的供应链中，批发价格契约无法协调供应链（Cachon 和 Kök，2010；Xu 等，2017）。需要注意的是，如果没有平台赋能能力，批发价格契约就无法协调供应链。根据定理 9.1，我们可以得到

$$p_M^* - w_M^* = \frac{2ah\gamma(2-\varphi) - a(1-\varphi)\{2h\gamma - 2[(1+\tau_b)\tau_g]^2 + \varphi[(1+\tau_b)\tau_g]^2\}\rho}{\gamma\{4h\gamma(3-\varphi) - [(1+\tau_b)\tau_g]^2(2-\varphi)^2\}},$$

易证得，$(p_M^* - w_M^*)$ 的值随着平台赋能能力的增加而减少。因此，平台赋能能力的增加会削弱双重边际化效应，从而批发价格契约可以协调供应链。如果平台赋能能力很大，制造商将不会通过线下渠道销售产品，导致供应链不能实现协调。根据定理 9.5，我们知道平台赋能能力的阈值随着 τ_b 的增加而增加。这表明，供应链实现协调的条件随着 τ_b 的增加而变得更宽松。因此，区块链技术可以促进供应链的协调。此外，通过平台抽成模式协调后的批发价格与 τ_b 无关。这意味着使用区块链技术对协调后的批发价格没有影响。

定理 9.5 还表明，在供应链实现协调之后，制造商的利润会减少，而零售商的利润会增加。与 Chen 等(2012)、Xu 等(2017)、Bai 等(2017) 的研究类似，为了实现制造商和零售商利润上的“双赢”，我们尝试将供应链协调后的最优决策与一种两部分关税契约相结合。根据这个契约，制造商会对供应链协调后的利润损失收取一笔固定费用。我们假设制造商向零售商收取一笔固定费用 T，将固定费用定义为两个阈值，具体如下：

$$\underline{T}_M = \frac{4a^2h\{2h\gamma(2-\varphi-\rho+\rho\varphi) + \rho[(1+\tau_b)\tau_g]^2(2-\varphi)(1-\varphi)\}^2}{(2-\varphi)^2\{4h\gamma - [(1+\tau_b)\tau_g]^2(2-\varphi)\}^2\{4h\gamma(3-\varphi) - [(1+\tau_b)\tau_g]^2(2-\varphi)^2\}},$$

$$\overline{T}_M = \frac{8a^2h\{2h\gamma(2-\varphi-\rho+\rho\varphi) + \rho[(1+\tau_b)\tau_g]^2(2-\varphi)(1-\varphi)\}^2\{2h\gamma(5-2\varphi) - [(1+\tau_b)\tau_g]^2(2-\varphi)^2\}}{\{4h\gamma - [(1+\tau_b)\tau_g]^2(2-\varphi)\}^2\{4h\gamma(3-\varphi) - [(1+\tau_b)\tau_g]^2(2-\varphi)^2\}^2(2-\varphi)^2}。$$

由此可以得到以下推论。

推论 9.3　如果 $0 < \rho \leqslant \dfrac{2h\gamma(2-\varphi)}{(1-\varphi)\{2h\gamma - 2[(1+\tau_b)\tau_g]^2 + \varphi[(1+\tau_b)\tau_g]^2\}}$，存在一个范围$(\underline{T}_M, \overline{T}_M)$，可以实现制造商和零售商的利润上的“双赢”。

同样，我们基于 A 企业的销售数据对定理 9.2 的结论进行了数值验证，数值验证的结果如下所示。

平台赋能能力不同时平台抽成模式下 T 的取值范围如图 9－5 所示。随着平台赋能能力的增加，固定费用的取值范围越来越小。这表明两部分关税契约的优势越来越弱。平台赋能能力不同时平台抽成模式下的供应链效率如图 9－6 所示，我们用 $1-(\pi_{M-m}^* + \pi_{M-r}^*)/\pi_M^{c*}$ 来定义供应链效率。图 9－6 表明，供应链效率随平台赋能能力的增加而降低。根据 A 企业的数据，我们知道 $\rho=2$。因此，如果 A 企业在平台抽成模式下协调供应链，供应链的总利润将提高 3%。

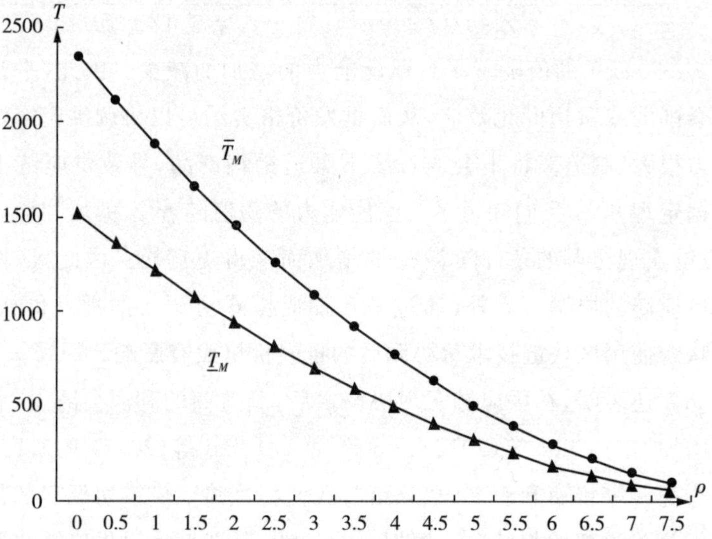

图 9-5　平台赋能能力不同时平台抽成模式下 T 的取值范围

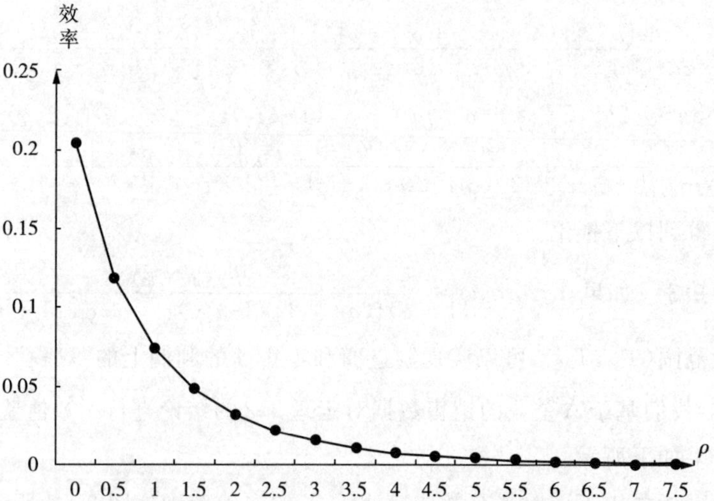

图 9-6　平台赋能能力不同时平台抽成模式下的供应链效率

3. 再销售模式下供应链协调

定理 9.6　如果 $0 < \rho < 2h\gamma/\{3h\gamma - [(1+\tau_b)\tau_g]^2\}$，当 $w_R^c = \dfrac{\rho a\{3h\gamma - [(1+\tau_b)\tau_g]^2\} + h\gamma a}{\gamma\{3h\gamma - [(1+\tau_b)\tau_g]^2\}}$，供应链可以协调；如果 $\rho \geqslant 2h\gamma/\{3h\gamma -$

$[(1+\tau_b)\tau_g]^2\}$，供应链不能协调。

定理 9.6 所展现的结论与定理 9.5 类似。由定理 9.5 和定理 9.6，我们发现，如果平台赋能能力较低，批发价格契约可以使供应链协调，而这一发现与平台的运营模式无关。此外，再销售模式下协调后的批发价格随着 τ_b 的增加而增加，这表明使用区块链技术可以提高协调后的批发价格。在供应链实现协调后，我们可以得到制造商的利润是 $\pi_{R-m}^{c*}=\dfrac{a^2\{h^2\gamma^2(4+6\rho-9\rho^2)-2h\gamma[(1+\tau_b)\tau_g]^2(1+\rho-3\rho^2)-\rho^2[(1+\tau_b)\tau_g]^4\}}{2\gamma\{3h\gamma-[(1+\tau_b)\tau_g]^2\}^2}$，零售商的利润是 $\pi_{R-r}^{c*}=\dfrac{a^2\{2h\gamma-3h\gamma\rho+\rho[(1+\tau_b)\tau_g]^2\}^2}{4\gamma\{3h\gamma-[(1+\tau_b)\tau_g]^2\}^2}$。通过比较供应链实现协调后的制造商和零售商利润，以及定理 9.2① 中的结论，可以发现制造商的利润减少，而零售商的利润增加。随后我们尝试将这些结论与两部分关税契约相结合。我们将固定费用定义为

$\underline{T}_R=\dfrac{a^2h\{2h\gamma-3h\gamma\rho+\rho[(1+\tau_b)\tau_g]^2\}^2}{4\{4h\gamma-[(1+\tau_b)\tau_g]^2\}\{3h\gamma-[(1+\tau_b)\tau_g]^2\}^2}$，

$\overline{T}_R=\dfrac{a^2h\{7h\gamma-2[(1+\tau_b)\tau_g]^2\}\{2h\gamma-3h\gamma\rho+\rho[(1+\tau_b)\tau_g]^2\}^2}{4\{12h^2\gamma^2-7h\gamma[(1+\tau_b)\tau_g]^2+[(1+\tau_b)\tau_g]^4\}^2}$ 两个阈值。

由此可以得到以下推论。

推论 9.4　如果 $0<\rho<2h\gamma/\{3h\gamma-[(1+\tau_b)\tau_g]^2\}$，存在范围 $(\underline{T}_R,\overline{T}_R)$ 可以实现制造商和零售商利润上的“双赢”。

推论 9.4 表明，在供应链实现协调之后，制造商和零售商可以实现利润的帕累托改进，易得 $\overline{T}_R-\underline{T}_R=\dfrac{a^2h\{2h\gamma-3h\gamma\rho+\rho[(1+\tau_b)\tau_g]^2\}^2}{4\{3h\gamma-[(1+\tau_b)\tau_g]^2\}\{4h\gamma-[(1+\tau_b)\tau_g]^2\}^2}$。显然，$(\overline{T}_R-\underline{T}_R)$ 的值随着平台赋能能力的增加而减小。因此，随着平台赋能能力的增加，两部分关税契约的优势变得越来越弱。

现在，我们探讨当制造商只通过在线平台销售产品（即平台赋能能力高）时，制造商和平台是否可以实现协调。在集中式供应链中，制造商和平台的总利润如下：

$$\pi_T^c=p_S^cD_p-h(e_S^c)^2 \tag{9-11}$$

按照证明定理 9.1 的类似的步骤，我们可以得到最优的零售价格 $p_S^{c*}=\dfrac{2ah(1+\rho)}{4h\gamma-[(1+\tau_b)\tau_g]^2}$ 和最优的减排水平 $e_S^{c*}=\dfrac{a[(1+\tau_b)\tau_g](1+\rho)}{4h\gamma-[(1+\tau_b)\tau_g]^2}$。由定理

9.1，$p_M^*=\frac{2ah(1+\rho)}{4h\gamma-[(1+\tau_b)\tau_g]^2(1-\varphi)}$，$e_M^*=\frac{a[(1+\tau_b)\tau_g](1+\rho)(1-\varphi)}{4h\gamma-[(1+\tau_b)\tau_g]^2(1-\varphi)}$。为了实现制造商和平台的协调，$\varphi$ 应该为零。因此，如果 $\rho>\frac{2h\gamma(2-\varphi)}{(1-\varphi)\{2h\gamma-2[(1+\tau_b)\tau_g]^2+\varphi[(1+\tau_b)\tau_g]^2\}}$，制造商和平台不能实现协调。由 9.3.2 小节，我们知道平台的反应函数为 $w_{R-p}=\{2p_R\gamma-(1+\rho)a-e_R[(1+\tau_b)\tau_g]\}/\gamma$。将 $p_S^{c*}=\frac{2ah(1+\rho)}{4h\gamma-[(1+\tau_b)\tau_g]^2}$ 和 $e_S^{c*}=\frac{a[(1+\tau_b)\tau_g](1+\rho)}{4h\gamma-[(1+\tau_b)\tau_g]^2}$ 代入到反应函数，我们得到 $w_{R-p}=0$。因此，如果 $\rho\geqslant 2h\gamma/\{3h\gamma-[(1+\tau_b)\tau_g]^2\}$，制造商和平台不能实现协调。

由上述分析，我们知道，如果平台赋能能力高，无论是平台抽成模式还是再销售模式都无法让制造商和平台实现协调。

4. 扩展：制造商、零售商和平台的协调

在本小节中，我们将制造商、零售商和平台视为一个统一的系统，可以得到集中式供应链中的利润如下：

$$\pi_T^c=p_T^cD_r+(1-\varphi)p_T^cD_p+\varphi p_T^cD_p-h(e_T^c)^2 \tag{9-12}$$

由此可以得到以下定理。

定理 9.7 集中式供应链中的最优决策：$e_T^{c*}=\frac{a[(1+\tau_b)\tau_g](2+\rho)}{4h\gamma-2[(1+\tau_b)\tau_g]^2}$，$p_T^{c*}=\frac{ah(2+\rho)}{4h\gamma-2[(1+\tau_b)\tau_g]^2}$，$\pi_T^{c*}=\frac{a^2h(2+\rho)^2}{8h\gamma-4[(1+\tau_b)\tau_g]^2}$。

易得定理 9.7 中的最优减排水平大于定理 9.3 和定理 9.4 中的最优减排水平。因此，包含制造商、零售商和平台的集中式供应链会促使制造商生产更环保的产品。

定理 9.8 ①平台抽成模式下：当 $h<\frac{[(1+\tau_b)\tau_g]^2(2-\varphi)}{\gamma}$，如果 $0<\rho\leqslant\frac{2h\gamma(2-\varphi)}{(1-\varphi)\{2h\gamma-2[(1+\tau_b)\tau_g]^2+\varphi[(1+\tau_b)\tau_g]^2\}}$，制造商、零售商和平台可以通过令 $w_T^c=a\rho/(2\gamma)$ 实现协调，否则，3 位成员不能实现协调；当 $h>\frac{[(1+\tau_b)\tau_g]^2(2-\varphi)}{\gamma}$，如果 $0<\rho\leqslant\frac{2h\gamma}{h\gamma-[(1+\tau_b)\tau_g]^2}$，制造商、零售商和平台可以通过令 $w_T^c=a\rho/(2\gamma)$ 实现协调，否则，3 位成员不能实现协调。②再销售模式下，制造商、零售商和平台不能实现协调。

定理 9.8 表明，如果平台赋能能力较低，平台抽成模式下的 3 位成员可以实现协调，这与定理 9.5 和定理 9.6 的结论类似。然而，我们发现再销售模式下的 3 位成员无法实现协调。这个结果令人惊讶。我们知道定理 9.7 中的最优减排水平高于定理 9.3 和定理 9.4 中的最优减排水平。此外，根据定理 9.6 的证明，高的减排水平会导致平台的批发价格降低。从定理 9.8 的证明中，易得平台的批发价格为负，这导致了 3 位成员之间的不协调。由定理 9.5、定理 9.6 和定理 9.8，如果平台赋能能力较低，制造商和零售商可以实现协调，制造商、零售商和平台也可以实现协调。因此，这个结论具有稳健性，不依赖于平台的运营模式以及制造商和零售商或 3 位成员之间的协调。定理 9.8 还表明，在平台抽成模式下进行协调后的批发价格与 τ_b 无关，这与定理 9.5 的发现类似。这表明这一发现不依赖于制造商和零售商或 3 位成员之间的协调。

9.4　小　结

本章探讨了零售商和制造商构成的供应链如何在零售渠道和在线平台上销售产品时达到协调。我们关注平台的两种模式（即平台抽成模式和再销售模式），并认为平台赋能能力反映了平台扩大潜在市场规模的能力。此外，我们也同时考虑了区块链和绿色技术。首先，我们分别计算了平台抽成模式和再销售模式下的最优生产量和减排水平。其次，我们探讨了制造商和零售商的协调问题，还分析了区块链技术对供应链协调以及制造商和平台利润的影响。最后，我们通过分析制造商、零售商和平台的协调问题来扩展我们的研究。我们进行了一系列基于实际数据的数值研究，以验证我们的发现。

通过研究两种模式下的最优运营决策，我们得出以下结论：①随着平台赋能能力的增加，尽管 2 个渠道具有相同的零售价格，但在线渠道可以侵蚀线下需求；②最优减排水平随着平台赋能能力的增加而增加；③平台赋能能力的增加加强了双重边际化；④平台赋能能力的增加有益于制造商和平台，但损害了零售商的利润。

通过探讨两种模式下制造商和零售商的协调，我们得出以下结论。①在平台抽成模式下，集中式供应链中的最优减排水平大于分散式供应链中的最优减排水平。该差异在低(高)平台赋能能力中减小(增加)。②在再销售模式下,集中式供应链中的最优减排水平与平台赋能能力无关;供应链的最优总利润随着平台赋能能力的增加而减少;如果平台赋能能力较低,则集中供应链中的最优减排水平较大。如果平台赋能能力较高,则集中供应链中的最优减排水平较低。如果平台赋能能力较低,则平台抽成模式和再销售模式都可以使供应链协调。通过与两部分关税契约的结论相结合,可以实现制造商和零售商在利润上的"双赢"。如果平台赋能能力很高,则供应链不能实现协调,制造商和平台也不能实现协调。通过考虑制造商、零售商和平台的协调来扩展模型,在平台抽成模式下,如果平台赋能能力较低,则 3 位成员可以实现协调,而在再销售模式下,3 位成员无法实现协调。

本章提供了一些管理见解:①制造商应支持平台以增加平台赋能能力。使用区块链技术有利于制造商和平台;②在平台抽成模式下,集中式供应链可以帮助产品变得更"绿色",而在再销售模式下,如果平台赋能能力较高,分散式供应链可以帮助产品变得更"绿色";③如果平台赋能能力较低,则供应链可以实现协调,这与平台模式无关;④区块链技术可以帮助产品变得更"绿色",并为制造商和平台带来更多的利润。此外,区块链技术还可以促进供应链的协调。

第 10 章　考虑碳交易机制下优惠券促销的企业运作及协调策略研究

本章考虑在碳交易机制下，制造商通过平台抽成或再销售模式销售其产品。优惠券是在销售产品时分配的。我们探讨了两种模式的最优运作决策、选择和协调。首先，我们分析发现，碳配额和平台赋能能力（佣金率）的提高增加（减少）了优惠券敏感消费者的总生产量和最优生产量，有趣的是，当优惠券的敏感性高时，它减少（增加）了优惠券不敏感消费者的生产量。此外，当排放强度较低时，制造商的最优利润先随碳配额增加后减少，而当排放强度较高时，最优利润随碳配额增加。其次，如果订单履行成本低（高），平台抽成模式为制造商创造了更多（更少）的利润。平台抽成模式和再销售模式会产生更多的碳排放，这取决于佣金率和平台赋能能力。最后，平台抽成模式不能够始终协调制造商和平台，而再销售模式可以在考虑了相当大的平台赋能能力下的优惠券共享契约后协调制造商和平台，并且可以在广义纳什讨价还价框架下通过两个部分关税契约实现帕累托改进。

10.1　问题的引出

过去 20 年见证了平台经济的快速发展，原因是电商平台有能力扩大潜在的市场规模，这被称为平台赋能能力（Guan 等，2020；Cai 等，2021；Choi 和 Ouyang，2021）。电商平台越来越多地被制造商用于销售其产品（Choi，2020；Cao 等，2020；Jiang 等，2020）。两种最流行的平台模式是平台抽成模式和再销售模式(Tian 等,2018)。在平台抽成模式下,制造商通过平台直接向消费者销售产品,并应向平台支付佣金以获得在线收入(Shen 等,2019)。在再销售模式下,制造商以批发价将产品出售给平台,平台进一步以零售价将产品销售给消费者(Tian 等,2018)。例如,中国最大的 B2C 平台之一的天猫主要以平台抽成模式运作,而京东和亚马逊主要以再销售模式运作。这两种模式的主要区别在于零售价格的决定权(Liu 和 Ke,2021)。在平台抽成模式下,制造商决定零售价格,而在再销售模式下,平台决定零售价格。

电商平台在激烈的竞争中带来了一种新的消费方式(Choi 等,2019)。在这种情况下,制造商可能会不时发放优惠券来吸引消费者,提高产品曝光率(Li 等,2019)。例如,48%的美国企业使用在线优惠券进行营销(Li 等,2020)。阿里巴巴平台上约有 25 万个卖家提供优惠券折扣(Feldman 等,2021)。据估计,2014 年全球分发的电子优惠券超过 160 亿张(Ferrer-Gomila 等,2018)。在将优惠券纳入产品销售时,考虑了以下因素。首先,一些消费者在购买商品时使用优惠券,而另一些消费者则不使用。例如,49%的美国手机用户在购物时使用电子优惠券(Li 等,2019)。其次,在平台抽成模式(再销售模式)下,制造商(平台)分配优惠券并承担其成本。值得注意的是,即使平台可以采用平台抽成模式分配优惠券,制造商仍然提供使用优惠券的折扣。最后,在线销售与优惠券分发相结合可能会造成制造商的产量增加的结果。生产过程通常会排放大量二氧化碳,对环境有害(Dolgui 等,2020)。在过去的几十年里,环境保护引起了越来越多的企业的关注(Seuring,2013;Walker 等,2014;Guo 等,2020)。最近,越来越多的政府提出了"碳中和"目标来保护环境。为了实现这些目标,各国政府实施了多项控制碳排放的法规。在这些法规中,碳交易机制被广泛使用,并被认为是应对气候变化较有效的基于市场的法规之一(Xu 等,2017;Ji 等,2020)。根据碳交易机制,政府向制造商分配一些免费排放信贷(即碳配额)。如果制造商的实际碳排放超过碳配额,他们需要从碳交易市场购买额外的排放信用;如果实际碳排放量低于碳配额,制造商可以通过碳交易市场出售额外的排放信用。此外,碳交易价格由碳配额决定,分配给制造商的碳配额越多,碳交易市场上的碳交易价格就越低(Hua 等,2011;Xu 等,2021)。如何在环境政策下做出运作决策,值得企业和研究人员更多关注(Cao 等,2020;Liu 等,2020)。

优惠券的分配和碳交易机制的实施对制造商的运作决策产生了重大影响。

当制造商(平台)以平台抽成模式(再销售模式)分配优惠券时,不可避免地会增加生产量,并进一步增加碳排放。此外,平台赋能能力的存在提高了优惠券的面值,并进一步增加了生产量和碳排放;面对优惠券的分配,平台的操作规则有不同的效果,其中只有在再销售模式中才存在双重边缘化。这些因素最终将影响制造商的排放交易决策。例如,如果制造商有额外的排放信用,他/她可以通过碳交易市场,出售额外的排放信贷。然而,如果他/她分配了增加需求的优惠券,他/她可能会因为更多的生产而购买排放信用。碳交易决策的变化直接影响制造商的运作决策。

在本章中,我们考虑一个制造商和一个平台。当制造商通过平台销售产品并向消费者分配优惠券时,可以看到一些特殊功能如下。首先,平台的运作模式直接影响制造商的运作决策。其次,当制造商通过电商平台销售产品时,存在平台赋能能力。平台赋能能力直接影响优惠券的设计,进而影响平台模式的选择以及制造商与平台的协调。再次,部分消费者存在忘记使用优惠券的行为(Zhang 等,2020)。最后,在碳交易机制下,碳交易价格和碳配额存在反向关系。

10.1　模型的建立

考虑由单个制造商和单个电商平台构成的供应链,制造商仍受到碳交易机制的约束并借助平台销售产品,平台仍以平台抽成模式和再销售模式运作。考虑制造商和平台通过优惠券吸引消费者,设优惠券面值为 σ,优惠券敏感型消费者的比例为 λ。此外,平台有能力扩大制造商的潜在市场份额,设平台赋能能力为 ρ(Shen 等,2019)。再销售模式下,制造商以批发价 ω 将产品批发给平台,平台定价后将产品出售给消费者,并承担订单履行成本 F(Hagiu 和 Wright,2015)。平台抽成模式下,制造商定价后通过平台直接销售产品,平台从销售额中抽取一定比例佣金作为报酬,设佣金率为 $\varphi(0<\varphi<1)$。该模式下,订单履行成本由制造商承担 λ。碳交易机制下,设单位产品的初始碳排放量为 e_0,市场中的碳交易价格为 b,政府分配的碳配额为 C。设碳交易价格为碳配额的减函数,即 $b=a_0-b_0C$。其中,a_0 为最高碳交易价格,b_0 为碳交易价格的碳配额弹性系数。本模型不考虑供应链上的库存问题,即假设该供应链采用按单式生产,故

需求量即为生产量。为了方便分析，本模型假设生产成本为零。平台抽成模式下供应链结构如图 10-1 所示，再销售模式下供应链结构如图 10-2 所示。

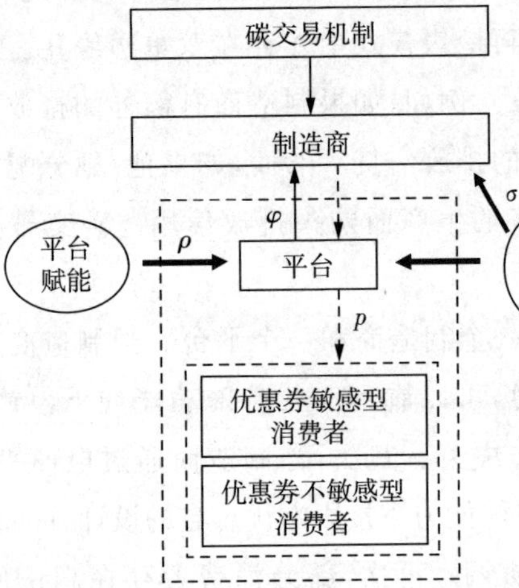

图 10-1　平台抽成模式下供应链结构

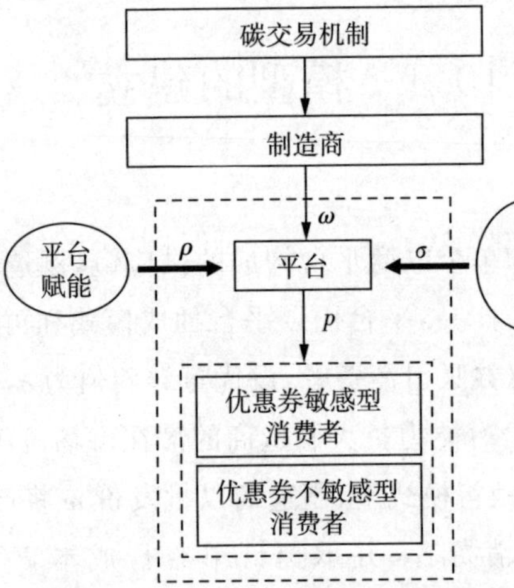

图 10-2　再销售模式下供应链结构

综上，设优惠券敏感型消费者和优惠券不敏感型消费者的需求函数分别为：

$$q_1 = \lambda(1+\rho)\alpha - \eta p + \beta\sigma \tag{10-1}$$

$$q_2 = (1-\lambda)(1+\rho)\alpha - \eta p \tag{10-2}$$

为了确保优化过程中存在最优运作决策，假设$2\eta<\beta<(3+2\sqrt{2})\eta$(Liu和Ke,2021;Xu等,2021;Ji等,2017;Ma等,2020)。此外，考虑到现实中使用优惠券的消费者比例不高，如美国零售商发放的消费品优惠券的兑换比例不到1%(Gabel等,2022)，故本模型假设λ较低。

10.3　主要结论

10.3.1　再销售模式下的最优运作决策

再销售模式下，制造商与平台展开斯塔克尔伯格博弈，平台是领导者而制造商是追随者(Shen等,2019)。制造商以批发价ω_r将产品批发给平台，平台定价p_r后将其出售给消费者。此时，制造商和平台的利润函数：

$$\pi_r^M(\omega)=\omega_r(q_{1r}+q_{2r})-(a_0-b_0C)[e_0(q_{1r}+q_{2r})-C] \qquad (10-3)$$

$$\pi_r^P(p,\sigma)=(p_r-\omega_r-\sigma_r)q_{1r}+(p_r-\omega_r)q_{2r}-F \qquad (10-4)$$

根据Dou和Choi(2021)、Yu等(2022)，将优惠券敏感型消费者剩余和优惠券不敏感型消费者剩余定义为$CS_{1i}^*=\int_0^{q_{1i}^*}(p_i-p_i^*)\mathrm{d}q_{1i}$和$CS_{2i}^*=\int_0^{q_{2i}^*}(p_i-p_i^*)dq_{2i}$，将需求函数代入简化得到$CS_{1i}^*=(q_{1i}^*)^2/(2\eta)$和$CS_{2i}^*=(q_{2i}^*)^2/(2\eta)$。此外，将总碳排放量定义为$CE_i^*=e_0Q_i^*\ (i=m,r)$。

定理10.1　再销售模式下，供应链的最优定价、线上批发价、优惠券面值、需求量及企业利润：

$$\begin{cases} p_r^*=\dfrac{\alpha(1+\rho)[\beta(5-3\lambda)-\eta\lambda]-\beta(\beta-3\eta)e_0(a_0-b_0C)}{10\beta\eta-\beta^2-\eta^2} \\ \omega_r^*=\dfrac{\alpha(1+\rho)[\beta(3-2\lambda)+(2\lambda-1)\eta]+2e_0(a_0-b_0C)(8\beta\eta-\beta^2-\eta^2)}{2(10\beta\eta-\beta^2-\eta^2)} \\ \sigma_r^*=\dfrac{\alpha(1+\rho)[\beta+\eta(3-8\lambda)]-2\eta(\beta-\eta)e_0(a_0-b_0C)}{10\beta\eta-\beta^2-\eta^2} \end{cases}$$

$$
\begin{cases}
q_{1r}^{*}=\dfrac{\beta\{\alpha(1+\rho)[\beta(1-\lambda)+\eta(5\lambda-2)]-\eta(\beta+\eta)e_0(a_0-b_0C)\}}{10\beta\eta-\beta^2-\eta^2} \\
q_{2r}^{*}=\dfrac{\alpha(1+\rho)[\beta^2(\lambda-1)+\beta\eta(5-7\lambda)+\eta^2(2\lambda-1)]+\beta\eta(\beta-3\eta)e_0(a_0-b_0C)}{10\beta\eta-\beta^2-\eta^2} \\
Q_r^{*}=\dfrac{\eta\{\alpha(1+\rho)[\beta(3-2\lambda)+2\eta\lambda-\eta]+4\beta\eta e_0(a_0-b_0C)\}}{10\beta\eta-\beta^2-\eta^2} \\
\pi_r^{M*}=\dfrac{\eta\{\alpha(1+\rho)[\beta(2\lambda-3)-2\eta\lambda+\eta]+4\beta\eta e_0(a_0-b_0C)\}^2}{2(10\beta\eta-\beta^2-\eta^2)^2}+(a_0-b_0C)C \\
\pi_r^{p*}=\dfrac{\alpha^2(1+\rho)^2[2\beta(1-\lambda)+\eta(8\lambda^2-6\lambda+1)]+4\beta\eta^2e_0^2(a_0-b_0C)^2}{2(10\beta\eta-\beta^2-\eta^2)}+ \\
\qquad \dfrac{2\alpha(1+\rho)\eta e_0(a_0-b_0C)[\beta(2\lambda-3)-2\eta\lambda+\eta]}{2(10\beta\eta-\beta^2-\eta^2)}-F
\end{cases}
\tag{10-5}
$$

根据定理 10.1 可以推导出 $\partial\sigma_r^*/\partial C>0$。这表明,优惠券的最优面值随着碳配额的增加而增加。这是因为,碳配额的增加会促使制造商的边际利润增大,从而使制造商的批发价格降低。因而,平台的边际利润会增加,故平台发放的优惠券面值随之增大。此外,根据定理 10.1,推导出 3 条有趣的结论,结论如下。

命题 10.1 ①$\partial q_{1r}^*/\partial C>0$,$\partial CS_{1r}^*/\partial C>0$。②当$2\eta<\beta<3\eta$时,$\partial q_{2r}^*/\partial C>0$,$\partial CS_{2r}^*/\partial C>0$。当 $3\eta\leqslant\beta<(3+2\sqrt{2})\eta$ 时,$\partial q_{2r}^*/\partial C<0$,$\partial CS_{2r}^*/\partial C<0$。③$\partial Q_r^*/\partial C>0$,$\partial CE_r^*/\partial C>0$。

命题 10.1 表明,最优生产量与碳配额有关,该结论看似直观却揭示了重要道理,即碳配额可以直接控制碳排放量。特别地,本研究发现最优生产量与碳配额在某些情况下成负相关,这与现有研究得出的结论不同。在以往研究中,部分学者发现最优生产量与碳配额无关,如 Benjaafar 等(2012)、Zhang 和 Xu(2013)、Xu 等(2017),也有学者发现最优生产量与碳配额成正相关,如 Gong 和 Zhou(2013)、Xu 等(2016)、He 等(2017)。然而,本研究却发现,优惠券敏感型消费者的需求量及消费者剩余均与碳配额成正相关,而优惠券不敏感型消费者的需求量和消费者剩余可能会随着碳配额的增加而减少,这个结论非常有趣。当优惠券敏感系数较高时,即消费者对优惠券敏感度较高时,上述情况便会发生。这是因为,此时制造商会分配更多碳配额为优惠券敏感型消费者生产产品,并减少为优惠券不敏感型消费者生产产品。命题 10.1③ 表明,总生产量与碳排放量均与碳配额成正相关,这意味着政府分配的免费碳配额越多,越能促进制造商的生产,同时也会增大政府的减排压力。现实中,欧盟碳交易市场和广东碳交易市场等正逐步降低免费碳配额,显然此举措可以有效控制碳排放量。在此背景下,随着消费者对优惠券的敏感度不断提高(Li 等,2022),制造商应该增产以满足优惠券不敏感型消费者,而对于优惠券敏感型消费者则应减产。

命题 10.2 ① 当 $e_0 < \sqrt{(10\beta\eta - \beta^2 - \eta^2)^2 / (8\eta^3\beta^2 b_0)}$ 时,若 $0 < C < \bar{C}_1$,则 $\partial\pi_r^{M*}/\partial C > 0$,若 $C \geqslant \bar{C}_1$,则 $\partial\pi_r^{M*}/\partial C < 0$;② 当 $e_0 \geqslant \sqrt{(10\beta\eta - \beta^2 - \eta^2)^2 / (8\eta^3\beta^2 b_0)}$ 时,$\partial\pi_r^{M*}/\partial C > 0$。其中,

$$\bar{C}_1 = \frac{a_0[(10\beta\eta - \beta^2 - \eta^2)^2 - 16\eta^3\beta^2 b_0 e_0^2] - 4\alpha\beta b_0 e_0 \eta^2 (1+\rho)[\beta(2\lambda - 3) - 2\lambda\eta + \eta]}{2b_0 (10\beta\eta - \beta^2 - \eta^2)^2 - 8\eta^3\beta^2 b_0 e_0^2}。$$

命题 10.2 表明,单位产品的初始碳排放量和碳配额共同影响制造商的利润。具体地,当单位产品的初始碳排放量较低时,碳配额的增加促使制造商利润先增加后减少,反之则促使制造商利润不断增加。这是一个有趣的结论,表明对于高能耗厂商,即碳排放强度较高的制造商,其利润会随着碳配额的增加而增加;反之,对于低能耗厂商,即碳排放强度较低的制造商,碳配额的增加可能会使其利润减少。这是因为,当政府发放的碳配额较高时,低能耗厂商出售多余的碳配额会导致碳交易价格降低,故制造商从碳交易市场中获得的利润减少,总利润也随之降低。现实中,政府正逐步降低免费碳配额(如欧盟碳交易市场和广东碳交易市场等)。在此背景下,对于高能耗厂商而言,其利润会不断降低,故碳交易政策的实施难度较大;而对于低能耗厂商而言,其利润会先增加后减少,故碳交易政策的实施会先易后难。

命题 10.3 $\partial\sigma_r^*/\partial\rho > 0$。

命题 10.3 表明,优惠券面值与平台赋能成正相关,这个结论很有趣。直观上,平台赋能的增加可以扩大潜在的市场份额,故平台无需通过大面值优惠券来吸引消费者,因而会减小优惠券面值。然而,本章却发现平台赋能的增加会增大优惠券面值。这是因为,本模型假设优惠券敏感型消费者的比例较低,在此背景下,即使平台采取措施增加平台赋能,平台仍然有动机增大优惠券面值以吸引更多优惠券敏感型消费者。这一结论可以解释现实中的平台推广现

象。例如，京东作为中国第二大电商平台，以再销售模式著称。京东自 2008 年开展“6·18”购物节活动，该举措能有效增加平台赋能，故“6·18”购物节期间京东发放大额优惠券是合理的。

命题 10.4 ①$\partial q_{1r}^{*}/\partial\rho>0$，$\partial Q_{r}^{*}/\partial\rho>0$，$\partial CE_{r}^{*}/\partial\rho>0$；②当$2\eta<\beta<(5+\sqrt{21})\eta/2$时，$\partial q_{2r}^{*}/\partial\rho>0$，当$(5+\sqrt{21})\eta/2\leqslant\beta<(3+2\sqrt{2})\eta$时，$\partial q_{2r}^{*}/\partial\rho<0$。

命题 10.4① 表明，优惠券敏感型消费者的需求量、总需求量和总碳排放量均随着平台赋能的增加而增加，这个结论很直观。命题 10.4② 表明，当优惠券敏感系数较高时，优惠券不敏感型消费者的需求量与平台赋能能力成负相关，反之则成正相关。这个结论很有趣，这与 Shen 等(2019)、Xu 等(2021) 和 Xu 等(2021) 中发现需求量与平台赋能能力成正相关不同。这是因为，当优惠券敏感系数较高时，制造商从优惠券敏感型消费者那里获得的边际利润更高，而政府发放的碳配额有限，故制造商会为优惠券敏感型消费者分配更多碳配额。因此，针对优惠券不敏感型消费者的产量会降低。现实中，线上消费者对优惠券的敏感度越来越高(Li 等，2022)，在此背景下，增加平台赋能会增大政府的减排压力。与此同时，制造商应该增产以满足优惠券敏感型消费者，而对于优惠券不敏感型消费者则应减产。

10.3.2 平台抽成模式下的最优运作决策

平台抽成模式下，制造商通过平台以零售价 p_m 将产品销售给消费者，平台抽取一定比例佣金作为报酬，佣金率为 φ。此时，制造商和平台的利润函数：

$$\begin{aligned}\pi_m^M(p,\sigma)=&(1-\varphi)(p_m-\sigma_m)q_{1m}+(1-\varphi)p_m q_{2m}-\\&(a_0-b_0C)[e_0(q_{1m}+q_{2m})-C]-F\end{aligned}\tag{10-6}$$

$$\pi_m^P(\varphi)=\varphi(p_m-\sigma_m)q_{1m}+\varphi p_m q_{1m}\tag{10-7}$$

定理 10.2 平台抽成模式下，供应链的最优零售价、优惠券面值、需求量及企业利润：

$$\begin{cases}p_m^*=\dfrac{\alpha(1+\rho)(1-\varphi)[\beta(2-\lambda)-\lambda\eta]-\beta(\beta-3\eta)e_0(a_0-b_0C)}{(1-\varphi)(6\beta\eta-\beta^2-\eta^2)}\\[2ex]\sigma_m^*=\dfrac{\alpha(1+\rho)(1-\varphi)(\beta-4\eta\lambda+\eta)-2\eta(\beta-\eta)e_0(a_0-b_0C)}{(1-\varphi)(6\beta\eta-\beta^2-\eta^2)}\end{cases}$$

$$\begin{cases} q_{1m}^* = \dfrac{\beta\{\alpha(1+\rho)(1-\varphi)[\beta(1-\lambda)+3\eta\lambda-\eta]-\eta(\beta+\eta)e_0(a_0-b_0C)\}}{(1-\varphi)(10\beta\eta-\beta^2-\eta^2)} \\ q_{2m}^* = \alpha(1-\lambda)(1+\rho)-\dfrac{\begin{array}{c}\eta\{\alpha(1+\rho)(1-\varphi)[\beta(2-\lambda)-\eta\lambda]- \\ \beta(\beta-3\eta)e_0(a_0-b_0C)\}\end{array}}{(1-\varphi)(6\beta\eta-\beta^2-\eta^2)} \\ Q_m^* = \dfrac{\eta\{\alpha(1+\rho)(1-\varphi)[\beta(3-2\lambda)+2\eta\lambda-\eta]-4\beta\eta e_0(a_0-b_0C)\}}{(1-\varphi)(6\beta\eta-\beta^2-\eta^2)} \\ \pi_m^{M*} = \dfrac{\alpha^2(1+\rho)^2(1-\varphi)^2[\beta(1-\lambda)+\eta\lambda(2\lambda-1)]+2\beta\eta^2e_0^2(a_0-b_0C)^2}{(1-\varphi)(6\beta\eta-\beta^2-\eta^2)}+ \\ \qquad \dfrac{\alpha\eta(1+\rho)(1-\varphi)e_0(a_0-b_0C)[\beta(2\lambda-3)+\eta(1-2\lambda)]}{(1-\varphi)(6\beta\eta-\beta^2-\eta^2)}+ \\ \qquad (a_0-b_0C)C-F \\ \pi_m^{p*} = \dfrac{\varphi\{\alpha^2(1+\rho)^2(1-\varphi)^2[\beta(1-\lambda)-\eta(1-2\lambda)\lambda]-2\beta\eta^2e_0^2(a_0-b_0C)^2\}}{(1-\varphi)^2(6\beta\eta-\beta^2-\eta^2)} \end{cases} \tag{10-8}$$

根据定理 10.2 可以推导出，平台抽成模式下，碳配额和平台赋能能力对供应链最优运作决策的影响与再销售模式类似。现实中，政府正逐步降低免费碳配额（如欧盟碳交易市场和广东碳交易市场等），同时平台也采取措施增加平台赋能能力（如拼多多“百亿补贴”和“京喜”平台等），这些举措对供应链最优运作决策的影响与平台模式无关，即碳配额和平台赋能能力对最优运作决策的影响对于不同平台模式具有鲁棒性。此外，根据定理 10.2，推导出 3 条有趣的结论，结论如下。

命题 10.5　①$\partial q_{1m}^*/\partial\varphi<0$，$\partial CS_{1m}^*/\partial\varphi<0$；② 当 $2\eta<\beta<3\eta$ 时，$\partial q_{2m}^*/\partial\varphi<0$，$\partial CS_{2m}^*/\partial\varphi<0$；当 $3\eta\leqslant\beta<(3+2\sqrt{2})\eta$ 时，$\partial q_{2m}^*/\partial\varphi>0$，$\partial CS_{2m}^*/\partial\varphi>0$；③$\partial Q_m^*/\partial\varphi<0$，$\partial CE_m^*/\partial\varphi<0$。

命题 10.5 表明，平台抽成模式下，最优生产量和碳排放量均与佣金率有关。具体地，总生产量和碳排放量与佣金率成负相关，即佣金率的提升有助于控制生产并实现减排。有趣的是，当优惠券敏感系数较高时，优惠券不敏感型消费者的需求量和消费者剩余均与佣金率成正相关。这是因为，当优惠券敏感系数较高时，平台佣金率的提升促使制造商从优惠券敏感型消费者处获利减少，故制造商会分配更多碳配额为优惠券不敏感型消费者生产产品。现实中，拼多多是中国第三大电商平台，该平台的潜在市场是中国二三线城市，其目标群体对优惠券的敏感性很高。近年来，拼多多不断上调佣金率，该举措能够有效控制碳排放量，同时扩大优惠券不敏感型消费者的市场规模，并缩小优惠券敏感型消费者的市场规模。事实上，优惠券敏感型消费者对应于低收入消费群体，优惠券不敏感型消费者对应于高收入消费群体。因此，拼多多为了探索中国一线城市，吸引更多高收入消费群体，提升佣金率是合理的。

命题 10.6 $\partial\sigma_m^*/\partial\varphi<0$。

命题 10.6 表明，优惠券面值随着佣金率的提升而增加。这是因为，平台提升佣金率会降低制造商的边际利润，因而制造商会降低优惠券面值。现实中，美团、拼多多和 Flipkart 等平台正逐步提升佣金率，故其合作厂商应该避免发放大额优惠券。

命题 10.7 ① 当 $e_0<\sqrt{(1-\varphi)(6\beta\eta-\beta^2-\eta^2)^2/(2\beta b_0\eta^2)}$ 时，若 $0<C<\overline{C}_2$，则 $\partial\pi_m^{M*}/\partial C>0$；若 $C\geqslant\overline{C}_2$，则 $\partial\pi_m^{M*}/\partial C<0$；② 当 $e_0\geqslant\sqrt{(1-\varphi)(6\beta\eta-\beta^2-\eta^2)^2/(2\beta b_0\eta^2)}$ 时，$\partial\pi_m^{M*}/\partial C>0$。其中，

$$\overline{C}_2=\frac{a_0[4\beta b_0e_0^2\eta^2-(1-\varphi)(6\beta\eta-\beta^2-\eta^2)]-\alpha b_0e_0\eta(1+\rho)(1-\varphi)[\beta(3-2\gamma)+\eta(2\lambda-1)]}{2b_0[2\beta b_0e_0^2\eta^2-(1-\varphi)(6\beta\eta-\beta^2-\eta^2)]}。$$

命题 10.7 表明，平台抽成模式下，当碳排放强度较低时，制造商利润随着碳配额的增加先增加后减少；反之，制造商利润则随着碳配额的增加而增加。该结论与命题 10.2 类似。这说明，碳配额和碳排放强度对制造商利润的影响与平台模式无关，即结论具有鲁棒性。现实中，政府正逐步降低免费碳配额（如欧盟碳交易市场和广东碳交易市场等）。在此背景下，对于高能耗厂商而言，碳交易政策的实施难度较大，而对于低能耗厂商而言，碳交易政策的实施会先易后难。在中国，能源密集型产业迅速发展，高能耗厂商较多，故政府应该采取措施以确保碳交易政策的顺利实施。

10.3.3 平台模式比较

定理 10.3 定义 $\bar{\rho}_1=e_0(a_0-b_0C)[\varphi(6\beta\eta-\beta^2-\eta^2)+4\beta\eta]/\{\alpha(1-\varphi)[\beta(3-2\lambda)+2\eta\lambda-\eta]\}-1$，$\bar{\varphi}=1-e_0(a_0-b_0C)(10\beta\eta-\beta^2-\eta^2)/\{\alpha[\beta(3-2\lambda)+2\eta\lambda-\eta]+e_0(a_0-b_0C)(6\beta\eta-\beta^2-\eta^2)\}$。平台模式的比较结果见表 10－1 所列。

定理 10.3 表明，① 两种平台模式下，总碳排放量的高低取决于平台佣金率

和平台赋能。当佣金率较低时，平台抽成模式下碳排放量更高，而当佣金率较高时，再销售模式(平台抽成模式)在平台赋能较低(较高)时产生更多碳排放量。事实上，总碳排放量等于碳排放强度与总需求量的乘积，由于碳排放强度不变，故可以用总需求量反映总碳排放量。② 优惠券面值在两种平台模式下的比较结果与优惠券敏感型消费者的需求量、总需求量的比较结果相同。③ 当佣金率较低或佣金率和平台赋能均较高时，若优惠券敏感系数较低(较高)，则优惠券不敏感型消费者的需求量在平台抽成模式(再销售模式)下更高；当佣金率较高而平台赋能较低时，结果则相反。现实中，不同的平台抽取的佣金比例不同。例如，天猫商城的佣金率较低，一般处于 2% ～ 5%，而美团的佣金率较高，一般收取 15%。与此同时，天猫、京东和亚马逊等平台都在采取措施增加平台赋能能力。在此背景下，无论制造商通过低佣金率还是高佣金率的平台销售产品，平台抽成模式总是产生更多的碳排放量，且该模式下制造商应该发放更大面值的优惠券来吸引消费者。

表 10－1　平台模式的比较结果

	φ	ρ	$2\eta < \beta < 3\eta$	$3\eta < \beta < (3+2\sqrt{2})\eta$
	$0 < \varphi < \bar{\varphi}$	$\rho > 0$		
$\sigma_r^* - \sigma_m^*$			< 0	< 0
$q_{1r}^* - q_{1m}^*$			< 0	< 0
$q_{2r}^* - q_{2m}^*$			< 0	> 0
$Q_r^* - Q_m^*$			< 0	< 0
$CE_r^* - CE_m^*$			< 0	< 0
	$\bar{\varphi} \leqslant \varphi < 1$	$0 < \rho < \bar{\rho}_1$		
$\sigma_r^* - \sigma_m^*$			> 0	> 0
$q_{1r}^* - q_{1m}^*$			> 0	> 0
$q_{2r}^* - q_{2m}^*$			> 0	< 0
$Q_r^* - Q_m^*$			> 0	> 0
$CE_r^* - CE_m^*$			> 0	> 0
	$\bar{\varphi} \leqslant \varphi < 1$	$\rho \geqslant \bar{\rho}_1$		
$\sigma_r^* - \sigma_m^*$			< 0	< 0

（续表）

	φ	ρ	$2\eta < \beta < 3\eta$	$3\eta < \beta < (3+2\sqrt{2})\eta$
$q_{1r}^{*} - q_{1m}^{*}$			<0	<0
$q_{2r}^{*} - q_{2m}^{*}$			<0	>0
$Q_r^{*} - Q_m^{*}$			<0	<0
$CE_r^{*} - CE_m^{*}$			<0	<0

定理 10.4 当 $0 < F < F_2$ 时，$\pi_m^{M*} > \pi_r^{M*}$；当 $F \geqslant F_2$ 时，$\pi_m^{M*} \leqslant \pi_r^{M*}$。其中，$F_2 = \frac{(1-\varphi)(6\beta\eta - \beta^2 - \eta^2)}{} - \frac{2(10\beta\eta - \beta^2 - \eta^2)^2}{}$。

定理10.4表明，订单履行成本会影响两种平台模式下制造商利润的高低。当订单履行成本较低时，平台抽成模式下制造商获利更多，反之，再销售模式下制造商获利更多。这是因为，平台抽成模式下，订单履行成本由制造商承担，产品则由制造商定价后直接出售给消费者，故不存在双重边际效应。然而，再销售模式下，制造商不承担订单履行成本，却存在双重边际效应。因此，当订单履行成本较低时，双重边际效应的负面影响更大，此时再销售模式会受到双重边际效应的负面影响，故制造商应该与以抽成模式著称的平台（如天猫、美团和 Flipkart 等）合作。两种平台模式下制造商利润比较如图 10－3 所示。

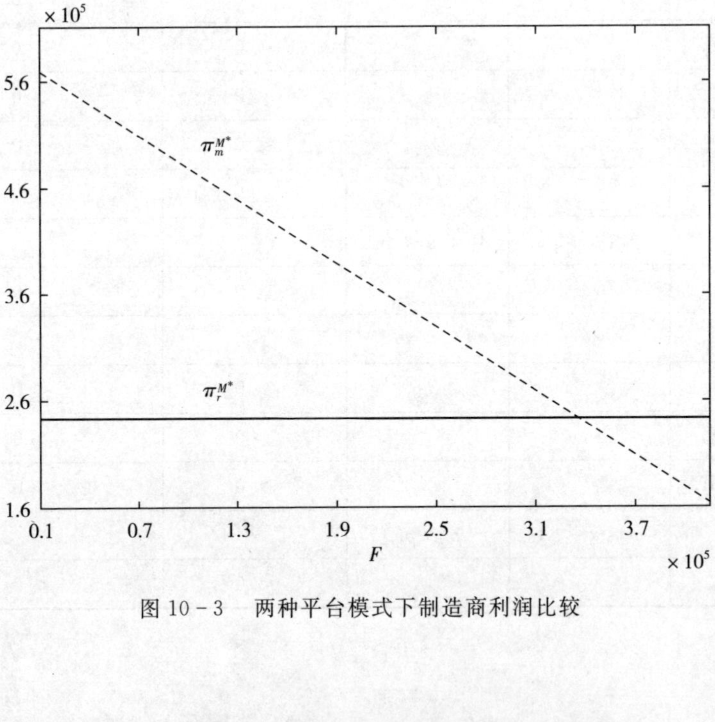

图 10－3　两种平台模式下制造商利润比较

10.3.4　供应链协调

本节将制造商和平台作为一个供应链系统，分析有无优惠券成本共担契约下这两者的协调问题。

(1) 制造商与平台协调

将制造商和平台作为一个供应链系统，此时，集中式供应链利润函数：

$$\prod\nolimits_{T}=(p-\sigma)q_1+pq_2-(a_0-b_0C)[e_0(q_1+q_2)-C]-F \quad (10-9)$$

定理 10.5　再销售模式和平台抽成模式均不能协调制造商和平台。

定理10.5表明，制造商和平台不能通过再销售模式和抽成模式实现协调。事实上，再销售模式可以看作传统的批发价格契约，此时平台可以看作零售商，制造商先将产品批发给平台，平台定价后再出售给消费者，故存在双重边际效应。此外，若不存在佣金率，则平台抽成模式可以看作集中式决策情形。因此，只有当佣金率为零时，平台抽成模式才能够协调供应链。现实中，无论制造商与以抽成模式著称的平台（如天猫、美团和 Flipkart 等）还是以再销售模式著称的平台（如京东和亚马逊等）合作，供应链均无法实现协调。

(2) 优惠券成本共担契约

由于再销售模式和平台抽成模式均无法协调供应链，本模型考虑采用优惠券成本共担契约来协调供应链。优惠券成本共担契约是指若制造商（平台）发放优惠券，则平台（制造商）要分担发放优惠券的成本。现实中，制造商和平台有动机分担优惠券的成本。例如，再销售模式下，平台发放优惠券可以增加销量，进而促使平台订购更多产品。此时，制造商利润会随之增加，故制造商有动机分担一定比例的优惠券成本，以减少平台的损失。在此背景下，制造商和平台利润函数：

$$\pi_r^{M-CSC}=\omega_r(q_{1r}+q_{2r})-\gamma\sigma_r q_{1r}-(a_0-b_0C)[e_0(q_{1r}+q_{2r})-C] \quad (10-10)$$

$$\pi_r^{P-CSC}=(p_r-\omega_r-\sigma_r)q_{1r}+\gamma\sigma_r q_{1r}+(p_r-\omega_r)q_{2r}-F \quad (10-11)$$

当平台采用抽成模式时，制造商和平台的利润函数：

$$\pi_m^{M-CSC}=(1-\varphi)(p_m-\sigma_m)q_{1m}+(1-\varphi)p_m q_{2m}+\gamma\sigma_m q_{1m}-(a_0-b_0C)[e_0(q_{1m}+q_{2m})-C]-F \quad (10-12)$$

$$\pi_m^{P-CSC} = \varphi(p_m - \sigma_m)q_{1m} + \varphi p_m q_{2m} - \gamma\sigma_m q_{1m} \quad (10-13)$$

定理 10.6 ① 当 $\rho > \frac{2\eta e_0(a_0 - b_0 C)[\beta(\gamma+2) - \gamma\eta] - \alpha[\beta(\gamma - 2\lambda + 3) - \eta(4\lambda\gamma - \gamma - 2\lambda + 1)]}{\alpha[\beta(\gamma - 2\lambda + 3) - \eta(4\lambda\gamma - \gamma - 2\lambda + 1)]}$ 且 $\omega^{c*} = \frac{\alpha(1+\rho)[\beta(\gamma - 2\lambda + 3) - \eta(4\lambda\gamma - \gamma - 2\lambda + 1)] - 2e_0(a_0 - b_0 C)[\beta^2 - \beta(4-\gamma)\eta + (1-\gamma)\eta^2]}{2(6\beta\eta - \beta^2 - \eta^2)}$ 时，优惠券成本共担契约下再销售模式能够协调供应链；② 平台抽成模式无法协调供应链。

定理 10.6 表明，优惠券成本共担契约下，平台抽成模式仍然无法协调供应链。然而，有趣的是，当平台赋能较强时，再销售模式可以协调供应链。在定理 10.5 及现有研究中，如 Cachon 和 Kok(2010)、Xu 等(2021) 中均发现再销售模式无法协调供应链。然而，本模型考虑了平台赋能和优惠券成本共担契约后，发现再销售模式也可以协调供应链。再销售模式下供应链协调效率如图 10－4 所示。根据定理 10.6 的证明，发现 $p^{c*} - \omega^{c*} = \frac{(1-\gamma)[\alpha(\beta+\eta-4\eta\lambda)(1+\rho) - 2(\beta-\eta)\eta e_0(a_0 - b_0 C)]}{2(6\beta\eta - \beta^2 - \eta^2)}$。这说明，平台赋能与优惠券成本共担契约之间存在平衡。平台赋能的增加加剧了双重边际效应，而优惠券成本共担契约削弱了双重边际效应。当平台赋能较弱时，优惠券成本共担契约的削弱作用大于平台赋能的增加作用。然而，平台赋能较弱导致批发

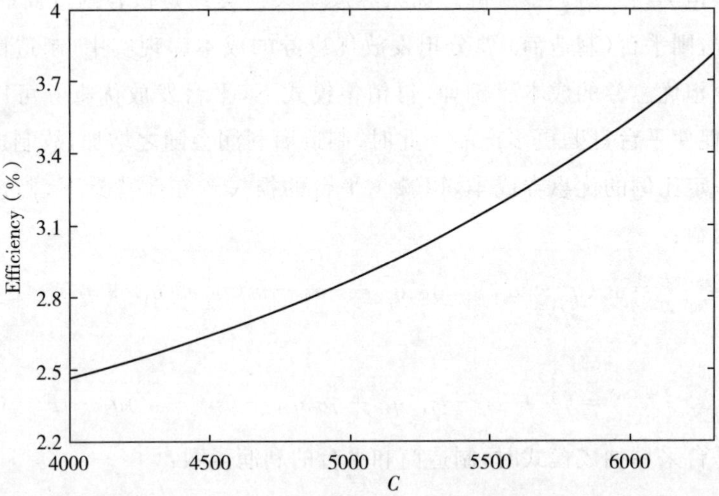

图 10－4　再销售模式下供应链协调效率

价降低，进而导致制造商获利减少。因此，当平台赋能较弱时，即使采用优惠券成本共担契约，再销售模式依然无法协调供应链。而当平台赋能较强时，批发价的提高使制造商获利更多。此时，即使平台赋能大大增加了双重边际效应，再销售模式也可以协调供应链。这说明，若制造商与以抽成模式著称的平台（如天猫、美团、Flipkart 等）合作，则无法获得最高收益。若制造商与以再销售模式著称的平台（京东和亚马逊等）合作，则双方可以通过优惠券成本共担契约来实现协调。

10.4　小　结

本章研究了碳交易机制下制造型企业的平台化运作决策及供应链协调问题，旨在为制造型企业和电商平台的运作决策提供理论依据。文章首先考虑了由单个制造商、单个线下渠道和单个电商平台构成的供应链，制造商一方面受到碳交易机制的约束，另一方面通过电商平台和线下渠道销售产品。考虑消费者会在参考产品的线上线下售价后做出购买决策，即存在参考价格效应。首先，本章通过构建 2 种线下决策情形（直销情形和零售情形）和两种平台运作模式（抽成模式和再销售模式），将研究问题分成 4 种组合，探讨了每种组合下的平台化运作及协调问题。接着，本章考虑了由单个制造商和单个电商平台构成的供应链，与上述模型类似，平台同样以抽成模式和再销售模式运作，制造商仍然受到碳交易机制的约束。不同的是，本模型考虑制造商和平台的优惠券促销行为，探讨了制造商的生产与优惠券面值设计决策，并分析了优惠券成本共担契约下的供应链协调问题。通过上述研究得出的主要结论如下。

通过分析线下直销情形中的模型，得到以下结论。①当平台采用抽成模式时，制造商利润、线上需求量和总碳排放量均与参考价格效应系数成正相关；跨渠道效应为负的行业（如大众消费品行业）和正向跨渠道效应较弱的行业（如书籍行业）的线上需求量和总碳排放量与佣金率成负相关，而正向跨渠道效应较强的行业（如音乐和电影行业）则相反；平台利润随着跨渠道效应的增加先增加后减少，制造商利润则不断增加；制造商与平台无法实现协调。

②当平台采用再销售模式时,线上需求量和总碳排放量与参考价格效应系数成正相关;线上需求量、总碳排放量和制造商利润均与购买意愿的差异大小成正相关;制造商利润和平台利润均随着跨渠道效应的增加而不断增加;跨渠道效应为负的行业和正向跨渠道效应较弱的行业可与以再销售模式著称的平台(如京东和亚马逊等)合作以实现协调。③通过比较平台抽成模式和再销售模式,当碳配额较低时,跨渠道效应为负和正向跨渠道效应较弱的行业在再销售模式下的线上需求量更大,而正向跨渠道效应较强的行业在抽成模式下的线上需求量更大;当碳配额较高时,跨渠道效应为负的行业在两种平台模式下的线上需求量高低无法比较,而跨渠道效应为正的行业在抽成模式下线上需求量更大;当订单履行成本较低(较高)时,平台抽成模式(再销售模式)下制造商获利更多。

通过分析线下零售情形中的模型,得到以下结论:①当平台采用抽成模式时,线下需求量与佣金率、参考价格效应系数成正相关,线上需求量和总碳排放量与佣金率、参考价格效应系数成负相关。②当平台采用再销售模式时,线上需求量、线下需求量和总碳排放量均与参考价格效应系数成正相关。线上需求量和总碳排放量均与购买意愿差异大小成正相关,而当参考价格效应系数较低(较高)时,线下需求量与消费者购买意愿差异大小成负(正)相关。③平台抽成模式无法协调制造商与零售商(平台),而当消费者购买意愿差异较大(适中)时,再销售模式能使制造商与零售商(平台)实现协调。

通过分析平台抽成模式和再销售模式下的模型,得到以下结论:①两种平台模式下,总需求量、优惠券面值和碳排放量均随着碳配额(平台赋能)的增加而增加。此外,优惠券敏感型消费者的需求量与碳配额(平台赋能)成正相关,而当优惠券敏感系数较高(较低)时,优惠券不敏感型消费者的需求量与其成负(正)相关。②2 种平台模式下,当单位产品的初始碳排放量较低时,制造商利润与碳配额成倒 U 型,反之,制造商利润则随着碳配额的增加而增加。③平台抽成模式下,优惠券敏感型消费者的需求量、总需求量、优惠券面值和碳排放量均与佣金率成负相关,而当优惠券敏感系数较高(较低)时,优惠券不敏感型消费者的需求量与佣金率成正(负)相关。

通过对比 2 种平台模式下的最优运作决策,得到以下结论:①2 种平台模式下,总碳排放量的高低取决于平台佣金率和平台赋能。当佣金率较低时,平台抽成模式下碳排放量更高,而当佣金率较高时,再销售模式(平台抽成模式)在平台赋能较低(较高)时产生更高碳排放量。②优惠券面值在 2 种平台模式下的比较结果与优惠券敏感型消费者的需求量、总需求量的比较结果相同。③当佣金率较低或佣金率和平台赋能均较高时，若优惠券敏感系数较低(较高)，则优惠券不敏感型消费者的需求量在平台抽成模式(再销售模式)下更高；当佣金率较高而平台赋能较低时，结果则相反。

第11章 考虑交货时间与跨渠道效应下财务约束供应链协调策略研究

随着网络平台的快速发展,消费者对交货时间的要求越来越高,这迫使平台对产品交付系统进行投资,然而很多平台由于资金限制,需要进行供应链融资。本章考虑了单个制造商在经营线下渠道的同时与单个资金受限的平台合作卖产品。其中,平台有2种运作模式,即平台抽成模式或再销售模式。制造商线下需求一般会受线上渠道的影响,称之为跨渠道效应。在此背景下,本章分析了制造商和平台的最优运营决策,并且依次研究了平台主导和制造商主导情况下制造商和平台之间的协调问题。

11.1 问题的引出

近年来,在线渠道在全球范围内快速发展。为了顺应这一趋势,许多厂家除了线下渠道外,还开通了线上渠道。在线平台通常以2种模式运作,即平台抽成模式和再销售模式。在线平台有两个主要的内在特征。其中一个特点是"平台赋能能力",它为制造商带来了新的潜在需求,因为平台可以帮助消费者减少时间和空间限制(Xu等,2020;Yi等,2019)。随着平台的快速发展,越来越多的制造商选择与平台合作,以扩大其潜在的市场需求(Choi等,2020;Xu等,2022)。另一个特点是跨渠道效应,即线上平台的繁荣发展往往会对线下销售产生或消极或积极的影响(Li等,2019)。例如,在电影行业,线上渠道的促销活动为线下渠道带来了更多的销售额(Smith和Telang,2010)。然而,在传统的计算机行业，线上渠道对线下渠道的影响是逆向的(Xu 等，2022)。

财务约束是供应链管理中的普遍现象。许多中小型平台由于资金限制而无法维持正常运营，阻碍了平台经济的发展。例如，洗车平台“我爱洗车”在其资金链崩溃后关闭。由于资金问题，农产品交易平台“一亩田”也经历了大规模裁员(Wang 等，2019)。随着网上购物的普及，交货时间被认为是影响消费者网上购物体验的重要因素(Xiao 和 Qi，2016；Xu 等，2022)。大多数消费者更喜欢在线购买的产品的交货时间短，即使价格更高。Dotcom Distribution 对在线消费者的调查发现，87％的消费者认为交货时间是一个关键因素，而其中 67％的消费者更愿意为当日交货支付更多费用。为了更有效地服务客户，许多平台都愿意投资改善其物流系统。然而，这种投资成本高昂，也给平台带来了财务负担。例如，京东物流在 2021 年上半年净亏损 15 亿元人民币。菜鸟也经历了类似的财务负担，2023 年第一季度亏损 3.19 亿元人民币。尽管存在财务限制，但由于消费者对交货时间的敏感度越来越高，该平台对物流系统的投资使制造商受益。因此，制造商有动力支持该平台以增强其物流系统。在网上购物中，虽然厂家以平台抽成模式直接销售其产品，但采取措施压缩交货时间的是平台。

11.2　模型的建立

本节利用斯塔克尔伯格博弈模拟制造商和资本受限平台的行为，其中领导者是平台，追随者是制造商(Xu 等，2021)。制造商通过其线下渠道和以平台抽成模式或再销售模式运营的平台销售产品(Shen 等，2019；Tian 等，2018)。在平台抽成模式下，平台对制造商的在线销售收取佣金率(Yu 等，2022)。佣金率被设为 φ，本章将佣金率设置为外生，因为不同类型的产品通常具有预先确定的佣金率(Guo 等，2021；Zhang 等，2022)。平台抽成模式下，制造商拥有产品定价权，同时承担入驻费用 T(Shen 等，2019)。再销售模式下，平台以平台确定的零售价 p 销售产品，这是由平台决定的，产品以批发价 w 从制造商处订购，为了简化起见，我们将两个渠道的销售成本归一化为零(Shen 等，2019)。在实践中，制造商线下商店的零售价格通常保持不变(Abhishek 等，2016；Nie 等，

2019)。因此,在此渠道中,零售价设置为 p_0,制造商面临一个基础需求 Q,所以制造商在 $0<\varphi<0.5$ 线下渠道的需求是 $Q+rq$,线下渠道的基础需求 Q 是固定的,q 代表在线销售,即生产量,跨渠道效应代表从线上渠道到线下渠道的溢出效应,可以是积极的、消极的或没有影响的,用 $r\in[-1,1]$ 来刻画这个特点。

根据现有文献,例如 Abhishek 等(2016)和 Xu 等 (2020),我们对需求函数进行建模如下:

$$q=(1+\rho)\alpha-\beta p-\theta l \tag{11-1}$$

$$q_0=Q+rq \tag{11-2}$$

公式(11-1)和(11.2)分别表示线上需求和线下需求。在公式(11-1)中,α 是潜在的市场需求,ρ 是能够扩大潜在市场需求的平台赋能能力;β 是对在线渠道零售价格的敏感度;l 是平台交付给消费者的产品的交货时间,θ 是对交货时间的敏感度;在公式(11-2)中,q_0 是制造商在线下渠道的需求;Q 是线下需求的基础需求,rq 是线上渠道对线下渠道需求的影响。

平台需要为消费者提供交付服务。交货时间越长,平台在物流系统上的投资就越少。因此,物流投资成本的函数 $C(l)=(c_0-c_1l)^2$,其中 $c_0-c_1l>0$(He 等,2021)。这里,c_0 是物流系统的固定成本。因此,资本受限平台的贷款规模如下:

$$L=\max\{(c_0-c_1l)^2-F,0\} \tag{11-3}$$

在公式(11-3)中,F 代表平台的初始资本。在本章中,为了避免琐碎的讨论,我们让 $(\theta^2-8c_1^2\beta)/(8c_1^2\beta)<r_0<\{c_1^2\beta\theta[c_1\alpha(1+\rho)-c_0\theta]\varphi\sqrt{F}-c_1^2F\beta(4c_1^2\beta-\theta^2\varphi)\}/(4c_1^4F\beta^2)$ 保证利润函数的凹度和平台从制造商那里获得贷款,即 $F<(c_0-c_1l)^2$。许多相关研究都做出了类似的假设,例如,Tang 和 Yang(2020)、Cao 和 Yu(2019) 和 Wang 等(2019)。

实际上,以平台抽成模式运营的平台(如 Flipkart.com)也提供送货服务。因此,在平台抽成模式下,制造商决定 p,平台决定 l。在再销售模式下,制造商决定 w,平台决定 p 和 l。为了避免琐碎的讨论,我们将潜在的市场需求设定为足够大(Xia 等,2018)。

11.3　主要结论

本节首先探讨最优运营决策，然后在平台抽成和再销售模式下进行比较，最后讨论协调问题。

11.3.1　平台抽成模式

平台抽成模式下制造商和资金约束平台的盈利功能如下：

$$\pi_M^m(q_M)=p_0(Q+rq_M)+(1-\varphi)p_Mq_M+r_0L-T \tag{11-4}$$

$$\pi_M^p(l_M)=\varphi p_Mq_M-(c_0-c_1l_M)^2-r_0L+T \tag{11-5}$$

在公式(11-4)中，第一项和第二项分别代表制造商的线下和线上利润，第三项代表利息收入，最后一项代表入驻费用。在公式(11-5)中，第一项代表平台基于制造商在线销售的佣金收入，第二项和第三项分别代表物流投资成本和贷款费用，最后一项代表入驻费用收入。

定理 11.1　在平台抽成模式下，最优运营决策如下：

$q_M^*=\beta\{4c_1^2(1+r_0)[p_0r\beta+\alpha(1+\rho)(1-\varphi)]-4c_0c_1\theta(1+r_0)(1-\varphi)-p_0r\theta^2\varphi\}/\{2(1-\varphi)[4c_1^2(1+r_0)\beta-\theta^2\varphi]\}$，$l_M^*=[4c_0c_1\beta(1+r_0)-\alpha\theta\varphi(1+\rho)]/[4c_1^2(1+r_0)\beta-\theta^2\varphi]$。

从定理 11.1 可以看出，增加跨渠道效应和平台赋能能力(利率)增强(减少)最优生产量。一般来说，利率的提高会提高最优生产量，因为提高利率提高了制造商的边际利润，从而进一步提高了最优生产量。而它的方向恰恰相反。原因是提高利率阻碍了平台缩短交货时间的努力，这反过来又降低了最优生产量。此外，增加平台赋能能力、对交货时间的敏感度和佣金率(利率)会压缩(延长)最优交货时间。这些发现是直观的，并且已在许多研究中获得，如 Xu 等(2020)和 He 等(2021)。然而，跨渠道效应并不影响最优交货时间。在平台抽成模式下，平台只确定交货时间，从而得出这一发现。在实践中，正如引言中所讨论的，消费者越来越关注交货时间。例如，菜鸟既然是为了满足消费者的需求而建立自己的交付系统，那么它就不需要考虑产品的性质。

从附录 A 所示的制造商和平台的最优利润来看，跨渠道效应的增加总是有利于制造商的最优利润。我们也很容易得出，增加平台赋能能力对制造商和平台都有利。众所周知，平台赋能能力带来了更大的市场规模，因此制造商和平台获得了更多的利润。因此，制造商通过采取措施提高平台赋能能力来支持平台。类似的结果可以在相关研究中找到，如 Tomak 和 Keskin(2008)、Xu 等(2018)。然而，跨渠道效应对平台最优利润的影响与此类研究不同，我们在以下结果中给出了这些影响。

命题 11.1 ① 如果跨渠道效应是正向的，则 $\partial q_M^*/\partial \varphi > 0$。② 如果跨渠道效应是负向的，当 $0 < \varphi < \varphi_0$，则 $\partial q_M^*/\partial \varphi > 0$；当 $\varphi \geqslant \varphi_0$，则 $\partial q_M^*/\partial \varphi \leqslant 0$，其中

$$\varphi_0 = \frac{4c_1(1+r_0)\theta^2[c_1(\alpha + p_0 r\beta + \alpha\rho) - c_0\theta] - 2\theta[4c_1^2(1+r_0)\beta - \theta^2]\sqrt{c_1 p_0 r(1+r_0)[c_0\theta - c_1\alpha(1+\rho)]}}{\theta^2[4c_1^2(1+r_0)\alpha(1+\rho) + p_0 r\theta^2 - 4c_0 c_1(1+r_0)\theta]}。$$

命题11.1表明，提高佣金率总是在正向跨渠道效应的情况下提高最优生产量，但在负向的跨渠道效应下，提高佣金率首先会提高最优生产量，但是随着佣金率的不断提高，最优生产量会降低。提高佣金率可以提高最优生产量是违反直觉的，Xu 等(2021) 也曾得出类似的结论。然而，此结论与 Xu 等(2021) 不同。Xu 等(2021) 发现在跨渠道效应为负向时提高佣金率总是减少最优生产量，此结论发现当跨渠道效应为负向时，提高佣金率首先增强而后却减少最优生产量。如果跨渠道效应是负向的，考虑到佣金率低，制造商希望通过在线渠道销售更多产品来赚取更多利润。当佣金率提高到较高水平时，在线销售额会下降。在实践中，佣金率较低的平台，如 Flipkart. com，一般收取 8% ～ 10% 的佣金率，应该提高佣金率以增加在线销售额。对于佣金率较高的平台，如美团、抖音等，通常收取 20% 以上的佣金率，佣金率如何影响最优线上销售取决于行业类型。对于跨渠道效应为正向的行业来说，提高佣金率有助于增加制造商的在线销售额，而对于跨渠道效应为负向的行业来说，提高佣金率会降低制造商的在线销售额。如果我们的模型中没有交货时间，φ_0 则等于零。在这种情况下，当跨渠道效应为正(负) 向的时候，佣金率会增加(减少) 最优生产量。这表明交货时间可以降低佣金率，从而增加最优生产量。因此，交货时间在佣金率对最优生产量的影响中起着不可或缺的作用。

命题 11.2 如果跨渠道效应是负向的，则 $\partial \pi_M^{p*}/\partial r > 0$；如果跨渠道效应是

正向的，则 $\partial \pi_M^{p*} / \partial r < 0$。

命题 11.2 表明，负(正) 向的跨渠道效应的增加会增强(损害) 平台的最优利润。直观地说，增加跨渠道效应有利于平台的最优利润。然而，我们发现它随着跨渠道效应而降低，这与现有的研究不同，如 Zhang 等(2021) 和 Xu 等(2022)。这些研究得出的结论是，跨渠道效应的增加总是能提高平台的最优利润，原因是正向的跨渠道效应提高了制造商的线下边际利润，这激发了制造商通过线下渠道销售更多产品。结果，平台的利润受到损害。在实践中，跨渠道效应在服装、电脑等很多行业都是负向的，天猫等很多平台都在探索新的零售策略，以弱化跨渠道效应的负向效应。在此背景下，采用新零售战略对平台有利。然而，对于跨渠道效应为正向的行业，如图书和音乐行业，天猫无需考虑采用新零售策略，因为这会降低其利润。

11.3.2　再销售模式

在再销售模式下，制造商和平台的利润函数如下：

$$\pi_R^m(q_R, w_R) = p_0(Q + rq_R) + w_R q_R + r_0 L \tag{11-6}$$

$$\pi_R^p(l_R) = (p_R - w_R)q_R - (c_0 - c_1 l_R)^2 - r_0 L \tag{11-7}$$

在公式(11 - 6) 中，第一项和第二项分别表示制造商的线下和在线利润，最后一项表示利息收入。在公式(11 - 7) 中，第一项和第二项分别代表平台的在线利润和物流投资成本，最后一项是贷款费用。

定理 11.2　在再销售模式下，最优运营决策如下：

$$q_R^* = \{2c_1(1+r_0)\beta[c_1(\alpha + p_0 r\beta + \alpha\rho) - c_0\theta]\}/[8c_1^2(1+r_0)\beta - \theta^2],$$

$$l_R^* = \{8c_0 c_1\beta(1+r_0) - \theta[\alpha(1+\rho) + p_0 r\beta]\}/[8c_1^2\beta(1+r_0) - \theta^2],$$

$$w_R^* = [p_0 r\theta^2 - 2c_0 c_1(1+r_0)\theta + 2c_1^2(1+r_0)(\alpha + \alpha\rho - 3p_0 r\beta)]/ [8c_1^2(1+r_0)\beta - \theta^2]。$$

从定理 11.2 中，我们看到增加平台赋能能力和跨渠道效应(利率) 会增强(损害) 制造商和生产量的最优利润。最优交货时间随交货时间的敏感度和平台赋能能力而减小，但随着利率的增加而增加。这些发现与定理 11.1 相似。我们不再进一步解释它们。然而，与平台抽成模式不同的是，在再销售模式下，制造商和平台的最优利润总是随着跨渠道效应的增加而增加。原因是在再销售模式下，平台拥有产品定价权，可以设置零售价，实现利润最大化。新的零售战略正在兴起，并被格力等制造商所采用。在这种背景下，他们可以增加跨渠道效应。在实践中，格力采用的新零售战略使格力与京东的合作实现了7.03亿元的销售额。此外，跨渠道效应的增加缩短了最优交货时间。这一发现与平台抽成模式中的发现惊人地不同，即最优交货时间与跨渠道效应无关。我们知道，负向的跨渠道效应在实践中很常见。近年来，全渠道策略变得越来越流行(Choi 等，2019)。因此，亚马逊等平台采用的全渠道策略增加了跨渠道效应，从而缩短了交货时间。在实践中，京东和亚马逊在全渠道战略下取得了良好的记录。例如，京东计划与包括沃尔玛在内的2万家线下零售店合作，可以将交货时间缩短到30分钟。批发价格随利率的上升而下降，但随着平台赋能能力的增加而上升，这与 Xu 等(2021)的发现完全相反，即批发价格随平台赋能能力的增加而下降。因此，如果像亚马逊这样的平台增加了平台赋能能力，就应该提高批发价格以获得更多利润。

命题 11.3 ① 如果 $\theta < \theta_0$，则 $\partial q_R^* / \partial\theta < 0$；如果 $\theta \geqslant \theta_0$，则 $\partial q_R^* / \partial\theta \geqslant 0$。② 如果 $\theta < \theta_0$，则 $\partial w_R^* / \partial\theta < 0$；如果 $\theta \geqslant \theta_0$，则 $\partial w_R^* / \partial\theta \geqslant 0$，其中 $\theta_0 = [c_1(\alpha + \alpha\rho + p_0 r\beta) - c_1\sqrt{(\alpha + \alpha\rho + p_0 r\beta)^2 - 8c_0^2(1 + r_0)\beta}]/c_0$。

命题 11.3① 表明，对交货时间的敏感度增加首先降低，然后提高最优生产量。如果消费者对交货时间不敏感或敏感度较低，平台就不愿意在物流系统上投入更多资金来缩短交货时间，从而减少在线销售。但是，如果消费者对交货时间非常敏感，甚至到了非常高的程度，平台就会在物流系统上投入更多资金来压缩交货时间。投资后，平台有能力增加其在线销售，以增加消费者对交货时间的敏感度，从而获得更多利润。在实践中，随着网购的日益普及，消费者越来越关注交货时间。正如引言中所讨论的，Dotcom Distribution 的一项调查证实，大量消费者将交货时间放在首位，甚至更愿意为更快的交货支付更多费用。在这种背景下，缩短交货时间可以提高制造商的生产量。

命题 11.3② 表明，提高对交货时间的敏感度首先会降低，然后提高最优批发价格。如果消费者对交货时间不敏感或敏感度较低，平台宁愿减少其在线销售，而不是采取措施缩短交货时间。因此，制造商降低批发价以吸引平台提高在线订单量。但是,如果消费者对交货时间非常敏感,甚至到了非常高的程度,平台就会在物流系统上投入更多资金来压缩交货时间。基于高效的物流系统,该平台能够增加其在线订单量,提高消费者对交货时间的敏感度。由于对产品的强劲需求,制造商提高了批发价格。正如引言中所讨论的,消费者越来越重视较短的交货时间。在这种背景下,对交货时间的高度敏感性基本上促使制造商提高其批发价格。

11.3.3　平台抽成和再销售模式的比较

在本小节中,我们比较了制造商在平台抽成和再销售模式下的最优运营决策和利润。

定理 11.3.1　①$q_M^* > q_R^*$;②$l_M^* > l_R^*$。

定理 11.3.1① 表明平台抽成模式总是比再销售模式为制造商产生更多的生产量。这是一个重要的发现,与以前的研究不同,如 Xu 等(2022)也考虑了跨渠道效应,并得出结论,再销售模式带来了更大的生产量和负向的跨渠道效应。我们惊讶地发现,平台抽成模式总是为制造商带来更大的生产量。主要原因是再销售模式存在双重边缘化(Choi 和 Liu,2019)。我们的研究结果符合中国以平台抽成模式运营的平台比以再销售模式运营的平台占据更大的市场份额的实践。例如,在 2021 年,天猫的市场份额为 50.1%,而京东的市场份额仅为 26.5%。具体来看,2021 年双十一期间,天猫销售额达到 5304 亿元,远超京东 3491 亿元的销售额。在此背景下,对于有意扩大市场份额的成长期制造商来说,聘请天猫、Flipkart.com 等平台抽成模式运营的平台是更好的选择。

定理 11.3.1② 表明,再销售模式比平台抽成模式的交货时间更短。这是一个违反直觉的发现。直观地说,由于双重边缘化,再销售模式下的交货时间比平台抽成模式下的交货时间要长。本定理解释了为什么京东具有更快的交货时间,例如当日交货和次日交货。在中国,京东的交货时间比菜鸟以平台抽成方式与天猫合作要短。对于生产时效性强的产品,包括水果、肉类、蔬菜、水产品等生鲜产品的制造商,应选择以再销售模式运营的平台,如京东、亚马逊等。这避免了由于交货时间长而导致的产品变质。

定理 11.3.2　如果 $0 < T < T_0$,则 $\pi_M^{m*} > \pi_R^{m*}$;如果 $T \geqslant T_0$,则 $\pi_M^{m*} \leqslant \pi_R^{m*}$,其中

$$T_0=\frac{\begin{array}{c}(8c_1^2(1+r_0)\beta-\theta^2)^2(\beta(4c_1^2(1+r_0)(p_0r\beta-\alpha(1+\rho)(1-\varphi))+\\4c_0c_1(1+r_0)\theta(1-\varphi)-p_0r\theta^2\varphi)(4c_0c_1(1+r_0)\theta(1-\varphi)-4c_1^2(1+r_0)\\(p_0r\beta+\alpha(1+\rho)(1-\varphi))+p_0r\theta^2\varphi)+2p_0(4c_1^2(1+r_0)\beta-\theta^2\varphi)\\(4c_1^2(1+r_0)\beta(r(p_0r\beta+\alpha(1+\rho)(1-\varphi))+2Q(1-\varphi))-4c_0c_1r(1+r_0)\\\beta\theta(1-\varphi)-\theta^2(p_0r^2\beta+2Q(1-\varphi))\varphi)+4r_0(1-\varphi)\\(\theta^2(c_0\theta-c_1\alpha(1+\rho))2\varphi^2-F(4(1+r_0)\beta-\theta^2\varphi)2))-\\4((p_0Q+(c_0^2-F)r_0)\theta^4-8c_0c_1^3(1+r_0)2\beta\theta(\alpha(1+\rho)+p_0r\beta)-\\2c_0c_1r_0\theta^3(\alpha(1+\rho)+p_0r\beta)+4c_1^4(1+r_0)2\beta(16(p_0Q-Fr_0)\beta+\\(\alpha(1+\rho)+p_0r\beta)2+c_1^2\theta^2(4(c_0^2-4p_0Q)\beta+r_0(4(c_0^2(2+r_0)+\\4(F-p_0Q+Fr_0))\beta+(\alpha(1+\rho)+p_0r\beta)2)))(1-\varphi)(\theta^2\varphi-4(1+r_0)\beta)2\end{array}}{[8c_1^2(1+r_0)\beta-\theta^2]^2\,4(1-\varphi)\,[\theta^2\varphi-4c_1^2(1+r_0)\beta]^2}。$$

定理11.3.2表明，入驻费用对制造商的利润影响很大。制造商在低入驻费用下从平台抽成模式中获益更多，否则，制造商在再销售模式下获得更多利润。在实践中，很多平台以平台抽成模式向制造商收取较低的上架费。例如，天猫收取约10万元人民币的极低的入驻费用，Flipkart. com甚至不收取入驻费用。因此，制造商选择平台抽成模式，因为它为他们带来了更多的利润。这也解释了为什么天猫在中国吸引的制造商多于京东。

11.3.4 制造商和平台的协调

本小节探讨了资本受限的平台和制造商之间的协调。在探讨协调问题之前，我们首先给出供应链协调的定义。与 Chen 等(2017) 和 Xu 等(2017) 类似，当制造商的生产量和平台的交货时间与集中式供应链中的生产量和平台交货时间相等时，制造商和平台实现了协调。接下来，我们将制造商和平台作为一个整体，分析平台抽成和再销售模式下的协调结果。它们在集中式供应链中的总利润函数：

$$\pi_c(q_c,l_c)=p_0(Q+q_cr)+p_cq_c-(c_0-c_1l_c)^2 \qquad (11-8)$$

由公式(11-8)，我们得出集中式情况下的最优决策：$l_c^*=[4c_0c_1\beta-\theta(\alpha+\alpha\rho+p_0r\beta)]/(4c_1^2\beta-\theta^2)$。

平台抽成模式下，当 $\varphi=0$ 时，制造商和平台实现协调；再销售模式下，当 $w=0$ 时，制造商和平台 $q_c^*=\{2c_1\beta[c_1(\alpha+\alpha\rho+p_0r\beta)-c_0\theta]\}/(4c_1^2\beta-\theta^2)$，实现协调。因此，制造商和平台无法同时实现平台抽成和再销售模式的协调。通过扩展模型来分析协调问题。我们在定理 11.4、11.5 和 11.6 中得出了新的发现。

11.3.5 扩展

在本节中，我们试图弄清楚如何协调制造商和平台。我们在 3 个方向上扩展了我们的工作，并得出了一些有趣的结果。首先，我们将平台切换到制造商作为第11.1小节中的领导者。在实践中，一些大制造商，如联想，在通过网络平台销售产品时，可能拥有强大的实力，这导致了制造商主导的斯塔克尔伯格博弈。这种考虑也与实践相符，并且与许多研究一致，如 Xu 等(2017) 和 Zhang 等(2022)。其次，我们考虑单个具有可变线下零售价的零售商，制造商通过该零售价销售其产品。在实践中，在全渠道战略下，许多制造商通过线下零售商以与线上渠道相同的零售价销售其产品，以避免渠道冲突。例如，优衣库通过线下和线上渠道以相同的零售价销售其产品。为了匹配这种做法，以前的许多研究都采用了这一假设，如 Siqin 等(2022) 和 Zhou 等(2018)。最后，我们考虑向平台提供贷款的第三方，这在实践中也很常见。

1. 制造商主导的斯塔克尔伯格博弈

制造商被视为领导者，平台被视为追随者。厂家先决定零售价，然后平台以平台抽成模式决定交货时间。而在再销售模式下，厂家先决定批发价，然后平台决定交货时间和零售价。平台抽成和再销售模式的模式如下：

$$\pi_{Me}^{m}(q_{Me})=p_0(Q+rq_{Me})+(1-\varphi)p_{Me}q_{Me}+r_0L-T \qquad (11-9)$$

$$\pi_{Me}^{p}(l_{Me})=\varphi p_{Me}q_{Me}-(c_0-c_1l_{Me})^2-r_0L+T \qquad (11-10)$$

$$\pi_{Re}^{m}(q_{Re},w_{Re})=p_0(Q+rq_{Re})+w_{Re}q_{Re}+r_0L \qquad (11-11)$$

$$\pi_{Re}^{p}(l_{Re})=(p_{Re}-w_{Re})q_{Re}-(c_0-c_1l_{Re})^2-r_0L \qquad (11-12)$$

上述公式的解释与公式(11-4)，(11-5)，(11-6)以及(11-7)相似，因此我们不再赘述。

引理 11.1　集中式情况下的最优决策是 $q_{ec}^{*}=\{2c_1\beta[c_1(\alpha+\alpha\rho+p_0r\beta)-c_0\theta]\}/(4c_1^2\beta-\theta^2)$，$l_{ec}^{*}=[4c_0c_1\beta-\theta(\alpha+\alpha\rho+p_0r\beta)]/(4c_1^2\beta-\theta^2)$。

定理 11.4　① 在平台抽成模式下，制造商和平台不能首先协调。② 在再销售模式下，制造商和平台可以在负向的跨渠道效应下实现协调，并且此时批发价格为 $w_{Rec}=-p_0r$。

定理 11.4 给出了 2 个重要的发现。一方面，制造商和平台无法以平台抽成模式进行协调；另一方面，制造商和平台可以在再销售模式下实现协调。众所周知，制造商和平台无法通过本质上等同于再销售模式的批发价格契约进行协调（Xu 等，2021）。然而，制造商和平台在再销售模式下实现了协调，并且此时跨渠道效应是负向的。原因是当跨渠道效应是负向的时候，双重边缘化会减弱。实践中，制造商与 Flipkart. com 等线上平台无法实现平台抽成模式的协调。但是，只有对于跨渠道效应为负向的行业，制造商才能与京东合作，实现协调，获得更多的利润。例如，良品铺子和京东合作实现销售额的大幅增长。与引理 11. 1 相比，我们发现，当平台作为领导者时，经销商和平台抽成模式都无法协调制造商和平台；但是，当制造商作为领导者时，他们可以在再销售模式下实现协调，尽管在平台抽成模式下无法做到这一点。这一现象表明，权力结构影响了制造商和平台的协调。在实践中，如果制造商是小微企业，无论与天猫合作还是京东合作，都无法实现制造商和平台的协调。但是，如果制造商是跨渠道效应为负向行业的大型企业，则可以与京东合作实现协调。例如，作为全球计算机行业的龙头企业，联想与京东合作，在 2017—2019 年实现了 600 亿元人民币的销售额。

2. 全渠道战略下制造商主导的斯塔克尔伯格博弈与零售商的扩展

在本小节的线下和线上渠道中设置相同的零售价。在实践中，许多厂家在 2 个渠道中设定相同的零售价格，以避免渠道冲突。例如，森马、优衣库和太平鸟在线下和线上渠道以相同的零售价销售他们的产品。我们将线下零售商引入供应链。在这种模式下，制造商充当生产者，在线下渠道将其产品批发给零售商，并与平台合作，以平台抽成模式销售其产品，在线渠道以再销售模式销售其产品。我们在集中式和分散式环境中开发我们的模型。在分散式环境中，制造商充当领导者，零售商和平台充当追随者，并且采用纳什政策（Mondal 和 Giri，2020）。线上线下渠道的需求函数如下：

$$q_v = (1+\rho)\alpha - \beta p_v - \theta l_v \tag{11-13}$$

$$q_0 = \alpha - \eta p_v + r q_v \tag{11-14}$$

公式（11-3）和公式（11-4）是对线下渠道零售价格的敏感度。在平台抽成模式下，制造商首先确定批发价格，然后零售商和在线平台分别确定零售价格和交货时间。利润函数如下：

$$\pi_{Mv}^{m}(w_{Mv}^{r}) = w_{Mv}^{r} q_0 + (1-\varphi) p_{Mv} q_{Mv} + r_0 L - T \tag{11-15}$$

$$\pi_{Mv}^{p}(l_{Mv}) = p_{Mv} q_{Mv} \varphi - (c_0 - c_1 l_{Mv})^2 - r_0 L + T \tag{11-16}$$

$$\pi^r_{Mv}(p_{Mv})=(p_{Mv}-w^r_{Mv})q_0 \tag{11-17}$$

在公式(11 - 15) 中,第一项和第二项分别代表制造商从零售商和在线平台获得的利润,第三项和最后一项分别代表利息收入和入驻费用。在公式(11 - 16) 中,第一项代表平台基于制造商在线销售的佣金收入,第二项和第三项分别代表物流投资成本和贷款费用,最后一项代表入驻费用。公式(11 - 17) 是零售商的利润。纳什模型是

$$\max_{(w^r_{Mv})}\pi^m_{Mv}(w^r_{Mv},p_{Mv},l_{Mv})\xrightarrow{\text{反应函数}}(p_{Mv},l_{Mv})\xrightarrow{\text{纳什模型}}\begin{cases}\max\limits_{(p_{Mv})}\pi^r_{Mv}(p_{Mv})\\ \max\limits_{(l_{Mv})}\pi^p_{Mv}(l_{Mv})\end{cases}$$

再销售模式下,制造商首先分别确定零售商和在线平台的批发价格,然后零售商和在线平台分别确定零售价和交货时间。利润函数如下:

$$\pi^m_{Rv}(w^p_{Rv},w^r_{Rv})=w^p_{Rv}q_{Rv}+w^r_{Rv}q_0+r_0L \tag{11-18}$$

$$\pi^p_{Rv}(l_{Rv})=(p_{Rv}-w^p_{Rv})q_{Rv}-(c_0-c_1l_{Rv})^2-r_0L \tag{11-19}$$

$$\pi^r_{Rv}(p_{Rv})=(p_{Rv}-w^r_{Rv})q_0 \tag{11-20}$$

在公式(11 - 18) 中,第一项和第二项分别代表制造商从在线平台和零售商那里获得的利润,最后一项代表利息收入。在公式(11 - 19) 中,第一项和第二项分别代表平台的在线利润和物流投资成本,最后一项代表贷款费用。公式(11 - 20) 表示零售商的利润。纳什模型:

$$\max_{(w^p_{Rv},w^r_{Rv})}\pi^m_{Rv}(w^p_{Rv},w^r_{Rv},p_{Rv},l_{Rv})\xrightarrow{\text{反应函数}}(p_{Rv},l_{Rv})\xrightarrow{\text{纳什模型}}\begin{cases}\max\limits_{(p_{Rv})}\pi^r_{Rv}(p_{Rv})\\ \max\limits_{(l_{Rv})}\pi^p_{Rv}(l_{Rv})\end{cases}$$

在集中式情况下,制造商、平台和零售商被考虑为一个整体,并且总利润函数为 $\pi_{vc}(q_{vc},l_{vc})=p_{vc}(q_{vc}+q_0)-(c_0-c_1l_{vc})^2$。解这个等式得出下面的最优决策。

引理 11.2　集中式决策下的最优决策 $q^*_{vc}=\{2c_1^2\alpha[\beta\rho+r\beta(1+\rho)+2\eta(1+\rho)]+\theta^2\alpha(1+r)-2c_0c_1(\beta+r\beta+2\eta)\theta\}/[4c_1^2(\beta+r\beta+\eta)-(1+r)^2\theta^2]$,$l^*_{vc}=\{4c_0c_1(\beta+r\beta+\eta)-(1+r)\alpha\theta[2+r+(1+r)\rho]\}/[4c_1^2(\beta+r\beta+\eta)-(1+r)^2\theta^2]$。

定理 11.5　① 当 $r_0<-r/(1+r)$ 时,再销售模式可以协调制造商、零售商

和平台，并且佣金率为 $\varphi_{vc}=(1+r)(1+r_0)$，批发给零售商的批发价格是 $w^r_{Mvc}=\{(1+r)\alpha\theta^2+4c_1^2\alpha[\eta(1+\rho)-\beta]-4c_0c_1r\rho\theta\}/\{(r\beta+\eta)[4c_1^2(\beta+r\beta+\eta)-(1+r)^2\theta^2]\}$。②当批发给平台的批发价格 $w^p_{Rvc}=\{2c_1(r+r_0+rr_0)[c_1\alpha(2+r+\rho+r\rho)-c_0(1+r)\theta]\}/[(1+r)^2\theta^2-4c_1^2(\beta+r\beta+\eta)]$，批发给零售商的批发价格是 $w^r_{Rvc}=\{(1+r)\alpha\theta^2+4c_1^2\alpha[\eta(1+\rho)-\beta]-4c_0c_1r\rho\theta\}/\{(r\beta+\eta)[4c_1^2(\beta+r\beta+\eta)-(1+r)^2\theta^2]\}$ 时，零售商、平台和制造商可以在再销售模式下实现协调。

定理 11.5 提供了两个有趣的发现。首先，平台抽成模式可以低利率协调制造商、平台、零售商。这意味着制造商应该设定一个低利率以获得更多的利润。其次，再销售模式可以协调 3 位成员。在实践中，许多制造商建立了自己的线下商店，并采用在线渠道的销售价格，以避免渠道冲突。例如，优衣库制定了新零售战略，即线上和线下渠道的零售价格相同。在这种情况下，制造商可以设定一个低利率，与零售商和平台合作，以获得更多的利润。

3. 全渠道战略下制造商主导的斯塔克尔伯格博弈与第三方的扩展

在本小节中，我们将第三方引入系统。在供应链中，第三方为平台提供贷款。平台抽成和再销售模式的时序结构与第 5.1 小节类似。但是，平台从第三方而不是第 5.3 小节中的制造商那里获得财务支持。需求函数分别与公式(11－13)和(11－14)相同，平台抽成模式下的利润函数如下：

$$\pi^m_{Mv}(q_{Mv})=p_{Mv}q_0+(1-\varphi)p_{Mv}q_{Mv}-T \tag{11-21}$$

$$\pi^p_{Mv}(l_{Mv})=p_{Mv}q_{Mv}\varphi-(c_0-c_1l_{Mv})^2-r_0L+T \tag{11-22}$$

$$\pi^b_{Mv}=r_0L \tag{11-23}$$

在公式(11－21)中，第一项和第二项代表制造商的线下和线上利润，最后一项代表入驻费用。在公式(11－22)中，第一项是平台基于制造商在线销售的佣金收入，第二项和第三项代表物流投资成本和贷款费用，最后一项代表入驻费用的收入。公式(11－23)是第三方的利息收入。

再销售模式下的盈利函数如下：

$$\pi^m_{Rv}(q_{Rv},w_{Rv})=p_{Rv}q_0+w_{Rv}q_{Rv} \tag{11-24}$$

$$\pi^p_{Rv}(l_{Rv})=(p_{Rv}-w_{Rv})q_{Rv}-(c_0-c_1l_{Rv})^2-r_0L \tag{11-25}$$

$$\pi^b_{Rv}=r_0L \tag{11-26}$$

在公式(11－24)中，第一项和第二项表示制造商的线下和线上利润。在公式(11-25)中,第一项代表平台的在线利润,第二项和最后一项代表物流投资成本和贷款费用。公式(11-26)是第三方的利息收入。尽管第三方是供应链的一部分,但我们没有考虑斯塔克尔伯格博弈中的第三方(Xu 等,2020)。集中式供应链中的最优运营决策与引理 11.2 中的最优运营决策类似。

定理 11.6　① 当 $r_0 < -r/(1+r)$ 且 $\varphi_{vc} = (1+r)(1+r_0)$ 时,平台抽成模式可以实现第三方、制造商和平台的协调;② 当 $w_{Rvc} = -\{(1+r)\alpha\theta^2 + 4c_1^2\alpha[\eta(1+\rho) - \beta] - 4c_0c_1 r\eta\theta\}/[4c_1^2(\beta + r\beta + \eta) - (1+r)^2\theta^2]$ 时,再销售模式可以实现第三方、制造商和平台的协调。

定理 11.6 表明,在低利率下,制造商和平台在引入第三方后,可以实现平台抽成和再销售模式的协同。这意味着当平台从第三方获得贷款时,制造商和平台可以合作获得更多利润。在实践中,许多第三方为平台提供贷款以建立交付系统。例如,淡马锡向菜鸟投资 100 万元人民币,以支持其交付系统。另一个例子是红杉中国对京东的投资。在这种情况下,制造商、第三方和平台可以合作以获得更多的利润。因此,格力、联想等大型制造商可以与京东、天猫合作,获得更多的利润,而小微企业则做不到。实际上,我们回顾了定理 11.5,发现在全渠道战略下,无论平台是否从制造商或第三方获得资金支持,大型制造商都可以与京东或天猫合作,获得更多的利润。

11.4　小　结

本章研究了制造商与在线资本约束平台的决策优化及协调问题。我们首先分析了制造商和平台的运营决策和利润,然后将其在平台抽成和再销售模式下进行比较,最后分析了制造商和平台的协调,通过考虑制造商主导的斯塔克尔伯格博弈,在全渠道战略下将线下零售商或第三方引入供应链,以找出协调方案。

通过研究制造商和平台在平台抽成和再销售模式下的运营决策和利润,本章得出了一些重要而有趣的发现。①利率的提高降低了最优生产量和批发价格,但增加了最优交货时间。因此,低利率有助于制造商扩大市场份额并提升其批发价格,并且肯定会刺激平台在物流系统上投入更多资金,从而缩短交货时间。②平台抽成模式下，跨渠道效应对交货时间没有影响，但在再销售模式下，跨渠道效应的增加对交货时间有负面影响。这意味着天猫等平台在缩短交货时间时无需考虑行业类型。但是，对于平台，如亚马逊，他们应该考虑行业类型。负向的跨渠道效应在实践中很常见，如服装和计算机行业。因此，平台采用的全渠道策略，如亚马逊增加了跨渠道效应，这有助于缩短交货时间。③增加跨渠道效应可以提高制造商的利润。然而，在平台抽成模式下，增加负（正）向的跨渠道效应可以提高（减少）平台的最优利润，这与以往增加跨渠道效应对平台利润产生正向影响的研究不同。在实践中，很多行业（如服装、电脑等行业）的跨渠道效应往往是负向的，而天猫等平台正在探索新的零售策略，以削弱跨渠道效应的负向效应。在这种背景下，采用新零售战略对平台有利。然而，对于跨渠道效应为正向的图书和音乐制作等行业，天猫不需要采用新零售策略，因为它会降低利润。④如果跨渠道效应是正向的，则提高佣金率总是可以提高最优生产量。然而，有趣的是，当跨渠道效应为负向的时候，提高佣金率首先会提高然后减少最优生产量。在实践中，收取低佣金率的平台（如天猫）应提高佣金率以增加在线销售额。对于收取高佣金率的平台，如美团、抖音等收取超过 20%的佣金率，佣金率对最优线上销售的影响取决于行业类型。对于跨渠道效应为正向的行业，提高佣金率有助于增加制造商的在线销售额，而对于跨渠道效应为负向的行业，提高佣金率会降低制造商的在线销售额。⑤在再销售模式下，最优生产量（批发价）先减小后随消费者对交货时间的敏感度而增加。在实践中，随着网上购物的盛行，交货时间受到越来越多的消费者的重视。这种背景提高了制造商的产量（批发价格）。⑥增加平台赋能能力可以增强（减少）制造商和平台的最优生产量（交货时间）、批发价格和利润。在实践中，众多平台正在采取行动提升平台赋能能力。一个典型的例子是天猫与抖音合作，通过短视频推广其产品。类似的例子可以在京东和快玩的合作上看到。在此背景下，提升平台赋能能力可以促进线上销售和批发价格，为制造商和平台带来更多利润，但缩短交货时间。

比较平台抽成模式和再销售模式下制造商的最优运营决策和利润，本章发现平台抽成模式总是比再销售模式为制造商产生更多的生产量。在实践中，中国以平台抽成模式运营的平台比以再销售模式运营的平台拥有更大的市场份额。例如，在 2021 年，天猫拥有 51%的市场份额，而京东的市场份额仅为 20%。具体来看，在 2021 年双十一期间，天猫销售额达到 5304 亿元，远超京东销售额 3491 亿元。而平台抽成模式下的最优交货时间总是比再销售模式下的交货时间长。这一发现解释了为什么京东通过其当日送达和次日送达计划实现更快的交货时间。在中国，京东的交货时间比菜鸟短，菜鸟以平台抽成模式与天猫合作。制造商在低入驻费用下，从平台抽成模式中获益更多。否则，制造商在再销售模式下获得更多利润。在实践中，很多平台以平台抽成模式向制造商收取较低的入驻费用。例如，天猫收取非常低的入驻费用，约为 10 万元人民币，Flipkart. com 甚至不收取入驻费用。因此，在这种情况下，制造商选择平台抽成模式，因为它为他们带来了更多的利润。这也解释了为什么天猫在中国吸引的制造商多于京东。

此外，我们发现，在平台主导的斯塔克尔伯格博弈中，制造商和平台无法实现协调。因此，我们进一步研究了制造商主导的斯塔克尔伯格博弈中的协调问题，得出了一些有趣的发现。平台抽成模式不能协调制造商和平台，而再销售模式在跨渠道效应为负向时可以实现协调。在实践中，制造商的规模在协调中起着主要作用。如果制造商是小微企业，无论与天猫合作还是京东合作，都无法实现协调。但是，如果制造商是跨渠道效应为负向行业的大型企业，则可以与京东合作实现协调。例如，2017—2019 年，全球计算机行业龙头企业联想与京东合作，实现销售额 600 亿元。此外，我们还在全渠道战略下将线下零售商或第三方引入供应链，发现平台抽成和再销售模式都可以通过将零售商引入系统，以低利率协调零售商、平台和制造商。在实践中，许多制造商已经建立了自己的线下商店，并采用了线上渠道的销售价格，以避免渠道冲突，例如优衣库制定了新的零售策略，根据该策略，线上和线下渠道的零售价格相同。在这种情况下，制造商可以与零售商和平台合作，以获得更多的利润。平台抽成和再销售模式都可以通过引入第三方到系统中，以低利率协调第三方、制造商和平台。在实践中，许多第三方为平台提供贷款，以建立或完善其交付系统。例如，淡马锡向菜鸟投资 100 万元人民币，以支持其交付系统。另一个例子是红杉中国对京东的投资。在此背景下，制造商、第三方、平台可以合作，获取更多利润。因此，格力、联想等大型制造商可以与京东合作，获取更多利润，而小微企业则做不到。然而，在全渠道战略下，无论平台是否从制造商或第三方获得资金支持，大型制造商都可以与京东或天猫合作，以获得更多的利润。

第12章　考虑跨渠道效应和区块链技术下平台抽成和再销售模式的选择策略研究

本章考虑一个由单个制造商和单个在线平台组成的供应链。制造商在碳交易机制下生产产品，并通过自己的线下渠道和在线平台进行销售，而平台则以平台抽成模式或再销售模式运作。平台通过“平台赋能能力”扩大潜在的零售市场规模，并为在线销售提供物流服务。本章还考虑到跨渠道效应对线下需求的影响。制造商可以采用区块链技术来改进需求预测。本章研究了不同情况下2个企业的最优生产、定价和交货时间决策，比较了平台在不同运作模式下是否采用区块链技术时，两个企业的最优运营决策和制造商的利润。

12.1　问题的引出

面对愈加激烈的竞争，供应链努力争取更多市场份额。为了得到更多消费者，许多供应链除了传统的线下渠道之外，还开发了在线渠道（Abhishek 等，2016；Nie 等，2019）。在这种背景下，基于平台的电子商务变得流行起来，并且目前在全球商业活动中扮演着重要角色。平台可以扩大潜在的零售市场规模，这被称为“平台赋能能力”（Shen 等，2019；Xu 等，2020）。电子商务平台通常以平台抽成模式或者再销售模式运作（Shen 等，2019；Xu 等，2020）。在平台抽成模式下，平台充当市场，上游制造商直接向最终消费者零售产品。天猫是平台抽成模式下的一个典型平台。在再销售模式下，平台从上游供应商批发购买产品，并将其零售给最终消费者。京东是著名的以再销售模式运行的平台（Xu 等，2021）。无论采用哪种模式，供应链成员都努力实现供应链协调，以达到最大化利润和最小化成本的目的。

随着基于平台的电子商务的普及，线上渠道中的销售已被发现会对线下渠道的需求产生影响，这在以前的文献中被称为"跨渠道效应"（Yan 等，2019）。跨渠道效应在实践中是相当普遍和必要的，其方向可以是正向的或者负向的（Abhishek 等，2016；Nie 等，2019）。积极（消极）的跨渠道效应表明，更多的线上销售会促进（降低）线下渠道的需求。例如，在电影和音乐行业中，线上渠道的销售会强烈刺激线下渠道的需求，因为这些线上渠道的销售吸引了新客户（Mortimer 等，2012；Smith 和 Telang，2010；Yan 等，2019）。相反，在服装和计算机等行业中，由于渠道竞争，线上销售可能会对线下需求产生负面影响（Brynjolfsson 等，2009；Goolsbee，2001）。跨渠道效应的不同性质使得在双渠道供应链的最优运营决策变得更加复杂，因为相应的决策随着跨渠道效应的性质而变化。在讨论双渠道供应链的最优运营决策时，必须考虑这种影响。

除了跨渠道效应之外，还有 2 个重要因素影响基于平台的双渠道供应链的运营决策。一个是物流服务。电子商务的发展使得消费者期望更好的物流服务（Qin 等，2020）。一个安全、快速、可靠的交付服务和商品本身一样重要。沿着这个趋势，一些巨型电子商务平台投资于建立高品质的物流服务系统。例如，京东从 2007 年开始建立其物流系统，并不断投资来改进它。如今，作为京东企业内独立的业务集团，京东物流为各行各业的企业提供智能供应链和物流服务。亚马逊也拥有自己的物流系统。由于交付时间是衡量物流服务质量的重要指标之一，并且很容易衡量，许多研究人员使用交付时间作为电子商务销售所提供的物流服务质量的衡量标准（He 等，2021；Xu 等，2020）。消费者通常欢迎更短的交付时间。但是，更短的交付时间只能以更高的成本实现，因此交付时间是在线渠道供应链的运作中的重要决策变量。

另一个因素是区块链技术的应用。十多年前，中本聪构建了比特币并引入了区块链的概念。作为一种有前途的信息技术，区块链技术已经越来越多地应用于各个行业（Dutta 等，2020）。实践中已知，电子商务平台可以为供应链成员提供需求信息。例如，在 2020 年 1 月新冠肺炎疫情突袭而至，天猫为 92 家口罩制造商提供了需求信息，要求在 2020 年 1 月 22 日之前生产 4612 万只口罩。文献报道指出，使用区块链技术可以使供应链透明可追溯（Azzi 等，2019；Chod

等,2020;Helo 和 Hao,2019)。最近关于区块链技术的研究主要集中在金融交易和分布式账本系统上(Pilkington,2016)。像沃尔玛和阿里巴巴这样的企业利用区块链技术追踪食品来源(Zhao,2018),通过它自动向客户传递产品信息。区块链技术使制造商更加了解需求和买方行为,并提高了供应端的可见性(Choi 等,2019),从而减少了需求波动(Choi 等,2020)。当然,区块链技术的应用会产生额外的成本(Longo 等,2019;Choi,2020;Dutta 等,2020)。这些成本包括两部分:一部分是交易费,另一部分是固定成本。交易费是由制造商承担的,由产品信息存储、检查和审计产生(Li 等,2021;Pun 等,2021)。固定成本是实施区块链技术的安装成本。例如,钻石行业的企业需要购买激光机来建立数字指纹和认证证书,这将产生固定成本(Niu 等,2021)。随着区块链技术在供应链中的应用越来越广泛,它对供应链成员的运作影响也越来越大。需要注意的是,区块链技术与 RFID 等传统信息技术不同。由于区块链技术的单向不可修改性,因此由区块链技术支持的信息是安全的(Niu 等,2021)。然而,对于传统信息技术,个人可以更改信息(Shen 等,2020)。换句话说,可靠的信息可以削弱牛鞭效应(Babich 和 Hilary,2020)。

实际上,区块链技术与营销活动类似,因为营销活动也会导致相应成本的需求增加。然而,区块链技术和营销活动之间有 2 个主要区别。一个是研究问题的背景不同。当制造商通过平台出售产品,如天猫或亚马逊,平台通常通过销售、评论、关键词等方式更频繁地展示产品。我们知道这些因素是客观存在的。也就是说,平台的营销成本特征并不明显。另一个区别是营销成本通常根据实践和理论研究设置为二次成本结构(Ma 等,2019;Liu 等,2022),而使用区块链技术的成本通常有两部分,一部分是固定成本,另一部分是交易费用(即单位区块链成本)(Li 等,2021;Pun 等,2021)。这种不同的成本结构会产生不同的结果。例如,由于没有营销活动的情况是采用营销活动的特殊情况,前期研究表明,营销活动总是为制造商带来更多利润(Mukhopadhyay 等,2009;Karray,2013)。然而,针对区块链技术的采用,本章的研究结果表明,是否使用区块链技术高度取决于跨渠道效应和平台赋能能力。如果跨渠道效应较低(高),则在高(低)平台赋能能力下,使用区块链会为制造商带来更多利润。

除了平台赋能能力、跨渠道效应、物流服务和区块链技术对消费者需求的影响之外,制造商的生产决策还受到政府通过碳交易机制的限制(张李浩等,2019)。一般来说,更多的生产会产生更多的碳排放,这被认为是环境恶化的主要原因之一。随着人们对由碳排放引起的气候变化越来越关注，全球越来越多的政府设定了“碳中和”目标以保护环境。例如，在第 75 届联合国大会上，中国政府提出在 2030 年之前实现碳排放峰值，并在 2060 年之前实现碳中和。为实现碳中和目标，各国政府颁布了各种规定企业碳排放的法规。碳交易机制被认为是控制制造商碳排放的较有效的市场机制之一(Xu 等，2017；杨磊等，2017)。根据这种法规，制造商会获得初始的碳排放配额，即碳配额，可以在碳交易市场上购买或出售碳配额(He 等，2015)。早在 2005 年，欧盟便建立了最大的碳交易市场——欧盟排放交易体系(EU－ETS)，以促进碳交易。中国已经建立了 7 个碳排放权试点城市，并且在最近成立了国家碳排放交易市场。所有这些趋势都表明，全球企业已经面临或将面临碳交易机制。由于该法规可能会带来新的成本或收入，制造商必须重新考虑其生产决策以最大化利润(Xu 等，2016)。因此，在上述双渠道供应链的运作中，我们还需要考虑碳交易机制的影响。

12.2　模型的建立

本章考虑由单个制造商和单个在线平台组成的供应链。制造商通过自己的线下渠道和在线平台销售其产品。该平台可以在平台抽成模式或再销售模式下运作。在平台抽成模式下，制造商以零售价格直接向消费者销售产品，并为每次销售支付平台佣金率为 φ 的佣金。我们假设佣金率是外生参数。实际上，这个佣金率通常在同一类别的产品中相同，尽管在产品类别之间可能会有所不同。许多其他考虑平台佣金的研究也采用了这种假设(Abhishek 等，2016；Yan 等，2019；Xu 等，2020；Qin 等，2020；Shen 等，2019)。在再销售模式下，平台以批发价 w 从制造商那里订购产品，并以零售价 p 向消费者销售。在线渠道的需求如下：

$$q=(1+\rho)\alpha-\beta p-\mu l+\varepsilon \tag{12-1}$$

在公式(12-1)中，$\rho>0$ 表示平台赋能能力，反映平台扩大潜在零售市场规模的能力(Shen 等，2019；Xu 等，2020)，而 ε 是一个均值为零、方差为 σ_0^2 的正态随机变量，可视为需求噪声。在再销售模式或平台抽成模式下，我们使用 S 表示通过平台与消费者之间的互动获得的私人市场信息，例如历史销售数据。沿用 Ha 等(2017) 和 Yu 等(2020) 的做法，我们表示 $S=\varepsilon+\xi$，其中 ξ 是来自误导数据的需求噪声波动性，它是一个均值为零、方差为 σ^2 的正态随机变量，可视为信号噪声。在再销售或平台抽成模式下，平台观察到信息并与制造商共享它。需求噪声的观测信号遵循贝叶斯规则，是 ε 的无偏估计量，$E[S\mid\varepsilon]=\varepsilon$。然后我们同样有 $E[\varepsilon\mid S]=\frac{\sigma_0^2}{\sigma^2+\sigma_0^2}S=tS$ 和 $VAR[\varepsilon\mid S]=t\sigma^2$，其中 $t=\frac{\sigma_0^2}{\sigma^2+\sigma_0^2}$。这种信息结构的方法在以前的研究中十分常见(Ha 等，2017；Yu 等，2020)。我们可以将 $\varepsilon\mid S$ 重写为 $tS+\varepsilon^*$，其中 ε^* 服从均值为零、方差为 $t\sigma^2$ 的正态分布。

我们假设交货时间 l 对消费者需求有线性负面影响，这符合现行实践和文献(Modak，2017；Saha 等，2018；Modak 和 Kelle，2019；Jamali 和 Rasti－Barzoki，2019；He 等，2021；Xu 等，2020)。我们还假设物流服务的投资成本为$(c_0-c_1l)^2$(Modak 和 Kelle，2019；Xu 等，2020)，我们假定物流服务的投资成本与交货时间 l 呈递减关系，隐含限制条件为$(c_0-c_1l)>0$或$l<(c_0/c_1)$。其中，c_0 是物流配送系统的固定成本，c_1 是压缩交货时间的边际成本(Saha 等，2018；Modak 和 Kelle，2019；Xu 等，2020；He 等，2021)。如果消费者对交货时间不敏感，即 $\mu=0$，则最优交货时间将是使物流投资最小化的时间，即 $l=(c_0/c_1)$。

在线下渠道中，制造商通过自己的线下商店销售产品，零售价很少变动。这个渠道通常面临基本需求(Abhishek 等，2016；Nie 等，2019；Yan 等，2019；Xu 等，2021)。按照这种做法，我们将跨渠道效应描述如下：线下渠道的零售价为 p_0，相应的需求为 $Q+rq$，其中 Q 是基本需求，r 代表线上销售对线下需求的影响，即跨渠道效应。在碳交易机制下，制造商获得 C 单位的初始碳配额，并且它可以以碳交易价格 p_1 买入或卖出碳配额，我们假设这与初始碳配额成线性关系，即$p_1=a_0-b_0C$(Benjaafar 等，2012；Hua 等，2011；Ji 等，2020；Xu 等，2021)。为了简化，我们假设单位生产成本为零。为了保持 2 个渠道的参与度，我们假设$[p_0-e_0(a_0-b_0C)]>0$，这类似于 Chen 等(2012) 和 Yan 等(2019) 的做法。

12.2.1　不使用区块链技术

我们将决策过程建模为一个斯塔克尔伯格博弈，其中制造商是领导者，平台是追随者。在平台抽成模式下，制造商决定零售价格和生产量。由于平台观察并分享信号，此时信号对于制造商而言是一个确定的值。平台根据制造商的生产量和零售价格确定交货时间。考虑交货时间，我们得到了以下平台抽成模式下制造商和平台的利润：

$$\begin{aligned}\pi_m^{D-M}(p^{D-M}) = {} & p_0\{Q + r[(1+\rho)\alpha - \beta p^{D-M} - \mu l^{D-M} + tS + \varepsilon^*]\} \\ & + (1-\varphi)p^{D-M}[(1+\rho)\alpha - \beta p^{D-M} - \mu l^{D-M} + tS + \varepsilon^*] \\ & - (a_0 - b_0 C)\{e_0(1+r) \\ & [(1+\rho)\alpha - \beta p^{D-M} - \mu l^{D-M} + tS + \varepsilon^*] + e_0 Q - C\}\end{aligned} \quad (12-2)$$

$$\pi_p^{D-M}(l^{D-M}) = \varphi p^{D-M}[(1+\rho)\alpha - \beta p^{D-M} - \mu l^{D-M} + tS + \varepsilon^*] - (c_0 - c_1 l^{D-M})^2 \quad (12-3)$$

在公式(12-2)中，前两项分别是制造商从线下和线上渠道获得的利润，最后一项是制造商通过碳交易产生的收益或成本。如果实际碳排放总量大于碳配额，即$\{e_0(1+r)[(1+\rho)\alpha - \beta p^{D-M} + tS + \varepsilon^*] + e_0 Q\} > C$，制造商将从碳交易市场购买排放配额，表明碳排放成本上升；否则，制造商将出售其剩余的排放配额，从碳交易中获得收入。在公式(12-3)中，第一项是平台的佣金，第二项是其物流服务的投资成本。在平台抽成模式下，平台使得制造商能够在现实世界中缩短交货时间。在实践中，缩短交货时间对于制造商来说非常昂贵。因此，很少有制造商会投资于缩短交货时间。然而，平台有本质上的动机，即通过缩短注册在其上的商家的交货时间来增加消费者的需求，并且平台能够获得更多的佣金。例如，阿里巴巴旗下的天猫开展菜鸟裹裹来缩短在线商家的交货时间。印度电商企业 Flipkart 投资了 4000 万美元的物流企业来缩短交货时间。

再销售模式下，平台观察信号并确定零售价格、订单数量和交货时间。此外，信号对于平台是一个确定的值。对于一个给定的批发价格，平台先观察信号并确定订单数量和交货时间。然后，制造商根据平台的订单数量确定批发价格。考虑交货时间，我们得到制造商和平台在再销售模式下的利润如下：

$$\begin{aligned}\pi_m^{D-R}(p^{D-R}) = {} & p_0\{Q + r[(1+\rho)\alpha - \beta p^{D-R} - \mu l^{D-R} + tS + \varepsilon^*]\} \\ & + w^{D-R}[(1+\rho)\alpha - \beta p^{D-R} - \mu l^{D-R} + tS + \varepsilon^*] \\ & - (a_0 - b_0 C)\{e_0(1+r)\end{aligned}$$

$$[(1+\rho)\alpha-\beta p^{D-R}-\mu l^{D-R}+tS+\varepsilon^{*}]+e_0Q-C\} \quad (12-4)$$

$$\pi_p^{D-R}(l^{D-R})=(p^{D-R}-w^{D-R})[(1+\rho)\alpha-\beta p^{D-R}-\mu l^{D-R}+tS+\varepsilon^{*}]-$$

$$(c_0-c_1 l^{D-R})^2 \quad (12-5)$$

在公式(12－4)中,前两项分别是制造商从线下渠道和线上渠道获得的利润,最后一项是由碳交易产生的收入或成本。在公式(12－5)中,第一项是平台出售产品获得的利润,第二项是其物流服务的投资成本。

12.2.2 使用区块链技术

在这个部分中,我们考虑制造商使用区块链技术的情况。如果制造商使用区块链技术,则需要支付固定成本 F 来进行技术设置,同时每上传一个产品的信息,还需要支付变动成本 c_B。这样设置的原因是,使用区块链技术需要购买必要的机器来提供数字认证(Niu 等,2021),同时为了使数据可靠且不可改变,制造商还需要支付员工工资及区块链操作费用等(Wang 等,2021)。

我们知道,区块链的一个重要特点就是在其中存储的数据很难或极其昂贵地进行修改(Chod 等,2022)。此外,区块链可以提供更详细的数据(Babich 和 Hilary,2020)。这些使区块链上的数据具有透明性(Babic 和 Hilary,2020;Chod 等,2020;Wang 等,2021)和可靠性(Niu 等,2021;Chod 等,2022;Yu 等,2022),进一步提高了预测准确性。由于区块链上的数据可靠且不会随意更改,因此区块链上的信号与需求变化有关的噪声会减少,表明信号的价值更高。因此,通过使用区块链技术,市场信号的噪声 S 会降低(Choi 等,2020),并表明 t 值更高。没有使用区块链技术的需求是 $q=(1+\rho)\alpha-\beta p+tS+\varepsilon^{*}$。我们使用 T 来反映使用区块链技术所导致的需求增加。显然 $T>St$。这种表达区块链特性的方法符合实际情况,许多运作管理领域的学者使用这种方法来分析区块链对其研究的影响,如 Chod 等(2020)、Chod 等(2022)和 Yu 等(2022)。根据实践,建立我们的模型的方法不仅指导了区块链的采用实践,而且丰富了以前在运作管理中应用区块链的研究。与上一节类似,我们假设$[p_0-e_0(a_0-b_0C)-c_B]>0$,以保证两个渠道的参与。

使用区块链技术,并考虑交货时间的情况下,我们得到平台抽成模式下制造商和平台的最优利润如下:

$$\pi_m^{D-M-B}(p^{D-M-B}) = p_0\{Q + r[(1+\rho)\alpha - \beta p^{D-M-B} - \mu l^{D-M-B} + T + \varepsilon^*]\} + (1-\varphi)p^{D-M-B}[(1+\rho)\alpha - \beta p^{D-M-B} - \mu l^{D-M-B} + T + \varepsilon^*] - c_B\{(1+r)[(1+\rho)\alpha - \beta p^{D-M-B} - \mu l^{D-M-B} + T + \varepsilon^*] + Q\} - (a_0 - b_0 C)\{e_0(1+r)[(1+\rho)\alpha - \beta p^{D-M-B} - \mu l^{D-M-B} + T + \varepsilon^*] + e_0 Q - C\} - F \quad (12-6)$$

$$\pi_p^{D-M-B}(l^{D-M-B}) = \varphi p^{D-M-B}[(1+\rho)\alpha - \beta p^{D-M-B} - \mu l^{D-M-B} + T + \varepsilon^*] - (c_0 - c_1 l^{D-M-B})^2 (12.7)$$

在公式(12－6)中，前两项是制造商的线下渠道和线上渠道的利润，第三项是使用区块链技术的成本，第四项是制造商从碳交易中获得的收入或成本，最后一项是使用区块链技术的固定成本。在公式(12－7)中，第一项是平台的佣金，第二项是其物流服务的投资成本。

在使用区块链技术和考虑交货时间的情况下，我们得出了再销售模式下制造商和平台的最优利润如下：

$$\pi_m^{D-R-B}(p^{D-R-B}) = p_0\{Q + r[(1+\rho)\alpha - \beta p^{D-R-B} - \mu l^{D-R-B} + T + \varepsilon^*]\} + w^{D-R-B}[(1+\rho)\alpha - \beta p^{D-R-B} - \mu l^{D-R-B} + T + \varepsilon^*] - (a_0 - b_0 C)\{e_0(1+r)[(1+\rho)\alpha - \beta p^{D-R-B} - \mu l^{D-R-B} + T + \varepsilon^*] + e_0 Q - C\} - c_B\{(1+r)[(1+\rho)\alpha - \beta p^{D-R-B} - \mu l^{D-R-B} + T + \varepsilon^*] + Q\} - F \quad (12-8)$$

$$\pi_p^{D-R-B}(l^{D-R-B}) = (p^{D-R-B} - w^{D-R-B})[(1+\rho)\alpha - \beta p^{D-R-B} - \mu l^{D-R-B} + T + \varepsilon^*] - (c_0 - c_1 l^{D-R-B})2 \quad (12-9)$$

在公式(12－8)中，前两项分别是制造商在线下渠道和线上渠道中的利润，第三项是制造商由于碳交易产生的收入或成本，第四项是制造商使用区块链技术的成本，最后一项是使用区块链技术的固定成本。在公式(12－9)中，第一项是平台从销售产品中获得的利润，第二项是其物流服务的投资成本。

类似于 Ji 等(2017)的研究，我们做出 2 个假设，以确保制造商或平台的利润相对于其决策变量是有最优解的。一个假设是 $2c_1^2\beta - \mu^2\varphi > 0$，适用于定理

12.1，另一个假设是 $4c_1^2\beta-\mu^2>0$，适用于定理 12.2 和定理 12.4。这两个假设意味着投资物流服务的边际成本足够高，因此如果制造商和平台缩短交货时间，他们不会选择不现实的交货时间。第一个（第二个）假设适用于平台抽成（再销售）模式。

12.3 主要结论

12.3.1 不使用区块链技术

在本小节中，我们探讨了不使用区块链技术的平台抽成模式和再销售模式下的最优运营决策。

定义预期 $\pi_m^{D-M}(p)$ 的值为 $E[\pi_m^{D-M}(p)]$，我们得到以下结果。

定理 12.1 未使用区块链技术的平台抽成模式下，我们得到制造商和平台的最优运营决策如下：

$$q^{D-M*}=\frac{\begin{array}{c}2c_1^2\{\beta[p_0r-e_0(a_0-b_0C)(1+r)]+St(1-\varphi)\}-2c_0c_1\mu(1-\varphi)+\\2\alpha c_1^2(1+\rho)(1-\varphi)-\mu^2\varphi[p_0r-e_0(a_0-b_0C)(1+r)]\end{array}}{4c_1^2(1-\varphi)}$$

$$l^{D-M*}=\frac{\begin{array}{c}4c_0c_1(1-\varphi)(2c_1^2\beta-\mu^2\varphi)-\mu\varphi\{2c_1(1-\varphi)[\alpha c_1(1+\rho)+c_1St-c_0\mu]\\-(2c_1^2\beta-\mu^2\varphi)[p_0r-e_0(a_0-b_0C)(1+r)]\}\end{array}}{4c_1^2(1-\varphi)(2c_1^2\beta-\mu^2\varphi)}$$

$$p^{D-M*}=\frac{\begin{array}{c}2(1-\varphi)c_1[\alpha c_1(1+\rho)+c_1St-c_0\mu]-\\(2c_1^2\beta-\mu^2\varphi)[p_0r-e_0(a_0-b_0C)(1+r)]\end{array}}{2(1-\varphi)(2c_1^2\beta-\mu^2\varphi)}$$

定理 12.1 表明，最优交货时间随着跨渠道效应和初始碳配额的增加而增加。这是因为跨渠道效应的增加提高了制造商从线下渠道获得的边际利润，从而更多的产品将通过平台销售。众所周知，增加跨渠道效应会降低线上零售价格，进而降低平台利润。最终，平台减少交货时间的动机会降低。此外，我们还发现当消费者对交货时间不敏感时，即 $\mu=0$ 时，最优交货时间 l^{D-M*} 将等于 c_0/c_1，这验证了我们在模型的建立中对物流服务投资成本的假设。

定理 12.1 还表明，信号噪声的存在有利于缩短交货时间。众所周知，越来越多的平台正在采取措施观测信号噪声。例如，在观察到由于新冠肺炎感染导致口罩需求突然激增的信号后，天猫缩短了将口罩运送到受疫情影响最严重的武汉地区的交货时间。

定义 $\pi_m^{D-R}(p^{D-R})$ 平均预期值为 $E[\pi_m^{D-R}(p^{D-R})]$。我们令 π_m^{D-R*} 和 π_p^{D-R*} 分别表示制造商和平台的相应最优利润，得出以下结论。

定理 12.2　未使用区块链技术时，我们得到再销售模式下制造商和平台的最优生产和定价决策如下：

$$w^{D-R*}=\frac{\alpha c_1(1+\rho)+c_1St-c_0\mu-\beta c_1[p_0r-e_0(a_0-b_0C)(1+r)]}{2\beta c_1}$$

$$q^{D-R*}=\frac{\beta c_1\{\alpha c_1(1+\rho)+c_1St-c_0\mu+\beta c_1[p_0r-e_0(a_0-b_0C)(1+r)]\}}{4c_1^2\beta-\mu^2}$$

$$l^{D-R*}=\frac{\beta c_1\{8c_0c_1-\mu[p_0r-e_0(a_0-b_0C)(1+r)]\}-\alpha c_1\mu(1+\rho)-\mu(c_1St+c_0\mu)}{2c_1(4c_1^2\beta-\mu^2)}$$

对于初始碳配额和跨渠道效应对最优生产量的影响与定理 12.1 中的相同。但是，再销售模式下，最优交货时间随着跨渠道效应或初始碳配额的增加而减少。这与平台抽成模式的情况相反。从定理 12.2 中，我们可以验证，在跨渠道效应增加时，线上零售价格和批发价格之间的差异增加。这意味着平台可以通过增加跨渠道效应来获得更多利润，同时也意味着当跨渠道效应增加时，平台有动力缩短交货时间。同样，我们可以解释最优交货时间与初始碳配额之间的关系。在实践中，负的跨渠道效应在双渠道供应链中广泛存在，因此许多平台建立全渠道结构以削弱这种负面影响。在这种背景下，建立全渠道结构会延长(缩短)在平台抽成模式(再销售模式)下运作的平台的交货时间。众所周知，天猫(京东)以其平台抽成模式(再销售模式)运作而闻名。因此，如果京东建立全渠道结构，则最优交货时间将会缩短，但如果天猫建立全渠道结构，则最优交货时间将会延长。这一发现还可以解释为什么京东提供的交货时间比天猫短。

12.3.2　使用区块链技术

定义 $E[\pi_m^{D-M-B}(p^{D-M-B})]$ 为 $\pi_m^{D-M-B}(p^{D-M-B})$ 的期望值，推导出以下结果。

定理 12.3 在使用区块链技术的情况下,我们得到平台抽成模式下制造商和平台的最优生产和定价决策如下:

$$q^{D-M-B*}=\frac{\begin{array}{c}2c_1^2[\alpha(1+\rho)+T](1-\varphi)-2c_0c_1\mu(1-\varphi)+\\(2c_1^2\beta-\mu^2\varphi)[p_0r-e_0(a_0-b_0C)(1+r)-c_B(1+r)]\end{array}}{4c_1^2(1-\varphi)}$$

$$l^{D-M-B*}=\frac{\begin{array}{c}4c_0c_1(1-\varphi)(2c_1^2\beta-\mu^2\varphi)-\mu\varphi\{2c_1(1-\varphi)[\alpha c_1(1+\rho)+Tc_1-c_0\mu]\\-(2c_1^2\beta-\mu^2\varphi)[p_0r-e_0(a_0-b_0C)(1+r)-c_B(1+r)]\}\end{array}}{4c_1^2(1-\varphi)(2c_1^2\beta-\mu^2\varphi)}$$

$$p^{D-M-B*}=\frac{\begin{array}{c}2(1-\varphi)c_1[\alpha c_1(1+\rho)+Tc_1-c_0\mu]-\\(2c_1^2\beta-\mu^2\varphi)[p_0r-e_0(a_0-b_0C)(1+r)-c_B(1+r)]\end{array}}{2(1-\varphi)(2c_1^2\beta-\mu^2\varphi)}$$

定理 12.3 表明,最优生产量随着跨渠道效应和初始碳配额增加而增加。这些发现是直观的。然而,我们发现,如果 $r<[p_0-e_0(a_0-b_0C)-c_B]/[c_B+e_0(a_0-b_0C)]$,那么 $dq^{D-M-B*}/d\varphi<0$;如果 $r>[p_0-e_0(a_0-b_0C)-c_B]/[c_B+e_0(a_0-b_0C)]$,那么 $dq^{D-M-B*}/d\varphi>0$。直观地说,最优生产量随佣金率的增加而减少。随着佣金率的增加,平台从制造商那里夺走更多的在线销售收入,这限制了制造商的生产热情。如果跨渠道效应很高,最优生产量随佣金率的增加而增加。这是因为制造商可以降低其在线零售价格以刺激在线销售,并由于高跨渠道效应,它可以从线下渠道获得更多利润。

定义 $E[\pi_m^{D-R-B}(p^{D-R-B})]$ 为 $\pi_m^{D-R-B}(p^{D-R-B})$ 的期望值,则有以下定理。

定理 12.4 在使用区块链技术并考虑交货时间的情况下,我们得到再销售模式下制造商和平台的最优生产和定价决策如下:

$$w^{D-R-B*}=\frac{\begin{array}{c}\alpha c_1(1+\rho)+c_1T-c_0\mu+\beta c_1\{c_B+e_0(a_0-b_0C)+\\c_Br-r[p_0-e_0(a_0-b_0C)]\}\end{array}}{2\beta c_1}$$

$$q^{D-R-B*}=\frac{\begin{array}{c}\beta c_1\{\alpha c_1(1+\rho)-c_0\mu+c_1T-\beta c_1[(1+r)c_B+\\e_0(a_0-b_0C)-p_0r+e_0(a_0-b_0C)r]\}\end{array}}{4c_1^2\beta-\mu^2}$$

$$l^{D-R-B*}=\frac{\begin{array}{c}\beta c_1\{8c_0c_1+\mu c_B+e_0(a_0-b_0C)\mu+\mu rc_B-\mu r[p_0-e_0(a_0-b_0C)]\}-\\\mu(c_1T+c_0\mu)-\alpha c_1\mu(1+\rho)\end{array}}{2c_1(4c_1^2\beta-\mu^2)}$$

12.3.3　比较

在本小节中，我们比较了制造商和平台的最优运营决策及制造商使用和不使用区块链技术时的利润。

在平台抽成模式下，我们用 E^{D-M*} 和 E^{D-M-B*} 分别表示使用和不使用区块链技术的最优碳排放总量，则有 $E^{D-M*}=e_0(1+r)[(1+\rho)\alpha-\beta p^{D-M*}-\mu l^{D-M*}+tS]+e_0Q$ 和 $E^{D-M-B*}=e_0(1+r)[(1+\rho)\alpha-\beta p^{D-M-B*}-\mu l^{D-M-B*}+T]+e_0Q$。

定理 12.5　① 通过比较平台抽成模式下使用和不使用区块链技术时的最优生产量和碳排放总量，可以得出以下结论：如果 $r\leqslant\dfrac{2c_1^2(T-St)(1-\varphi)-c_B(2c_1^2\beta-\mu^2\varphi)}{c_B(2c_1^2\beta-\mu^2\varphi)}$，那么 $q^{D-M*}\leqslant q^{D-M-B*}$ 和 $E^{D-M*}\leqslant E^{D-M-B*}$；如果 $r>\dfrac{2c_1^2(T-St)(1-\varphi)-c_B(2c_1^2\beta-\mu^2\varphi)}{c_B(2c_1^2\beta-\mu^2\varphi)}$，那么 $q^{D-M*}>q^{D-M-B*}$ 和 $E^{D-M*}>E^{D-M-B*}$。② $l^{D-M*}>l^{D-M-B*}$。

定理 12.5① 表明，如果跨渠道效应低（高），那么使用区块链技术会导致更多（更少）的碳排放。我们知道，负的跨渠道效应在双渠道供应链中是普遍存在的，对应于低的跨渠道效应。因此，使用区块链技术会产生更多的碳排放。有趣的是，定理 12.5 中的跨渠道效应的阈值与平台赋能能力无关。因此，区块链技术是否具有控制碳排放的优势与平台赋能能力无关。定理 12.5② 表明，使用区块链技术总是能够减少最优交货时间。我们知道，天猫成立菜鸟裹裹来缩短交货时间。定理 12.5② 意味着，如果天猫使用区块链技术，将有助于进一步缩短交货时间。

接下来通过数值模拟进一步说明该结论。在讨论两种使用和不使用区块链技术的最优交货时间、碳排放总量时，将初始参数的值分别设置为：$\alpha=500$，$\rho=0.04$，$Q=100$，$p_0=40$，$\beta=1.5$，$r=-0.3$，$e_0=1$，$a_0=50$，$b_0=0.2$，$C=60$，$S=10$，$t=2$，$\mu=1$，$c_0=100$，$c_1=15$，$\varphi=0.02$，$c_B=4$，$F=1000$ 和 $T=60$。对于定理 12.5①，没有使用区块链技术时，我们设定 $S=10$。使用区块链技术时，我们分别设置 $T=40,50,60$。平台抽成模式下使用区块链技术与未使用区块链技术时碳排放总量的差异如图 12-1 所示，如果 $T=40$，则当 $r<2.27$ 时，$E^{D-M*}<E^{D-M-B*}$；当 $r>2.27$ 时，$E^{D-M*}>E^{D-M-B*}$。如果 $T=50$，则当 $r<3.9$ 时，$E^{D-M*}<E^{D-M-B*}$；当 $r>3.9$ 时，$E^{D-M*}>E^{D-M-B*}$。如果 $T=60$，则当 $r<5.53$

时，$E^{D-M*} < E^{D-M-B*}$；当 $r > 5.53$ 时，$E^{D-M*} > E^{D-M-B*}$。从上述分析可以得出结论，如果 A 企业处于具有高跨渠道效应的行业中，使用区块链技术可以减少碳排放总量。否则，使用区块链技术将产生更多的碳排放量。在中国，京东和天猫正在引入全渠道结构，将线下和线上渠道整合在一起，以削弱广泛存在的负跨渠道效应，扩大正跨渠道效应。从图 12-1 中可以看出，这种行为最终将增强区块链技术在保护环境方面的优点。

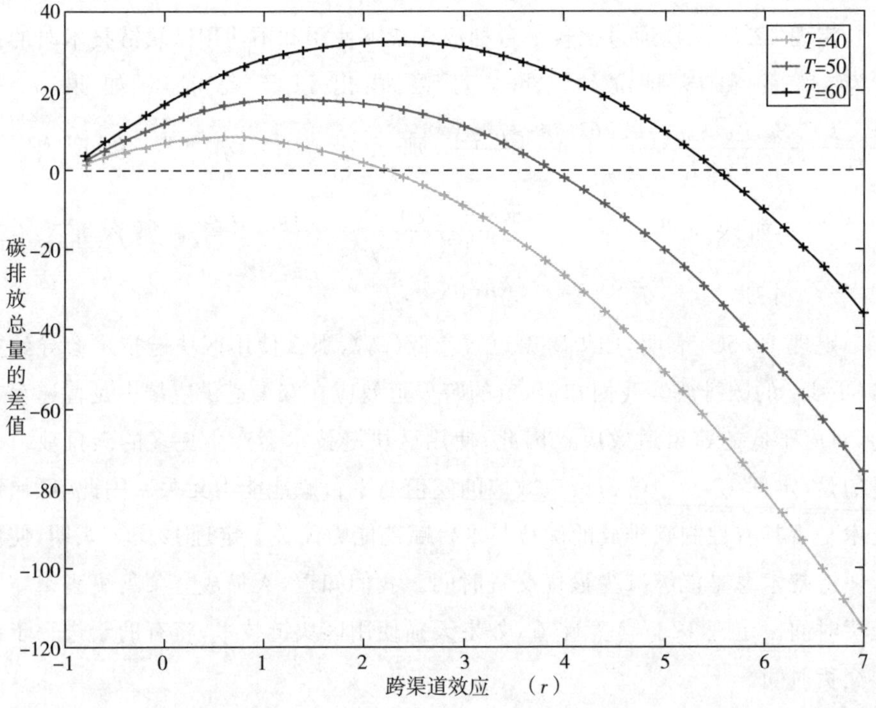

图 12-1　平台抽成模式下使用区块链技术与未使用区块链技术时碳排放总量的差异

平台抽成模式中使用和未使用区块链技术时最优交货时间如图 12-2 所示。没有使用区块链技术时，我们分别设置 $S=10,15,20$。与使用区块链技术相比，令 $T=60$，我们发现不使用区块链技术的交货时间，即 $S=10,15,20$ 总是更长。使用区块链技术时，我们分别设置 $T=40,50,60$。与不使用区块链技术相比，如 $S=10,15,20$。我们也发现使用区块链技术的交货时间，$T=40,50,60$ 总是更短。因此，如果 A 企业与平台抽成模式的平台合作，如天猫和 Flipkart 等，使用区块链技术总是可以缩短交货时间。

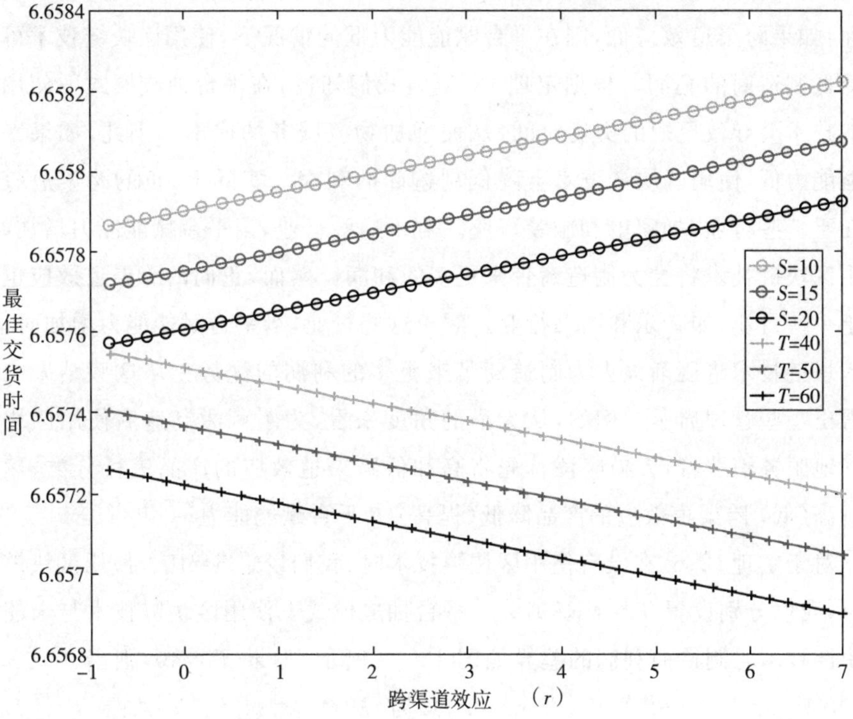

图 12-2　平台抽成模式中使用和未使用区块链技术时最优交货时间

定理 12.6　通过比较平台抽成模式下使用和不使用区块链时制造商的最优利润,我们得到以下结论:

① 如果 $r \leqslant \dfrac{2c_1^2(T-St)(1-\varphi)-c_B(2c_1^2\beta-\mu^2\varphi)}{c_B(2c_1^2\beta-\mu^2\varphi)}$,则:当 $0<\rho\leqslant\bar{\rho}^M$ 时,$\pi_m^{D-M*}\geqslant\pi_m^{D-M-B*}$;当 $\rho>\bar{\rho}^M$ 时,$\pi_m^{D-M*}<\pi_m^{D-M-B*}$。② 如果 $r>\dfrac{2c_1^2(T-St)(1-\varphi)-c_B(2c_1^2\beta-\mu^2\varphi)}{c_B(2c_1^2\beta-\mu^2\varphi)}$,则:当 $0<\rho\leqslant\bar{\rho}^M$ 时,$\pi_m^{D-M*}\leqslant\pi_m^{D-M-B*}$;当 $\rho>\bar{\rho}^M$ 时,$\pi_m^{D-M*}>\pi_m^{D-M-B*}$。

由于 $\bar{\rho}^M$ 的表达式非常复杂,因此我们将其放在附录中。定理 12.6① 表明,跨渠道效应和平台赋能能力在使用区块链技术后会对制造商的利润变化产生重要作用。如果跨渠道效应低,则在高的平台赋能能力下,使用区块链技术可以为制造商带来更多利润。我们将定理 12.6① 的不等式重写为 $c_B\leqslant\dfrac{2c_1^2(T-St)(1-\varphi)}{(2c_1^2\beta-\mu^2\varphi)(1+r)}$。因此,低的跨渠道效应也对应着使用区块链技术的低可变成本。人们可能普遍认为，使用区块链技术可以为制造商带来更多的利润。然而，如果跨渠道效应低，则在平台赋能能力低的情况下，使用区块链技术可能会降低制造商的利润。根据定理12.5②，我们知道，在平台抽成模式下使用区块链技术会导致更短的交货时间，从而增加物流服务的成本。因此，如果平台赋能能力低，使用区块链技术会降低制造商的利润。实际上，负的跨渠道效应存在于一些行业，如家电和服装行业。对于这些行业，当平台赋能能力增加时，使用区块链技术将会为制造商带来更多的利润。然而，正向的跨渠道效应也存在于一些行业，如音乐和图书行业。对于这些行业，当平台赋能能力增加时，使用区块链技术将逐渐失去为制造商带来更多的利润的优势。从这些结果中可以得出一些管理启示。例如，从天猫的角度来看，为了刺激制造商使用区块链更好地服务消费者，天猫应该首先将高和低跨渠道效应的产品进行分类，然后针对高（低）跨渠道效应的产品降低（提高）其平台赋能能力。

对于定理12.6，在没有使用区块链技术时，我们设定$S=10$。使用区块链技术时，我们分别设置$T=40,50,60$。平台抽成模式下使用区块链技术与未使用区块链技术时制造商利润的差异如图12-3所示，如果$T=40$，则当$0<\rho<0.092$时，$\pi_m^{D-M*}\geqslant\pi_m^{D-M-B*}$；当$\rho>0.092$时，$\pi_m^{D-M*}<\pi_m^{D-M-B*}$。如果$T=50$，则当$0<\rho<0.071$时，$\pi_m^{D-M*}\geqslant\pi_m^{D-M-B*}$；当$\rho>0.071$时，$\pi_m^{D-M*}<\pi_m^{D-M-B*}$。如果$T=60$，则当$0<\rho<0.053$时，$\pi_m^{D-M*}\geqslant\pi_m^{D-M-B*}$；当$\rho>0.053$时，$\pi_m^{D-M*}<\pi_m^{D-M-B*}$。在实践中，许多平台，如天猫和京东，采取了一些措施来增强自身的能力。因此，如果A企业（制造商）使用区块链技术，这种行为将使其受益。

再销售模式中，我们分别用E^{D-R*}和E^{D-R-B*}表示使用和未使用区块链技术的最优碳排放总量。那么我们有$E^{D-R*}=e_0(1+r)[(1+\rho)\alpha-\beta p^{D-R*}-\mu l^{D-R*}+tS]+e_0Q$和$E^{D-R-B*}=e_0(1+r)[(1+\rho)\alpha-\beta p^{D-R-B*}-\mu l^{D-R-B*}+tS+T]+e_0Q$。

定理12.7 ① 通过比较在再销售模式中使用和未使用区块链技术时的最优生产量和碳排放总量，我们发现：

如果 $r<-\dfrac{\begin{array}{c}\alpha c_1(1+\rho)[\mu^2-2c_1^2\beta(3-\beta)]+c_1T\mu^2-c_0\mu^3-\\6c_1^3T\beta+c_1c_B\beta\mu^2+c_1e_0(a_0-b_0C)\beta\mu^2+2c_0c_1^2\mu(3-\beta)-\\2c_1^3\beta^2c_B+2c_1^3St\beta^2-2c_1^3e_0(a_0-b_0C)\beta^2(1+\beta)\end{array}}{\begin{array}{c}\beta c_1\{2c_1^2\beta[p_0(1+\beta)+e_0(a_0-b_0C)(1+\beta)-c_B]-\\ [p_0-e_0(a_0-b_0C)-c_B\mu^2]\}\end{array}}$，那么

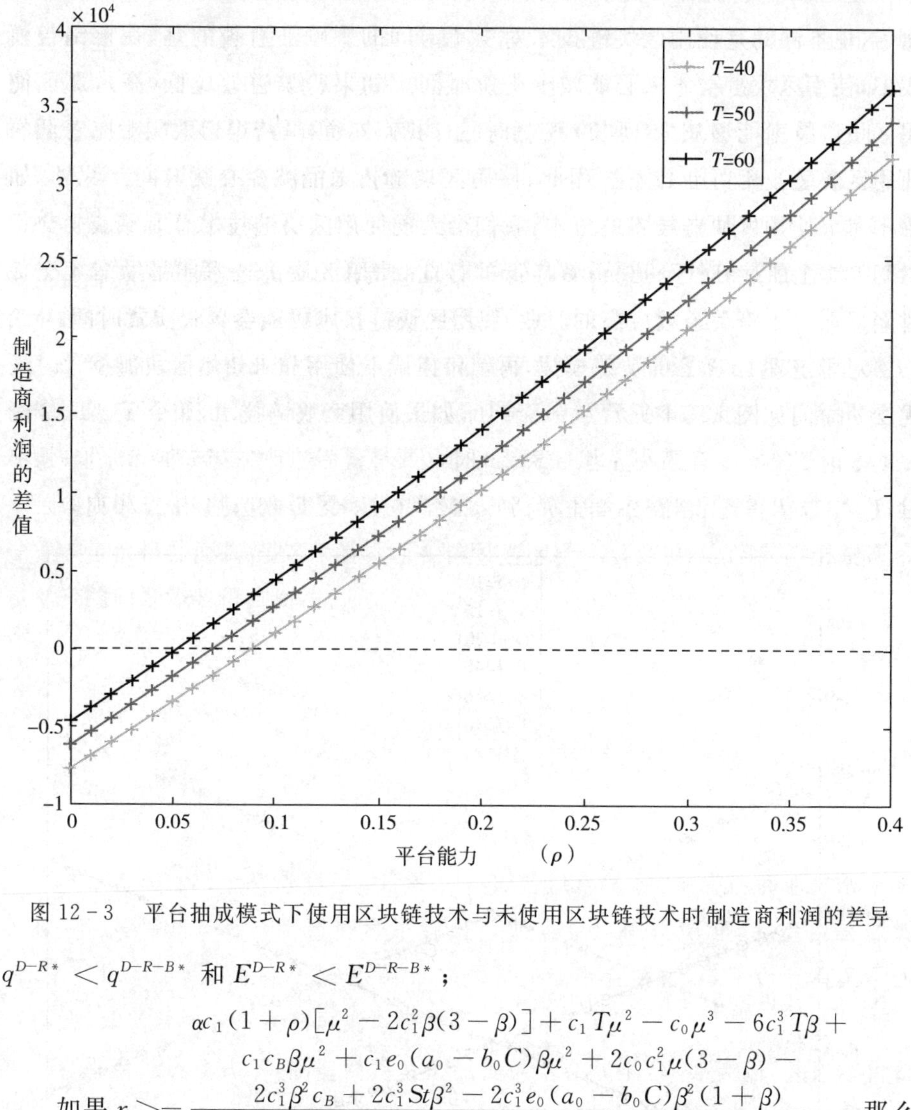

图 12-3　平台抽成模式下使用区块链技术与未使用区块链技术时制造商利润的差异

$q^{D-R*} < q^{D-R-B*}$ 和 $E^{D-R*} < E^{D-R-B*}$；

如果 $r > -\dfrac{\alpha c_1(1+\rho)[\mu^2 - 2c_1^2\beta(3-\beta)] + c_1 T\mu^2 - c_0\mu^3 - 6c_1^3 T\beta + c_1 c_B\beta\mu^2 + c_1 e_0(a_0 - b_0 C)\beta\mu^2 + 2c_0 c_1^2\mu(3-\beta) - 2c_1^3\beta^2 c_B + 2c_1^3 St\beta^2 - 2c_1^3 e_0(a_0 - b_0 C)\beta^2(1+\beta)}{\beta c_1\{2c_1^2\beta[p_0(1+\beta) + e_0(a_0 - b_0 C)(1+\beta) - c_B] - [p_0 - e_0(a_0 - b_0 C) - c_B\mu^2]\}}$，那么

$q^{D-R*} > q^{D-R-B*}$ 和 $E^{D-R*} > E^{D-R-B*}$。

② 通过比较在再销售模式中使用和未使用区块链技术时的最优交货时间，我们发现：

如果 $r < (T - St - c_B\beta)/(c_B\beta)$，那么 $l^{D-R*} > l^{D-R-B*}$；如果 $r > (T - St - c_B\beta)/(c_B\beta)$，那么 $l^{D-R*} < l^{D-R-B*}$。

定理12.7① 的结果与在平台抽成模式中定理12.5① 的结果结构类似。然而,这里不同的是使用区块链技术对交货时间的影响。有趣的是,在再销售模式中,使用区块链技术未必能减少交货时间。如果跨渠道效应低(高),那么使用区块链技术能够减少(延长)交货时间。我们知道,低跨渠道效应对应着低的使用区块链技术可变成本。因此,使用区块链技术能减少交货时间。此外,如果不考虑使用区块链技术的成本,我们会发现使用区块链技术总能够减少交货时间。综上所述,对于跨渠道效应低的行业,使用区块链技术能帮助缩短交货时间。而对于跨渠道效应高的产业,使用区块链技术可能会延长交货时间。

对于定理12.7② 的数值模拟,再销售模式下使用和未使用区块链技术时最优交货时间如图12-4所示。令 $S=10$,如果使用区块链技术,如令 $T=40$,当 $r<2.3$ 时 $l^{D-R*}>l^{D-R-B*}$;当 $r>2.3$ 时,$l^{D-R*}<l^{D-R-B*}$。令 $T=50$,当 $r<4$ 时,$l^{D-R*}>l^{D-R-B*}$;当 $r>4$ 时,$l^{D-R*}<l^{D-R-B*}$。令 $T=60$,当 $r<5.6$ 时,l^{D-R*}

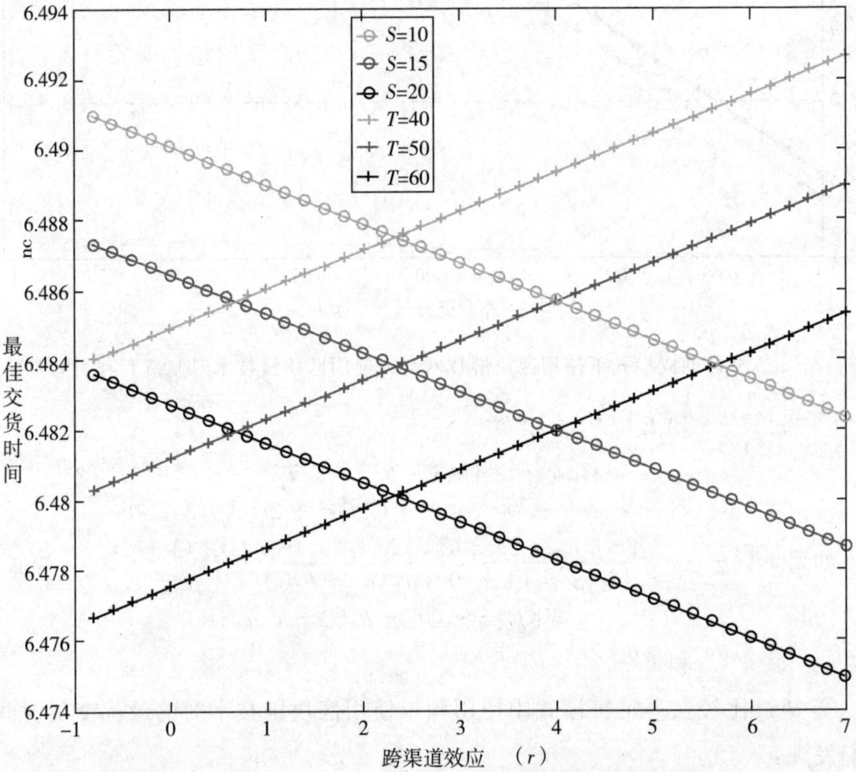

图12-4 再销售模式下使用和未使用区块链技术时最优交货时间

$> l^{D-R-B*}$；当 $r > 5.6$ 时，$l^{D-R*} < l^{D-R-B*}$。从上述分析可以得出结论，如果 A 企业处于具有高跨渠道效应的行业中，使用区块链技术将延长交货时间；如果 A 企业处于跨渠道效应低的行业中，使用区块链技术将有助于缩短交货时间。

定理 12.8　通过比较使用和未使用区块链技术时的最优利润，我们发现：① 如果 $r < (T - St - c_B\beta)/(c_B\beta)$，那么：当 $0 < \rho \leqslant \bar{\rho}^R$ 时，$\pi_m^{D-R*} \geqslant \pi_m^{D-R-B*}$；当 $\rho > \bar{\rho}^R$ 时，$\pi_m^{D-R*} < \pi_m^{D-R-B*}$。② 如果 $r > (T - St - c_B\beta)/(c_B\beta)$，那么：当 $0 < \rho \leqslant \bar{\rho}^R$ 时，$\pi_m^{D-M*} \leqslant \pi_m^{D-M-B*}$；当 $\rho > \bar{\rho}^R$ 时，$\pi_m^{D-M*} > \pi_m^{D-M-B*}$。

定理 12.8 的结果与定理 12.6 类似。也就是说，使用区块链技术能否带给制造商更多的利润取决于跨渠道效应和平台赋能能力。将定理 12.6 和定理 12.8 的结果相结合，我们发现制造商是否使用区块链技术与平台的运作模式无关。

12.4　小　结

本节在考虑交货时间的情况下，分别探讨了未使用和使用区块链技术的最优运营决策，同时比较了未使用和使用区块链技术的最优碳排放量、最优交货时间及制造商的利润。

研究结果表明：①如果跨渠道效应高（低），无论是否考虑交货时间，最优生产量都会随着佣金率的增加而增加（减少）。②在平台抽成（再销售）模式下，随着跨渠道效应和初始碳配额的增加，最优交货时间也会增加（减少）。③如果跨渠道效应低（高），使用区块链技术会带来更多（更少）的碳排放。④在平台抽成模式下，使用区块链技术总是降低最优交货时间；在再销售模式下，如果跨渠道效应低（高），使用区块链技术会降低（增加）最优交货时间。⑤如果跨渠道效应低（高），使用区块链技术在平台赋能能力高（低）的情况下会为制造商带来更多利润。

第13章　考虑区块链技术下制造商平台抽成和再销售模式的选择策略研究

区块链技术已广泛应用于许多行业，在再制造领域的应用是其中一个方面，并且可以很好地匹配。本章考虑再制造和区块链的结合，构建了一个由制造商、第三方公司和在线平台组成的供应链模型。其中，制造商面临碳交易机制，采用区块链记录使用过的产品信息以制造产品。该平台具有扩大潜在市场规模的能力，以平台抽成模式或再销售模式运作。第三方公司为制造商收集使用过的产品。本章分析了在有无区块链技术时，制造商，平台、第三方公司在再销售模式下和平台抽成模式下的最优策略。在最优策略的基础上，探讨了再销售和平台抽成两种平台模式下制造商的区块链技术采用策略及在有无区块链技术下制造商的平台模式选择策略。

13.1　问题的引出

近年来，世界各地自然灾害频发。其中一个主要原因是人类过度使用化石(碳)能源。全球变暖是人类活动导致地球气候变化的结果，过量的碳排放，给环境带来越来越多的问题。为了保护环境，越来越多的国家制定了减少二氧化碳排放的政策。众所周知，供应链活动产生了大量的二氧化碳，其中制造商在各国努力实现碳中和过程中发挥着关键作用(Gupta 和 Garg，2020)。为了促进碳中和的实现，一些政府采取了控制二氧化碳排放的政策。为此，研究人员和实践者发现，碳交易机制是基于市场的控制二氧化碳排放的最有效的方法

(Gong 和 Zhou,2013)。在该政策下,政府为每个制造商分配了一些免费的碳信用额,即分配初始碳配额,后者将其用于生产产品(Huang 等,2023;Wang 等,2022)。当碳交易额不足(过剩)时,制造商可以从碳交易市场上购买(出售)它们。

面对碳交易机制的约束,制造商可能会采取再制造,这在减少二氧化碳排放方面起着非常重要的作用。在实践中,许多制造商(如海尔和博世)在其生产过程中建立了再制造技术体系,以提高产品的环保水平,减少二氧化碳的排放。例如,博世自 20 世纪 80 年代实施再制造交换项目以来,已经减少了 2.3 万吨二氧化碳排放(Yang 等,2020)。通常,制造商会通过一个第三方公司来回收二手产品。

随着再制造的盛行,区块链技术已被用于支持再制造过程(Niu 等,2022)。区块链技术和再制造是一个完美的匹配。在再制造过程中,区块链技术可以记录产品每个部分的功能状况和二氧化碳排放水平,为制造商进行产品再制造提供准确的信息,进而降低生产成本,实现高产量。许多研究都表明区块链技术可以追踪和记录产品每个部分的信息,从而为制造商提供更多的信息,提高生产率(Choi 等,2020;Choi 等,2019)。

近年来,许多制造商都加入线上平台以获得更高的利润(Liu 等,2022;Wang 和 He,2022)。在实践中,线上平台存在 2 种典型的运营模式,即再销售模式和平台抽成模式。在再销售模式下,平台以批发价格从制造商那里购买产品,随后将产品以零售价格出售给消费者。在平台抽成模式下,制造商可以直接将产品出售给消费者,但是需要向平台支付一笔固定的佣金。在实践中,中国的天猫和印度的 Flipkart 以平台抽成模式闻名,而中国的京东和美国的亚马逊则以再销售模式闻名。由于越来越多的制造商加入平台,制造商能够利用平台扩大其潜在的市场规模,本章称这种现象为平台赋能能力(Shen 等,2019;Xu 等,2020)。

再制造技术和碳交易机制显著影响制造商的最优决策,进而影响其对平台模式的选择和区块链的采用。此外,再制造直接影响排放强度,进而影响制造商的碳交易决策。此外,平台模式、平台赋能能力和区块链的采用也会显著影响制造商的最优决策。在实践中,这三种因素通常同时存在。因此,考虑再制造,研究处于碳交易机制下的制造商的平台模式选择和区块链技术采用策略是非常具有研究价值的问题。

13.2 模型的建立

本节考虑区块链技术，构建了由单个制造商，线上平台和第三方公司组成的供应链。其中，该制造商面临碳交易机制的管制，采取再制造的方法去降低碳排放。对于平台而言，其存在两种典型的运营模式，即再销售模式和平台抽成模式。在再销售模式下，平台从制造商那里以批发价格 w 购买产品，随后将产品以零售价格 p 出售给消费者(Li 等，2020；Zheng 等，2021)。在平台抽成模式下，制造商直接将产品出售给消费者，但是需要支付给平台一个佣金率 φ(Wu 和 Wang，2023；Xu 等，2022)。对于再制造，在实践中，存在 2 种情况。一种是修复二手产品(Dou 和 Choi，2021；Yang 等，2020)。在这种情况下，由于可观察到的缺陷，消费者对新产品和修复过的产品评价不同，从而导致不同的价格。另一种是拆解二手产品然后再利用功能完好的部件去制造新产品(He 等，2019；Hong 等，2021)。在这种情况下，由于两种产品的外观相同，消费者肉眼无法区分新产品和再制造产品(Hong 等，2021)。因此，这两种产品具有相同的价格(Bai 等，2022)。在本章的模型中，考虑后者的再制造情况。

在再制造过程中，第三方公司首先从消费者那里以回收成本 b 回收二手产品，随后制造商从第三方公司那里以转移支付费 t 购买二手产品。对于二手产品，第三方公司不能全部回收。因此，本研究假设回收率是 τ，其在区间 $[0,1]$ 变化。回收成本系数是 c，回收成本是回收率的二次函数。本章的所有阈值收录在附录 B 的表 B-5 中。由于再制造产品节约了生产成本，因而本章假设单位生产成本节约是 σ。产品最初碳排放强度是 e_m，再制造产品的排放强度是 λ。因此，再制造后产品的平均排放强度是 $e_m(1-\tau)+\varkappa_m\tau$。再制造和区块链技术是一个完美的匹配。参考 Dong 等(2021) 和 Niu 等(2021)，本研究假设不采用区块链技术时，通过再制造节约的单位生产成本为 σ。采用区块链技术后，通过再制造节约的单位生产成本为$(1+r_b)\sigma$，其中 $r_b>0$，制造商采用区块链技术的单位成本为 c_b。

在碳交易机制下，制造商会分配到一个免费的碳配额 C 去生产产品。当制造商的实际碳排放量超过配额时，制造商必须从碳交易市场上去购买配额。相反，当制造商的实际碳排放量小于配额时，制造商也可以在碳交易市场上去出售配额。参考 Xu 等(2023) 和 Ji 等(2020)，本章假设碳交易价格与初始碳配额之间的相反关系，即碳交易价格为 $a_0 - b_0 C$，其中 a_0 代表最高的碳交易价格，b_0 代表初始碳配额的价格敏感性。参考 Xu 等(2023) 和 Ji 等(2020)，本研究假设需求是零售价格的线性函数，市场规模是 a，零售价格敏感系数是 β。此外，本研究考虑平台赋能能力 ρ。随后，可以推导需求函数为 $q = (1+\rho)a - \beta p$。

13.3　主要结论

13.3.1　再销售模式下的最优决策

本小节首先探究了制造商不采用区块链技术进行再制造时，再销售模式下企业的最优决策，随后对制造商采用区块链技术进行再制造时的再销售模式进行了一个类似的研究。

1. 制造商不采用区块链技术进行再制造时的最优决策

在再销售模式下，制造商、平台和第三方公司的利润如下：

$$\pi_{R-TP}^{p}(p_{R-TP}) = (p_{R-TP} - w_{R-TP})q_{R-TP} \tag{13-1}$$

$$\pi_{R-TP}^{tp}(\tau_{R-TP}) = (t-b)\tau_{R-TP}q_{R-TP} - c\tau_{R-TP}^{2} \tag{13-2}$$

$$\begin{aligned}\pi_{R-TP}^{m}(w_{R-TP}) = {} & [w_{R-TP} + (\sigma - t)\tau_{R-TP}]q_{R-TP} - \\ & (a_0 - b_0 C)\{[e_m(1-\tau_{R-TP}) + \lambda e_m \tau_{R-TP}]q_{R-TP} - C\}\end{aligned} \tag{13-3}$$

在公式(13-1)、公式(13-2) 和公式(13-3) 中，下标 $R-TP$ 表示制造商不采用区块链技术进行再制造时，再销售模式在分散决策下的决策。对以上公式进行求解可得出以下结果。

定理 13.1　当制造商不采用区块链技术进行再制造时，再销售模式下的制造商、平台和第三方公司的最优决策如下：

$$w_{R-TP}^{*} = \frac{2(a_0 - b_0 C)ce_m\beta + a(1+\rho)(2c+A)}{\beta(4c+A)}$$

$$p_{R-TP}^{*} = \frac{(a_0 - b_0 C)ce_m\beta + a(1+\rho)(3c+A)}{\beta(4c+A)}$$

$$q_{R-TP}^{*} = \frac{c[a(1+\rho) - (a_0 - b_0 C)e_m\beta]}{4c+A}$$

$$\tau_{R-TP}^{*}=\frac{-[a(1+\rho)-(a_0-b_0C)e_m\beta]B}{2(4c+A)}$$

$$\pi_{R-TP}^{p*}=\frac{c^2[a(1+\rho)-(a_0-b_0C)e_m\beta]^2}{\beta(4c+A)^2}$$

$$\pi_{R-TP}^{tp*}=\frac{c[a(1+\rho)-(a_0-b_0C)e_m\beta]^2B^2}{4(4c+A)^2}$$

$$\pi_{R-TP}^{m*}=\frac{\begin{aligned}&\{-2a(a_0-b_0C)(1+\rho)ce_m\beta+a^2c(1+\rho)2+\\&(a_0-b_0C)\beta[a_0ce_m^2\beta-2b_0^2C^3e_m^2\beta\lambda(1-2\lambda)+\\&C(c(8-b_0e_m^2\beta)+2a_0e_m\beta\lambda(b-a_0e_m(1-2\lambda)-\sigma))+\\&2b_0C^2e_m\beta\lambda(2a_0e_m-4a_0e_m\lambda+\sigma-b)]\}\end{aligned}}{2\beta(4c+A)}$$

2. 制造商采用区块链技术进行再制造时的最优决策

在再销售模式下，制造商、平台和第三方公司的利润如下：

$$\pi_{R-TP-B}^{p}(p_{R-TP-B})=(p_{R-TP-B}-w_{R-TP-B})q_{R-TP-B} \tag{13-4}$$

$$\pi_{R-TP-B}^{tp}(\tau_{R-TP-B})=(t-b)\tau_{R-TP-B}q_{R-TP-B}-c\tau_{R-TP-B}^{2} \tag{13-5}$$

$$\begin{aligned}\pi_{R-TP-B}^{m}(w_{R-TP-B})=&\{w_{R-TP-B}+[(1+r_b)\sigma-t]\tau_{R-TP-B}\}q_{R-TP-B}\\&-(a_0-b_0C)\{[e_m(1-\tau_{R-TP-B})+\lambda e_m\tau_{R-TP-B}]q_{R-TP-B}-C\}-\\&c_b\tau_{R-TP-B}q_{R-TP-B}\end{aligned} \tag{13-6}$$

在公式(13-4)、公式(13-5)和公式(13-6)中，下标$R-TP-B$表示制造商采用区块链技术进行再制造时，再销售模式在分散决策下的决策。对以上公式进行求解可得到定理13.2。

定理13.2 当制造商采用区块链技术进行再制造时，再销售模式下的制造商、平台和第三方公司的最优决策如下：

$$w_{R-TP-B}^{*}=\frac{2(a_0-b_0C)ce_m\beta+a(1+\rho)(2c-D)}{\beta(4c-D)}$$

$$p_{R-TP-B}^{*}=\frac{(a_0-b_0C)ce_m\beta+a(1+\rho)(3c-D)}{\beta(4c-D)}$$

$$q_{R-TP-B}^{*}=\frac{c[a(1+\rho)-(a_0-b_0C)e_m\beta]}{4c-D}$$

$$\tau_{R-TP-B}^{*}=\frac{-[a(1+\rho)-(a_0-b_0C)e_m\beta]E}{2(4c-D)}$$

$$\pi_{R-TP-B}^{p*}=\frac{c^2\left[a(1+\rho)-(a_0-b_0C)e_m\beta\right]^2}{\beta(4c-D)^2}$$

$$\pi_{R-TP-B}^{tp*}=\frac{c\left[a(1+\rho)-(a_0-b_0C)e_m\beta\right]^2E^2}{4(4c-D)^2}$$

$$\pi_{R-TP-B}^{m*}=\frac{\begin{array}{c}-\{-2a(a_0-b_0C)ce_m\beta(1+\rho)+a^2c(^1+\rho)2+\\(a_0-b_0C)\beta[a_0ce_m^2\beta-2b_0^2C^3e_m^2\beta\lambda(1-2\lambda)+\\2b_0C^2e_m\beta(-b\lambda-(1-2\lambda)(c_b-2a_0e_m\lambda)+(1+r_b)\lambda\sigma)+\\C(c(8-b_0e_m^2\beta)-2\beta(c_b-a_0e_m\lambda)(b-a_0e_m(1-2\lambda)-(1+r_b)\sigma))]\}\end{array}}{-2\beta(4c-D)}$$

13.3.2　平台抽成模式下的最优决策

本小节首先探究了制造商不采用区块链技术进行再制造时，平台抽成模式下企业的最优决策，随后对制造商采用区块链技术进行再制造时的平台抽成模式进行了一个类似的研究。

1. 制造商不采用区块链技术进行再制造时的最优决策

在平台抽成模式下，制造商、平台和第三方公司的利润如下：

$$\pi_{M-TP}^{p}=\varphi p_{M-TP}q_{M-TP}\tag{13-7}$$

$$\pi_{M-TP}^{tp}(\tau_{M-TP})=(t-b)\tau_{M-TP}q_{M-TP}-c\tau_{M-TP}^2\tag{13-8}$$

$$\pi_{M-TP}^{m}(p_{M-TP})=(1-\varphi)p_{M-TP}q_{M-TP}+(\sigma-t)\tau_{M-TP}q_{M-TP}-(a_0-b_0C)\{[e_m(1-\tau_{M-TP})+\lambda e_m\tau_{M-TP}]q_{M-TP}-C\}\tag{13.9}$$

在公式(13-7)、公式(13-8)和公式(13-9)中，下标$M-TP$表示制造商不采用区块链技术进行再制造时，平台抽成模式在分散决策下的决策。对以上公式进行求解可得出以下结果。

定理 13.3　当制造商不采用区块链技术进行再制造时，平台抽成模式下的制造商、平台和第三方公司的最优决策如下：

$$p_{M-TP}^*=\frac{-(a_0-b_0C)e_m\beta c+a(1+\rho)[-A-c(1-\varphi)]}{\beta[-A-2c(1-\varphi)]}$$

$$q_{M-TP}^*=\frac{c[(a_0-b_0C)e_m\beta-a(1+\rho)(1-\varphi)]}{-A-2c(1-\varphi)}$$

$$\tau_{M-TP}^{*}=\frac{-B[(a_0-b_0C)e_m\beta-a(1+\rho)(1-\varphi)]}{2[-A-2c(1-\varphi)]}$$

$$\pi_{M-TP}^{tp\,*}=\frac{cB^2\,[(a_0-b_0C)e_m\beta-a(1+\rho)(1-\varphi)]^2}{4\,[A+2c(1-\varphi)]^2}$$

$$\pi_{M-TP}^{p\,*}=\frac{\begin{gathered}\{-(a_0-b_0C)e_m\beta c^2+ac(1+\rho)[-A-c(1-\varphi)]\}\\ [(a_0-b_0C)e_m\beta-a(1+\rho)(1-\varphi)]\varphi\end{gathered}}{\beta\,\{-A-2c(1-\varphi)\}^2}$$

$$\pi_{M-TP}^{m\,*}=\frac{\begin{gathered}\{-2a(a_0-b_0C)ce_m\beta(1+\rho)(1-\varphi)+a^2c(^1+\rho)2(^1-\varphi)2+\\ (a_0-b_0C)\beta[a_0ce_m^2\beta-2b_0^2C^3e_m^2\beta\lambda(1-2\lambda)+\\ 2b_0C^2e_m\beta\lambda(2a_0e_m-4a_0e_m\lambda+\sigma-b)-\\ C(2a_0e_m\beta\lambda(a_0e_m-2a_0e_m\lambda+\sigma-b)+c(b_0e_m^2\beta+4\varphi-4))]\}\end{gathered}}{2\beta[A+2c(1-\varphi)]}$$

2. 制造商采用区块链技术进行再制造时的最优决策

在平台抽成模式下，制造商、平台和第三方公司的利润如下：

$$\pi_{M-TP-B}^{p}=\varphi p_{M-TP-B}q_{M-TP-B} \tag{13-10}$$

$$\pi_{M-TP-B}^{tp}(\tau_{M-TP-B})=(t-b)\tau_{M-TP-B}q_{M-TP-B}-c\tau_{M-TP-B}^2 \tag{13-11}$$

$$\begin{aligned}\pi_{M-TP-B}^{m}(p_{M-TP-B})=&(1-\varphi)p_{M-TP-B}q_{M-TP-B}+[(1+r_b)\sigma-t]\tau_{M-TP-B}q_{M-TP-B}\\ &-(a_0-b_0C)\{[e_m(1-\tau_{M-TP-B})+\lambda e_m\tau_{M-TP-B}]q_{M-TP-B}-C\}-\\ &c_b\tau_{M-TP-B}q_{M-TP-B}\end{aligned} \tag{13-12}$$

在公式(13-10)、公式(13-11)和公式(13-12)中，下标$M-TP-B$表示制造商采用区块链技术进行再制造时，平台抽成模式在分散决策下的决策。对以上公式进行求解可得出以下结果。

定理 13.4 当制造商采用区块链技术进行再制造时，平台抽成模式下的制造商、平台和第三方公司的最优决策如下：

$$p_{M-TP-B}^{*}=\frac{-(a_0-b_0C)e_m\beta c+a(1+\rho)[D-c(1-\varphi)]}{\beta[D-2c(1-\varphi)]}$$

$$q_{M-TP-B}^{*}=\frac{c[(a_0-b_0C)e_m\beta-a(1+\rho)(1-\varphi)]}{D-2c(1-\varphi)}$$

$$\tau^{*}_{M-TP-B}=\frac{-E[(a_0-b_0C)e_m\beta-a(1+\rho)(1-\varphi)]}{2[D-2c(1-\varphi)]}$$

$$\pi^{tp*}_{M-TP-B}=\frac{cE^2\,[(a_0-b_0C)e_m\beta-a(1+\rho)(1-\varphi)]^2}{4\,[D-2c(1-\varphi)]^2}$$

$$\pi^{p*}_{M-TP-B}=\frac{\begin{array}{c}-\{c[-(a_0-b_0C)ce_m\beta+a(1+\rho)(D-c(1-\varphi))]\\ [-(a_0-b_0C)e_m\beta+a(1+\rho)(1-\varphi)]\varphi\}\end{array}}{\beta[D-2c(1-\varphi)]^2}$$

$$\pi^{m*}_{M-TP-B}=\frac{\begin{array}{c}-\{-2a(a_0-b_0C)ce_m\beta(1+\rho)(1-\varphi)+a^2c(1+\rho)2(1-\varphi)2+\\ (a_0-b_0C)\beta[a_0ce_m^2\beta-2b_0^2C^3e_m^2\beta\lambda(1-2\lambda)+\\ 2b_0C^2e_m\beta(-b\lambda-(1-2\lambda)(c_b-2a_0e_m\lambda)+(1+r_b)\lambda\sigma)-\\ C(2\beta(c_b-a_0e_m\lambda)(b-(1-2\lambda)a_0e_m-(1+r_b)\sigma)+\\ c(b_0e_m^2\beta+4\varphi-4))]\}\end{array}}{2\beta[D-2c(1-\varphi)]}$$

13.3.3　平台模式比较及区块链采纳策略

本小节首先对再销售模式和平台抽成模式下，制造商采用区块链技术和不采用区块链技术进行再制造时的最优利润进行比较，其次对制造商采用区块链技术和不采用区块链技术进行再制造时，再销售和平台抽成两种模式中制造商的最优利润进行比较。

1. 再销售模式下制造商的区块链技术采纳策略

定理 13.5　如果 $e_m\leqslant e_{m1}$，那么 $\pi^{m*}_{R-TP}\geqslant\pi^{m*}_{R-TP-B}$；如果 $e_m>e_{m1}$，那么 $\pi^{m*}_{R-TP}<\pi^{m*}_{R-TP-B}$，其中 $e_{m1}=\dfrac{c_b(r_b\sigma+\sigma-b)}{(a_0-b_0C)[r_b\lambda\sigma-c_b(1-2\lambda)]}$。

定理 13.5 说明了再销售模式下，如果排放强度较低，那么制造商不应该使用区块链技术；否则，制造商应当使用区块链技术去再制造产品。此发现背后的原因是，当排放强度低时，处于碳交易机制下的制造商没有动机去再制造。在此情形下，使用区块链技术的成本超过了遵守碳交易机制所带来的好处，这最终导致了利润的降低。在实践中，苹果具有低排放强度，并且使用回收材料去再制造新产品。此外，苹果与京东合作去销售其产品。因此，苹果不应该使用区块链技术。这个结果与观察结果一致，即苹果在现实中不采用区块链技术。事实上，绿色发展被纳入国家发展，越来越多的制造商开始采取措施降低排放强度。在此背景下，绿色的制造商不应该使用区块链技术。注意到制造商在不受碳交易机制约束下时不应该使用区块链技术，因此可以推断碳交易机制促进了区块链技术的使用。定理13.5也说明了e_{m1}随着初始碳配额递增。由于政府在实践中逐渐地降低初始碳配额，使用区块链技术更有可能为制造商带来更多的利润。

2. 平台抽成模式下制造商的区块链技术采纳策略

定理13.6 如果$e_m \leqslant e_{m1}$，那么$\pi_{M-TP}^{m*} \geqslant \pi_{M-TP-B}^{m*}$；如果$e_m > e_{m1}$，那么$\pi_{M-TP}^{m*} < \pi_{M-TP-B}^{m*}$，其中$e_{m1} = \dfrac{c_b(r_b\sigma + \sigma - b)}{(a_0 - b_0C)[r_b\lambda\sigma - c_b(1-2\lambda)]}$。

定理13.6说明了在平台抽成模式下，如果排放强度较高，那么制造商应该使用区块链技术；否则，制造商不应该使用区块链技术去再制造产品。由于这些结果与定理13.5中的结果一致，因此不再重复分析。事实上，无论制造商选择与以再销售模式还是平台抽成模式运营的平台合作，在是否采用区块链技术的决策上没有本质区别。正如在定理13.5中的讨论所示，苹果是一个具有低排放强度的企业，当其与以再销售模式运营的京东合作时，它没有采用区块链技术。这是因为使用区块链技术将会给苹果带来低的市场份额，回收率和利润。事实上，当苹果与以平台抽成模式运营的天猫合作时，其也不应该使用区块链技术。这揭示了在市场份额、回收率以及苹果的利润方面，2种平台模式下制造商对区块链技术的采纳策略没有本质区别。这一发现解释了现实中苹果在与天猫和京东合作时不采用区块链技术这一现象。

为了进一步说明排放强度对2种模式下的制造商采用区块链的影响，我们进行了算例分析以验证本研究中所得到的一些重要结论并从分析结果中得到更多的管理启示。我们使用一家真实公司的数据进行了算例分析。为了保密性，本研究称其为公司A，并少量改变了数据的范围。具体参数设置如下：$a=1$，$\rho=0.4$，$a_0=3.3$，$b_0=0.5$，$C=4$，$e_m=1$，$\beta=0.8$，$c=0.9$，$\sigma=1.1$，$\lambda=0.51$，$b=0.8$，$r_b=0.5$，$\varphi=0.05$，$c_b=0.4$。两种模式下制造商的区域链技术采用策略如图13-1所示。

图13-1验证了定理13.5和定理13.6中的结果，如果排放强度较低，两种模式下的制造商不应该使用区块链技术。否则，制造商应当使用区块链技术去再制造产品。图13-1说明当$e_m > 0.907$时，使用区块链技术对两种模式下的制造商均有利。然而，当$e_m < 0.907$时，使用区块链技术对两种模式下的制造商均有害。注意到阈值e_m与平台赋能能力无关。在实践中，不同的行业有着不

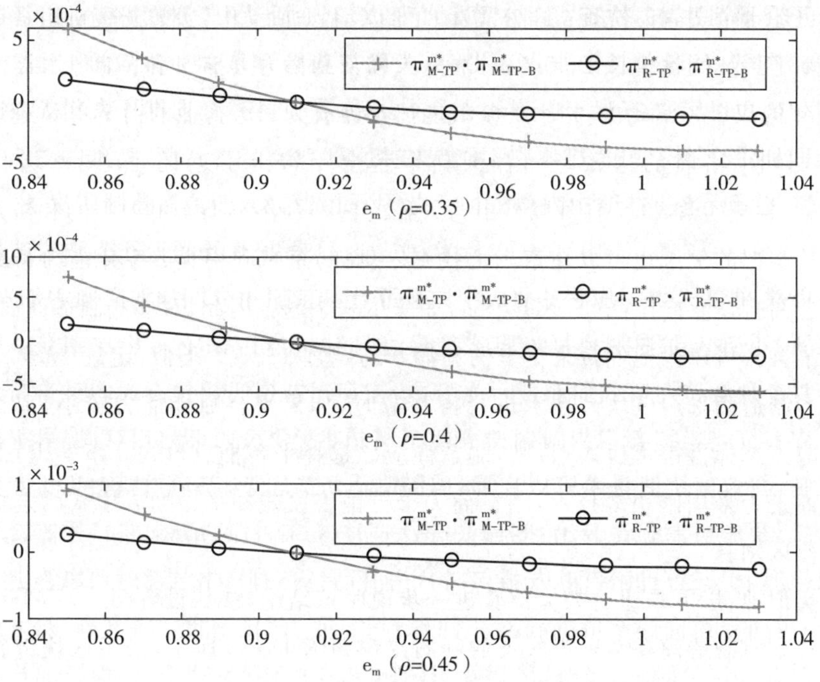

图 13－1　两种模式下制造商的区块链技术采用策略

同的排放强度。一些传统型制造行业（例如纺织服装行业）具有较高的排放强度，而一些新兴的制造行业（例如电子设备制造行业）具有较低的排放强度。因此，处于高排放强度行业中的制造商应当使用区块链技术，而处于低排放强度行业中的制造商则不应该使用区块链技术。

3. 有无区块链技术下制造商的平台模式选择策略

定理 13.7　① 如果 $\rho\leqslant\rho_2$，那么 $\pi^{m*}_{R-TP}\geqslant\pi^{m*}_{M-TP}$；如果 $\rho>\rho_2$，那么 $\pi^{m*}_{R-TP}<\pi^{m*}_{M-TP}$，其中 $\rho_2=\frac{a^2\{-A(2-\varphi)\varphi+c(2+4\varphi^2-6\varphi)\}}{}$。② 如果 $\rho\leqslant\rho_3$，那么 $\pi^{m*}_{R-TP-B}\geqslant\pi^{m*}_{M-TP-B}$；如果 $\rho>\rho_3$，那么 $\pi^{m*}_{R-TP-B}<\pi^{m*}_{M-TP-B}$，其中 $\rho_3=\frac{a^2[D(2-\varphi)\varphi+c(2+4\varphi^2-6\varphi)]}{}$。

定理 13.7① 说明了当制造商不采用区块链技术进行再制造时，如果平台赋能能力较小，那么制造商应该选择再销售模式；否则，制造商应该选择平台抽成模式。在现实中，越来越多的平台改变他们的角色去服务制造商，这意味着一个很高的平台赋能能力。例如，天猫拥有海量数据，并利用这些数据支持美的生产更适合消费者的洗碗机。在2016年的双十一活动中，美的洗碗机销售额超过4000万元，同比增长1900％。此外，天猫帮助格力去推广空气能热水器。在2018年的双十一活动中，格力的空气能热水器成为家电行业的销量单品冠军。在2018年，格力的这款产品在天猫平台全年售出了近亿元，同比增长了260％。根据定理13.7①可以得出与天猫的这种合作有助于增加美的和格力的利润。类似的例子也可以在京东上找到。例如，京东利用其数字化能力帮助一些制造商打造反向定制(C2M)产品，如海尔和小米。因此，对这些制造商而言，与天猫合作可以为他们带来更多的利润。与定理13.7①类似，定理13.7②说明了当制造商采用区块链技术进行再制造时，如果平台赋能能力较小，那么制造商应该选择再销售模式；否则，制造商应该选择平台抽成模式。事实上，无论制造商是否采用区块链技术，制造商关于再销售模式和平台抽成模式的选择没有本质区别。

类似地，接下来通过数值试验进一步说明该结论，参数设置同上，不采用区块链技术时制造商在两种模式下的利润比较如图13－2所示；采用区块链技术时制造商在两种模式下的利润比较如图13－3所示。

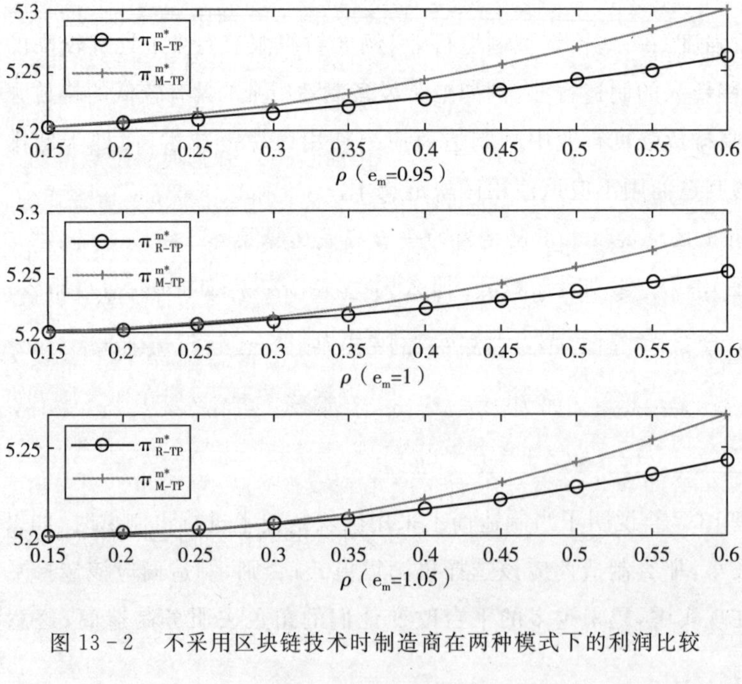

图13－2　不采用区块链技术时制造商在两种模式下的利润比较

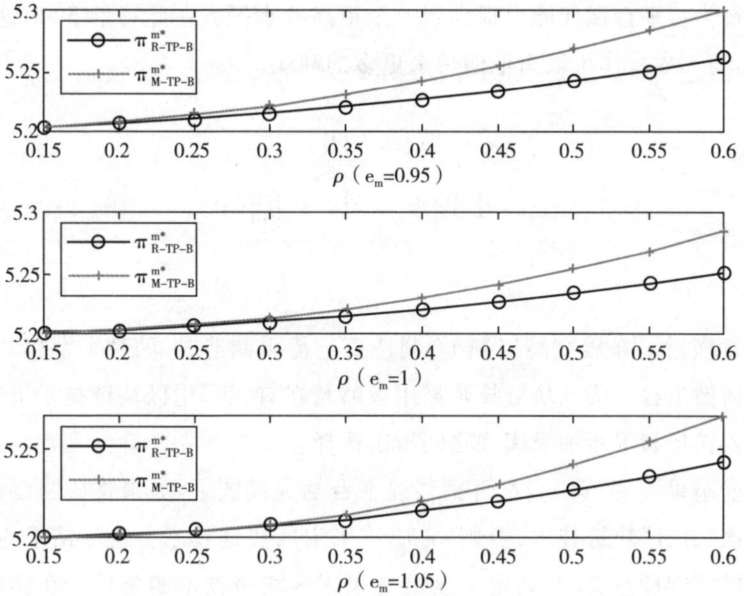

图 13-3　采用区块链技术时制造商在两种模式下的利润比较

图 13-2 验证了定理 13.7① 中的结论，在不采用区块链技术的情况下，如果平台赋能能力较小，制造商应该选择再销售模式；否则，制造商应该选择平台抽成模式。图 13-2 说明了如果 $e_m = 0.95$，当 $\rho < 0.167$ 时，制造商应该选择再销售模式；否则，当 $\rho > 0.167$ 时，制造商应该选择平台抽成模式。如果 $e_m = 1$，当 $\rho < 0.228$ 时，制造商应该选择再销售模式；否则，当 $\rho > 0.228$ 时，制造商应该选择平台抽成模式。如果 $e_m = 1.05$，当 $\rho < 0.289$ 时，制造商应该选择再销售模式；否则，当 $\rho > 0.289$ 时，制造商应该选择平台抽成模式。图 13-3 说明了如果 $e_m = 0.95$，当 $\rho < 0.166$ 时，制造商应该选择再销售模式；否则，当 $\rho > 0.166$ 时，制造商应该选择平台抽成模式。如果 $e_m = 1$，当 $\rho < 0.225$ 时，制造商应该选择再销售模式；否则，当 $\rho > 0.225$ 时，制造商应该选择平台抽成模式。如果 $e_m = 1.05$，当 $\rho < 0.285$ 时，制造商应该选择再销售模式；否则，当 $\rho > 0.285$ 时，制造商应该选择平台抽成模式。

在现实中，越来越多的平台改变他们的角色去服务制造商，这意味着一个很高的平台赋能能力。正如在定理 13.7①中的讨论所示，天猫利用海量数据支持美的生产更适合消费者的洗碗机及天猫帮助格力去推广空气能热水器，京东利用其数字化能力帮助海尔和小米打造反向定制(C2M)产品。因此,这些平台的这些行为将平台赋能能力提高到一个很高的水平。在此背景下,对这些制造商而言,与天猫合作可以为他们带来更多的利润。

13.4 小 结

本章探讨了在碳交易机制下,制造商进行再制造时,两种平台模式下的制造商如何做出自己的区块链技术采用策略及在有无采用区块链技术下,制造商如何在再销售和平台抽成模式之间做出选择。

研究结果表明:第一,在再销售或平台抽成模式下,如果排放强度低,制造商不应该采用区块链技术;否则,它应该采用区块链技术。这一结果为供应链管理提供了管理意义,并确定了制造商采用区块链技术的条件。在实践中,不同的行业有不同的排放强度。一些传统的制造行业,如纺织服装行业具有较高的排放强度;而一些新兴的制造行业,如电子设备制造行业具有较低的排放强度。在实践中,苹果属于电子设备制造行业并且使用回收材料去生产新产品。因此,苹果不应该使用区块链技术,这与现实中苹果不采用区块链技术的观察结果一致。第二,无论制造商是否采用区块链技术,如果平台赋能能力低(高),制造商应选择再销售(平台抽成)模式。这一结果为制造商的平台模式选择提供了管理启示。在实践中,越来越多的平台改变他们的角色去服务制造商,这意味着一个很高的平台赋能能力。例如,天猫帮助美的制造洗碗机以及帮助格力推广空气能热水器,京东也利用其数字化能力帮助一些制造商(如海尔和小米)打造反向定制(C2M)产品。在此背景下,对这些制造商而言,与天猫合作可以为他们带来更多的利润。

第 14 章　考虑碳交易机制和区块链技术下在线平台供应链运营策略研究

在线平台可以采用平台抽成模式和再销售模式进行运营，我们考虑在线平台具备一定的平台赋能能力，并且在线上和线下渠道之间存在跨渠道效应。此外，市场包括信息敏感和信息不敏感的消费者，并且本章还考察了区块链技术的使用。我们通过分析发现，跨渠道效应和平台赋能能力的增加可以使制造商和在线平台受益。当跨渠道效应较高时，平台抽成模式的最优产量随佣金率的增加而增加。选择平台抽成模式（再销售模式）可以在佣金率较低（较高）时使制造商受益。区块链技术是否能提高制造商线下渠道的盈利取决于跨渠道效应。当跨渠道效应较低时，区块链技术可以产生更多的消费者剩余；当跨渠道效应较高时，则可能产生较少的消费者剩余。采用平台抽成模式时，区块链技术可以始终增加在线平台的利润，而采用再销售模式时，却可能降低其利润。

14.1　问题的引出

随着移动技术和电子商务的快速发展，基于平台的供应链运营已经变得非常普遍（Geng 等，2018；Li 等，2019；Nie 等，2019）。自 2017 年以来，全球在线销售额已经超过了 2.3 万亿美元（Zhang 和 Zhang，2020）。在线平台这一销售渠道被越来越多的制造商所采用（Feng 等，2017；Wang 等，2018；Xu 等，2021）。例如，亚马逊企业凭借庞大的用户量吸引了大批制造商的加入，其 2020 年的净销售额已经达到了 3860.6 亿美元，比上一年增长了 38%。毫无疑问，在线平台供应链运营在当今市场中至关重要。

在线平台最常见的运营模式是平台抽成模式和再销售模式（李佩和魏航，2018；Tian 等，2018；Xu 等，2021；Xu 等，2020）。平台抽成模式下，制造商通过向在线平台支付佣金直接向消费者销售产品。再销售模式下，则是由在线平台从制造商处购买产品，然后再销售给消费者（Hagiu 和 Wright，2015；张子健和刘文静，2023）。例如，美国的亚马逊企业和中国大陆的京东等在线平台均采用"再销售模式"，而中国大陆的淘宝网和印度的 Flipkart 则是采用"平台抽成模式"（Abhishek 等，2016；Yan 等，2018）。

当制造商通过在线平台销售产品时，存在 3 个主要因素影响其运营决策。首先，在线平台能够扩大制造商的潜在市场规模，我们将其称为"平台赋能能力"（Shen 等，2019；Xu 等，2020；Yi 等，2019）。其次，在线需求的影响会影响离线渠道的需求，我们将其称为"跨渠道效应"（Abhishek 等，2016；Nie 等，2019；Yan 等，2018）。直观地说，线上需求会对线下需求产生负面影响，即在线平台的销售会导致离线渠道的销售减少。其中一个原因是，如果消费者已经在线购买了产品，他们就不需要从离线渠道购买同样的产品（Abhishek 等，2016）。然而，在某些行业（如电子书行业），跨渠道效应是正向的。具体来说，如果消费者从在线平台购买电子书，当他们和朋友分享后，朋友可能会受到影响，并从离线渠道购买相应的印刷版书籍（Hilton 和 Wiley，2010；Yan 等，2018）。最后，对于在线销售产品的制造商来说，为了更好地销售产品，他们倾向于向消费者提供更多的产品来源信息。当消费者从在线平台购买产品时，一些消费者会期望了解产品信息的真实性（Xu 等，2020）。例如，当消费者从天猫平台购买"绿色家具"时，他们可能会对这些家具是否使用可持续材料，在低碳制造过程中是否真正达到了绿色的目标持有怀疑态度。通常，质量认证中心这些组织会协助监督这些绿色家具的生产过程，并提供必要的认证。而消费者则会检验这些组织提供的产品报告真实性。我们知道，传统的认证产品的方法是检查相应的"纸质认证"（Choi，2019）。然而，这种类型的"纸质认证"很容易被伪造或误认（Guo，等，2020）。越来越多的实例表明，区块链技术可以帮助制造商解决"不明确的产品来源信息"问题，因为区块链显示的信息不能随意修改，并且将永久对消费者可用（Choi，2019，2020；Choi 等，2020）。例如，沃尔玛和 IBM 都使用区块链技术为消费者提供食品的来源和产地信息。Everledger 使用区块链技术为其客户提供详细的钻石产品信息(如来源、产地和加工方式)(Choi 等,2019)。这些信息可信的主要原因是区块链的去中心化点对点网络中存在共识算法。区块链技术在产品识别和认证方面的特点见表 14－1 所列。需要注意的是,用于产品识别和认证的区块链应该是私有许可的,其中共识算法是没有激励的。这与比特币采用的公共区块链不同,后者使用了有激励的共识算法。私有许可的区块链的例子包括在 Hyperledgerfabric 平台上开发的区块链。在本章中,为了避免繁琐、非必要的讨论,我们使用“区块链”来表示这种私人许可的区块链。

表 14－1　区域链技术在产品识别和认证方面的特点

特征	细节
产品识别	区块链技术帮助消费者检查产品的真实性,减少消费者的风险。
数据可靠性	使用区块链技术的数据可靠性高,不能随意更改。
低信息获取成本	消费者可以在区块链技术的支持下以极低的成本获得真实数据。
产品防伪	产品制造商在实施区块链技术后无法上传虚假信息。

为了进一步了解这一现象,本章第一作者于 2018 年 9 月和 2019 年 4 月与红星美凯龙集团副总裁进行了访谈,该集团是中国内地较大的家居用品店之一。从两次访谈的结果中,得到了以下信息:首先,关于产品真伪的辨别,因为假冒伪劣产品在中国内地很常见(Qin 等,2018;Xu 等,2020),所以集团与中国质量认证中心合作,为消费者提供快速响应(QR)码从而促进正品家具的销售。根据 2018—2019 年的数据,集团发现只有不超过 40%的消费者使用二维码验证家具的真伪。这反映出只有部分消费者关心家具的真实性,而其他人则表现为不关心。其次,集团于 2019 年加入天猫,发现在线销售削减了线下销售。最后,因为区块链在透明信息方面具有优势,因此集团预备使用区块链技术来推广他们的计划。另外,如果消费者选择通过前往认证机构的方式来检查产品的真实性,他们需要花费大量的时间。

尽管越来越多的制造商加入在线平台,通过在线平台,他们销售出更多产品,取得了成功,但与环境可持续性(Cai 和 Choi,2019;Guo 等,2021;Xiao 和 Choi,2019)及道德社会责任经营(Liu 等,2021)相关的问题仍然存在。实际上,产品的生产过程通常伴随着大量的碳排放(Gong 和 Zhou,2013;Xu 等,2017;

Xu 等,2017)。因此,更多的生产意味着更多的碳排放。为控制碳排放,许多政府制定了各种环境政策(Luo 等,2014;邹清明等,2022),企业也采用了各类技术来进行控制(Dou 和 Choi,2021;Li 等,2020)。碳交易机制被认为是限制碳排放的有效市场化机制(Ji 等,2020;Xu 等,2017)。在这个机制下,政府首先向制造商分配一些免费的排放配额,如果需要,制造商可以通过碳交易市场购买或销售排放配额。此外,初始碳配额还直接影响排放配额的价格(Benjaafar 等,2012;Diabat 等,2012;Hua 等,2011;Ji 等,2020),即分配的初始碳配额越多,排放配额的价格越低。当制造商采用区块链技术时,单个产品的碳排放量都可以被准确和永久地记录下来,因为区块链提高了供应链的透明度和可追溯性。换句话说,如果没有区块链技术,单个产品的碳排放量可能会出现误差,因为制造商很难计算并追溯它。消费者也可以使用区块链技术检查产品的碳排放量(如通过扫描 QR 码)。值得注意的是,使用区块链技术不同于传统的可持续性认证系统,因为传统系统很少提供所有信息的完全承诺和可追溯性,这意味着这些传统系统的可信度通常受到质疑(Kouhizadeh 等,2020)。许多实际例子表明,区块链技术还能够增强排放碳交易机制的执行。例如,当前碳交易政策实施存在很多问题,但 IBM 与 VeridiumLabs 合作使用区块链技术使得碳交易更加容易。

14.2 模型的建立

我们考虑一种供应链结构,制造商可以通过线下渠道和在线平台向消费者销售其产品。这种供应链结构在实践中十分常见。例如,海尔集团通过线下实体店和天猫、京东等在线渠道销售其产品。在线平台有两种典型的运营模式,即平台抽成模式和再销售模式。采用平台抽成模式后,在线平台允许制造商直接向消费者销售其产品,并收取一定的佣金率 φ。在平台抽成模式下,佣金率类似于分成。再销售模式下,网上平台按批发价 w 从制造商处购买产品,然后以零售价 p 向消费者转售该产品。再销售模式下,制造商和在线平台之间进行斯塔克尔伯格博弈,其中制造商是领导者,在线平台是追随者。本章考虑佣金率是外生的情况,这符合行业规范并被广泛采用(Geng 等,2018;Tian 等,2018)。在线平台可以通过一定比例扩大在线渠道的潜在市场规模 ρ,被称为“平台赋能能力”(Shen 等,2019;Xu 等,2021;Xu 等,2020;Yi 等,2019)。此外,在线销售可以直接影响线下销售,被称为跨渠道效应 r,该效应可能是正向的或负向的(Abhishek 等,2016;Nie 等,2019;Yan 等,2018)。与前面提到的 3 个研究类似,我们的模型中,线下零售价和没有在线平台情况下的基础需求分别为 p_0 和 Q。线下零售价格固定的原因是,尽管制造商通过在线平台销售其产品,但线下渠道中的参考价格通常保持不变(Yan 等,2018)。考虑线下零售价格的内生决策不会改变研究结果(Abhishek 等,2016)。

在线消费者分为两组。其中一组消费者比例为 $\lambda(0 \leqslant \lambda \leqslant 1)$,被称为“信息不敏感型消费者”。这意味着他们从在线平台购买商品后直接使用。另一组消费者比例为 $(1-\lambda)$,被称为“信息敏感型消费者”。这组消费者会花费一些时间 t 来检查商品是否是正品,并面临虚假认证的可能性。我们使用 β 来表示“真实认证的概率”,即购买正品的概率。如果商品不是正品,消费者将退货,制造商不会获得利润。为了确保这两组消费者都存在(即不会出现只存在一组的情况),我们得到 $0<\lambda<(4+\beta)/(7+\beta)$。在许多研究中也可以找到类似的方法,如 Chen 等(2012) 和 Yan 等(2018)。

在碳交易机制下,制造商获得了排放限额 C,并可以一定的市场价格 b 购买或出售排放额度。类似于 Benjaafar 等(2012)、Hua 等(2011) 和 Ji 等(2020),排放交易价格被建模为与排放限额存在线性关系,即 $b=a_0-b_0C$。其中,a_0 表示最大碳交易价格,b_0 表示配额系数。每种产品的生产过程都会伴随着$(e_0+\varepsilon)$个碳排放单位,其中 ε 是由于制造商不准确的数据而导致的真实碳排放偏差。另一方面,采用区块链技术可以确保信息的真实性,因此与没有采用区块链技术的情况相比,相应的碳排放估计将更加准确可信。我们建模 ε 为一个均值为零、方差为 σ^2 的随机变量。如果分布是正态分布,则 ε 表示为噪声。

在参考了 Xu 等(2017)、Abhishek 等(2016)、Shen 等(2019)和 Choi 等(2020) 等的研究后,我们假设信息不敏感消费者和信息敏感消费者的在线需求函数如下:

$$q_1=\lambda(1+\rho)a-p \tag{14-1}$$

$$q_2=(1-\lambda)(1+\rho)a-p-\eta t \tag{14-2}$$

在公式(14-1) 和公式(14-2) 中,a 表示在线平台的潜在市场规模,η 表示消费者对时间敏感系数。

14.3 主要结论

14.3.1 无区块链技术

再销售模式下，在线平台和制造商的利润如下：

$$\pi_p^R=(p-w)q_1+(p-w)\beta q_2 \tag{14-3}$$

$$\pi_m^R=p_0[Q+r(q_1+q_2)]+wq_1+w\beta q_2-(a_0-b_0C)\{(e_0+\varepsilon)[q_1+q_2+Q+r(q_1+q_2)]-C\} \tag{14-4}$$

平台抽成模式下，在线平台和制造商的利润分别如下：

$$\pi_p^A=\varphi pq_1+\varphi p\beta q_2 \tag{14-5}$$

$$\pi_m^A=p_0[Q+r(q_1+q_2)]+(1-\varphi)pq_1+(1-\varphi)\beta pq_2-(a_0-b_0C)\{(e_0+\varepsilon)[q_1+q_2+Q+r(q_1+q_2)]-C\} \tag{14-6}$$

在以上公式中，e_0 表示单位产品真实碳排放量，上标 R(a) 代表未采用区块链技术的再销售(平台抽成) 模式，下标 1(2) 代表信息不敏感(敏感) 消费者的情况，下标 $p(m)$ 代表在线平台(制造商)。在公式(14-4) 和公式(14-6) 中，的第一项是线下渠道的利润。第二项和第三项分别是信息敏感消费者和信息不敏感消费者通过网络平台获得的“在线利润”。最后一项是碳交易机制的成本或收益。我们通过分析制造商和在线平台的预期利润来探索最优决策，即 $E[\pi_m^R]$ 和 $E[\pi_p^R]$。我们用上标 $*$ 表示最优决策。在这种情况下，我们有以下关于再销售模式最优决策的定理 14.1。

定理 14.1 使用再销售模式的最优决策如下：

$$w^{R*}=\frac{a[\beta(1-\lambda)+\lambda](1+\rho)-t\beta\eta-2[p_0r-(1+r)e_0(a_0-b_0C)]}{2(1+\beta)}$$

$$p^{R*}=\frac{3\{a[\beta+(1-\beta)\lambda](1+\rho)-t\beta\eta\}-2[p_0r-(1+r)e_0(a_0-b_0C)]}{4(1+\beta)}$$

$$q_{1-R}^{*}=\frac{a[\lambda+\beta(-3+7\lambda)](1+\rho)+3t\beta\eta+2[p_0r-(1+r)e_0(a_0-b_0C)]}{4(1+\beta)}$$

$$q_{2-R}^{*}=\frac{a[4+\beta(1-\lambda)-7\lambda](1+\rho)-t(4+\beta)\eta+2[p_0r-(1+r)e_0(a_0-b_0C)]}{4(1+\beta)}$$

平台抽成模式下的最优决策如下：

$$p^{A*}=\frac{(1-\varphi)\{a[\beta+(1-\beta)\lambda](1+\rho)-t\beta\eta\}-2[p_0r-(1+r)e_0(a_0-b_0C)]}{2(1+\beta)(1-\varphi)}$$

$$q_{1-A}^{*}=\frac{2[p_0r-(1+r)e_0(a_0-b_0C)]+(1-\varphi)\{t\beta\eta-a(1+\rho)(\beta-\lambda-3\beta\lambda)\}}{2(1+\beta)(1-\varphi)}$$

$$q_{2-A}^{*}=\frac{\begin{array}{c}2[p_0r-(1+r)e_0(a_0-b_0C)]-t(2+\beta)\\ \eta(1-\varphi)+a(1-\varphi)(1+\rho)[2+\beta(1-\lambda)-3\lambda]\end{array}}{2(1+\beta)(1-\varphi)}$$

定理 14.1 表明，在限制碳排放量的情况下，最优产量随着限额的增加而增加。尽管这一发现很直观，但揭示了一个重要的含义，即限额可以用于控制碳排放。具体来说，许多以前的研究发现：限额不能用于控制碳排放（Benjaafar 等，2012；Hua 等，2011；Zhang 和 Xu，2013）；限额可能被部分用于控制碳排放（Gong 和 Zhou，2013；Xu 等，2017；He 等，2017）。在本章中，我们考虑了限额与碳交易价格的反向关系，有趣的是发现限额始终可以控制碳排放。定理 14.1 还表明，最优产量总是随着跨渠道效应的增加而增加。此外，从定理 14.1 和公式（14－3）和（14.4）中，我们得出了制造商（在线平台）的最优预期利润相对于跨渠道效应的一阶导数：

$$\frac{d[\pi_m^{R*}]}{dr}=\frac{\begin{array}{c}[p_0-e_0(a_0-b_0C)]\{a(1+\rho)[2-\beta-3(1-\beta)\lambda]\\ -t(2-\beta)\eta+2[p_0r-(1+r)e_0(a_0-b_0C)]\}\end{array}}{2(1+\beta)}$$ 和

$$\frac{d[\pi_p^{R*}]}{dr}=\frac{\begin{array}{c}[p_0-e_0(a_0-b_0C)]\{a(1+\rho)[\beta(1-\lambda)+\lambda]-\\ t\beta\eta+2[p_0r-(1+r)e_0(a_0-b_0C)]\}\end{array}}{4(1+\beta)}$$。我们可以轻易验证制造商和在线平台的最优预期利润总是随着跨渠道效应的增加而增加。实际上，负的跨渠道效应在实践中很普遍。我们知道，越来越多的在线平台，如京东、亚马逊和天猫等，与制造商合作建立在线离线渠道运营。在这种背景下，离线渠道和在线平台被整合在一起，以削弱这种负面影响，这表明了跨渠道效应的增加。从上述分析中，我们得出以下结论：制造商和在线平台的预期利润随着跨渠道效应的增加而增加；两组消费者的最优产量随着跨渠道效应的增加而增加，这也暗示了更高水平的碳排放（因为总碳排放量等于 $e_0[q_{1-R}^{*}+q_{1-R}^{*}+Q+$

$r(q_{1-R}^{*}+q_{1-R}^{*})]$)。因此,建立在线离线渠道运营将会增加制造商和在线平台的预期利润,但也会产生更多的碳排放。

从定理 14.1 中可以发现,

当 $r>\dfrac{3a(1+\rho)(2\lambda-1)+3t\eta+2e_0(a_0-b_0C)}{2[p_0-e_0(a_0-b_0C)]}$,$q_{1-R}^{*}$ 和 q_{2-R}^{*} 都关于 β 递减。从定理 14.1 中,我们可以轻松得出最优批发价格随 β 的增加而增加。在线平台有权决定零售价格。此时,批发价格的增加会导致在线平台订购的数量减少。当 $r<\dfrac{3a(1+\rho)(2\lambda-1)+3t\eta+2e_0(a_0-b_0C)}{2[p_0-e_0(a_0-b_0C)]}$,自然地,可以发现 q_{1-R}^{*} 和 q_{2-R}^{*} 都随 β 的增加而增加。

类似于对 2 家企业的最优预期利润和跨渠道效应的分析,我们推导出制造商(在线平台)和平台赋能能力的最优预期利润的一阶导数,并发现 2 家企业的预期利润随平台赋能能力的增加而增加。为了节省篇幅,我们不再进一步展示一阶导数。因此,当在线平台采取措施增加平台赋能能力时,很容易就可以得到制造商的支持。换句话说,制造商和在线平台有共同增加平台赋能能力的动机。然而,最优产量和平台赋能能力的关系显示出不同的方向。

14.3.2 采用区块链技术

本节中,我们探讨了采用区块链的情况。我们分别使用再销售模式和平台抽成模式来推导最优定价和生产决策。这里提到的区块链技术是指私有区块链系统,也称为许可区块链。访问许可的区块链需要许可,因此它是一种私有系统。在区块链系统存在的情况下,供应链成员会披露真实的信息。在是否使用区块链的情况下,消费者会有不一样的体验。首先,区块链的存在提供了真实的产品来源信息。也就是说,区块链技术要求制造商上传真实的有关生产过程信息。例如,在钻石供应链中,Everledger 使用区块链技术清楚地展示其产品来源的细节(Choi,2019)。因此,伪造证书的可能性可以被假定为零。其次,由于使用区块链技术后数据保证是真实的,消费者无需通过其他线下机构进一步核查其产品。最后,使用区块链技术可以确保信息真实,因此对碳排放的估计将更加准确可信。因此,使用区块链技术后,我们将面临 $\beta=1$,$\varepsilon=0$,和 $t=0$ 这样的情况。我们知道,在实践中,使用区块链技术需要承担可变的运营成本,这是由于每个交易都需要创建一个区块(有关详细信息,请参见 IBM 的区块链解决

方案)。在我们的工作中,我们考虑每个生产量的可变成本 c_B。有了区块链技术,需求函数可以重写为如下形式:

$$q_1 = \lambda(1+\rho)a - p \tag{14-7}$$

$$q_2 = (1-\lambda)(1+\rho)a - p \tag{14-8}$$

使用区块链技术,在再销售模式下在线平台和制造商的利润如下:

$$\pi_p^{R-B} = (p-w)q_1 + (p-w)q_2 \tag{14-9}$$

$$\begin{aligned}\pi_m^{R-B} = & p_0[Q + r(q_1+q_2)] + wq_1 + wq_2 - c_B[q_1+q_2+Q+r(q_1+q_2)] \\ & -(a_0 - b_0C)\{e_0[q_1+q_2+Q+r(q_1+q_2)] - C\}\end{aligned} \tag{14-10}$$

使用区块链技术,平台抽成模式下在线平台和制造商的利润如下:

$$\pi_p^{A-B} = \varphi p q_1 + \varphi p q_2 \tag{14-11}$$

$$\begin{aligned}\pi_m^{A-B} = & p_0[Q + r(q_1+q_2)] + (1-\varphi)pq_1 + (1-\varphi)pq_2 - \\ & c_B[q_1+q_2+Q+r(q_1+q_2)] - \\ & (a_0 - b_0C)\{e_0[q_1+q_2+Q+r(q_1+q_2)] - C\}\end{aligned} \tag{14-12}$$

通过求解以上公式了解在这种情况下的最优决策,如定理 14.2 所示:

定理 14.2　在区块链存在的情况下,使用再销售模式的最优决策如下:

$$w^{R-B*} = \frac{a(1+\rho) - 2[p_0 r - (1+r)e_0(a_0 - b_0C) - c_B(1+r)]}{4}$$

$$p^{R-B*} = \frac{3a(1+\rho) - 2[p_0 r - (1+r)e_0(a_0 - b_0C) - c_B(1+r)]}{8}$$

$$q_{1-R-B}^* = \frac{a(1+\rho)(-3+8\lambda) + 2[p_0 r - (1+r)e_0(a_0 - b_0C) - c_B(1+r)]}{8}$$

$$q_{2-R-B}^* = \frac{a(1+\rho)(5-8\lambda) + 2[p_0 r - (1+r)e_0(a_0 - b_0C) - c_B(1+r)]}{8}$$

在区块链存在的情况下,使用平台抽成模式的最优决策如下:

$$p^{A-B*} = \frac{a(1+\rho)(1-\varphi) - 2[p_0 r - (1+r)e_0(a_0 - b_0C) - c_B(1+r)]}{4(1-\varphi)}$$

$$q_{1-A-B}^* = \frac{a(1+\rho)(4\lambda-1)(1-\varphi) + 2[p_0 r - (1+r)e_0(a_0 - b_0C) - c_B(1+r)]}{4(1-\varphi)}$$

$$q^*_{2-A-B}=\frac{a(1+\rho)(3-4\lambda)(1-\varphi)+2[p_0r-(1+r)e_0(a_0-b_0C)-c_B(1+r)]}{4(1-\varphi)}$$

从定理14.2可以看出，在区块链存在的情况下，碳配额、跨渠道效应和平台赋能能力对最优产量的影响与没有区块链的情况相似(即定理14.1)。这种现象背后的原因是公式(14-3)和公式(14-4)的结构类似于公式(14-9)和公式(14-10)。尽管区块链技术提供了$\beta=1$的实际认证，但两组消费者的最优产量和真实认证概率(即β)的关系高度依赖于跨渠道效应。也就是说，在低(高)跨渠道效应的情况下，最优产量随着β的升高而升高(降低)。当使用区块链技术时，β为1，最优总生产量可能会根据跨渠道效应而减少或增加。我们知道总碳排放水平为$e_0[q_1+q_2+Q+r(q_1+q_2)]$。因此，使用区块链技术是否能够控制碳排放水平，取决于跨渠道效应。

14.3.3 比较分析

在本节中，我们比较了使用和不使用区块链技术的情况下的消费者剩余、在线平台和离线渠道的利润及在线平台的利润。我们为再销售模式的跨渠道效应定义了以下2个阈值，如下所示：

$$r_1=\frac{3a(1+\rho)(2\lambda-1)(1-\beta)-6\beta t\eta+2[e_0(a_0-b_0C)(1-\beta)-c_B(1+\beta)]}{2(1-\beta)[p_0-e_0(a_0-b_0C)]+2c_B(1+\beta)}\text{和}$$

$$r_2=\frac{3a(1+\rho)(2\lambda-1)(1-\beta)+2t(4+\beta)\eta+2[e_0(a_0-b_0C)(1-\beta)-c_B(1+\beta)]}{2(1-\beta)[p_0-e_0(a_0-b_0C)]+2c_B(1+\beta)}\text{。}$$

记CS^*_{1-R-B}和CS^*_{2-R-B}分别是信息不敏感和信息敏感消费者在使用区块链技术后再销售模式下的最优期望消费者剩余。基于此，我们得到以下定理。

定理14.3 ① 如果$r<r_1$，那么$E[CS^*_{1-R}]<CS^*_{1-R-B}$，$E[CS^*_{2-R}]<CS^*_{2-R-B}$。② 如果$r_1<r<r_2$，那么$E[CS^*_{1-R}]>CS^*_{1-R-B}$，$E[CS^*_{2-R}]<CS^*_{2-R-B}$。③ 如果$r>r_2$，那么$E[CS^*_{1-R}]>CS^*_{1-R-B}$，$E[CS^*_{2-R}]>CS^*_{2-R-B}$。

定理14.3表明，如果跨渠道效应较低(高)，则区块链技术可以产生更多(更少)的消费者剩余。如果跨渠道效应适度，则区块链技术可以提高信息敏感消费者的消费者剩余，但可能会降低信息不敏感消费者的消费者剩余。在实践中，许多情况下负面的跨渠道效应相对较低，因此定理14.3① 表明区块链技术可以帮助增强消费者剩余。然而，在一些行业，如音乐和电子书行业，跨渠道效应是正的并且相对较高。这对应于定理14.3③。因此，定理14.3③ 表明，使用区块链技术可能会降低这些行业的消费者剩余。

现在，我们将分析制造商在离线渠道和在线渠道中的最优利润。令 $E[\pi_{m-offline}^{R*}]$($E[\pi_{m-online}^{R*}]$) 和 $\pi_{m-offline}^{R-B*}$($\pi_{m-online}^{R-B*}$) 分别为制造商在使用和不使用区块链技术时离线(在线)渠道中的最优利润。我们定义以下阈值作为再销售模式下跨渠道效应和使用区块链技术的成本定义：

$$r_3=\frac{3a(1+\rho)(2\lambda-1)(1-\beta)+2t\eta(2-\beta)+2[e_0(a_0-b_0C)(1-\beta)-c_B(1+\beta)]}{2(1-\beta)[p_0-e_0(a_0-b_0C)]+2c_B(1+\beta)},r_4$$

$$=\frac{\sqrt{1+\beta}\{a(1+\rho)-2[c_B+e_0(a_0-b_0C)]\}+\sqrt{2}\,t\beta\eta-\sqrt{2}\,a(1+\rho)[\beta(1-\lambda)+\lambda]+2\sqrt{2}\,e_0(a_0-b_0C)}{2(\sqrt{2}-\sqrt{1+\beta})[p_0-e_0(a_0-b_0C)]+2c_B\sqrt{1+\beta}},$$

和 $\bar{c}_B^1=\frac{[p_0r-e_0(a_0-b_0C)(1+r)]}{(1+r)}+$

$$\sqrt{\frac{a^2(1+\rho)^2(1+\beta)+8[p_0r-(1+r)e_0(a_0-b_0C)]^2-2\{t\beta\eta-a[\beta(1-\lambda)+\lambda](1+\rho)\}^2}{4(1+\beta)(1+r)^2}}。$$

定理 14.4　① 对于线下渠道来说，如果 $r<\min\{r_3,0\}$，那么 $E[\pi_{m-offline}^{R*}]>\pi_{m-offline}^{R-B*}$；如果 $\min\{r_3,0\}\leqslant r\leqslant\max\{r_3,0\}$，那么 $E[\pi_{m-offline}^{R*}]\leqslant\pi_{m-offline}^{R-B*}$；如果 $r>\max\{r_3,0\}$，那么 $E[\pi_{m-offline}^{R*}]>\pi_{m-offline}^{R-B*}$。② 对于线上渠道来说，如果 $0\leqslant c_B<\bar{c}_B^1$，那么 $E[\pi_{m-online}^{R*}]<\pi_{m-online}^{R-B*}$；如果 $c_B\geqslant\bar{c}_B^1$，那么 $E[\pi_{m-online}^{R*}]\geqslant\pi_{m-online}^{R-B*}$。③ 对于在线平台来说，如果 $r<r_4$，那么 $E[\pi_p^{R*}]<\pi_p^{R-B*}$；如果 $r\geqslant r_4$，那么 $E[\pi_p^{R*}]\geqslant\pi_p^{R-B*}$。

定理14.4揭露了几个重要发现。首先，区块链技术是否能为制造商的离线渠道带来更多利润取决于跨渠道效应。如果跨渠道效应较低或较高，那么区块链技术可能会损害制造商离线渠道的利润。然而，如果跨渠道效应适度，区块链技术可以提高制造商离线渠道的利润。我们知道，在跨渠道效应较低时，区块链技术可以增加总需求，这可以在定理14.1中看到。从制造商离线渠道的表达式中，我们发现负面跨渠道效应最终将导致制造商的离线利润减少。类似地，我们可以解释如果跨渠道效应较高或适度的情况。其次，如果使用区块链技术的成本低(高)，区块链技术可以提高(降低)制造商从在线平台获得的利润。最后，如果跨渠道效应较低(高)，采用区块链技术可以提高(降低)在线平台的利润。

实际上,负面跨渠道效应是普遍存在的。因此,采用区块链技术可以提高在线平台的利润和消费者剩余,但这会损害制造商的离线利润。具体而言,越来越多的制造商与在线平台合作建立在线离线渠道,这可以减弱负面跨渠道效应。在这种背景下,采用区块链技术可能会增加制造商的离线利润,但会损害在线平台的利润和消费者剩余。而是否可以增加制造商的在线利润取决于使用区块链技术的成本。

另外,我们在平台抽成模式中定义以下两个跨渠道效应的阈值:

$$r_5=\frac{a(1+\rho)(2\lambda-1)(1-\beta)(1-\varphi)-2\beta t\eta(1-\varphi)+2e_0(a_0-b_0C)(1-\beta)-2c_B(1+\beta)}{2(1-\beta)[p_0-e_0(a_0-b_0C)]+2c_B(1+\beta)}\text{ 和}$$

$$r_6=\frac{a(1+\rho)(2\lambda-1)(1-\beta)(1-\varphi)+2t\eta(1-\varphi)(2+\beta)+2e_0(a_0-b_0C)(1-\beta)-2c_B(1+\beta)}{2(1-\beta)[p_0-e_0(a_0-b_0C)]+2c_B(1+\beta)}。$$

设在平台抽成模式下,使用区块链技术后(未使用区块链技术时)信息不敏感和信息敏感消费者的最优(或"预期")消费者剩余分别为 CS^*_{1-A-B}(或 $E[CS^*_{1-A}]$)和 CS^*_{2-A-B}(或 D)。那么,我们得到以下定理。

定理 14.5 ① 如果 $r<r_5$,那么 $E[CS^*_{1-A}]<CS^*_{1-A-B}$,$E[CS^*_{2-A}]<CS^*_{2-A-B}$。② 如果 $r_5<r<r_6$,那么 $E[CS^*_{1-A}]>CS^*_{1-A-B}$,$E[CS^*_{2-A}]<CS^*_{2-A-B}$。③ 如果 $r>r_6$,那么 $E[CS^*_{1-A}]>CS^*_{1-A-B}$,$E[CS^*_{2-A}]>CS^*_{2-A-B}$。

通过比较定理 14.5 和定理 14.3,可以观察到它们具有相似的结构,唯一的区别在于跨渠道效应的阈值。仔细研究就会发现,他们都发现"区块链技术能否带来更多的消费者剩余"取决于跨渠道效应。因此,它揭示了跨渠道效应在决定区块链技术对消费者剩余的影响方面起着至关重要的作用。

我们为平台抽成模式下的跨渠道效应定义以下阈值,如下所示:

$$r_7=\frac{a(1+\rho)(2\lambda-1)(1-\beta)(1-\varphi)+2t\eta(1-\varphi)+2e_0(a_0-b_0C)(1-\beta)-2c_B(1+\beta)}{2(1-\beta)[p_0-e_0(a_0-b_0C)]+2c_B(1+\beta)}\text{ 和}$$

$$\bar{c}_B^2=\frac{[p_0r-e_0(a_0-b_0C)(1+r)]}{(1+r)}+\sqrt{\frac{a^2(1+\rho)^2(1+\beta)(1-\varphi)^2+8[p_0r-(1+r)e_0(a_0-b_0C)]^2-2(1-\varphi)^2\{t\beta\eta-a[\beta(1-\lambda)+\lambda](1+\rho)\}^2}{4(1+\beta)(1+r)^2}}。$$

定理 14.6 ① 对于线下渠道,如果 $r<\min\{r_7,0\}$,那么 $E[\pi^{A*}_{m-offline}]>$

$\pi_{m-offline}^{A-B*}$；如果 $\min\{r_7,0\} \leqslant r \leqslant \max\{r_7,0\}$，那么 $E[\pi_{m-offline}^{A*}] \leqslant \pi_{m-offline}^{A-B*}$；如果 $r > \max\{r_7,0\}$，那么 $E[\pi_{m-offline}^{A*}] > \pi_{m-offline}^{A-B*}$。② 对于线上渠道，如果 $0 \leqslant c_B < \bar{c}_B^2$，那么 $E[\pi_{m-online}^{A*}] < \pi_{m-online}^{A-B*}$；如果 $c_B \geqslant \bar{c}_B^2$，那么 $E[\pi_{m-online}^{A*}] \geqslant \pi_{m-online}^{A-B*}$。③ 对于在线平台，$E[\pi_p^{A*}] < \pi_p^{A-B*}$。

定理 14.6 在制造商从线下渠道和在线渠道获得的最优利润方面提出了与定理 14.4 类似的发现。我们不作进一步分析。定理 14.4 和定理 14.6 表明，区块链技术是否对制造商线下渠道和线上渠道的利润产生影响，与在线平台的运营模式无关。然而，我们发现区块链技术可以提高采用平台抽成模式运营的在线平台的利润。这个结果与定理 14.4 中的结果不同，原因是采用平台抽成模式消除了双重边际化。换句话说，采用平台抽成模式时，制造商有权确定零售价，并面对区块链技术设置合理的价格使其最大化其利润。在实践中，很多网络平台都是采用平台抽成模式运作的，比如天猫。因此，对于这些平台来说，采用区块链技术对它们是有益的。

14.4　小　结

本章从理论上探讨了制造商在碳交易机制下利用再销售模式和平台抽成模式进行最优运营决策，并分别研究了是否采用区块链技术的情形。此外，我们还比较了使用和不使用区块链技术时制造商、在线平台和消费者剩余价值和利润的差异。

通过研究是否采用区块链技术的最优决策，我们得出以下发现。在 2 种运营模式下，我们发现不同于以往的研究，碳交易机制可以一直用于控制碳排放；跨渠道效应的增加对制造商和在线平台都有利；如果跨渠道效应高，最优生产量会随“真实认证概率”的降低而降低；平台赋能能力的增强能够提高制造商和在线平台的利润，以及信息敏感消费者的消费者剩余，但可能会减少信息不敏感消费者的消费者剩余；平台抽成模式下，我们发现如果跨渠道效应高，2 组消费者的最优生产量会随佣金费率的增加而增加。

通过比较是否采用区块链技术的情况，我们还得出以下发现。①如果跨渠道效应较低(高),区块链技术可以产生更多(更少)消费者剩余。如果跨渠道效应适中,则可以增加信息敏感消费者的消费者剩余,但可能会降低信息不敏感消费者的消费者剩余。②如果跨渠道效应较低或较高,则区块链技术可以损害制造商的离线渠道利润。然而,如果跨渠道效应适中,则区块链技术可以增加制造商的离线渠道利润。③在某些情况下,区块链技术可以增加制造商从在线平台获得的利润。④在平台抽成模式下,区块链技术可以始终增加在线平台的利润,但在再销售模式下可能会减少其利润。

本章从管理的角度得出以下洞见。①在实践中,如果制造商建立线上线下渠道,可以使制造商、在线平台和两组消费者受益。②增加平台赋能能力对制造商和在线平台有帮助。③在实践中,天猫商城对大多数产品采用 2%~5%的佣金率,这是一个很低的佣金率。因此,加入天猫商城尤为有利。这个结果解释了天猫商城用户比京东更多的现象。④对于运营平台抽成模式的在线平台(如天猫商城),采用区块链技术至关重要。然而,对于再销售模式运营的在线平台,是否采用区块链技术取决于产业特征。特别是,有负面跨渠道效应的行业应采用区块链技术。⑤制造商可以尝试与在线平台合作,在再销售模式下运营,因为这可以带来更多利润。

本研究还存在一些局限性。首先,我们可以考虑其他机制(如碳税机制)并将其与碳交易机制进行比较。此外,我们还可以考虑不平等的碳交易价格(即,购买排放配额的价格大于出售排放配额的价格)及其他可持续发展相关问题(Choi 和 Luo,2019)。研究供应链代理和在线平台风险偏好(Chiu 等,2018;Choi,2018;Zhang 等,2020)如何影响采用区块链技术的碳交易机制的有效性也是非常重要的。最后,深入研究不同的可持续发展相关计划(如交易计划)(Tang 等,2020),也是进一步研究的有趣方向。

第 15 章　考虑消费者退货和人工智能技术下平台运营策略研究

许多制造商加入平台开通了在线渠道，其中平台有 2 种运营模式，即平台抽成模式和再销售模式，在线平台对线下渠道存在跨渠道效应，平台具有平台赋能能力可以为制造商带来更大的市场份额。通过在线平台购买的产品可能与实际不符，从而会增加消费者的退货率。本章考虑由单个制造商和单个平台组成的供应链，制造商通过线下渠道和平台销售其产品，分析了在考虑消费者退货的情况下，平台赋能能力和跨渠道效应如何影响制造商和平台的运营决策，在平台抽成模式和再销售模式下，制造商和平台是否应该采用 AI。

15.1　问题的引出

许多制造商已经通过在线平台增加了在线渠道(Shen 等，2019；Tian 等，2018；Xu 等，2021)。亚马逊是美国在线市场占有率超过 50% 的领先者，在 2020 年实现了 4750 亿美元的在线收入。中国最大的在线平台阿里巴巴集团在 2020 年实现了 1.2 万亿美元的在线收入(Zhang 和 Hou，2021)。在线平台有 2 种典型的运营模式，即再销售模式和平台抽成模式(冯中伟、马燕、谭春桥，2023)。在再销售模式中，制造商以批发价格向平台供应其产品，而后者以零售价格向最终消费者销售产品(Liu 等，2021；Liu 和 Ke，2020)。在平台抽成模式中，制造商通过平台的市场服务直接向最终消费者以零售价格销售其产品，并支付后者使用其服务的佣金(Xu 等，2021；Xu 等，2021)。2 种模式的主要区别在于产品的定价权，其中制造商(平台)在平台抽成模式(再销售模式)中确定零售价格(Liu 和 Ke,2020;Xu 等,2021)。

当制造商通过在线平台销售其产品时，有 3 个重要因素影响制造商的运营决策。首先，在线平台的销售对线下销售有影响，称之为"跨渠道效应"(Abhishek 等,2016;Nie 等,2019;Xu 等,2021;Xu 等,2021)。研究表明，跨渠道效应可能是正向的或负向的，这取决于行业(Abhishek 等,2016;Xu 等,2021)。例如，在图书出版行业，如果消费者从在线平台(如 Apple Books)购买电子书并且认为它很好，则会向朋友推荐，并在线下渠道购买该书。因此，跨渠道效应是积极的(Abhishek 等,2016;Yan 等,2018)。然而，在快速消费品行业中，如果消费者从在线平台购买一瓶白葡萄酒，他/她将不会从线下渠道购买另一瓶。在这种情况下，跨渠道效应是负向的(Xu 等,2021)。其次，平台具有平台赋能能力，即当制造商通过在线平台销售其产品时，潜在市场规模更大，这是因为时间和空间的限制不再存在(Shen 等,2019;Xu 等,2021;Xu 等,2020)。最后，当消费者从在线平台购买产品时，由于缺乏在线产品的视觉和手感体验，消费者退货在实践中很常见(Li 等,2019;Xu 等,2018;Yan 等,2022;谢军、黄鹤,2023)。例如，在线平台上销售的时尚产品有超过 75%的退货率(Radhi 和 Zhang,2019)。考虑到这种情况，当消费者基于产品描述从在线平台购买产品时，如果由于颜色或尺寸不合适而不满意该产品，则在线平台通常会提供全额退款政策，以增加消费者的忠诚度和满意度(Radhi 和 Zhang,2019)。此外，平台仅设置退货期的长度，以便消费者可以在此期间内返回不满意的商品。例如，京东和天猫提供为期 7 天的无理由退货期，而亚马逊为苹果产品提供 14 天的退货期(Ma 等,2020)。这意味着，如果消费者在退货期的有效期内退回不满意的产品，则制造商或平台将全额退还消费者在线零售价。

由于消费者退货在实践中很常见，越来越多的制造商和平台正在探索使用新技术来解决这个问题。在这种背景下，能够明显提高在线购物体验的人工智能(AI)(Behl 等,2021;Huang 和 Rust,2018)经历了指数级增长(Ransbotham 等,2018)。《财富》报道称，超过 80%的财富 500 强企业的 CEO 认为 AI 将在他们企业的未来发挥非常重要的作用(Liu 等,2021)。据估计，使用 AI 将产生额外的 157 万亿美元的经济价值(Dora 等,2022;Liu 等,2021)。在实践中，一些制造商和平台已经采用了 AI 来为在线消费者提供虚拟购物。例如，海尔集团在天猫开设其官方旗舰店并与该平台合作提供增强现实(AR)，让顾客更清楚地了解产品是否符合他们的需求和口味。当消费者进入天猫官方旗舰店时，他们会看到一个虚拟的超市客厅、智能厨房、智能卧室、智能浴室和智能阳台场景，可以在线下门店中产生相同的体验。亚马逊开发了一个名为“房间装饰器”的程序，为购买家具产品的消费者提供一个“房间视图”按钮。使用“房间视图”，消费者可以将在线产品放入虚拟房间中。我们的工作也受到了京东 AI 研究所副院长梅涛先生的采访启示，他透露该企业正在探索虚拟购物，以更好地服务其在线消费者。AI 可以为平台提供许多功能，如基于价格或推荐的功能。在本章中，我们主要考虑虚拟展厅作为研究重点。

平台赋能能力和消费者退货影响制造商有关在线渠道的运营决策。通过跨渠道效应，它们也影响制造商有关线下渠道的运营决策。此外，平台的运营规则，即平台抽成模式和再销售模式，对制造商的运营决策有不同的交互作用。平台抽成模式中，制造商设置零售价格并面临消费者退货；再销售模式中，平台设置零售价格并面临消费者退货。在这种背景下，AI 采用是否有益于制造商或平台的问题需要得到解决。

15.2　模型的建立

本章考虑由单个制造商和单个平台构成的供应链，其中制造商通过线下渠道和平台销售其产品。制造商和平台进行斯塔克尔伯格博弈，制造商是领导者，平台是追随者。在在线渠道中，产品通过在线平台销售，该平台具有两种运营模式，即平台抽成模式和再销售模式。

在平台抽成模式下，制造商将其产品提供给在线平台，如天猫，并以零售价格 p 直接销售给最终消费者。制造商向在线平台支付其在线营收的一部分作为佣金率 φ。再销售模式下，制造商首先以批发价格 w 将其产品销售给在线平台（如京东）；然后，平台以平台确定的零售价 p 将产品销售给最终消费者。线下渠道中，制造商通常通过自己的专卖店销售其产品，零售价格和基础需求几乎保持不变。根据 Abhishek 等（2016）、Nie 等（2019）、Yan 等（2018）、Xu 等（2021）和 Xu 等（2021）的实践，我们假设线下渠道的零售价格为 p_0，相应的基础需求为 Q，即没有跨渠道效应的需求量。跨渠道效应 r 反映了在线销售对线下销售的影响(Abhishek 等,2016;Xu 等,2021)。因此,线下渠道中的实际需求量为$(Q+rq)$。跨渠道效应可能是积极的或消极的,这通常由行业决定。类似于 Shen 等(2019)、Xu 等(2020) 和 Xu 等(2021),我们使用 ρ 表示平台赋能能力。平台赋能能力反映了平台为在线消费者提供便利,从平台购买产品时可以节省麻烦成本(如去线下商店)(Gao 和 Su,2017),因为在线购物没有时间和地理限制。因此,平台具有增加消费者从平台购买产品的意愿的平台赋能能力。当最终消费者从在线渠道购买产品时,他们不知道产品是否适合他们的用途。我们使用 α 表示消费者对购买的产品满意度的适合概率,$(1-\alpha)$ 表示购买的产品不符合消费者需求的概率。当消费者退回不适合的产品时,他们需要在退货期内将其退回并获得全额退款,退货期的长度为 T(Ma 等,2020)。否则,他们无法退回不适合的产品。在实践中,亚马逊设置了 30 天的退货期,而京东和天猫设置了 7 天的退货期。我们在区间$[0,1]$内归一化 T,这表明在线消费者在退货期内退回产品的概率是$(1-\alpha)T$。具体来说,当退货期非常长时,如$T=1$,在线消费者可以随时退回不满意的产品;当退货期非常短时,例如 $T=0$,在线消费者无法退回不满意的产品。θ 是消费者对产品的估价,我们假设其在 $U[0,1]$ 内均匀分布。对于退回的产品,平台将承担一个残值,该残值由系数 s 捕获。消费者从平台购买产品的预期效用如下:

$$U_0=\alpha[(1+\rho)\theta-p]+(1-\alpha)(1-T)(0-p)+(1-\alpha)T*0 \tag{15-1}$$

在公式(5-1) 中,第一项 $\alpha[(1+\rho)\theta-p]$ 表示消费者从在线渠道购买的产品满足度对应的效用。第二项$(1-\alpha)(1-T)(0-p)$ 表示消费者从在线渠道购买的产品不满意但没有在退货期内退回它所对应的效用。最后一项$(1-\alpha)T*0$ 表示消费者从在线渠道购买的产品不满意并在退货期内退回它所对应的效用。为了确保公式(15-1) 中表达的效用为正,我们推导出平台的需求函数如下:

$$q=[\alpha(1+\rho)-(1-T+\alpha T)p]/[\alpha(1+\rho)] \tag{15-2}$$

在公式(5-12 中,α,T 和 q 在区间$[0,1]$ 变化,且可能由于平台赋能能力的影响使得 p 大于 1,这可以从$[(1+\rho)\theta-p]$ 中看出。

本章中,下标中含有(不含有)AI 表示采用(不采用)AI 技术,$M(R)$ 表示平台抽成(再销售) 模式,$m(p)$ 表示制造商(平台)。与研究问题相对应的事件顺序如下：平台抽成模式中，制造商确定零售价，消费者根据零售价购买产品。我们不考虑平台的决策，即佣金率，因为在实践中通常将其设置为固定值，这类似于 Tian 等(2018)、Shen 等(2019)、Xu 等(2020) 和 Xu 等(2021) 的研究。在这种背景下，平台抽成模式下制造商和平台之间的博弈退化为制造商利润的优化。再销售模式中，制造商首先确定批发价，然后平台确定零售价，最后消费者根据零售价购买产品。

15.3　主要结论

15.3.1　不考虑 AI 的主要结论

在不使用 AI 技术的平台抽成模式中，平台和制造商的利润如下：

$$\pi_{M-p} = \varphi p[1-(1-\alpha)T]q \tag{15-3}$$

$$\pi_{M-m} = p_0(Q+rq)+(1-\varphi)p[1-(1-\alpha)T]q+s(1-\alpha)Tq-[(1-\alpha)T^2]/2 \tag{15-4}$$

制造商的在线收入包含两部分，一部分是满意产品的收益，概率为 α，另一部分是不满意产品的收益，概率为 $(1-\alpha)(1-T)$。因此，我们得到方程(15.3)中给出的总概率 $[1-(1-\alpha)T]$。公式(15-4)的第一项是线下渠道的利润。第二和第三项分别是在线销售和残值收入。最后一项是总残值损失，它随着 α 的增加而减少，但随着退货期的长度 T 的增加而增加。s 是没有时间延迟的单位残值收入，而公式(15-4)的最后一项是具有时间延迟的残值成本(Ma 等，2020)。我们假设基于增加的边际成本原则，总残值成本采用二次形式，这通常归因于由于退货而导致的成本增加。事实上，先前的研究通常假设二次形式，如 Ma 等(2020)、Liu 和 Ke(2020)、Xu 等(2021)。我们得到以下结果。

定理 15.1　在不使用 AI 技术的平台抽成模式中，制造商和平台的最优决策如下：

$$p_M^* = \frac{\alpha(1+\rho)(1-\varphi)-p_0 r-sT(1-\alpha)}{2(1-\varphi)[1-T(1-\alpha)]}$$

$$q_M^* = \frac{\alpha(1+\rho)(1-\varphi) + p_0 r + sT(1-\alpha)}{2\alpha(1+\rho)(1-\varphi)}$$

$$\pi_{M-p}^* = \frac{\varphi\{[\alpha(1+\rho)(-1+\varphi)]^2 - [p_0 r + s(T - T\alpha)]^2\}}{4\alpha(1+\rho)(1-\varphi)^2}$$

$$\pi_{M-m}^* = (A+B)/[4\alpha(1+\rho)(1-\varphi)]$$

其中 $A=\alpha(1+\rho)(1-\varphi)[\alpha(1+\rho)(1-\varphi)+2p_0(2Q+r)+2(s-T)T(1-\alpha)]$，$B=-[p_0 r+sT(1-\alpha)]^2$。

从定理 15.1 中，可以得出结论：随着跨渠道效应的增强，最优生产量增加，而最优零售价格下降。增加跨渠道效应会增强制造商的线下利润，从而增加生产量。实践中，负向的跨渠道效应很常见，因此一些企业逐渐倡导将线下和在线渠道整合起来（例如全渠道），以减轻负向的跨渠道效应。在这种背景下，这种行为有利于在线渠道的生产。

从定理 15.1 中可以看到，最优零售价格随着平台赋能能力的增强而增加。然而，如果 $r<-sT(1-\alpha)/p_0$，则最优生产量随着平台赋能能力的增强而增加；如果 $r>-sT(1-\alpha)/p_0$，则最优生产量将有趣地随着平台赋能能力的增强而减少。从直观上来看，最优生产量随着平台赋能能力的增强而增加，这已经在当前研究中发现，如 Shen 等（2019）和 Xu 等（2021）。然而，不等式 $r>-sT(1-\alpha)/p_0$ 意味着 $\alpha<(p_0 r+sT)/(sT)$，也就是说，适合概率较低，从而造成制造商在平台赋能能力增强时减少生产量。实践中，许多平台，如京东、亚马逊和天猫，采取有效措施增强平台赋能能力。在这种情况下，对于跨渠道效应为正（负）向的图书出版行业（快速消费品行业）中的制造商，最优生产量会减少。退货期的长短意味着 $-sT(1-\alpha)/p_0$ 值更高，表示减少最优生产量的可能性更高。从定理 15.1 中，我们可以轻松推导平台和制造商的最优利润随着平台赋能能力的增强而增加。因此，如果平台增强平台赋能能力，从他们的收益角度来看，这将是双方共赢的结果。此外，我们发现，当跨渠道效应增强时，制造商的最优利润总是增加，而平台的利润先增加后减小。如果跨渠道效应很高，制造商就有动机大幅度降低在线零售价格，以增加线下渠道的销售量。由于平台利润的来源是佣金，因此急剧下降的在线零售价格会导致平台的最优利润下降。实践中负向的跨渠道效应是很常见的，很多企业逐渐倡导采取一些措施（如全渠道）来减少这种负面影响。在这种背景下，这总是对制造商有益处，但可能会损害平台的利润。

在不使用 AI 技术的再销售模式中，平台和制造商的利润如下：

$$\pi_{R-p}=(p-w)[1-(1-\alpha)T]q+s(1-\alpha)Tq-(1-\alpha)T^2/2 \quad (15-5)$$

$$\pi_{R-m}=p_0(Q+rq)+wq \quad (15-6)$$

在公式(15－5)中，的第一项是满意产品和未在退货期内退回的不满意产品的利润。第二项和最后一项分别是残值收入和总残值损失。在公式(15－6)中，第一项是线下渠道的利润，第二项是在线渠道的利润。Stackelberg 博弈反映了平台和制造商之间的博弈关系。解决这个博弈得出以下结果。

定理 15.2　在不使用 AI 技术的再销售模式中，制造商和平台的最优决策如下：

$$w_R^*=\frac{A-p_0r[1-T(1-\alpha)]}{2[1-T(1-\alpha)]}$$

$$p_R^*=\frac{3\alpha(1+\rho)-2p_0r+B}{4[1-T(1-\alpha)]}$$

$$q_R^*=\frac{A+p_0r[1-T(1-\alpha)]}{4\alpha(1+\rho)}$$

$$\pi_{R-m}^*=\frac{[1-T(1-\alpha)]\{8\alpha(1+\rho)p_0Q+p_0{}^2r^2[1-T(1-\alpha)]+rA\}+A^2}{8\alpha(1+\rho)[1-T(1-\alpha)]}$$

$$\pi_{R-p}^*=\frac{B^2+\alpha(1+\rho)[\alpha(1+\rho)+4p_0r-8T^2(1-\alpha)-2B]}{16\alpha(1+\rho)}$$

其中 $A=\alpha(1+\rho)+sT(1-\alpha)$，$B=p_0r-T(1-\alpha)(s-p_0r)$。

定理 15.2 表明：最优生产量随跨渠道效应的增加而增加，而最优零售价格随跨渠道效应的增加而降低；在低跨渠道效应下，最优生产量随着平台赋能能力的增加而增加，否则会随着平台赋能能力的增加而减少。这些结果类似于平台抽成模式的结果。它们表明，跨渠道效应和平台赋能能力对最优生产决策和最优零售价格的影响与平台的运营模式无关。从定理 15.2 中，我们得出结论：平台和制造商的最优利润随着跨渠道效应的增强而增加。由于负向的跨渠道效应在实践中很常见，因此对于 Flipkart.com 和天猫等平台抽成模式中的平台，它应控制 2 个渠道的整合程度，因为跨渠道效应可能会降低平台的利润。然而，对于亚马逊和京东等再销售模式中的平台，它应尽可能地整合这 2 个渠道，这将增加制造商和平台的利润。此外，我们发现，平台和制造商的最优利润会随着平台赋能能力先下降后上升。从直观上看，平台赋能能力越大，平台和制造商的最优利润就越高，因为更高的平台赋能能力表示制造商和平台的利润更高。这个结果也在一些研究中得到了证实，如 Shen 等(2019)、Xu 等(2020) 和 Xu 等(2021)。然而，我们有趣地发现，制造商和平台的最优利润在平台赋能能力较低时会减少。我们已经知道最优的批发价格和在线零售价格都随着平台赋能能力的增加而增加，而在线零售价格的增长率更高。因此，增加平台赋能能力会导致更少的采购，这会降低制造商和平台的利润。这一发现也不同于平台抽成模式的情况，平台抽成模式的结果表明制造商和平台的最优利润总是随着平台赋能能力的增加而增加。在实践中，对于主要运营于平台抽成模式中的平台，如 Flipkart. com 和天猫等，增加平台赋能能力总是有益于制造商和平台。然而，对于主要运营于再销售模式中的平台，如亚马逊和京东等，强大的平台赋能能力可以使制造商和平台受益。

15.3.2 考虑 AI 的主要结论

在本节中，我们考虑制造商在平台抽成模式下采用 AI 技术和平台在再销售模式下采用 AI 技术的情况，使用 AI 技术的单位成本为 c_a。我们分别探讨平台抽成模式和再销售模式下的最优生产决策。

通过 AI，消费者可以使用虚拟环境购买满意的产品。例如，如果消费者从平台购买衣服，AI 可以提供虚拟试衣间，以便消费者购买满意的产品。我们考虑理想情况，即采用 AI 完全消除产品不匹配的情况。换句话说，消费者都对产品感到满意(Yang 等，2020)。因此，我们设置 $\alpha=1$，和 $T=0$。α 是消费者在假设他们喜欢所购买的产品的情况下对购买产品满意的适合概率。换句话说，使用 AI 后，消费者购买的产品适合他们，并且这些产品不会被退回。

在使用 *AI* 技术的平台抽成模式中，平台和制造商的利润如下：

$$\pi_{M-AI-p}=\varphi pq \tag{15-7}$$

$$\pi_{M-AI-m}=p_0(Q+rq)+(1-\varphi)pq-c_aq \tag{15-8}$$

上述公式的解释与公式(15-3) 和公式(15-4) 类似。

定理 15.3 在使用 AI 技术的平台抽成模式中，最优决策和利润如下：

$$p_{M-AI}^{*}=\frac{(c_a-p_0r)+(1-\varphi)(1+\rho)}{2(1-\varphi)}$$

$$q^*_{M-AI}=\frac{(p_0r-c_a)+(1+\rho)(1-\varphi)}{2(1+\rho)(1-\varphi)}$$

$$\pi^*_{M-AI-p}=\frac{\varphi\{[(1+\rho)(1-\varphi)]^2-(c_a-p_0r)^2\}}{4(1+\rho)(1-\varphi)^2}$$

$$\pi^*_{M-AI-m}=\frac{4(1+\rho)(1-\varphi)p_0Q+[(c_a-p_0r)-(1+\rho)(1-\varphi)]^2}{4(1+\rho)(1-\varphi)}$$

根据定理 15.3,我们分析了跨渠道效应和平台赋能能力对制造商最优生产决策和利润的影响,并发现它们与定理 15.1 中的影响相似。我们还发现,制造商的最优利润随着使用 AI 的单位成本 c_a 而降低。然而,我们发现平台的最优利润先增加后减少,与单位成本的情况有关。这是因为由于单位成本的增加而导致的零售价格增长率高于生产量减少率。从公式(15 - 7) 可以得知,平台的最优利润随着单位成本的增加而增加。在实践中,当使用 AI 的单位成本较低时,采用平台抽成模式的平台,如天猫可以在制造商使用 AI 时获得更高的利润。

在使用 AI 技术的再销售模式中,平台和制造商的利润如下:

$$\pi_{R-AI-p}=(p-w)q-c_aq \tag{15 - 9}$$

$$\pi_{R-AI-m}=p_0(Q+rq)+wq \tag{15 - 10}$$

上述公式的解释与公式(15 - 5) 和公式(15 - 6) 类似。

定理 15.4　在使用 AI 的再销售模式中,最优决策和利润如下所示:

$$w^*_{R-AI}=(1-c_a-p_0r+\rho)/2$$

$$p^*_{R-AI}=(3+c_a-p_0r+3\rho)/4$$

$$q^*_{R-AI}=(1-c_a+p_0r+\rho)/[4(1+\rho)]$$

$$\pi^*_{R-AI-m}=\frac{(c_a-p_0r)^2+[2p_0(4Q+r)+(1+\rho)-2c_a](1+\rho)}{8(1+\rho)}$$

$$\pi^*_{R-AI-p}=\frac{(1-c_a+p_0r+\rho)^2}{16(1+\rho)}$$

从定理 15.4 中,我们分析了跨渠道效应和平台赋能能力对最优生产决策的影响,发现它们与定理 15.2 中的类似。此外,制造商和平台的最优利润随跨渠道效应的增加而增加。然而,与定理 15.2 不同的是,平台和制造商的最优利润都随平台赋能能力的增加而增加。因此,当平台采用 AI 时,增加平台赋能能力有益于平台和制造商。与定理 15.3 不同,我们发现使用 AI 的单位成本增加会导致制造商和平台的最优利润减少。也就是说,在再销售模式下运营的平台,如亚马逊和京东,增加使用 AI 的单位成本会损害制造商和平台的利润。

15.3.3 使用和不使用 AI 之间的比较

在本节中,我们分别比较了平台抽成模式下和再销售模式下制造商和平台使用和不使用 AI 时的最优利润。我们没有比较制造商在平台抽成模式和再销售模式下的最优利润,原因在于比较两种利润时结果是直观的。通常,现有研究得出的结论是,当佣金率较低(高)时,制造商应选择平台抽成模式(再销售模式)(Shen 等,2019;Xu 等,2021)。因此,我们关注我们的研究问题,比较制造商和平台使用和不使用 AI 时的最优利润。

1. 平台抽成模式下的比较

我们将跨渠道效应的阈值定义为

$r_{M-m} = \dfrac{p_0[c_a\alpha + sT(1-\alpha)] - \sqrt{\{p_0{}^2\alpha[B+(-1+\alpha)^2A]\}}}{p_0{}^2(-1+\alpha)}$,其中 $A = [sT+(1+\rho)(-1+\varphi)]^2 - 2T^2(1+\rho)(-1+\varphi)$,$B = c_a{}^2 - 2c_a(-1+\alpha)[sT+(1+\rho)(-1+\varphi)]$。

上述阈值可以在定理 15.5 的证明中找到。该阈值是制造商在有和无 AI 的情况下最优利润相等的临界值。

定理 15.5 ① 当 $r \leqslant r_{M-m}$,那么 $\pi^*_{M-AI-m} \geqslant \pi^*_{M-m}$;② 当 $r > r_{M-m}$,那么 $\pi^*_{M-AI-m} < \pi^*_{M-m}$。

定理 15.5 表明,当跨渠道效应较低时,使用 AI 会增加制造商的利润。然而,当跨渠道效应较高时,使用 AI 会降低制造商的利润。在低跨渠道效应条件下,制造商愿意提高零售价格以减少生产量。因此,制造商获得低边际利润。但是,采用 AI 后,制造商的在线边际利润会急剧增加,因为没有消费者退货。这将增加制造商的利润。在实践中,如果制造商处于具有负向的跨渠道效应的行业中,如快速消费品行业,则使用 AI 可能会使制造商受益。否则,它将损害制造商的利润。由于负向的跨渠道效应在实践中很常见,因此制造商采用 AI 是有益的。然而,随着一些企业越来越倡导线上线下渠道的整合,缓解负向的跨渠道效应对于制造商采用 AI 是没有好处的。

根据定理15.5,如果 $r < -[c_a\alpha + sT(1-\alpha)]/[p_0(1-\alpha)]$,那么 $d(\pi^*_{M-AI-m} -$

$\pi^*_{M-m})/dr>0$；如果 $r>-[c_a\alpha+sT(1-\alpha)]/[p_0(1-\alpha)]$，那么 $d(\pi^*_{M-AI-m}-\pi^*_{M-m})/dr<0$。因此，使用 AI 的优势首先得到增强，然后逐渐减少。在全渠道的背景下，使用 AI 首先为制造商带来更多的利润，然后越来越损害制造商的利润。阈值随着适合概率、使用 AI 的单位成本和退货期长度的增加而减小。在实践中，① 对于具有高适合概率的行业，例如食品行业；② 对于退货期较长的平台，例如亚马逊，则会降低使用 AI 的优势。

我们定义 $r_{M-p}=\dfrac{p_0[c_a\alpha+sT(1-\alpha)]-\sqrt{p_0{}^2\alpha AB}}{p_0{}^2(-1+\alpha)}$ 以比较平台的利润，其中 $A=c_a+(1-\alpha)[sT+(1+\rho)(1-\varphi)]$，$B=c_a+(1-\alpha)[sT-(1+\rho)(1-\varphi)]$。

定理 15.6　① 当 $r\leqslant r_{M-p}$，那么 $\pi^*_{M-AI-p}\leqslant\pi^*_{M-p}$；② 当 $r>r_{M-p}$，那么 $\pi^*_{M-AI-p}>\pi^*_{M-p}$。

定理 15.6 的结果表明，当跨渠道效应较低时，使用 AI 会降低平台的利润。然而，当跨渠道效应较高时，使用 AI 会增加平台的利润。根据定理 15.1，在低跨渠道效应下，最优零售价高，而最优生产量低。因此，如果制造商采用 AI，由于 T=0，它有助于增加最优零售价，并降低最优生产量。从公式(15－3)可以轻松得出平台利润的降低。这些结果与定理 15.5 的结果几乎相反。在实践中，跨渠道效应的值取决于行业(Abhishek 等，2016；Xu 等，2021；Xu 等，2021；Yan 等，2018)。例如，图书行业存在高跨渠道效应。因此，对于该行业，使用 AI 会损害制造商的利润，但有利于平台。由于低跨渠道效应在实践中很常见，因此使用 AI 对于制造商有益，但会损害平台的利润。

2. 再销售模式下的比较

我们将跨渠道效应的阈值定义为

$r_{R-m}=\dfrac{\sqrt{[1-T(1-\alpha)]\alpha}+A+B}{p_0{}^2(1-T)[1-T(1-\alpha)](1-\alpha)}$，其中 $A=p_0[1-T(1-\alpha)](1-\alpha)(sT-c_a)$，$B=p_0(1-\alpha)[sT-(1-T)(1+\rho)]$。

定理 15.7　① 当 $r\leqslant r_{R-m}$，那么 $\pi^*_{R-AI-m}\geqslant\pi^*_{R-m}$；② 当 $r>r_{R-m}$，那么 $\pi^*_{R-AI-m}<\pi^*_{R-m}$。

定理 15.7 的结果表明，当跨渠道效应较低时，使用 AI 会增加制造商的利润。然而，当跨渠道效应较高时，使用 AI 会损害制造商的利润。这一发现与平台抽成模式类似。平台面临消费者退货，并确定是否采用 AI。这表明，在两种模式下，制造商的利润没有区别。定理 15.7 还表明，如果 $r<-[c_a\alpha+sT(1-$

$\alpha)]/[p_0(1-\alpha)(1-T)]$，那么 $d(\pi^*_{R-AI-m}-\pi^*_{R-m})/dr>0$；如果 $r>-[c_a\alpha+sT(1-\alpha)]/[p_0(1-\alpha)(1-T)]$，那么 $d(\pi^*_{R-AI-m}-\pi^*_{R-m})/dr<0$。这些结果与定理 15.5 的结果相似。因此，无论是再销售模式还是平台抽成模式，跨渠道效应对带有和不带有 AI 的制造商利润的影响具有相似的模式。

我们定义 $r_{R-p}=\dfrac{\sqrt{A^2+[T(2-T+T\alpha)-1](1-\alpha)B}-C}{p_0\{1-T[2-T(1-\alpha)]\}(1-\alpha)}$ 以比较平台的利润，其中 $A=c_a\alpha+T(1-\alpha)[s(1-T+T\alpha)-\alpha(1+\rho)]$，

$B=s^2T^2(1-\alpha)^2+(2sT+1+8T^2+\rho)(1-\alpha)\alpha(1+\rho)+\alpha[c_a\alpha(2+2\rho)-c_a\alpha]$，

$C=c_a\alpha+T(1-\alpha)[s(1-T+T\alpha)-\alpha(1+\rho)]$。我们得出以下定理。

定理 15.8 ① 当 $r\leqslant r_{R-p}$，那么 $\pi^*_{R-AI-p}\geqslant\pi^*_{R-p}$；② 当 $r>r_{R-p}$，那么 $\pi^*_{R-AI-p}<\pi^*_{R-p}$。

定理 15.8 表明，当跨渠道效应较低时，使用 AI 能为平台带来更多的利润，否则会损害平台的利润。因此，使用 AI 可以为平台带来更多的利润，并且制造商也可以实现同步。也就是说，当跨渠道效应较低时，使用 AI 可以为平台和制造商带来更多的利润，否则会损害制造商和平台的利润。在实践中，京东和亚马逊以其再销售模式而闻名。对于这 2 个平台，他们可以在跨渠道效应较低的行业采用 AI，这可以使他们和制造商双方都受益。

15.4 小 结

以上研究结果表明，无论是否使用 AI，在平台抽成和再销售模式中的最优产量随着跨渠道效应增加；当跨渠道效应低（高）时，最优产量随着平台赋能能力增加（降低）；只有在不使用 AI 并且是在再销售模式下，制造商的最优利润随着平台赋能能力先降低后增加，否则总是随着平台赋能能力和跨渠道效应而增加。在实践中，负向的跨渠道效应是普遍存在的，一些企业或平台通过整合线上和线下渠道（如全渠道）来缓解负向的跨渠道效应。在这种背景下，这种行为有利于在线渠道的生产。此外，它总是有利于制造商，但可能会损害平台的利润。因此，在平台抽成模式下的平台（如天猫和 Flipkart.com）应控制 2 个渠道

的整合程度，因为平台的利润可能会随着跨渠道效应的增加而降低。然而，再销售模式下的平台（如京东和亚马逊）应尽可能地整合 2 个渠道，这可以增加制造商和平台的利润。平台抽成模式下，平台的最优利润随着使用 AI 的单位成本先增加后减少。但是，它在再销售模式下总是随着使用 AI 的单位成本降低。当使用 AI 的成本较低时，平台抽成模式下的平台（例如天猫）可以通过制造商使用 AI 获得更多利润。然而，对于再销售模式下运营的平台（例如亚马逊和京东），AI 的使用成本的增加总是会损害平台的利润。平台抽成模式下，当跨渠道效应低（高）时，使用 AI 会增加（减少）制造商的利润，但是会减少（增加）平台的利润。然而，在再销售模式中，当跨渠道效应低（高）时，使用 AI 会增加（减少）制造商和平台的利润。如果制造商加入平台抽成模式（如天猫），并处于跨渠道效应低的行业（如快速消费品行业），那么使用 AI 可以使制造商受益。否则，如果制造商处于跨渠道效应高的行业，如音乐行业，使用将损害制造商的利润。在实践中，京东和亚马逊以再销售模式著称。对于这 2 个平台，他们可以在跨渠道效应低的行业采用 AI，这可以使他们受益。

第16章　总结与展望

16.1　总　结

电商平台的快速发展使得越来越多的制造商通过平台销售产品。对于平台的两种运作模式,制造商如何进行运作决策才能达到利润最大化,这是制造商需要面对并解决的问题。

本书分别探讨了以下问题:考虑跨渠道效应和区块链技术下平台抽成和再销售模式的选择、制造商的区块链技术采用及平台模式选择策略、基于碳交易机制的线上平台供应链运作——使用区块链技术的影响、考虑送货时间的协调电商平台的供应链决策、区域性碳交易机制下平台抽成或再销售渠道增加、考虑到消费者退货情况、如何明智地使用人工智能进行平台运作以及考虑碳交易机制和绿色技术下平台抽成模式和再销售模式之间的选择。得出的结果主要聚焦于三个方面:制造商关于平台模式的选择、如何设计合适的契约来实现供应链协调以及什么时候应该采用新技术。

(1)通过考虑区块链技术在再制造领域的应用,研究发现无论制造商是否采用区块链技术进行再制造时,如果平台赋能能力较小,那么制造商应该选择再销售模式。否则,制造商应该选择平台抽成模式;在考虑代理无效性之后,研究发现代理无效性越高,平台抽成模式下制造商的最优利润越高;进一步考虑消费者退货窗口,研究发现考虑消费者退货窗口为外生时,在低市场相对效率下,制造商在再销售模式下的最优利润高于平台抽成模式下的最优利润,反之亦然。而当消费者退货窗口为内生时，在低市场相对效率下，制造商在再销售模式下的最优利润低于平台抽成模式下的最优利润。此外，本书还研究了优惠券的分配下的制造商关于平台模式的选择，研究发现当订单履行成本较低时，平台抽成模式下制造商获利更多；反之，再销售模式下制造商获利更多。随着在线购物的热潮，消费者对交货时间越来越重视，本书考虑了将交货时间纳入研究，并发现制造商在低入驻费用下从平台抽成模式中获益更多；反之，制造商在再销售模式下获得更多利润。

(2)考虑交货时间对供应链运作的重要性，本书考虑了批发价格契约和交货成本分摊契约下的供应链协调问题，研究发现当平台赋能能力较小(大)时，批发价格契约无法(可以)协调供应链，而在平台赋能能力和消费者对交货时间的敏感程度相对较低时，交货成本分摊契约无法协调供应链，否则，交货成本分摊契约可以协调供应链；考虑渠道增加问题，研究发现如果佣金率较低，制造商和平台在平台抽成或再销售渠道中均无法协调，但在双渠道结构中可以协调；进一步考虑区块链技术，研究发现，在平台抽成模式和再销售模式下，如果网络系数较低(高)，批发价格契约(不)可以协调由制造商和零售商组成的供应链。通过考虑制造商、零售商和平台的协调来扩展模型，在平台抽成模式下，如果网络系数较低，则三个成员可以协调，而在再销售模式下，三个成员无法协调；本书考虑了需求波动对协调的影响，研究发现，不存在需求波动时，如果跨渠道效应较小，再销售模式可以协调制造商和平台。而平台抽成模式始终无法实现协调。存在需求波动时，随着跨渠道效应的增加，只有在需求波动较大的情况下，两种模式可以协调制造商和平台。不同的是，当跨渠道效应达到足够大的水平时，无论需求波动是否存在，再销售模式无法协调制造商和平台；消费者退货在在线购物中很常见，本书探究了考虑消费者退货下的协调问题，研究发现，在外生和内生消费者退货窗口下，残值收入共享契约可以协调平台抽成模式下的平台系统。但是，该契约不能协调再销售模式下的平台系统；考虑到制造商的低碳决策，研究发现，平台抽成模式无法协调制造商和平台。而再销售模式可以在跨渠道效应为负时协调制造商和平台。进一步考虑全渠道策略，平台抽成模式依旧无法协调制造商和平台；而再销售模式可以协调制造商和平台，并且研究发现，全渠道策略使得协调更加灵活；本书还考虑了碳交易机制下优惠券促销的企业协调问题，研究发现，再销售模式和平台抽成模式均不能协调制造商和平台，进一步考虑优惠券成本共担契约，再销售模式能够协调供应链，而平台抽成模式无法协调供应链;此外,通过考虑财务约束下的供应链协调问题,研究发现,在平台主导的斯塔克尔伯格博弈中,两家企业无法实现协调。在制造商主导的斯塔克尔伯格博弈中,平台抽成模式不能协调两家企业,而再销售模式在负跨渠道效应时可以做到,另外平台抽成和再销售模式都可以通过将零售商或第三方引入到模型中,以低利率实现协调。

(3)在平台抽成模式和再销售模式下,如果跨渠道效应低(高)并且平台赋能能力高(低)时,使用区块链会为制造商带来更多利润;考虑到再制造行业的特征,研究发现,在平台抽成模式和平台再销售模式下,如果排放强度较高(低),使用区块链技术去再制造产品能为制造商带来更多(少)利润;考虑到消费者剩余,在这两种模式下,如果跨渠道效应较低或较高(适度),那么区块链技术可能会损害(提高)制造商线下渠道的利润,如果使用区块链技术的成本低(高),区块链技术可以提高(降低)制造商从线上渠道获得的利润。不同的是,在再销售模式下,如果跨渠道效应较低(高),采用区块链技术可以提高(降低)电商平台的利润,而在平台抽成模式下,使用区块链总是可以提高电商平台的利润;考虑 AI 在消费者退货方面的应用,研究发现,在平台抽成模式和再销售模式下,当跨渠道效应较低(高)时,使用 AI 会增加(降低)制造商的利润。不同的是,当跨渠道效应较低时,在平台抽成模式下使用 AI 会降低平台的利润,而在再销售模式下会增加平台的利润。当跨渠道效应较高时,在平台抽成模式下使用 AI 会增加平台的利润,在再销售模式下则会损害平台的利润。

本书创新点主要体现在以下方面。

(1)从现实现象出发,本书捕捉了平台的两种特性,即平台赋能能力和跨渠道效应,并深入研究了这两种特性对制造商和平台的运作决策的影响。

(2)本书考虑了消费者退货因素对平台化运作的影响。将供应链外部的售后问题,即消费者的退货行为对供应链内部决策造成的影响考虑进入模型,这使得研究问题更加全面、更加贴近现实。

(3)本书结合平台化运作的发展趋势,分析了人工智能和区块链技术对制造商运作决策产生的影响,从企业运作的角度而不是科技发展的角度来分析人工智能和区块链技术对企业管理的利弊。

16.2　局限及未来研究展望

本书致力于探讨平台化运作中制造商和平台的最优运作决策；考虑了两种不同的平台运作模式下的情形，将生产、配送、以及产品售后过程中可能对运作决策产生的因素刻画进入模型，但是相关研究仍然有待进一步完善。

(1)本书考虑了碳交易机制背景下的供应链成员的运作决策行为，但是本书只考虑了限额与碳交易机制，尽管在控制碳排放上，这是一个很有效率的机制，但是在实际政府对碳排放的管控中，碳税政策也是一种有效控制碳排放的机制。因此，在未来的研究中，对碳税机制背景下的供应链成员的运作决策的研究是一个很有意义的方向。

(2)本书中考虑的跨渠道效应仅考虑了线上渠道对线下渠道的影响，但是在实际管理中，线下旗舰店的运作也会对线上渠道产生影响。因此，考虑线上和线下渠道之间的跨渠道效应也可以扩展为两个渠道之间的竞争，这可能会产生一些有意思的结论。

(3)本书研究了制造商是否使用区块链技术的运作决策。在实际中，平台往往是 Stackelberg 博弈的领导者，使用区块链技术的可能是平台，将平台使用区块链技术考虑进入模型，会不会产生不同的结论，这是较为值得研究的问题。

参考文献

[1] ABHISHEK V, JERATH K, ZHANG Z J. Agency selling or reselling? Channel structures in electronic retailing[J]. Management Science, 2016,62(8): 2259-2280.

[2] AZZI R,CHAMOUN R K,SOKHN M. The power of a blockchain-based supply chain [J]. Computers & industrial engineering, 2019, 135:582-592.

[3] BABICH V, HILARY G. OM Forum—distributed ledgers and operations: What operations management researchers should know about blockchain technology[J]. Manufacturing & Service Operations Management, 2020,22(2): 223-240.

[4] BAI Q, CHEN M, XU L. Revenue and promotional cost-sharing contract versus two-part tariff contract in coordinating sustainable supply chain systems with deteriorating items[J]. International Journal of Production Economics,2017,187: 85-101.

[5] BAI Q, XU J, ZHANG Y. The distributionally robust optimization model for a remanufacturing system under cap-and-trade policy: A newsvendor approach [J]. Annals of Operations Research, 2022, 309 (2): 731-760.

[6] BEHL A, DUTTA P, LUO Z, et al. Enabling artificial intelligence on a donation-based crowdfunding platform: A theoretical approach[J]. Annals of Operations Research, 2021: 1-29.

[7] BELHADJ N, LAUSSEL D, RESENDE J. Marketplace or reselling?

Asignalling model[J]. Information Economics and Policy,2020,50: 100834.

[8] BENJAAFAR S, LI Y, DASKIN M. Carbon footprint and the management of supply chains: Insights from simple models [J]. IEEE Transactions on Automation Science and Engineering,2012,10(1): 99-116.

[9] BENZ E,TRÜCK S. Modeling the price dynamics of CO_2 emission allowances[J]. Energy Economics,2009,31(1): 4-15.

[10] BODE S. Multi-period emissions trading in the electricity sector—winners and losers[J]. Energy Policy,2006,34(6): 680-691.

[11] BRYNJOLFSSON E,HU Y,RAHMAN M S. Battle of the retail channels: How product selection and geography drive cross-channel competition[J]. Management Science,2009,55(11): 1755-1765.

[12] CACHON G P,KÖK A G. Competing manufacturers in a retail supply chain: On contractual form and coordination[J]. Management science, 2010,56(3): 571-589.

[13] CACHON G P. Supply chain coordination with contracts, handbooks in operation and managements science: supply chain management [J]. North-Holland,2003.

[14] CAI Y J,CHOI T M,ZHANG J. Platform supported supply chain operations in the blockchain era: Supply contracting and moral hazards[J]. Decision Sciences,2021,52(4): 866-892.

[15] CAI Y J, CHOI T M. Extended producer responsibility: A systematic review and innovative proposals for improving sustainability[J]. IEEE transactions on engineering management,2019,68(1): 272-288.

[16] CAO E. Coordination of dual-channel supply chains under demand disruptions management decisions[J]. International Journal of Production Research,2014,52(23): 7114-7131.

[17] CAO J,SO K C,YIN S. Impact of an "Online-to-Store" channel on demand allocation, pricing and profitability [J]. European Journal of Operational Research,2016,248(1): 234-245.

[18] CAO K,GUO Q,XU Y. Information sharing and carbon reduction strategies with extreme weather in the platform economy[J]. International

Journal of Production Economics, 2023, 255: 108683.

[19] CAO K, XU B, HE Y, et al. Optimal carbon reduction level and ordering quantity under financial constraints[J]. International Transactions in Operational Research, 2020, 27(5): 2270 - 2293.

[20] CAO K, XU Y, CAO J, et al. Whether a retailer should enter an e-commerce platform taking into account consumer returns[J]. International Transactions in Operational Research, 2020, 27(6): 2878 - 2898.

[21] CAO E, YU M. The bright side of carbon emission permits on supply chain financing and performance[J]. Omega, 2019, 88: 24 - 39.

[22] CAO E, ZHOU X. Coordinating a supply chain under demand and cost disruptions[J]. International Journal of Production Research, 2015, 53(12): 3735 - 3752.

[23] CHAI Q, XIAO Z, LAI K, et al. Can carbon cap and trade mechanism be beneficial for remanufacturing? [J]. International Journal of Production Economics, 2018, 203: 311 - 321.

[24] CHANG X, XIA H, ZHU H, et al. Production decisions in a hybrid manufacturing-remanufacturing system with carbon cap and trade mechanism [J]. International Journal of Production Economics, 2015, 162: 160 - 173.

[25] CHANG Y, IAKOVOU E, SHI W. Blockchain in global supply chains and cross border trade: A critical synthesis of the state-of-the-art, challenges and opportunities [J]. International Journal of Production Research, 2020, 58(7): 2082 - 2099.

[26] CHEN D, IGNATIUS J, SUN D, et al. Reverse logistics pricing strategy for a green supply chain: A view of customers' environmental awareness [J]. International Journal of Production Economics, 2019, 217: 197 - 210.

[27] CHEN J, ZHANG H, SUN Y. Implementing coordination contracts in a manufacturer Stackelberg dual-channel supply chain[J]. Omega, 2012, 40(5): 571 - 583.

[28] CHEN K, ZHA Y, ALWAN L C, et al. Dynamic pricing in the presence of reference price effect and consumer strategic behaviour [J].

International Journal of Production Research, 2020, 58(2): 546-561.

[29] CHEN L, NAN G, LI M, et al. Adding the online-to-store channel to supply chain: Impact of spillover effect[M]. SSRN, 2018

[30] CHEN P, ZHAO R, YAN Y, et al. Promotional pricing and online business model choice in the presence of retail competition[J]. Omega, 2020, 94: 102085.

[31] CHEN X, WANG X, CHAN H K. Manufacturer and retailer coordination for environmental and economic competitiveness: A power perspective[J]. Transportation Research Part E: Logistics and Transportation Review, 2017, 97: 268-281.

[32] CHEN X, WANG X, GONG K. The effect of bidimensional power structure on supply chain decisions and performance[J]. IEEE Transactions on Systems, Man, and Cybernetics: Systems, 2017, 50(3): 1095-1110.

[33] CHEN X, WANG X, ZHANG D, et al. Selling models for platforms under service-sensitive demand[J]. Omega, 2023, 115: 102794.

[34] CHEN X, WANG X, ZHOU M. Firms' green R&D cooperationbehaviour in a supply chain: Technological spillover, power and co-ordination [J]. International Journal of Production Economics, 2019, 218: 118-134.

[35] CHENG F, CHEN T, SHEN Y, et al. Impact of green technology improvement and store brand introduction on the sales mode selection[J]. International Journal of Production Economics, 2022, 253: 108587.

[36] CHIU C H, CHOI T M, DAI X, et al. Optimal advertising budget allocation in luxury fashion markets with social influences: A mean-variance analysis [J]. Production and Operations Management, 2018, 27(8): 1611-1629.

[37] CHIU C H, CHAN H L, CHOI T M. Risk minimizing price-rebate-return contracts in supply chains with ordering and pricing decisions: A multimethodological analysis[J]. IEEE Transactions on Engineering Management, 2020, 67(2): 466-482.

[38] CHOD J, TRICHAKIS N, TSOUKALAS G, et al. Blockchain and

the value of operational transparencyfor supply chain finance[J]. Mack Institute for Innovation Management, Working Paper Series, 2018.

[39] CHOD J, TRICHAKIS N, TSOUKALAS G, et al. On the financing benefits of supply chain transparency and blockchain adoption [J]. Management science, 2020, 66(10): 4378 - 4396.

[40] CHOD J, TRICHAKIS N, YANG S A. Platform tokenization: Financing, governance, and moral hazard[J]. Management Science, 2022, 68(9): 6411 - 6433.

[41] CHOI T M, FENG L, LI R. Information disclosure structure in supply chains with rental service platforms in the blockchain technology era [J]. International Journal of Production Economics, 2020, 221: 107473.

[42] CHOI T M, GUO S, LIU N, et al. Optimal pricing in on-demand-service-platform-operations with hired agents and risk-sensitive customers in the blockchain era[J]. European Journal of Operational Research, 2020, 284(3): 1031 - 1042.

[43] CHOI T M, GUO S. Is a 'free lunch' a good lunch? The performance of zero wholesale price-based supply-chain contracts [J]. European Journal of Operational Research, 2020, 285(1): 237 - 246.

[44] CHOI T M, LUO S. Data quality challenges for sustainable fashion supply chain operations in emerging markets: Roles of blockchain, government sponsors and environment taxes[J]. Transportation Research Part E: Logistics and Transportation Review, 2019, 131: 139 - 152.

[45] CHOI T M, OUYANG X. Initial coin offerings for blockchain based product provenance authentication platforms[J]. International Journal of Production Economics, 2021, 233: 107995.

[46] CHOI T M, TALEIZADEH AA, YUE X. Game theory applications in production research in the sharing and circular economy era [J]. International Journal of Production Research, 2020, 58(1): 118 - 127.

[47] CHOI T M, WEN X, SUN X, et al. The mean-variance approach for global supply chain risk analysis with air logistics in the blockchain technology era[J]. Transportation Research Part E: Logistics and Transportation

Review,2019,127: 178 - 191.

[48] CHOI T M. Blockchain-technology-supported platforms for diamond authentication and certification in luxury supply chains [J]. Transportation Research Part E: Logistics and Transportation Review,2019, 128: 17 - 29.

[49] CHOI T M. Financing product development projects in the blockchain era: Initial coin offerings versus traditional bank loans[J]. IEEE Transactions on Engineering Management,2020,69(6): 3184 - 3196.

[50] CHOI T M. Local sourcing and fashion quick response system: The impacts of carbon footprint tax[J]. Transportation Research Part E: Logistics and Transportation Review,2013,55: 43 - 54.

[51] CHOI T M. Optimal apparel supplier selection with forecast updates under carbon emission taxation scheme[J]. Computers & Operations Research,2013,40(11): 2646 - 2655.

[52] CHOI T M. Supply chain financing using blockchain: Impacts on supply chains selling fashionable products[J]. Annals of Operations Research, 2020: 1 - 23.

[53] CHOI T M, Zhang J, Cai Y J. Consumer-to-consumer digital-product-exchange in the sharing economy system with risk considerations: will digital-product-developers suffer? [J]. IEEE Transactions on Systems, Man, and Cybernetics: Systems,2019,50(12): 5049 - 5057.

[54] CHOI T M. Internet based elastic logistics platforms for fashion quick response systems in the digital era[J]. Transportation Research Part E: Logistics and Transportation Review,2020,143: 102096.

[55] CHOI T M, LIU N. Optimal advertisement budget allocation and coordination in luxury fashion supply chains with multiple brand-tier products [J]. Transportation Research Part E: Logistics and Transportation Review, 2019,130: 95 - 107.

[56] CHOI T M. Facing market disruptions: Values of elastic logistics in service supply chains[J]. International Journal of Production Research,2021, 59(1): 286 - 300.

[57] DAI T, CHO S H, ZHANG F. Contracting for on-time delivery in the US influenza vaccine supply chain [J]. Manufacturing & Service Operations Management, 2016, 18(3): 332-346.

[58] DE GIOVANNI P. Blockchain and smart contracts in supply chain management: A game theoretic model[J]. International Journal of Production Economics, 2020, 228: 107855.

[59] DIABAT A, ABDALLAH T, AL-REFAIE A, et al. Strategic closed-loop facility location problem with carbon market trading [J]. IEEE Transactions on engineering Management, 2012, 60(2): 398-408.

[60] DING Y, GAO X, HUANG C, et al. Service competition in an online duopoly market[J]. Omega, 2018, 77: 58-72.

[61] DOLGUI A, IVANOV D, SOKOLOV B. Reconfigurable supply chain: The X-network [J]. International Journal of Production Research, 2020, 58(13): 4138-4163.

[62] DONG C, CHEN C, SHI X, et al. Operations strategy for supply chain finance with asset-backed securitization: Centralization and blockchain adoption [J]. International Journal of Production Economics, 2021, 241: 108261.

[63] DONG C, SHEN B, CHOW P S, et al. Sustainability investment under cap-and-trade regulation[J]. Annals of Operations Research, 2016, 240: 509-531.

[64] DORA M, KUMAR A, MANGLA S K, et al. Critical success factors influencing artificial intelligence adoption in food supply chains [J]. International Journal of Production Research, 2022, 60(14): 4621-4640.

[65] DOU G, CHOI T M. Does implementing trade-in and green technology together benefit the environment? [J]. European Journal of Operational Research, 2021, 295(2): 517-533.

[66] DRAKE D F, KLEINDORFER P R, VAN WASSENHOVE L N. Technology choice and capacity portfolios under emissions regulation [J]. Production and Operations Management, 2016, 25(6): 1006-1025.

[67] DU S, TANG W, SONG M. Low-carbon production with low-carbon

premium in cap-and-trade regulation[J]. Journal of cleaner production, 2016, 134: 652 - 662.

[68] DU S, WANG L, HU L. Omnichannel management with consumer disappointment aversion[J]. International Journal of Production Economics, 2019, 215: 84 - 101.

[69] DU S, ZHU J, JIAO H, et al. Game-theoretical analysis for supply chain with consumer preference to low carbon[J]. International Journal of Production Research, 2015, 53(12): 3753 - 3768.

[70] DUBEY R, GUNASEKARAN A, BRYDE D J, et al. Blockchain technology for enhancing swift-trust, collaboration and resilience within a humanitarian supply chain setting [J]. International Journal of Production research, 2020, 58(11): 3381 - 3398.

[71] DUTTA P, CHOI T M, SOMANI S, et al. Blockchain technology in supply chain operations: Applications, challenges and research opportunities [J]. Transportation research part E: Logistics and transportation review, 2020, 142: 102067.

[72] FARSHIDI S, JANSEN S, ESPANA S, et al. Decision upport for blockchain platform selection: Three industry case studies [J]. IEEE Transactions on Engineering Management, 2020, 67(4): 1109 - 1128.

[73] FELDMAN J, ZHANG D J, LIU X, et al. Customer choice models vs. machine learning: finding optimal product displays on Alibaba [J]. Operations Research, 2022, 70(1): 309 - 328.

[74] FENG L, GOVINDAN K, LI C. Strategic planning: Design and coordination for dual-recycling channel reverse supply chain considering consumer behavior[J]. European Journal of Operational Research, 2017, 260 (2): 601 - 612.

[75] FERRER-GOMILA J-L, HINAREJOS M F, HUGUET-ROTGER L. A survey on electronic coupons [J]. Computers & Security, 2018, 77: 106 - 127.

[76] FIBICH G, GAVIOUS A, LOWENGART O. Explicit solutions of optimization models and differential games with nonsmooth (asymmetric)

reference-price effects[J]. Operations Research, 2003, 51(5).

[77] FU K, LI Y, MAO H, et al. Firms' production and green technology strategies: The role of emission asymmetry and carbon taxes[J]. European Journal of Operational Research, 2023, 305(3): 1100 - 1112.

[78] GABEL S, TIMOSHENKO A. Product choice with large assortments: A scalable deep-learning model[J]. Management Science, 2022, 68(3): 1808 - 1827.

[79] GAO F, SU X. Omnichannel retail operations with buy-online-and-pick-up-in-store[J]. Management Science, 2017, 63(8): 2478 - 2492.

[80] GAO F, SU X. Online and offline information for omnichannel retailing[J]. Manufacturing & Service Operations Management, 2017, 19(1): 84 - 98.

[81] GENG X, TAN Y, WEI L. How add-on pricing interacts with distribution contracts[J]. Production and Operations Management, 2018, 27(4): 605 - 623.

[82] GILBERT S M, CVSA V. Strategic Commitment to price to stimulate downstream innovation in a supply chain[J]. European Journal of Operational Research, 2003, 150(3): 617 - 639.

[83] GONG X, ZHOU S X. Optimal production planning with emissions trading[J]. Operations Research, 2013, 61(4): 908 - 924.

[84] GOOLSBEE A. Competition in the computer industry: Online versus retail[J]. The Journal of Industrial Economics, 2001, 49(4): 487 - 499.

[85] GOYAL M, NETESSINE S. Strategic technology choice and capacity investment under demand uncertainty[J]. Management Science, 2007, 53(2): 192 - 207.

[86] GUAN X, DENG W J, JIANG ZZ, et al. Pricing and advertising for reward-based crowdfunding products in e-commerce[J]. Decision Support Systems, 2020, 131: 113231.

[87] GUO S, CHOI T M, ZHANG J. Second-hand-clothing imports in least-developed-countries: The collapse of local clothing manufacturing and remedial measures[J]. IEEE Transactions on Engineering Management,

2021. doi：10. 1109/TEM. 2021. 3061528.

[88] GUO S,CHOI T-M,SHEN B. Green product development under competition：A study of the fashion apparel industry[J]. European Journal of Operational Research,2020,280(2)：523 – 538.

[89] GUO X,CHENG L,LIU J. Green supply chain contracts with eco-labels issued by the sales platform：Profitability and environmental implications[J]. International Journal of Production Research,2020,58(5)：1485 – 1504.

[90] GUO X,ZHENG S,YU Y,et al. Optimal bundling strategy for a retail platform under agency selling [J]. Production and Operations Management,2021,30(7)：2273 – 2284.

[91] GUPTA D, GARG A. Sustainable development and carbon neutrality：Integrated assessment of transport transitions in India[J]. Transportation Research Part D：Transport and Environment,2020,85：102474.

[92] GUPTA V,IVANOV D. Dual sourcing under supply disruption with risk-averse suppliers in the sharing economy[J]. International Journal of Production Research,2020,58(1)：291 – 307.

[93] GUPTA V, IVANOV D, CHOI T M. Competitive pricing of substitute products under supply disruption[J]. Omega,2021,101：102279.

[94] HA A Y, TIAN Q, TONG S. Information sharing in competing supply chains with production cost reduction [J]. Manufacturing Service Operations Management,2017,19(2)：246 – 262.

[95] HAGIU A,WRIGHT J. Marketplace or reseller? [J]. Management Science,2015,61(1)：184 – 203.

[96] HAMMAMI R,NOUIRA I,FREIN Y. Effects of customers' environmental awareness and environmental regulations on the emission intensity and price of a product[J]. Decision sciences,2018,49(6)：1116 – 1155.

[97] HAO L,FAN M. An analysis of pricing models in the electronic book market[J]. MIS quarterly,2014,38(4)：1017 – 1032.

[98] HAO L, GUO H, EASLEY R F. A mobile platform's in-app advertising contract under agency pricing for app sales[J]. Production and Op-

erations Management,2017,26: 189 - 202.

[99] HARTWIG R, INDERFURTH K, SADRIEH A, et al. Strategic inventory and supply chain behavior [J]. Production and Operations Management,2015,24(8): 1329 - 1345.

[100] HE P,DOU G,ZHANG W. Optimal production planning and cap setting under cap-and-trade regulation[J]. Journal of the Operational Research Society,2017,68(9): 1094 - 1105.

[101] HE P,HE Y,SHI C V,et al. Cost-sharing contract design in a low-carbon service supply chain[J]. Computers & Industrial Engineering,2020,139: 106160.

[102] HE P,WANG Z,SHI V,LIAO Y. The direct and cross effects in a supply chain with consumers sensitive to both carbon emissions and delivery time[J]. European Journal of Operational Research,2021,292 (1): 172 - 183.

[103] HE P, WEN J, YE S, et al. Logistics service sharing and competition in a dual-channel e-commerce supply chain[J]. Computers & Industrial Engineering,2020,149.

[104] HE P,ZHANG W,XU X,et al. Production lot-sizing and carbon emissions under cap-and-trade and carbon tax regulations [J]. Journal of Cleaner Production,2015,103: 241 - 248.

[105] HE Q, WANG N, YANG Z, et al. Competitive collection under channel inconvenience in closed-loop supply chain[J]. European Journal of Operational Research,2019,275(1): 155 - 166.

[106] HE Y, XU Q, SHAO Z. "Ship-from-store" strategy in platform retailing[J]. Transportation Research Part E: Logistics and Transportation Review,2021,145: 102153.

[107] HE Y,ZHAO X,ZHAO L,et al. Coordinating a supply chain with effort and price dependent stochastic demand [J]. Applied Mathematical Modelling,2009,33(6): 2777 - 2790.

[108] HEIMAN A, MCWILLIAMS B, ZHAO J, et al. Valuation and management of money-back guarantee options[J]. Journal of retailing,2002,78(3): 193 - 205.

[109] HELO P,HAO Y. Blockchains in operations and supply chains: A model and reference implementation[J]. Computers Industrial Engineering, 2019,136: 242 - 251.

[110] HILTON J L,WILEY D. The short-term influence of free digital versions of books on print sales [J]. Working paper, Brigham Young University,2010.

[111] HONG X,CAO X,GONG Y,et al. Quality information acquisition and disclosure with green manufacturing in a closed-loop supply chain[J]. International Journal of Production Economics,2021,232: 107997.

[112] HOSSEINI S,IVANOV D,DOLGUI A. Review of quantitative methods for supply chain resilience analysis[J]. Transportation research part E: logistics and transportation review,2019,125: 285 - 307.

[113] HU Y,QU S,LI G,et al. Power structure and channel integration strategy for online retailers[J]. European Journal of Operational Research, 2021,294(3): 951 - 964.

[114] HUA G,CHENG T,WANG S. Managing carbon footprints in inventory management[J]. International Journal of Production Economics, 2011,132(2): 178 - 185.

[115] HUA G,WANG S,CHENG T C E. Price and lead time decisions in dual-channel supply chains[J]. European journal of operational research, 2010,205(1): 113 - 126.

[116] HUA Y,DONG F. China's carbon market development and carbon market connection: A literature review[J]. Energies,2019,12(9): 1663.

[117] HUANG C,DU S,WANG B,et al. Accelerate or hinder it? Manufacturer transformation under competition and carbon emission trading[J]. International Journal of Production Research,2023,61(18): 6230 - 6250.

[118] HUANG M H,RUST R T. Artificial intelligence in service[J]. Journal of Service Research,2018,21(2): 155 - 172.

[119] HUANG W,SWAMINATHAN J M. Introduction of a second channel: Implications for pricing and profits [J]. European Journal of Operational Research,2009,194(1): 258 - 279.

[120] IVANOV D. Predicting the impacts of epidemic outbreaks on global supply chains: A simulation-based analysis on the coronavirus outbreak (COVID-19/SARS-CoV-2) case [J]. Transportation Research Part E: Logistics and Transportation Review, 2020, 136: 101922.

[121] IVANOV D. Viable supply chain model: Integrating agility, resilience and sustainability perspectives—lessons from and thinking beyond the COVID-19 pandemic [J]. Annals of operations research, 2022, 319(1): 1411 - 1431.

[122] IVANOV D, DOLGUI A. Viability of intertwined supply networks: Extending the supply chain resilience angles towards survivability. A position paper motivated by COVID-19 outbreak [J]. International journal of production research, 2020, 58(10): 2904 - 2915.

[123] JAMALI M B, RASTI-BARZOKI M. A game theoretic approach to investigate the effects of third-party logistics in a sustainable supply chain by reducing delivery time and carbon emissions [J]. Journal of Cleaner Production, 2019, 235: 636 - 652.

[124] JAYARAMAN V, SINGH R, ANANDNARAYAN A. Impact of sustainable manufacturing practices on consumer perception and revenue growth: An emerging economy perspective [J]. International Journal of Production Research, 2012, 50(5): 1395 - 1410.

[125] JI J, ZHANG Z, YANG L. Comparisons of initial carbon allowance allocation rules in an O2O retail supply chain with the cap-and-trade regulation [J]. International Journal of Production Economics, 2017, 187: 68 - 84.

[126] JI T, XU X, YAN X, et al. The production decisions and cap setting with wholesale price and revenue sharing contracts under cap-and-trade regulation [J]. International Journal of Production Research, 2020, 58 (1): 128 - 147.

[127] JIANG Y, LIU L, LIMA. Optimal pricing decisions for an omni-channel supply chain with retail service [J]. International Transactions in Operational Research, 2020, 27(6): 2927 - 2948.

[128] KARRAY S. Periodicity of pricing and marketing efforts in a dis-

tribution channel[J]. European Journal of Operational Research, 2013, 228(3): 635－647.

[129] KIM J C, CHUN S H. Cannibalization and competition effects on a manufacturer's retail channel strategies: Implications on an omni-channel business model[J]. Decision Support Systems, 2018, 109: 5－14.

[130] KOUHIZADEH M, SABERI S, SARKIS J. Blockchain technology and the sustainable supply chain: theoretically exploring adoption barriers[J]. International Journal of Production Economics, 2020: 107831.

[131] KRASS D, NEDOREZOV T, OVCHINNIKOV A. Environmental taxes and the choice of green technology[J]. Production and Operations Management, 2013, 22(5): 1035－1055.

[132] KWARK Y, CHEN J, RAGHUNATHAN S. Platform or wholesale? A strategic tool for online retailers to benefit from third-party information[J]. MIS Quarterly, 2013, 41(3): 763－786.

[133] LI C, CHU M, ZHOU C, et al. Two－period discount pricing strategies for an e-commerce platform with strategic consumers[J]. Computers & Industrial Engineering, 2020, 147: 106640.

[134] LI G, LI L, CHOI T M, et al. Green supply chain management in Chinese firms: Innovative measures and the moderating role of quick response technology[J]. Journal of Operations Management, 2020, 66(7－8): 958－988.

[135] LI G, LI L, SETHI S P, et al. Return strategy and pricing in a dual-channel supply chain[J]. International Journal of Production Economics, 2019, 215: 153－164.

[136] LI G, ZHENG H, LIU M. Reselling or drop shipping: Strategic analysis of E-commerce dual-channel structures[J]. Electronic Commerce Research, 2020, 20: 475－508.

[137] LI Q, XIAO T, QIU Y. Price and carbon emission reduction decisions and revenue-sharing contract considering fairness concerns[J]. Journal of Cleaner Production, 2018, 190: 303－314.

[138] LI Y, FENG L, GOVINDAN K, et al. Effects of a secondary

market on original equipment manufactures' pricing, trade-in remanufacturing, and entry decisions[J]. European Journal of Operational Research, 2019, 279 (3): 751-766.

[139] LI Y, LIN Q, YE F. Pricing and promised delivery lead time decisions with a risk-averse agent[J]. International Journal of Production Research, 2014, 52(12): 3518-3537.

[140] LI Y, XU L, LI D. Examining relationships between the return policy, product quality, and pricing strategy in online direct selling[J]. International Journal of Production Economics, 2013, 144(2): 451-460.

[141] LI Y M, LIOU J H, NI CY. Diffusing mobile coupons with social endorsing mechanism[J]. Decision Support Systems, 2019, 117: 87-99.

[142] LI Z, WANG D, YANG W, et al. Price, online coupon, and store service effort decisions under different omnichannel retailing models[J]. Journal of Retailing and Consumer Services, 2022, 64: 102787.

[143] LI Z, XU X, BAI Q, et al. The interplay between blockchain adoption and channel selection in combating counterfeits[J]. Transportation Research Part E: Logistics and Transportation Review, 2021, 155: 102451.

[144] LI Y, LI G, TAYI G K, et al. Omni-channel retailing: Do offline retailers benefit from online reviews? [J]. International Journal of Production Economics, 2019, 218: 43-61.

[145] LIN X, ZHOU Y W. Pricing policy selection for a platform providing vertically differentiated services with self-scheduling capacity[J]. Journal of the Operational Research Society, 2019, 70(7): 1203-1218.

[146] LIN Z. An empirical investigation of user and system recommendations in e-commerce[J]. Decision Support Systems, 2014, 68: 111-124.

[147] LIU B, GUO X, YU Y, et al. Manufacturer's contract choice facing competing downstream online retail platforms[J]. International Journal of Production Research, 2021, 59(10): 3017-3041.

[148] LIU J, KE H. Firms' preferences for retailing formats considering one manufacturer's emission reduction investment[J]. International Journal of

Production Research,2021,59(10):3062-3083.

[149] LIU J,KE H. Firms' pricing strategies under different decision sequences in dual-format online retailing[J]. Soft Computing,2020,24(10):7811-7826.

[150] LIU M,LIANG K,PERERA S,et al. Game theoretical analysis of service effort timing scheme strategies in dual-channel supply chains[J]. Transportation Research Part E: Logistics and Transportation Review,2022,158:102620.

[151] LIU W,LIANG Y,TANG O,et al. Channel competition and collaboration in the presence of hybrid retailing[J]. Transportation Research Part E: Logistics and Transportation Review,2022,160:102658.

[152] LIU W,WEI W,CHOI T M,et al. Impacts of leadership on corporate social responsibility management in multi-tier supply chains[J]. European Journal of Operational Research,2022,299(2):483-496.

[153] LIU W,YAN X,LI X,et al. The impacts of market size and data-driven marketing on the sales mode selection in an internet platform based supply chain[J]. Transportation Research Part E: Logistics and Transportation Review,2020,136:101914.

[154] LIU W,YAN X,WEI W,et al. Pricing decisions for service platform with provider's threshold participating quantity,value-added servi e and matching ability[J]. Transportation Research Part E: Logistics and Transportation Review,2019,122:410-432.

[155] LIU Y,ZHU Q,SEURINGS. New technologies in operations and supply chains: Implications for sustainability[J]. International Journal of Production Economics,2020,229:107889.

[156] LIU Z L,ANDERSON T D,CRUZ J M. Consumer environmental awareness and competition in two-stage supply chains[J]. European journal of operational research,2012,218(3):602-613.

[157] LIU B,HOLMBOM M,SEGERSTEDT A,et al. Effects of carbon emission regulations on remanufacturing decisions with limited information of demand distribution[J]. International journal of production research,2015,53

(2): 532 - 548.

[158] LONGO F, NICOLETTI L, PADOVANO A, et al. Blockchain-enabled supply chain: An experimental study[J]. Computers & Industrial Engineering, 2019, 136: 57 - 69.

[159] LUO C, LENG M, HUANG J, et al. Supply chain analysis under a price-discount incentive scheme for electric vehicles[J]. European Journal of Operational Research, 2014, 235(1): 329 - 333.

[160] LUO Z, CHEN X, WANG X. The role of co-opetition in low carbon manufacturing[J]. European Journal of Operational Research, 2016, 253(2): 392 - 403.

[161] MA B, DI C, HSIAO L. Return window decision in a distribution channel [J]. Production and Operations Management, 2020, 29(9): 2121 - 2137.

[162] MA P, GONG Y, JIN M. Quality efforts in medical supply chains considering patient benefits[J]. European Journal of Operational Research, 2019, 279(3): 795 - 807.

[163] MANDAL P, BASU P, SAHA K. Forays into omnichannel: An online retailer's strategies for managing product returns[J]. European Journal of Operational Research, 2021, 292(2): 633 - 651.

[164] MANTIN B, KRISHNAN H, DHAR T. The strategic role of third-party marketplaces in retailing [J]. Production and Operations Management, 2014, 23(11): 1937 - 1949.

[165] MANUPATI V K, SCHOENHERR T, RAMKUMAR M, et al. A blockchain-based approach for a multi-echelon sustainable supply chain[J]. International Journal of Production Research, 2020, 58(7): 2222 - 2241.

[166] MCBEE M P, WILCOX C. Blockchain technology: Principles and applications in medical imaging [J]. Journal of digital imaging, 2020, 33: 726 - 734.

[167] MCWILLIAMS B. Money-Back Guarantees: Helping the low-quality retailer[J]. Management Science, 2012, 58(8): 1521 - 1524.

[168] MODAK N M, KELLE P. Managing a dual-channel supply chain

under price and delivery-timedependent stochastic demand[J]. European Journal of Operational Research,2019,272(1): 147 - 161.

[169] MODAK N M. Exploring Omni-channel supply chain under price and delivery time sensitive stochastic demand[C]. Supply Chain Forum: An International Journal. Taylor & Francis,2017,18(4): 218 - 230.

[170] MONDAL C,GIRI B C. Retailers' competition and cooperation in a closed-loop green supply chain under governmental intervention and cap-and-trade policy[J]. Operational Research,2022: 1 - 36.

[171] MOON I,DEY K,SAHA S. Strategic inventory: Manufacturer vs. retailer investment[J]. Transportation Research Part E: Logistics and Transportation Review,2018,109: 63 - 82.

[172] MORTIMER J H,NOSKO C,SORENSEN A. Supply responses to digital distribution: Recorded music and live performances[J]. Information Economics and Policy,2012,24(1): 3 - 14.

[173] MUKHOPADHYAY S K, SU X, GHOSE S. Motivating retail marketing effort: Optimal contract design[J]. Production and operations Management,2009,18(2): 197 - 211.

[174] NIE J,ZHONG L, YAN H, et al. Retailers' distribution channel strategies with cross-channel effect in a competitive market[J]. International Journal of Production Economics,2019,213: 32 - 45.

[175] NIU B,DAI Z,ZHUO X. Co-opetition effect of promised-delivery-time sensitive demand on air cargo carriers' big data investment and demand signal sharing decisions[J]. Transportation Research Part E: Logistics and Transportation Review,2019,123: 29 - 44.

[176] NIU B,MU Z,CAO B,et al. Should multinational firms implement blockchain to provide quality verification? [J]. Transportation Research Part E: Logistics and Transportation Review,2021,145: 102121.

[177] NIU B,XU H,CHEN L. Creating all-win by blockchain in a remanufacturing supply chain with consumer risk-aversion and quality untrust [J]. Transportation Research Part E: Logistics and Transportation Review, 2022,163: 102778.

[178] NIU W, SHEN H, ZHANG L. Impact of power structure on decarbonizing investment with uncertain innovation: A triple bottom line perspective[J]. Transportation Research Part E: Logistics and Transportation Review, 2022, 160: 102654.

[179] PEKGÜN P, GRIFFIN P M, KESKINOCAK P. Centralized versus decentralized competition for price and lead-time sensitive demand [J]. Decision Sciences, 2017, 48(6): 1198-1227.

[180] PERDAN S, AZAPAGIC A. Carbon trading: Current schemes and future developments[J]. Energy policy, 2011, 39(10): 6040-6054.

[181] PETRUZZI N C, DADA M. Pricing and the newsvendor problem: A review with extensions[J]. Operations research, 1999, 47(2): 183-194.

[182] POURNADER M, SHI Y, SEURING S, et al. Blockchain applications in supply chains, transport and logistics: A systematic review of the literature[J]. International Journal of Production Research, 2020, 58(7): 2063-2081.

[183] PU X, GONG L, HANX. Consumer free riding: Coordinating sales effort in a dual-channel supply chain[J]. Electronic Commerce Research and Applications, 2017, 22: 1-12.

[184] PU X, ZHANG S, JI B, et al. Online channel strategies under different offline channel power structures [J]. Journal of Retailing and Consumer Services, 2021, 60: 102479.

[185] PUN H, SWAMINATHAN J M, HOU P. Blockchain adoption for combating deceptive counterfeits [J]. Production and Operations Management, 2021, 30(4): 864-882.

[186] PUNH. Supplier selection of a critical component when the production process can be improved[J]. International Journal of Production Economics, 2014, 154: 127-135.

[187] QI X, BARD J F, YU G. Supply chain coordination with demand disruptions[J]. Omega, 2004, 32(4): 301-312.

[188] QIN X, LIU Z, TIAN L. The optimal combination between selling mode and logistics service strategy in an e-commerce market[J]. European

Journal of Operational Research,2021,289(2): 639 - 651.

[189] QIN X,LIU Z,TIAN L. The strategic analysis of logistics service sharing in an e-commerce platform[J]. Omega,2020,92: 102153.

[190] QIN Y,SHI L H,SONG L,et al. Integrating consumers' motives with suppliers' solutions to combat Shanzhai: A phenomenon beyond counterfeit[J]. Business Horizons,2018,61(2): 229 - 237.

[191] QUEIROZ MM, IVANOV D, DOLGUI A, et al. Impacts of epidemic outbreaks on supply chains: mapping a research agenda amid the COVID-19 pandemic through a structured literature review[J]. Annals of Operations Research,2022,319(1): 1159 - 1196.

[192] RADHI M, ZHANG G. Optimal cross-channel return policy in dual-channel retailing systems[J]. International Journal of Production Economics,2019,210: 184 - 198.

[193] RANSBOTHAM S,GERBERT P,REEVES M,et al. Artificial intelligence in business gets real[J]. MIT Sloan Management Review,2018.

[194] REIMANN M, XIONG Y, ZHOU Y. Managing a closed-loop supply chain with process innovation for remanufacturing[J]. European Journal of Operational Research,2019,276(2): 510 - 518.

[195] RYAN J K,SUN D,ZHAO X. Competition and coordination in online marketplaces[J]. Production and Operations Management, 2012, 21(6): 997 - 1014.

[196] SAHA S,MODAK N M,PANDA S,et al. Managing a retailer's dual-channel supply chain under price-and delivery time-sensitive demand[J]. Journal of Modelling in Management,2018,13(2): 351 - 374.

[197] SAVASKAN R C, VAN WASSENHOVE L N. Reverse channel design: The case of competing retailers[J]. Management science,2006,52(1): 1 - 14.

[198] SHANG G,GHOSH B P,GALBRETH M R. Optimal retail return policies with wardrobing[J]. Production and Operations Management,2017, 26(7): 1315 - 1332.

[199] SHEN Y, WILLEMS S P, DAI Y. Channel selection and

contracting in the presence of a retail platform[J]. Production and Operations Management,2019,28(5): 1173 - 1185.

[200] SHEN Y, YANG X, DAI Y. Manufacturer-retail platform interactions in the presence of a weak retailer[J]. International Journal of Production Research,2019,57(9): 2732 - 2754.

[201] SHEN Y. Platform retailing with slotting allowance and revenue sharing[J]. Journal of the Operational Research Society, 2018, 69(7): 1033 -1045.

[202] SHEN B,LI Q. Market disruptions in supply chains: A review of operational models[J]. International transactions in operational research, 2017,24(4): 697 - 711.

[203] SHI H,LIU Y,PETRUZZI N C. Consumer heterogeneity,product quality, and distribution channels[J]. Management Science, 2013, 59(5): 1162 - 1176.

[204] SHI J, LIU D, DU Q, et al. The role of the procurement commitment contract in a low-carbon supply chain with a capital-constrained supplier[J]. International Journal of Production Economics, 2023, 255: 108681.

[205] SHULMAN J D,COUGHLAN A T,SAVASKAN R C. Optimal reverse channel structure for consumer product returns[J]. Marketing Science,2010,29(6): 1071 - 1085.

[206] SIQIN T,CHOI T M,CHUNG S H. Optimal E-tailing channel structure and service contracting in the platform era[J]. Transportation Research Part E: Logistics and Transportation Review,2022,160: 102614. doi: 10. 1016/j. tre. 2022. 102614.

[207] SMITH M D,TELANG R. Piracy or promotion? The impact of broadband Internet penetration on DVD sales[J]. Information Economics and Policy,2010,22(4): 289 - 298.

[208] TAN Y,CARRILLO J E. Strategic analysis of the agency model for digital goods[J]. Production and Operations Management,2017,26(4): 724 - 741.

[209] TANG F,MA Z J,DAI Y,et al. Upstream or downstream: Who should provide trade-in services in dyadic supply chains? [J]. Decision Sciences,2021,52(5): 1071 - 1108.

[210] TAO F,FAN T,LAI KK. Optimal inventory control policy and supply chain coordination problem with carbon footprint constraints[J]. International transactions in operational research,2018,25(6): 1831 - 1853.

[211] TIAN L,VAKHARIA A J,TAN Y,et al. Marketplace,reseller,or hybrid: Strategic analysis of an emerging e-commerce model[J]. Production and Operations Management,2018,27(8): 1595 - 1610.

[212] TOMAK K, KESKIN T. Exploring the trade-off between immediate gratification and delayed network externalities in the consumption of information goods[J]. European Journal of Operational Research,2008,187(3): 887 - 902.

[213] TURKI S,SAUVEY C,REZG N. Modelling and optimization of a manufacturing/remanufacturing system with storage facility under carbon cap and trade policy[J]. Journal of Cleaner Production,2018,193: 441 - 458.

[214] WALIA N,ZAHEDI F M. Success strategies and web elements in online marketplaces: A moderated-mediation analysis of seller types on ebay [J]. IEEE Transactions on Engineering Management,2013,60(4): 763 - 776.

[215] WALKER P H,SEURING P S,SARKIS P J,et al. Sustainable operations management: recent trends and future directions[J]. International Journal of Operations & Production Management,2014,34(5).

[216] WANG C,LENG M,LIANG L. Choosing an online retail channel for a manufacturer: Direct sales or consignment? [J]. International Journal of Production Economics,2018,195: 338 - 358.

[217] WANG J,HE S. Optimal decisions of modularity,prices and return policy in a dual-channel supply chain under mass customization [J]. Transportation Research Part E: Logistics and Transportation Review,2022,160: 102675.

[218] WANG J,LIU J,WANG F,et al. Blockchain technology for port logistics capability: Exclusive or sharing[J]. Transportation Research Part B:

Methodological,2021,149: 347 - 392.

[219] WANG K,ZHANG X,WEI Y M,et al. Regional allocation of CO2 emissions allowance over provinces in China by 2020[J]. Energy Policy,2013, 54: 214 - 229.

[220] WANG M,ZHAO L,HERTY M. Modelling carbon trading and refrigerated logistics services within a fresh food supply chain under carbon cap-and-trade regulation[J]. International Journal of Production Research, 2018,56(12): 4207 - 4225.

[221] WANG Q,ZHAO D,HE L. Contracting emission reduction for supply chains considering market low-carbon preference[J]. Journal of Cleaner Production,2016,120:72 - 84.

[222] WANG T Y,CHEN Z S,GOVINDAN K,et al. Manufacturer's selling mode choice in a platform-oriented dual channel supply chain[J]. Expert Systems with Applications,2022,198: 116842.

[223] WANG W, LI F. What determines online transaction price dispersion? Evidence from the largest online platform in China[J]. Electronic Commerce Research and Applications,2020,42: 100968.

[224] WANG X J,CHOI S H. Impacts of carbon emission reduction mechanisms on uncertain make-to-order manufacturing[J]. International Journal of Production Research,2016,54(11): 3311 - 3328.

[225] WANG X,SETHI S P,CHANG S. Pollution abatement using cap-and-trade in a dynamic supply chain and its coordination[J]. Transportation Research Part E: Logistics and Transportation Review,2022,158: 102592.

[226] WANG Y,QU Z,TAN B. How Do assurance mechanisms interact in online marketplaces? a signaling perspective[J]. IEEE Transactions on Engineering Management,2018,65(2): 239 - 251.

[227] WANG C,FAN X,YIN Z. Financing online retailers: Bank vs. electronic business platform, equilibrium, and coordinating strategy[J]. European Journal of Operational Research,2019,276(1): 343 - 356.

[228] WANG T Y,LI Y L,YANG H T,et al. Information sharing strategies in a hybrid-format online retailing supply chain[J]. International

Journal of Production Research,2021,59(10): 3133 - 3151.

[229] WANG Y,YU Z,JIN M. E-commerce supply chains under capital constraints [J]. Electronic Commerce Research and Applications, 2019, 35: 100851.

[230] WANG Z, WU Q. Carbon emission reduction and product collection decisions in the closed-loop supply chain with cap-and-trade regulation[J]. International Journal of Production Research, 2021, 59(14): 4359 - 4383.

[231] WEI J,LU J,WANG Y. How to choose online sales formats for competitive e-tailers[J]. International Transactions in Operational Research, 2021,28(4): 2055 - 2080.

[232] WEI Y,DONG Y. Product distribution strategy in response to the platform retailer's marketplace introduction [J]. European Journal of Operational Research,2022,303(2): 986 - 996.

[233] WU J, WANG X. Platform-leading blockchain adoption for traceability under upstream competition[J]. Annals of Operations Research, 2023: 1 - 37.

[234] WU X,ZHOU Y. The optimal reverse channel choice under supply chain competition[J]. European Journal of Operational Research, 2017, 259 (1): 63 - 66.

[235] WU Z,KAZAZ B,WEBSTER S,et al. Ordering,pricing,and lead-time quotation under lead-time and demand uncertainty[J]. Production and Operations Management,2012,21(3): 576 - 589.

[236] WU J,CHEN Z,JI X. Sustainable trade promotion decisions under demand disruption in manufacturer-retailer supply chains [J]. Annals of Operations Research,2020,290: 115 - 143.

[237] XIA Q,ZHI B,WANG X. The role of cross-shareholding in the green supply chain: Green contribution,power structure and coordination[J]. International journal of production economics,2021,234: 108037.

[238] XIA L, HAO W, QIN J, et al. Carbon emission reduction and promotion policies considering social preferences and consumers' low-carbon

awareness in the cap-and-trade system[J]. Journal of cleaner production, 2018,195: 1105-1124.

[239] XIAO T,CHOI T M. Quality,greenness,and product line choices for a manufacturer with environmental responsibility behaviors[J]. IEEE Transactions on Engineering Management,2019,69(6): 2634-2648.

[240] XIAO T,QI X. A two-stage supply chain with demand sensitive to price,delivery time, and reliability of delivery[J]. Annals of Operations Research,2016,241: 475-496.

[241] XU L,LI Y,GOVINDAN K. Return policy and supply chain coordination with network-externality effect [J]. International Journal of Production Research,2018,56(10): 3714-3732.

[242] XU X,CHEN Y,HE P,et al. The selection of marketplace mode and reselling mode with demand disruptions under cap-and-trade regulation [J]. International Journal of Production Research,2023,61(8): 2738-2757.

[243] XU X,HE P,FAN Y. The pricing and carbon abatement decisions of a manufacturer selling with marketplace or reselling mode[J]. International Transactions in Operational Research,2022,29(2): 1220-1245.

[244] XU X,HE P,XU H,et al. Supply chain coordination with green technology under cap-and-trade regulation [J]. International Journal of Production Economics,2017,183: 433-442.

[245] XU X,HE P,ZHANG S. Channel addition from marketplace or reselling under regional carbon cap-and-trade regulation[J]. International Journal of Production Economics,2021,236: 108130.

[246] XU X,HUA Y,WANG S. Determinants of consumer's intention to purchase authentic green furniture [J]. Resources, Conservation and Recycling,2020,156: 104721.

[247] XU X, SIQIN T, CHUNG S-H, et al. Seeking survivals under Covid-19: The whatsapp platform's shopping service operations[J]. Decision Sciences,2021.

[248] XU X,WANG S,YU Y. Consumer's intention to purchase green furniture: Do health consciousness and environmental awareness matter? [J].

Science of the Total Environment,2020,704: 135275.

[249] XU X,XU X,HE P. Joint production and pricing decisions for multiple products with cap-and-trade and carbon tax regulations[J]. Journal of Cleaner Production,2016,112: 4093 - 4106.

[250] XU X,YAN L,CHOI T M. Platform operations with consumer returns windows: Reselling mode versus marketplace mode [J]. IEEE Transactions on Engineering Management,2022.

[251] XU X,YAN L,CHOI T M. When is it wise to use blockchain for platform operations with remanufacturing? [J]. European Journal of Operational Research,2023,309(3): 1073 - 1090.

[252] XU X,YU Y,DOU G,Et al. The choice of cap-and-trade and carbon tax regulations in a cap-dependent carbon trading price setting[J]. Kybernetes,2021,51(8): 2554 - 2577.

[253] XU X,ZHANG M,CHEN L,et al. The region-cap allocation and delivery time decision in the marketplace mode under the cap-and-trade regulation [J]. International Journal of Production Economics, 2022, 247: 108407.

[254] XU X,ZHANG M,DOU G. Coordination of a supply chain with an online platform considering green technology in the blockchain era [J]. International Journal of Production Research,2023,61(11): 3793 - 3810.

[255] XU X,ZHANG M,HE P. Coordination of a supply chain with online platform considering delivery time decision [J]. Transportation Research Part E: Logistics and Transportation Review,2020,141: 101990.

[256] XU X,ZHANG W,HE P,et al. Production and pricing problems in make-to-order supply chain with cap-and-trade regulation[J]. Omega,2017, 66: 248 - 257.

[257] XU B,YAO Z,TANG P. Pricing strategies for information products with network effects and complementary services in a duopolistic market [J]. International Journal of Production Research, 2018, 56 (12): 4243 - 4263.

[258] XUE M,ZHANG J. Impacts of heterogeneous environment

awareness and power structure on green supply chain[J]. RAIRO-Operations Research, 2018, 52(1): 143 - 157.

[259] YAN S, ARCHIBALD T W, HAN X. Whether to adopt "buy online and return to store" strategy in a competitive market? [J]. European Journal of Operational Research, 2022, 301(3): 974 - 986.

[260] YAN S, HUA Z, BIAN Y. Does Retailer Benefit from Implementing "Online-to-Store" Channel in a Competitive Market? [J]. IEEE Transactions on Engineering Management, 2020, 67(2): 496 - 512.

[261] YAN Y, ZHAO R, LIU Z. Strategic introduction of the marketplace channel under spillovers from online to offline sales[J]. European Journal of Operational Research, 2018, 267(1): 65 - 77.

[262] YAN Y, ZHAO R, XING T. Strategic introduction of the marketplace channel under dual upstream disadvantages in sales efficiency and demand information[J]. European Journal of Operational Research, 2019, 273(3): 968 - 982.

[263] YANG G, JI G, TAN K H. Impact of artificial intelligence adoption on online returns policies[J]. Annals of Operations Research, 2022: 1 - 24.

[264] YANG L, HU Y, HUANG L. Collecting mode selection in a remanufacturing supply chain under cap-and-trade regulation[J]. European Journal of Operational Research, 2020, 287(2): 480 - 496.

[265] YANG L, ZHANG Q, JI J. Pricing and carbon emission reduction decisions in supply chains with vertical and horizontal cooperation[J]. International Journal of Production Economics, 2017, 191: 286 - 297.

[266] YI W J, ZOU LL, GUO J, et al. How can China reach its CO2 intensity reduction targets by 2020? A regional allocation based on equity and development[J]. Energy Policy, 2011, 39(5): 2407 - 2415.

[267] YI Z, LI F, MA L. The impact of distribution channels on trial-version provision with a positive network effect[J]. Omega, 2019, 85: 115 - 133.

[268] YOON J, TALLURI S, YILDIZ H, et al. The value of blockchain technology implementation in international trades under demand volatility risk

[J]. International Journal of Production Research, 2020, 58(7): 2163 - 2183.

[269] YU S, WEI Y M, WANG K. Provincial allocation of carbon emission reduction targets in China: An approach based on improved fuzzy cluster and Shapley value decomposition [J]. Energy Policy, 2014, 66: 630 - 644.

[270] YU Y, HAN X, HU G. Optimal production for manufacturers considering consumer environmental awareness and green subsidies [J]. International Journal of Production Economics, 2016, 182: 397 - 408.

[271] YU Y, LI X, XU X. Reselling or marketplace mode for an online platform: the choice between cap-and-trade and carbon tax regulation[J]. Annals of Operations Research, 2022: 1 - 37.

[272] YU Y, LUO Y, SHI Y. Adoption of blockchain technology in a two-stage supply chain: Spillover effect on workforce[J]. Transportation Research Part E: Logistics and Transportation Review, 2022, 161: 102685.

[273] YU Y, ZHOU S, SHI Y. Information sharing or not across the supply chain: The role of carbon emission reduction[J]. Transportation Research Part E: Logistics and Transportation Review, 2020, 137: 101915.

[274] ZENNYOY. Strategic Contracting and hybrid use of agency and wholesale contracts in e-commerce platforms [J]. European Journal of Operational Research, 2020, 281(1): 231 - 239.

[275] ZHANG B, XU L. Multi-item production planning with carbon cap and trade mechanism[J]. International Journal of Production Economics, 2013, 144(1): 118 - 127.

[276] ZHANG J, CAO Q, HE X. Contract and product quality in platform selling[J]. European Journal of Operational Research, 2019, 272(3): 928 - 944.

[277] ZHANG J, CHIANG WY K. Durable goods pricing with reference price effects[J]. Omega, 2020, 91: 102018.

[278] ZHANG J, SETHI S P, CHOI T M, et al. Supply chains involving a mean-variance-skewness-kurtosis newsvendor: analysis and coordination[J]. Production and Operations Management, 2020, 29(6): 1397 - 1430.

[279] ZHANG J, XU Q, HE Y. Omnichannel retail operations with consumer returns and order cancellation[J]. Transportation Research Part E: Logistics and Transportation Review, 2018, 118: 308 - 324.

[280] ZHANG J, ZHA Y, YUE X, et al. Dominance, bargaining power and service platform performance[J]. Journal of the Operational Research Society, 2016, 67: 312 - 324.

[281] ZHANG P, HE Y, SHI C V. Retailer's channel structure choice: Online channel, offline channel, or dual channels? [J]. International Journal of Production Economics, 2017, 191: 37 - 50.

[282] ZHANG P, XIONG Y, XIONG Z. Coordination of a dual-channel supply chain after demand or production cost disruptions[J]. International Journal of Production Research, 2015, 53(10): 3141 - 3160.

[283] ZHANG Q, ZHAO Q, ZHAO X, et al. On the introduction of green product to a market with environmentally conscious consumers[J]. Computers & Industrial Engineering, 2020, 139: 106190.

[284] ZHANG S, WANG C, YU C, et al. Governmental cap regulation and manufacturer's low carbonstrategy in a supply chain with different power structures[J]. Computers & Industrial Engineering, 2019, 134: 27 - 36.

[285] ZHANG S, ZHANG J. Agency selling or reselling: E-tailer information sharing with supplier offline entry[J]. European Journal of Operational Research, 2020, 280(1): 134 - 151.

[286] ZHANG X, HOU W. The impacts of e-tailer's private label on the sales mode selection: From the perspectives of economic and environmental sustainability[J]. European Journal of Operational Research, 2022, 296(2): 601 - 614.

[287] ZHANG Y, HUANG M, TIAN L, et al. Build or join a sharing platform? The choice of manufacturer's sharing mode[J]. International Journal of Production Economics, 2021, 231: 107811.

[288] ZHANG Y, SUN L, HU X, et al. Order consolidation for the last-mile split delivery in online retailing[J]. Transportation Research Part E: Logistics and Transportation Review, 2019, 122: 309 - 327.

[289] ZHANG Z,XU H,CHEN K,et al. Channel mode selection for an e-platform supply chain in the presence of a secondary marketplace[J]. European Journal of Operational Research,2023,305(3): 1215 - 1235.

[290] ZHANG Z, XU H, KE G Y, et al. Selecting online distribution modes for differentiated products in a platform supply chain[J]. International Journal of Production Economics,2022,244: 108384.

[291] ZHANG C, LI Y, MA Y. Direct selling, agent selling, or dual-format selling: Electronic channel configuration considering channel competition and platform service[J]. Computers & Industrial Engineering, 2021,157: 107368.

[292] ZHAO W. Alibaba advances blockchain food fraud platform to pilot phase - CoinDesk[J]. Zhao,W. 2018. Alibaba advances blockchain food fraud platform to pilot phase. (Apr. 27). https://www.coindesk.com/alibaba - blockchain - food - fraud - platform - to - pilot - phase. 2018.

[293] ZHAO X,SHI C. Structuring and contracting in competing supply chains[J]. International Journal of Production Economics, 2011, 134(2): 434 - 446.

[294] ZHAO T,XU X,CHEN Y,et al. Coordination of a fashion supply chain with demand disruptions[J]. Transportation Research Part E: Logistics and Transportation Review, 2020, 134: 101838. doi: 10.1016/j.tre.2020.101838

[295] ZHEN X,XU S,LI Y,et al. When and how should a retailer use third-party platform channels? The impact of spillover effects[J]. European Journal of Operational Research,2022,301(2): 624 - 637.

[296] ZHENG H,LI G,GUAN X,et al. Downstream information sharing and sales channel selection in a platform economy[J]. Transportation Research Part E: Logistics and Transportation Review,2021,156: 102512.

[297] ZHOU Y W,GUO J,ZHOU W. Pricing/service strategies for a dual-channel supply chain with free riding and service-cost sharing[J]. International Journal of Production Economics,2018,196: 198 - 210.

[298] 程承,安润飞,董康银,任晓航,王震,赵国浩. 碳交易机制引导下可

再生能源发电企业创新策略研究——基于演化博弈视角[J]. 中国管理科学，2023:1-13. 段永瑞，刘家旭，要雅姝. 批发和代理模式下电商平台消费信贷策略研究[J/OL]. 中国管理科学，2023:1-11.

[299] 冯中伟，马燕，谭春桥. 基于电商平台需求信息共享决策的制造商O2O模式选择[J/OL]. 中国管理科学，2023:1-13.

[300] 李梦祺，李登峰，南江霞. 考虑链间竞争与链内研发成本共担的绿色供应链决策——基于非合作—合作两型博弈方法[J/OL]. 中国管理科学，2023:1-13.

[301] 李佩，魏航. 分销，平台还是混合？——零售商经营模式选择研究[J]. 管理科学学报，2018，21(9)：50-75.

[302] 鲁其辉，朱道立. 质量与价格竞争供应链的均衡与协调策略研究[J]. 管理科学学报，2009，(3)：56-64.

[303] 吴传良，田中俊，陈静. 考虑制造商和电商平台自有品牌竞争的公益营销决策研究[J/OL]. 中国管理科学，2023:1-23.

[304] 谢军，黄鹤. 考虑消费者退货的电商平台营销策略研究[J/OL]. 中国管理科学，2023:1-12.

[305] 杨磊，张琴，张智勇. 碳交易机制下供应链渠道选择与减排策略[J]. 管理科学学报，2017，20(11)：75-87.

[306] 张李浩，董款，张荣. 基于碳配额交易和减排技术的供应链策略选择[J]. 中国管理科学，2019，27(01)：63-72.

[307] 张伸，孟庆春，安国政. 电商平台扣点率影响下的双渠道供应链协调定价研究[J]. 中国管理科学，2019，27(10)：44-55.

[308] 张子健，刘文静. 线上平台产品竞争的渠道模式选择研究[J]. 中国管理科学，2023，31(2)：245-254.

[309] 邹清明，胡李庆，邹霆钧. 碳限额与碳交易机制下考虑公平关切的供应链定价与协调研究[J]. 中国管理科学，2022，30 (10)：142-154.

附录 A

定理 2.1 的证明

由公式(2-4),我们得到 π_{M0}^{m} 对 q_{M0} 的一阶和二阶导数为 $\partial\pi_{M0}^{m}/\partial q_{M0}=(1-\varphi)\alpha-c-e_0(a_0-b_0Q_0)-2(1-\varphi)q_{M0}$ 和 $\partial^2\pi_{M0}^{m}/\partial(q_{M0})^2=-2(1-\varphi)$。不难看出 $\partial^2\pi_{M0}^{m}/\partial(q_{M0})^2<0$。因此,当一阶导数为零时可以得到最优生产量。然后,我们得到最优生产量和相应的最优利润,如定理 2.1 所示。

定理 2.2 的证明

令 $p_{R0}=w_{R0}+\Delta$。我们改写公式(2-6):$\pi_{R0}^{m}=(\alpha-q_{R0}-\Delta-c)q_{R0}-(a_0-b_0Q_0)(e_0q_{R0}-C)$。

π_{R0}^{m} 对 q_{R0} 的一阶、二阶导数为 $\partial\pi_{R0}^{m}/\partial q_{R0}=\alpha-\Delta-c-e_0(a_0-b_0Q_0)-2q_{R0}$ 和 $\partial^2\pi_{R0}^{m}/\partial(q_{R0})^2=-2$。我们可以得到单个再销售渠道下的最优生产量为 $q_{R0}=[\alpha-\Delta-c-e_0(a_0-b_0Q_0)]/2$。将此式代入到公式(2-7)中,我们得到 $\pi_{R0}^{p}=\Delta[\alpha-\Delta-c-e_0(a_0-b_0Q_0)]/2-F$。易得:当 $\Delta=[\alpha-c-e_0(a_0-b_0Q_0)]/2$,$\pi_{R0}^{p}$ 取最大值。因此,我们得到 $q_{R0}^{*}=[\alpha-c-e_0(a_0-b_0Q_0)]/4$;$\pi_{R0}^{m*}=[\alpha-c-e_0(a_0-b_0Q_0)]^2/16+(a_0-b_0Q_0)C$,和 $\pi_{R0}^{p*}=[\alpha-c-e_0(a_0-b_0Q_0)]^2/8-F$。

定理 2.3 的证明

令 $p_R-w_R=\Delta$,我们得到 $\pi_{M-R}^{m}=(1-\varphi)p_Mq_M-cq_M+(p_R-\Delta-c)q_R-(a_0-b_0Q_0)[e_0(q_M+q_R)-C]-F$。因为 $p_M=\alpha-q_M-\lambda q_R$ 和 $p_R=\alpha-q_R-\lambda q_M$,所以我们得到 $\pi_{M-R}^{m}=(1-\varphi)(\alpha-q_M-\lambda q_R)q_M-cq_M+(\alpha-q_R-\lambda q_M-\Delta-c)q_R-(a_0-b_0Q_0)[e_0(q_M+q_R)-C]-F$。

π_{M-R}^{m} 关于 q_M 和 q_R 的一阶偏导数分别是 $\partial\pi_{M-R}^{m}/\partial q_M=(1-\varphi)\alpha-c-e_0(a_0-$

$b_0Q_0)-2(1-\varphi)q_M-(2-\varphi)\lambda q_R$，$\partial\pi_{M-R}^m/\partial q_R=\alpha-\Delta-e_0(a_0-b_0Q_0)-(2-\varphi)\lambda q_M-2q_R$。$\pi_{M-R}^m$ 关于 q_M 和 q_R 的二阶偏导数分别是 $\partial^2\pi_{M-R}^m/\partial(q_M)^2=-2(1-\varphi)$ 和 $\partial^2\pi_{M-R}^m/\partial(q_R)^2=-2$。$\pi_{M-R}^m$ 关于 q_M 和 q_R 的二阶混合偏导数是 $\partial^2\pi_{M-R}^m/\partial q_M\partial q_R=-\lambda(2-\varphi)$。因此，海塞矩阵如下所示。

$$H=\begin{pmatrix}-2(1-\varphi) & -\lambda(2-\varphi)\\ -\lambda(2-\varphi) & -2\end{pmatrix}$$

令 $f(\varphi)=4(1-\varphi)-(2-\varphi)^2\lambda^2$，我们探讨制造商在两种情形下的最优生产决策。

情形 1：$0<\varphi\leqslant[2\sqrt{1-\lambda^2}-2(1-\lambda^2)]/\lambda^2$

易得 $-2(1-\varphi)<0$。在情形 1 中，我们得到 $f(\varphi)>0$，这意味着海塞矩阵为负定。因此，我们得到：

$$q_M=\frac{[\alpha-c-e_0(a_0-b_0Q_0)](2-2\lambda+\lambda\varphi)+\Delta\lambda(2-\varphi)-2\alpha\varphi}{4(1-\varphi)-\lambda^2(2-\varphi)^2}\quad(\text{A-1})$$

$$q_R=\frac{\begin{array}{c}-[c+e_0(a_0-b_0Q_0)](2-2\lambda+\lambda\varphi-2\varphi)+\\(1-\varphi)[-2\Delta+2\alpha-\lambda\alpha(2-\varphi)]\end{array}}{4(1-\varphi)-\lambda^2(2-\varphi)^2}\quad(\text{A-2})$$

易得 $\pi_{M-R}^p=\varphi p_Mq_M+(p_R-w_R)q_R-F$。按照分析制造商的利润的相同过程，我们可以得到：

$$\Delta^*=\frac{\begin{array}{c}2[c+e_0(a_0-b_0Q_0)](1-\lambda)[\lambda^2(2-\varphi)2-4(1-\varphi)2+2\lambda\varphi(2-\varphi)]\\+8\alpha(1-\varphi)2-8\alpha\lambda(1-\varphi)3+2\alpha\lambda^2(2-\varphi)(3\varphi-2)+\\\alpha\lambda^3(2-\varphi)2(2-4\varphi+\varphi^2)\end{array}}{2[8(1-\varphi)^2-\lambda^2(2-\varphi)(4-6\varphi+\varphi^2)]}。$$

将 Δ^* 代入公式(A-1)和公式(A-2)，得：

$$q_M^*=\frac{\begin{array}{c}8(1-\varphi)[(1-\varphi)\alpha-c-e_0(a_0-b_0Q_0)]-\\2\lambda[\alpha-c-e_0(a_0-b_0Q_0)](1-\varphi)(2-\varphi)\\+\lambda^2(2-\varphi)[2c+2e_0(a_0-b_0Q_0)-\alpha(2-4\varphi+\varphi^2)]\end{array}}{2[8(1-\varphi)^2-\lambda^2(2-\varphi)(4-6\varphi+\varphi^2)]},$$

$$q_R^*=\frac{2\alpha(1-\lambda)(1-\varphi^2)-[c+e_0(a_0-b_0Q_0)][2(1-\varphi)^2-\lambda(2-4\varphi+\varphi^2)]}{8(1-\varphi)^2-\lambda^2(2-\varphi)(4-6\varphi+\varphi^2)}。$$

情形 2：$[2\sqrt{1-\lambda^2}-2(1-\lambda^2)]/\lambda^2<\varphi<1$。

在这种情况下，因为制造商的利润是连续和有界的，海塞矩阵既不是正定也不是负定，最优生产决策是在边界实现的。当 $q_M^*=0$，由定理 2.2 可知：$q_R^*=$

$[\alpha - c - e_0(a_0 - b_0 Q_0)]/4$，$\pi_R^{m*} = [\alpha - c - (a_0 - b_0 Q_0)]^2/16 + (a_0 - b_0 Q_0)C$。当 $q_R^* = 0$，由定理 2.1 得：$q_M^* = [(1-\varphi)\alpha - c - e_0(a_0 - b_0 Q_0)]/[2(1-\varphi)]$，$\pi_M^{m*} = [(1-\varphi)\alpha - c - e_0(a_0 - b_0 Q_0)]^2/[4(1-\varphi)] + (a_0 - b_0 Q_0)C - F$。通过比较 π_R^{m*} 和 π_M^{m*}，易得最优决策，如定理 2.3 所示。

定理 2.4 的证明

$$F_{M-R} = \frac{\begin{array}{c}[c + e_0(a_0 - b_0 Q_0)]2[-256(-1+\varphi)3 - 16\lambda^3(-2+\varphi) \\ 2(-1+\varphi)[2+(-4+\varphi)\varphi] - 64\lambda(-1+\varphi)2[2+(-4 \\ +\varphi)\varphi] + 16\lambda^2(-3+2\varphi)[8+\varphi(-16+7\varphi)] - \lambda^4(-2+\varphi) \\ 2\{-32+(-8+\varphi)\varphi[-4+(-4+\varphi)\varphi]\}\} - 2[c + e_0(a_0 - b_0 Q_0)] \\ \alpha[256(-1+\varphi)4 - 8\lambda^3(-2+\varphi)3(-1+\varphi)(-2+3\varphi) - \\ 32\lambda(-2+\varphi)(-1+\varphi)2(-2+3\varphi) \\ +\lambda^4(-2+\varphi)2\{32+(-2+\varphi)\varphi[48+\varphi(-22+3\varphi)]\} + \\ 16\lambda^2(-1+\varphi)2\{-24+\varphi[48+\varphi(-27+4\varphi)]\}\} \\ -\alpha^2[32\lambda^3(-2+\varphi)2(-1+\varphi)3 + 128\lambda(-1+\varphi)4 + \\ 256(-1+\varphi)5 + 16\lambda^2(-1+\varphi)2\{24+\varphi[-80+\varphi[89 \\ +4(-9+\varphi)\varphi]]\}\} + \lambda^4(-2+\varphi)2\{-32+\varphi\{160+ \\ \varphi\{-276+\varphi[196+\varphi(-51+4\varphi)]\}\}\}\}\}\end{array}}{16\,\{8(-1+\varphi)^2 + \lambda^2(-2+\varphi)[-4+(-6+\varphi)\varphi]\}^2}。$$

(1) 如果 $2\sqrt{1-\varphi}/(2-\varphi) \leqslant \lambda \leqslant 1$，即 $[2\sqrt{1-\lambda^2} - 2(1-\lambda^2)]/\lambda^2 < \varphi < 1$，可得：

当 $0 < F < \max\{\dfrac{4[(1-\varphi)\alpha - c - e_0(a_0 - b_0 Q_0)]^2 - (1-\varphi)[\alpha - c - e_0(a_0 - b_0 Q_0)]^2}{16(1-\varphi)}, 0\}$，则 $\pi_{M-R}^{m*} > \pi_{R0}^{m*}$；

当 $F \geqslant \max\{\dfrac{4[(1-\varphi)\alpha - c - e_0(a_0 - b_0 Q_0)]^2 - (1-\varphi)[\alpha - c - e_0(a_0 - b_0 Q_0)]^2}{16(1-\varphi)}, 0\}$，则 $\pi_{M-R}^{m*} = \pi_{R0}^{m*}$。

(2) 如果 $0 \leqslant \lambda < 2\sqrt{1-\varphi}/(2-\varphi)$，即 $0 < \varphi \leqslant [2\sqrt{1-\lambda^2} - 2(1-\lambda^2)]/\lambda^2$，则 $\pi_{M-R}^{m*} - \pi_{R0}^{m*} = F_{M-R} - F$。可得：当 $0 \leqslant F < F_{M-R}$，则 $\pi_{M-R}^{m*} > \pi_{R0}^{m*}$；当 $F \geqslant F_{M-R}$，则 $\pi_{M-R}^{m*} \leqslant \pi_{R0}^{m*}$。

定理 2.5 的证明

由公式(2-11)，得 π_c 关于 q_{c1} 和 q_{c2} 的一阶导数为 $\partial\pi_c/\partial q_{c1} = \alpha - c - 2q_{c1} - 2\lambda q_{c2}$ 和 $\partial\pi_c/\partial q_{c2} = \alpha - c - 2\lambda q_{c1} - 2q_{c2}$。$\pi_c$ 关于 q_{c1} 和 q_{c2} 的二阶偏导数为 $\partial^2\pi_c/\partial(q_{c1})^2 = \partial^2\pi_c/\partial(q_{c2})^2 = -2$ 和 $\partial^2\pi_c/\partial q_{c1}\partial q_{c2} = -2\lambda$。易证得海塞矩阵是负的，则 $q_{c1}^* = [\alpha - c - e_0(a_0 - b_0 Q_0)]/[2(1+\lambda)]$，$q_{c2}^* = [\alpha - c - e_0(a_0 - b_0 Q_0)]/[2(1+$

$\lambda)]$，$\pi_c=[\alpha-c-e_0(a_0-b_0Q_0)]^2/[2(1+\lambda)]+(a_0-b_0Q_0)C-2F$。

定理 2.6 的证明

情形 1：$0<\varphi\leqslant 2[\sqrt{1-\lambda^2}-(1-\lambda^2)]/\lambda^2$。

由定理 2.3 的证明，得 $q_R=\dfrac{-[c+e_0(a_0-b_0Q_0)](2-2\lambda+\lambda\varphi-2\varphi)+(1-\varphi)[-2\Delta+2\alpha-\lambda\alpha(2-\varphi)]}{4(1-\varphi)-\lambda^2(2-\varphi)^2}$。

令 $q_R=q_c^*=[\alpha-c-e_0(a_0-b_0Q_0)]/[2(1+\lambda)]$，

得 $\Delta=\dfrac{\lambda\varphi\{4(1+\lambda)[c+e_0(a_0-b_0Q_0)]+\lambda\varphi[\alpha-c-e_0(a_0-b_0Q_0)]\}+2\lambda\varphi(1+\lambda)\{(1-\varphi)\alpha-c-e_0(a_0-b_0Q_0)\}}{4(1+\lambda)(1-\varphi)}$。

因为 $p_R-w_R=\Delta$，易证得

$w_R=\dfrac{[\alpha+c+e_0(a_0-b_0Q_0)][2+2\lambda-2\varphi_c-4\lambda\varphi_c+\lambda^2\varphi_c^2-2\lambda^2\varphi_c]+2\lambda\alpha\varphi_c^2}{4(1+\lambda)(1-\varphi_c)}$。

在探究单个再销售渠道情况下的批发价格和生产量之后，我们进一步探讨是否存在一个值，使得单个平台抽成渠道情况下的生产量等于 $q_{c1}^*=[\alpha-c-e_0(a_0-b_0Q_0)]/[2(1+\lambda)]$，从而得到 $p_M=\alpha-q_M-\lambda q_{c2}^*$ 和 $p_R=\alpha-q_{c2}^*-\lambda q_M$。由制造商利润 $\pi_{M-R}^m=(1-\varphi)p_Mq_M-cq_M+(w_R-c)q_R-(a_0-b_0Q_0)[e_0(q_M+q_R)-C]-F$，易得 $\dfrac{d\pi_{M-R}^m}{dq_M}=\dfrac{\alpha(2+\lambda)(1-\varphi)-[c+e_0(a_0-b_0Q_0)](2+\lambda+\lambda\varphi)-4(1-\varphi)(1+\lambda)q_M}{2(1+\lambda)}$，$\dfrac{d^2\pi_{M-R}^m}{d(q_M)^2}=\dfrac{-4(1-\varphi)(1+\lambda)}{2(1+\lambda)}<0$。

然后我们得到 $q_M=\dfrac{\alpha(2+\lambda)(1-\varphi)-[c+e_0(a_0-b_0Q_0)](2+\lambda+\lambda\varphi)}{4(1-\varphi)(1+\lambda)}$。

令 $q_M=q_{c1}^*=[\alpha-c-e_0(a_0-b_0Q_0)]/[2(1+\lambda)]$，

得 $\varphi_c=\dfrac{[\alpha-c-e_0(a_0-b_0Q_0)]\lambda}{\alpha\lambda+[c+e_0(a_0-b_0Q_0)](2+\lambda)}$。

由 $0<\varphi\leqslant\bar{\lambda}=2[\sqrt{1-\lambda^2}-(1-\lambda^2)]/\lambda^2$，如果 $0<Q_0<\dfrac{c}{b_0e_0}+\dfrac{a_0}{b_0}-\dfrac{\lambda(1-\bar{\lambda})\alpha}{[(2+\lambda)\bar{\lambda}+\lambda]b_0e_0}$，则 $\varphi_c<\bar{\lambda}$。因为碳交易价格大于 0，即 $a_0-b_0Q_0>0$，可得 $0<Q_0<a_0/b_0$。可证得 $0<\bar{\lambda}<1$，可证得 $\dfrac{a_0}{b_0}<\dfrac{c}{b_0e_0}+\dfrac{a_0}{b_0}-\dfrac{\lambda(1-\bar{\lambda})\alpha}{[(2+\lambda)\bar{\lambda}+\lambda]b_0e_0}$。

令 $w_c=\dfrac{[\alpha+c+e_0(a_0-b_0Q_0)][2+2\lambda-2\varphi_c-4\lambda\varphi_c+\lambda^2\varphi_c^2-2\lambda^2\varphi_c]+2\lambda\alpha\varphi_c^2}{4(1+\lambda)(1-\varphi_c)}$，

可得到一组参数(φ_c, w_c)可以协调制造商和平台。

情形 2：$[2\sqrt{1-\lambda^2}-2(1-\lambda^2)]/\lambda^2<\varphi<1$。

遵循证明情形 1 中结论的相同过程，我们可以发现，为了实现协调，φ 应该为零，或者零售价格等于批发价格。但是这两个条件都无法满足。因此，在两种单个渠道情况下，平台和制造商无法实现协调。

定理 3.1 的证明

从公式(3-1)和公式(3-2)可知，我们重写制造商的利润如下：

$$\pi_{gm}=\varphi q(\alpha-q-\lambda l)-(a-bC)(e_0q-Q)-(\lambda_0-\lambda_1 l)2$$
$$s.t.\quad 0\leqslant l\leqslant \lambda_0/\lambda_1$$

π_{gm} 关于 q 和 l 的一阶导数和二阶导数如下：$\partial\pi_{gm}/\partial q=\varphi(\alpha-2q-\lambda l)-e_0(a-bC)$，$\partial\pi_{gm}/\partial l=2\lambda_1(\lambda_0-\lambda_1 l)-\varphi\lambda q$，$\partial^2\pi_{gm}/\partial q^2=-2\varphi$，$\partial^2\pi_{gm}/\partial l^2=-2\lambda_1{}^2$，$\partial^2\pi_{gm}/\partial q\partial l=\partial^2\pi_{gm}/\partial l\partial q=-\varphi\lambda$。然后我们得到海瑟矩阵 $H=\begin{pmatrix}-2\varphi & -\varphi\lambda\\ -\varphi\lambda & -2\lambda_1{}^2\end{pmatrix}$，$|H|=4\varphi\lambda_1{}^2-\varphi^2\lambda^2$。现在我们讨论制造商在两种情况下的最优运作决策：

案例 1：如果 $0<\varphi<min\{1,4\lambda_1^2/\lambda^2\}$，则 $|H|>0$，这意味着海瑟矩阵是负定的。因此，我们可以得到一阶条件下制造商的最优运作决策。最优运作决策推导如下：

$$q_g^*=\frac{2\lambda_1[\varphi(\alpha\lambda_1-\lambda\lambda_0)-e_0\lambda_1(a-bC)]}{\varphi(4\lambda_1^2-\lambda^2\varphi)},l_l^*=\frac{4\lambda_0\lambda_1-\alpha\lambda\varphi+e_0\lambda(a-bC)}{4\lambda_1^2-\lambda^2\varphi}。$$

案例 2：如果 $\min\{1,4\lambda_1^2/\lambda^2\}\leqslant\varphi\leqslant 1$，那么 $|H|\leqslant 0$，这意味着海瑟矩阵既不是正定也不是负定的。由于利润函数是连续的，且驻点是唯一的，所以当 l 在其边界处时，可以得到最优解。

① 令 $l=0$，可以很容易地证明 π_{gm} 在 p 上是凹的。通过一阶条件，我们得出了制造商的最优生产量 $q_{g1}^*=[\alpha\varphi-e_0(a-bC)]/(2\varphi)$。则制造商的最优利润为 $\pi_{m1}^*=\varphi q_1^*(\alpha-q_1^*)-(a-bC)(e_0q_1^*-Q)-\lambda_0^2=M-\lambda_0^2$。

② 令 $l=\lambda_0/\lambda_1$，通过与上述类似的讨论，我们推导出制造商的最优生产量 $q_{g2}^*=[\alpha\varphi-e_0(a-bC)]/(2\varphi)-\lambda\lambda_0/(2\lambda_1)$ 和最优利润 $\pi_{m2}^*=M-\varphi\alpha\lambda\lambda_0/(2\lambda_1)+\varphi\lambda^2\lambda_0^2/(4\lambda_1^2)+e_0\lambda\lambda_0(a-bC)/(2\lambda_1)$。

根据 $q_g^*\geqslant 0$，得出 $\varphi(\alpha\lambda_1-\lambda\lambda_0)\geqslant\lambda_1 e_0(a-bC)$，因为 $4\lambda_1^2/\lambda^2\leqslant\varphi$，通过一些

转换,我们有 $\pi_{m1}^{*}-\pi_{m2}^{*}=\frac{\varphi\alpha\lambda\lambda_0}{2\lambda_1}-\frac{\varphi\lambda^2\lambda_0^2}{4\lambda_1^2}-e_0(a-bC)\frac{\lambda\lambda_0}{2\lambda_1}-\lambda_0^2=\frac{\lambda_0}{4\lambda_1^2}[2\varphi\alpha\lambda\lambda_1-\varphi\lambda^2\lambda_0-2\lambda\lambda_1e_0(a-bC)-4\lambda_0\lambda_1^2]\geqslant\frac{\lambda_0}{4\lambda_1^2}[-4\lambda_0\lambda_1^2+2\varphi\alpha\lambda\lambda_1-\varphi\lambda^2\lambda_0-2\lambda\varphi(\alpha\lambda_1-\lambda\lambda_0)]=\frac{\lambda_0}{4\lambda_1^2}(-4\lambda_0\lambda_1^2+\varphi\lambda^2\lambda_0)\geqslant 0$。

因此,当 $4\lambda_1^2/\lambda^2\leqslant\varphi\leqslant 1$,$l_g^*=0$ 是最优运作决策。综上所述,我们得到定理 3.1。

定理 3.2 的证明

将制造商的最优生产和交货时间决策代入公式(3-4),则可将祖父制的最优社会福利改写为:$W_g=q_g^*(\alpha-\lambda l_g^*-q_g^*/2)-(\lambda_0-\lambda_1 l_g^*)^2-ve_0q_g^*$。

当 $4\lambda_1^2/\lambda^2\leqslant 1$ 时,我们推导出了政府在这种情况下的最优区域配额,并在以下案例中进行了讨论。

案例 1:$0<\varphi<4\lambda_1^2/\lambda^2$。

将 $q_g^*=2\lambda_1[\varphi(\alpha\lambda_1-\lambda\lambda_0)-e_0\lambda_1(a-bC)]/[\varphi(4\lambda_1^2-\lambda^2\varphi)]$ 和 $l_g^*=[4\lambda_0\lambda_1-\alpha\lambda\varphi+e_0\lambda(a-bC)]/(4\lambda_1^2-\lambda^2\varphi)$ 带入 W_g,我们能够得到 W_g 关于 C 的二阶导如下:$\partial^2W_g/\partial C^2=2b^2e_0^2\lambda_1^2(2\varphi\lambda^2-\varphi^2\lambda^2-2\lambda_1^2)/[\varphi^2(4\lambda_1^2-\lambda^2\varphi)^2]$。

令 $A(\varphi)=2\varphi\lambda^2-\varphi^2\lambda^2-2\lambda_1^2$。可以很容易地验证 $A(\varphi)$ 为 φ 的递增凹函数,并在 $\varphi=1$ 时达到最大值。$A(0)=-2\lambda_1^2<0$ 和 $A(4\lambda_1^2/\lambda^2)=6\lambda_1^2-16\lambda_1^4/\lambda^2>0$。通过设置 $A(\varphi)=0$,我们获得了制造商所销售的每个单位的份额的阈值 $\bar{\varphi}=1-\sqrt{\lambda^2-2\lambda_1^2}/\lambda$,例如,当 $0\leqslant\varphi<\bar{\varphi}$,$A(\varphi)<0$ 和当 $\bar{\varphi}\leqslant\varphi<4\lambda_1^2/\lambda^2$,$A(\varphi)\geqslant 0$。我们有以下不同的子案例:

案例 1-1:$0\leqslant\varphi<\bar{\varphi}$。

在这种情况下,我们有 $A(\varphi)<0$,因此 $\partial^2W_g/\partial C^2<0$,这意味着 W_g 关于 C 是内凹的。因此,当 W_g 对 C 的一阶导数等于 0 时,政府的最优区域配额将实现。也就是说,定义

$\bar{v}_1=\frac{ae_0\lambda_1[2\lambda_1^2-\varphi\lambda^2(2-\varphi)]+\varphi(\alpha\lambda_1-\lambda\lambda_0)[2\lambda_1^2+\varphi\lambda^2(1-\varphi)]}{\varphi e_0\lambda_1(4\lambda_1^2-\varphi\lambda^2)}$ 和 $\bar{v}_{11}=\frac{(\alpha\lambda_1-\lambda\lambda_0)[2\lambda_1^2+\varphi\lambda^2(1-\varphi)]}{e_0\lambda_1(4\lambda_1^2-\varphi\lambda^2)}$。如果 $0<v<\bar{v}_{11}$,那么 $C_g^0>a/b$ 和 $C_g^*=a/b$;如果 $\bar{v}_{11}\leqslant v<\bar{v}_1$,那么 $0<C_g^0\leqslant a/b$ 和 $C_g^*=C_g^0$;如果 $\bar{v}_1\leqslant v$,那么 $C_g^0\leqslant 0$ 和 $C_g^*=0$。

案例 1-2:$\bar{\varphi} \leqslant \varphi < 4\lambda_1^2/\lambda^2$。

在这种情况下,我们有 $A(\varphi) \geqslant 0$ 和 $\partial^2 W_g/\partial C^2 \geqslant 0$,这表明 $\partial W_g/\partial C$ 随着 C 增加。为了知道 W_g 是随着 C 增加还是减少,我们必须知道 $\partial W_g/\partial C$。

令 $C=0$,我们有 $\dfrac{\partial W_g}{\partial C}=\dfrac{\varphi^2}{(4\lambda_1^2-\lambda^2\varphi)^2}$。

可以证实的是,如果 $0<v\leqslant \bar{v}_1$,$\dfrac{\partial W_g}{\partial C}\Big|_{C=0}\geqslant 0$;如果 $v>\bar{v}_1$,$\dfrac{\partial W_g}{\partial C}\Big|_{C=0}<0$。令 $C=a/b$,我们有

$$\frac{\partial W_g}{\partial C}=\frac{2be_0\lambda_1[\lambda^2\lambda_1\varphi(e_0v+\alpha-\alpha\varphi)-2\lambda\lambda_0\lambda_1^2-\varphi\lambda^3\lambda_0(1-\varphi)-2\lambda_1^3(2e_0v-\alpha)]}{\varphi(4\lambda_1^2-\lambda^2\varphi)^2}。$$

我们设定 $\bar{v}_2=\dfrac{(\alpha\lambda_1-\lambda\lambda_0)[2\lambda_1^2+\varphi\lambda^2(1-\varphi)]}{e_0\lambda_1(4\lambda_1^2-\varphi\lambda^2)}$ 并有 $\bar{v}_2-\bar{v}_1=\dfrac{aA(\varphi)}{\varphi(4\lambda_1^2-\varphi\lambda^2)}\geqslant 0$。

可以证实,如果 $0<v\leqslant \bar{v}_2$,$\dfrac{\partial W_g}{\partial C}\Big|_{C=\frac{a}{b}}\geqslant 0$;而如果 $v>\bar{v}_2$,$\dfrac{\partial W_g}{\partial C}\Big|_{C=\frac{a}{b}}<0$。

因此,给定 $\partial W_g/\partial C$ 随 C 增大,如果 $0<v\leqslant \bar{v}_1$,则 W_g 随 C 增大,并在 $C_g^*=a/b$ 时达到最大值;如果 $\bar{v}_1<v\leqslant \bar{v}_2$,则 W_g 随 C 先减小后增大,在 C 边界处达到最大值;如果 $\bar{v}_2<v$,则 W_g 随 C 减小,并在 $C_g^*=0$ 时达到最大值。

接下来,我们讨论当 $\bar{v}_1<v\leqslant \bar{v}_2$ 的情况。通过比较 W_g 在 C 边界处的值,我们得出如下结果:$W_g(C=\dfrac{a}{b})-W_g(C=0)$

$$=\frac{ae_0\lambda_1\begin{Bmatrix}ae_0\lambda_1[2\lambda_1^2-\varphi\lambda^2(2-\varphi)]-2\varphi[2\lambda\lambda_0\lambda_1^2+2\lambda_1^3(2e_0v-\alpha)\\+\varphi\lambda^3\lambda_0(1-\varphi)-\lambda^2\lambda_1\varphi(e_0v+\alpha-\alpha\varphi)]\end{Bmatrix}}{\varphi^2(4\lambda_1^2-\lambda^2\varphi)^2}。$$

定义 $\bar{v}_3=\dfrac{ae_0\lambda_1[2\lambda_1^2-\varphi\lambda^2(2-\varphi)]+2\varphi(\alpha\lambda_1-\lambda\lambda_0)[2\lambda_1^2+\varphi\lambda^2(1-\varphi)]}{2\varphi e_0\lambda_1(4\lambda_1^2-\varphi\lambda^2)}$,然后我们有 $\bar{v}_3-\bar{v}_1=aA(\varphi)/2\varphi(4\lambda_1^2-\varphi\lambda^2)>0$ 和 $\bar{v}_2-\bar{v}_3=aA(\varphi)/2\varphi(4\lambda_1^2-\varphi\lambda^2)>0$。可以证实,如果 $\bar{v}_1<v\leqslant \bar{v}_3$,$W_g(C=a/b)\geqslant W_g(C=0)$;而如果 $\bar{v}_3<v\leqslant \bar{v}_2$,$W_g(C=a/b)<W_g(C=0)$。

综上所述,我们有当 $0<v\leqslant \bar{v}_3$ 时,$C_g^*=a/b$ 和当 $\bar{v}_3<v$ 时,$C_g^*=0$。

案例 2:$4\lambda_1^2/\lambda^2\leqslant\varphi\leqslant 1$。

将 $q_g^*=[\alpha\varphi-e_0(a-bC)]/(2\varphi)$ 和 $l_g^*=0$ 代入 W_g,我们可以得到 W_g 关于 C 的一阶导数和二阶导数如下:$\partial W_g/\partial C=be_0[e_0(a-bC)-2v\varphi e_0+\alpha\varphi]/(4\varphi^2)$;$\partial^2 W_g/\partial C^2=-b^2e_0^2/(4\varphi^2)$。

因此，W_g 是 C 的凹函数。然后，我们推导出最优区域配额如下：$C_g^1 = \dfrac{ae_0 + \alpha\varphi - 2v\varphi e_0}{be_0}$。

令 $\bar{v}_4 = \dfrac{ae_0 + \alpha\varphi}{2\varphi e_0}$ 与 $\bar{v}_{14} = \dfrac{\alpha}{2e_0}$，则可验证若 $0 < v < \bar{v}_{14}$，则 $C_g^1 > a/b$ 和 $C_g^* = a/b$；如果 $\bar{v}_{14} \leqslant v < \bar{v}_4$，那么 $0 < C_g^1 \leqslant a/b$ 和 $C_g^* = C_g^1$；如果 $\bar{v}_4 \leqslant v$，那么 $C_g^1 \leqslant 0$ 和 $C_g^* = 0$。

与上述证明过程类似，我们可以证明当 $0 < \lambda^2/\lambda_1^2 < 2$ 和 $2 \leqslant \lambda^2/\lambda_1^2 < 4$ 的其他情况。

定理 3.3 的证明

与定理 3.1 的证明过程类似，定理 3.3 也可以被证明。

定理 3.4 的证明

定理 3.4 的证明过程与定理 3.2 的证明过程类似。我们只是证明当 $0 < \lambda^2/\lambda_1^2 < 2$ 时候的情况。将制造商的最优生产和交货时间决策代入公式(3-5)，我们将基准制下的最优社会福利改写为：$W_b = q_b^*(\alpha - \lambda l_b^* - q_b^*/2) - (\lambda_0 - \lambda_1 l_b^*)^2 - ve_0 q_b^*$。

案例 1：$0 < \lambda^2/\lambda_1^2 < 2$。

在这种情况下，$4\lambda_1^2/\lambda^2 > 1$ 和 $0 < \varphi < min\{1, 4\lambda_1^2/\lambda^2\}$ 总是成立。因此，将 $q_b^* = 2\lambda_1[\varphi(\alpha\lambda_1 - \lambda\lambda_0) - \lambda_1(a - bC)(e_0 - e_m)]/[\varphi(4\lambda_1^2 - \lambda^2\varphi)]$ 和 $l_b^* = [4\lambda_0\lambda_1 - \alpha\varphi\lambda + \lambda(a - bC)(e_0 - e_m)]/(4\lambda_1^2 - \varphi\lambda^2)$ 代入 W_b，对 W_b 求关于 C 二阶偏导：$\partial^2 W_b/\partial C^2 = 2b^2\lambda_1^2(e_0 - e_m)^2(2\varphi\lambda^2 - \varphi^2\lambda^2 - 2\lambda_1^2)/[\varphi^2(4\lambda_1^2 - \lambda^2\varphi)^2]$。

同样，我们设 $A(\varphi) = 2\varphi\lambda^2 - \varphi^2\lambda^2 - 2\lambda_1^2$。可以验证当 $0 \leqslant \varphi \leqslant 1$，$A(\varphi) < 0$。因此，我们有 $\partial^2 W_b/\partial C^2 < 0$。在一阶条件下，我们得到了政府的最优区域配额

$$C_b^0 = \frac{\varphi(\alpha\lambda_1 - \lambda\lambda_0)[2\lambda_1^2 + \varphi\lambda^2(1-\varphi)] - a\lambda_1(e_0 - e_m)A(\varphi) - v\varphi e_0\lambda_1(4\lambda_1^2 - \varphi\lambda^2)}{-b\lambda_1(e_0 - e_m)A(\varphi)}$$

$= \dfrac{N}{M}$。

定义 $\bar{v}_1 = \dfrac{a\lambda_1(e_0 - e_m)[2\lambda_1^2 - \varphi\lambda^2(2-\varphi)] + \varphi(\alpha\lambda_1 - \lambda\lambda_0)[2\lambda_1^2 + \varphi\lambda^2(1-\varphi)]}{\varphi e_0\lambda_1(4\lambda_1^2 - \varphi\lambda^2)}$

和 $\bar{v}_{11} = \dfrac{(\alpha\lambda_1 - \lambda\lambda_0)[2\lambda_1^2 + \varphi\lambda^2(1-\varphi)]}{e_0\lambda_1(4\lambda_1^2 - \varphi\lambda^2)}$。如果 $e_0 < e_m$，那么 $M < 0$，当 $0 < v <$

$\tilde{v}_1$，我们有 $C_b^*=0$；当 $\tilde{v}_1 \leqslant v < \tilde{v}_{11}$，我们有 $C_b^*=C_b^0$；当 $\tilde{v}_{11} \leqslant v$，我们有 $C_b^*=a/b$。如果 $e_0 > e_m$，那么 $M>0$，当 $0<v<\tilde{v}_1$，我们有 $C_b^*=a/b$；当 $\tilde{v}_{11} \leqslant v < \tilde{v}_1$，我们有 $C_b^*=C_b^0$；当 $\tilde{v}_1 \leqslant v$，我们有 $C_b^*=0$。

与定理 3.2 的证明过程类似，我们可以证明其他情况。

定理 3.5 的证明

首先，我们将祖父制和基准制下的阈值进行比较，得到如下结果：

$$\bar{v}_1-\tilde{v}_1=\frac{-ae_mA(\varphi)}{\varphi e_0(4\lambda_1^2-\varphi\lambda^2)},\bar{v}_1-v_{11}=\frac{-aA(\varphi)}{4\varphi\lambda_1^2-\varphi^2\lambda^2},$$

$$\tilde{v}_1-v_{11}=-\frac{a(e_0-e_m)A(\varphi)}{\varphi e_0(4\lambda_1^2-\varphi\lambda^2)}。$$

在(i)$0<\lambda^2/\lambda_1^2<2$ 和 $0\leqslant\varphi\leqslant 1$，(ii)$2\leqslant\lambda^2/\lambda_1^2<4$ 和 $0\leqslant\varphi<\bar{\varphi}$，或(iii)$4\leqslant\lambda^2/\lambda_1^2$ 和 $0\leqslant\varphi<\bar{\varphi}$ 的情况下，存在 $A(\varphi)<0$。因此，如果 $e_0<e_m$，那么 $\bar{v}_1>v_{11}>\tilde{v}_1$；如果 $e_0>e_m$，那么 $\bar{v}_1>\tilde{v}_1>v_{11}$。

$$\bar{v}_3-\tilde{v}_3=\frac{ae_mA(\varphi)}{2\varphi e_0(4\lambda_1^2-\varphi\lambda^2)}$$

在(i)$2\leqslant\lambda^2/\lambda_1^2<4$ 和 $\bar{\varphi}<\varphi\leqslant 1$，或(ii)$4\leqslant\lambda^2/\lambda_1^2$ 和 $\bar{\varphi}\leqslant\varphi<4\lambda_1^2/\lambda^2$ 的情况下，存在 $A(\varphi)\geqslant 0$。因此，$\bar{v}_3\geqslant\tilde{v}_3$。

$$\bar{v}_4-\tilde{v}_4=\frac{ae_m}{2\varphi e_0},\bar{v}_4-v_{14}=\frac{a}{2\varphi},\tilde{v}_4-v_{14}=\frac{a(e_0-e_m)}{2e_0\varphi}。$$

因此，如果 $e_0<e_m$，那么 $\bar{v}_4>v_{14}>\tilde{v}_4$；而如果 $e_0>e_m$，那么 $\bar{v}_4>\tilde{v}_4>v_{14}$。

为了避免繁琐，我们将重点放在当 $e_0<e_m$ 时的情况下，并在下面的情况下比较两种分配规则下制造商的最优运作决策。其他案例可以通过同样的过程来证明。

案例 1：$0<\lambda^2/\lambda_1^2<2$ 和 $0\leqslant\varphi\leqslant 1$。

由定理 3.2 和定理 3.4，我们得到了两种分配规则下政府的最优区域配额，如图 A-1 所示。

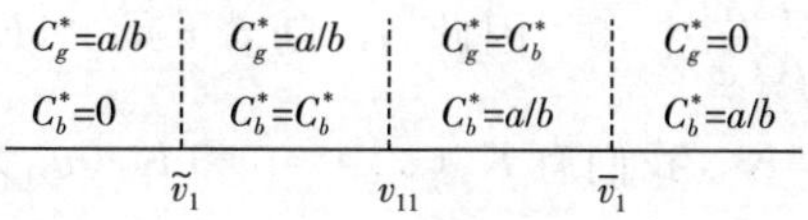

图 A-1　两种分配规则下政府的最优区域配额

将最优配额分别带入到定理3.1(定理3.3)中的q_g^*和l_g^*(q_b^*和l_b^*)。我们得到制造商的最优生产量和交货期。

如果$0 < v < \bar{v}_1$,我们有$q_g^* = \dfrac{2\lambda_1(\alpha\lambda_1 - \lambda\lambda_0)}{4\lambda_1^2 - \lambda^2\varphi}, l_g^* = \dfrac{4\lambda_0\lambda_1 - \alpha\lambda\varphi}{4\lambda_1^2 - \lambda^2\varphi}; q_b^* = \dfrac{2\lambda_1[\alpha\lambda_1\varphi - a\lambda_1(e_0 - e_m) - \lambda\lambda_0\varphi]}{4\lambda_1^2\varphi - \lambda^2\varphi^2}, l_b^* = \dfrac{a(e_0 - e_m)\lambda + 4\lambda_0\lambda_1 - \alpha\lambda\varphi}{4\lambda_1^2 - \lambda^2\varphi}$。存在$q_g^* - q_b^* = \dfrac{2a\lambda_1{}^2(e_0 - e_m)}{4\lambda_1^2\varphi - \lambda^2\varphi^2} < 0$和$l_g^* - l_b^* = -\dfrac{a\lambda(e_0 - e_m)}{4\lambda_1^2 - \lambda^2\varphi} > 0$。因此,在这种情况下,我们有$q_g^* < q_b^*$和$l_g^* > l_b^*$。

如果$\bar{v}_1 \leqslant v < v_{11}$,我们有$q_g^* = \dfrac{2\lambda_1(\alpha\lambda_1 - \lambda\lambda_0)}{4\lambda_1^2 - \lambda^2\varphi}, l_g^* = \dfrac{4\lambda_0\lambda_1 - \alpha\lambda\varphi}{4\lambda_1^2 - \lambda^2\varphi}; q_b^* = \dfrac{2\lambda_1(\alpha\lambda_1 - \lambda\lambda_0 - e_0 v\lambda_1)}{2\lambda_1^2 - \varphi\lambda^2(2-\varphi)}, l_b^* = \dfrac{\lambda_0[2\lambda_1^2 - \varphi\lambda^2(1-\varphi)] + \lambda\lambda_1\varphi(e_0 v - \alpha)}{\lambda_1[2\lambda_1^2 - \varphi\lambda^2(2-\varphi)]}$。

我们设定$K_1(v) = q_g^* - q_b^*$和$K_2(v) = l_g^* - l_b^*$,得到K_1和K_2对v的一阶导如下:

$\partial K_1/\partial v = \dfrac{e_0\lambda_1}{2\lambda_1^2 - \varphi\lambda^2(2-\varphi)} = -\dfrac{e_0\lambda_1}{A(\varphi)} > 0, \partial K_2/\partial v = -\dfrac{e_0\lambda\varphi}{2\lambda_1^2 - \varphi\lambda^2(2-\varphi)} = \dfrac{e_0\lambda\varphi}{A(\varphi)} < 0$。因此,$K_1$随着$v$增加,$K_2$随着$v$减少。在分别将$v = v_{11}$代入到$K_1$和$K_2$之后,我们有$K_1(v_{11}) = 0$和$K_2(v_{11}) = 0$,表明当$\bar{v}_1 \leqslant v < v_{11}$时,$K_1 < 0$和$K_2 > 0$。我们还可以得到$q_g^* < q_b^*$和$l_g^* > l_b^*$。

如果$v_{11} \leqslant v < \bar{v}_1$,我们有$q_g^* = \dfrac{2\lambda_1(\alpha\lambda_1 - \lambda\lambda_0 - e_0 v\lambda_1)}{2\lambda_1^2 - \varphi\lambda^2(2-\varphi)}, l_g^* = \dfrac{\lambda_0[2\lambda_1^2 - \varphi\lambda^2(1-\varphi)] + \lambda\lambda_1\varphi(e_0 v - \alpha)}{\lambda_1[2\lambda_1^2 - \varphi\lambda^2(2-\varphi)]}$。$q_b^* = \dfrac{2\lambda_1(\alpha\lambda_1 - \lambda\lambda_0)}{4\lambda_1^2 - \lambda^2\varphi}$,

$l_b^* = \dfrac{4\lambda_0\lambda_1 - \alpha\lambda\varphi}{4\lambda_1^2 - \lambda^2\varphi}$。令$K_3(v) = q_g^* - q_b^*$和$K_4(v) = l_g^* - l_b^*$。我们得到$K_3$和$K_4$关于$v$的一阶导如下:$\partial K_3/\partial v = -\dfrac{2e_0\lambda_1^2}{2\lambda_1^2 - \varphi\lambda^2(2-\varphi)} = \dfrac{2e_0\lambda_1^2}{A(\varphi)} < 0, \partial K_4/\partial v = \dfrac{e_0\lambda\varphi}{2\lambda_1^2 - \varphi\lambda^2(2-\varphi)} = -\dfrac{e_0\lambda\varphi}{A(\varphi)} > 0$。因此,$K_3$随着$v$减少,$K_4$随着$v$增加。在分别将$v = v_{11}$代入到$K_3$和$K_4$,我们有$K_3(v_{11}) = 0$和$K_4(v_{11}) = 0$,表明当$v_{11} \leqslant v < \bar{v}_1$,$K_3 \leqslant 0$和$K_4 \geqslant 0$。我们也可以得到$q_g^* \leqslant q_b^*$和$l_g^* \geqslant l_b^*$。

如果$v_1 \leqslant v$,我们有$q_g^* = \dfrac{2\lambda_1(\alpha\lambda_1\varphi - ae_0\lambda_1 - \lambda\lambda_0\varphi)}{4\lambda_1^2\varphi - \lambda^2\varphi^2}, l_g^* =$

$\frac{ae_0\lambda+4\lambda_0\lambda_1-\alpha\lambda\varphi}{4\lambda_1^2-\lambda^2\varphi}$；$q_b^*=\frac{2\lambda_1(\alpha\lambda_1-\lambda\lambda_0)}{4\lambda_1^2-\lambda^2\varphi}$，$l_b^*=\frac{4\lambda_0\lambda_1-\alpha\lambda\varphi}{4\lambda_1^2-\lambda^2\varphi}$。然后有 $q_g^*-q_b^*=-\frac{2ae_0\lambda_1{}^2}{4\lambda_1^2\varphi-\lambda^2\varphi^2}<0$ 和 $l_g^*-l_b^*=\frac{ae_0\lambda}{4\lambda_1^2-\lambda^2\varphi}>0$。因此，我们有 $q_g^*<q_b^*$ 和 $l_g^*>l_b^*$。

综上所述，我们得到定理 3.5 的结果。

定理 3.6 的证明

为了避免繁琐性，我们只比较当 $e_0<e_m$ 时，祖父制和基准制下的最优社会福利。对于情况 $e_0>e_m$，结果可以通过同样的方式得到。

案例 1：(i) $0<\lambda^2/\lambda_1^2<2$ 和 $0\leqslant\varphi\leqslant1$，(ii) $2\leqslant\lambda^2/\lambda_1^2<4$ 和 $0\leqslant\varphi<\bar{\varphi}$，或 (iii) $4\leqslant\lambda^2/\lambda_1^2$ 和 $0\leqslant\varphi<\bar{\varphi}$。

在这种情况下，两种分配规则下政府的最优区域配额如图 A-2 所示。

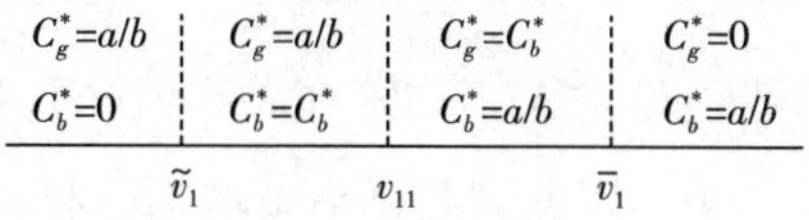

图 A-2　两种分配规则下政府的最优区域配额

将最优配额分别代入公式(3-4)和公式(3-5)中，得到如下结果：

如果 $0<v<\tilde{v}_1$，我们设定 $M_1=W_g(a/b)-W_b(0)$ 并有 $\partial M_1/\partial v=-2ae_0\lambda_1{}^2(e_0-e_m)/(4\lambda_1^2\varphi-\lambda^2\varphi^2)>0$。因此，$M_1$ 随 v 增加。将 $v=\tilde{v}_1$ 带入到 M_1，我们有 $M_1(\tilde{v}_1)=a^2\lambda_1{}^2(e_0-e_m)^2A(\varphi)/[\varphi^2(4\lambda_1{}^2-\lambda^2\varphi)^2]<0$。我们还有 $M_1<0$ 和 $W_g(a/b)<W_b(0)$。

如果 $\tilde{v}_1\leqslant v<v_{11}$，然后我们有 $W_g(a/b)-W_b(C_b^0)=[(\alpha\lambda_1-\lambda\lambda_0)(2\lambda_1^2+\varphi\lambda^2-\varphi^2\lambda^2)-e_0v\lambda_1(4\lambda_1^2-\lambda^2\varphi)]^2/[(4\lambda_1^2-\lambda^2\varphi)^2A(\varphi)]<0$。因此，$W_g(a/b)<W_b(C_b^0)$。

如果 $\bar{v}_1\leqslant v<v_{11}$，然后我们有 $W_g(C_g^0)-W_b(a/b)=\frac{[(\alpha\lambda_1-\lambda\lambda_0)(2\lambda_1^2+\varphi\lambda^2-\varphi^2\lambda^2)-e_0v\lambda_1(4\lambda_1^2-\lambda^2\varphi)]^2}{-(4\lambda_1^2-\lambda^2\varphi)^2A(\varphi)}>0$。

因此，$W_g(C_g^0)>W_b(a/b)$。

如果 $\bar{v}_1\leqslant v$，然后我们设定 $M_2=W_g(0)-W_b(a/b)$ 并有 $\partial M_2/\partial v=\frac{2ae_0^2\lambda_1^2}{4\lambda_1^2\varphi-\lambda^2\varphi^2}>0$。因此，$M_1$ 随着 v 增加。将 $v=\bar{v}_1$ 带入到 M_2，我们有 $M_2(\bar{v}_1)=-\frac{a^2e_0^2\lambda_1^2A(\varphi)}{\varphi^2(4\lambda_1{}^2-\lambda^2\varphi)^2}>0$。因此，$M_2>0$ 和 $W_g(0)>W_b(a/b)$。

案例 2：(i)$2 \leqslant \lambda^2/\lambda_1^2 < 4$ 和 $\bar{\varphi} < \varphi \leqslant 1$，或者(ii)$4 \leqslant \lambda^2/\lambda_1^2$ 和 $\bar{\varphi} \leqslant \varphi < 4\lambda_1^2/\lambda^2$。

在这种情况下，两种分配规则下政府的最优区域配额如图 A－3 所示。

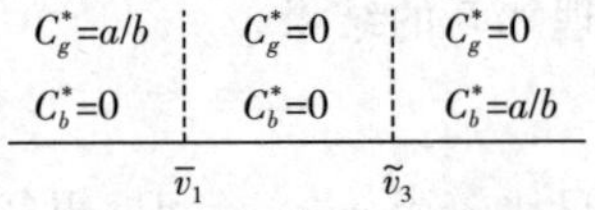
$C_g^*=a/b$
$C_b^*=0$
$C_g^*=0$
$C_b^*=0$
$C_g^*=0$
$C_b^*=a/b$
$\bar{v}_1$
$\tilde{v}_3$

图 A－3　政府的最优区域配额

如果 $0 < v < \bar{v}_3$，我们设定 $M_3 = W_g(a/b) - W_b(0)$ 和有 $\partial M_3/\partial v = -2ae_0\lambda_1^2(e_0 - e_m)/(4\lambda_1^2\varphi - \lambda^2\varphi^2) > 0$。因此，$M_3$ 随着 v 增加。将 $v=\bar{v}_3$ 代入到 M_3，我们有 $M_3(\bar{v}_3) = a^2\lambda_1^2 e_m(e_0 - e_m)A(\varphi)/(4\lambda_1^2\varphi - \lambda^2\varphi^2)^2 < 0$。因此，$M_3 < 0$ 和 $W_g(a/b) < W_b(0)$。

如果 $\bar{v}_3 \leqslant v < \tilde{v}_3$，我们设定 $M_4 = W_g(0) - W_b(0)$，然后我们有 $\partial M_4/\partial v = 2ae_0e_m\lambda_1^2/(4\lambda_1^2\varphi - \lambda^2\varphi^2) > 0$。因此，$M_4$ 随着 v 增加。将 $v=\bar{v}_3$ 带入到 M_4，我们有 $M_4(\bar{v}_3) = a^2\lambda_1^2 e_m(e_0 - e_m)A(\varphi)/(4\lambda_1^2\varphi - \lambda^2\varphi^2)^2 < 0$。然后我们将 $v=\tilde{v}_3$ 代入到 M_4 有 $M_4(\tilde{v}_3) = e_0e_m a^2\lambda_1^2 A(\varphi)/(4\lambda_1^2\varphi - \lambda^2\varphi^2)^2 > 0$。令 $M_4 = 0$，我们得到关于环境损害系数的一个阈值

$$v_{13} = \frac{a\lambda_1(2e_0 - e_m)[2\lambda_1^2 - \varphi\lambda^2(2-\varphi)] + 2\varphi(\alpha\lambda_1 - \lambda\lambda_0)[2\lambda_1^2 + \varphi\lambda^2(1-\varphi)]}{2e_0\lambda_1(4\lambda_1^2\varphi - \lambda^2\varphi^2)}$$。当 $\bar{v}_3 \leqslant v < v_{13}$ 时，$M_4 < 0$，因此 $W_g(0) < W_b(0)$。否则 $M_4 \geqslant 0$，因此 $W_g(0) \geqslant W_b(0)$。

如果 $\tilde{v}_3 \leqslant v$，我们设定 $M_5 = W_g(0) - W_b(a/b)$ 并有 $\partial M_5/\partial v = 2ae_0^2\lambda_1^2/(4\lambda_1^2\varphi - \lambda^2\varphi^2) > 0$。因此，$M_5$ 随着 v 增加。将 $v=\tilde{v}_3$ 带入到 M_5，我们有 $M_5(\tilde{v}_3) = a^2e_0e_m\lambda_1^2 A(\varphi)/[\varphi^2 \ (4\lambda_1^2 - \lambda^2\varphi)^2] > 0$。然后有 $M_5 > 0$ 和 $W_g(0) > W_b(a/b)$。

案例 3：$4 \leqslant \lambda^2/\lambda_1^2$ 和 $4\lambda_1^2/\lambda^2 \leqslant \varphi \leqslant 1$。

在这种情况下，两种分配规则下政府的最优区域配额如图 A－4 所示。

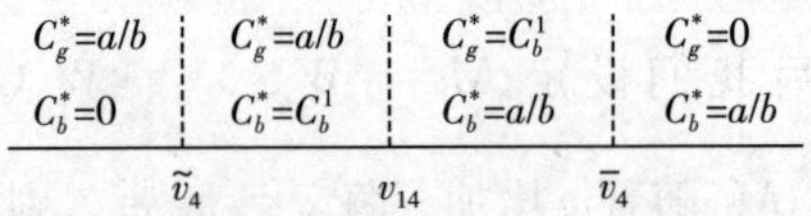
$C_g^*=a/b$
$C_b^*=0$
$C_g^*=a/b$
$C_b^*=C_b^1$
$C_g^*=C_b^1$
$C_b^*=a/b$
$C_g^*=0$
$C_b^*=a/b$
$\tilde{v}_4$
v_{14}
$\bar{v}_4$

图 A－4　政府的最优区域配额

如果 $0 < v < \bar{v}_4$，我们设定 $M_6 = W_g(a/b) - W_b(0)$ 和有 $\partial M_6/\partial v = -ae_0(e_0 - e_m)/(2\varphi) > 0$。因此，$M_6$ 随着 v 增加。将 $v = \bar{v}_4$ 代入到 M_6，我们有 $M_6(\bar{v}_4) = -a^2(e_0 - e_m)^2/(8\varphi^2) < 0$。然后我们有 $M_6 < 0$ 和 $W_g(a/b) < W_b(0)$。

如果 $\bar{v}_4 \leqslant v < v_{14}$，我们有 $W_g(a/b) - W_b(C_b^1) = -(\alpha - 2e_0v)^2/8 < 0$。

如果 $v_{14} \leqslant v < \bar{v}_4$，我们有 $W_g(C_g^1) - W_b(a/b) = (\alpha - 2e_0v)^2/8 > 0$。

如果 $\bar{v}_4 \leqslant v$，我们设定 $M_7 = W_g(0) - W_b(a/b)$ 并有 $\partial M_7/\partial v = ae_0^2/(2\varphi) > 0$。因此，$M_7$ 随着 v 增加。将 $v = \bar{v}_4$ 代入到 M_7，我们有 $M_7(\bar{v}_4) = a^2e_0^2/(8\varphi^2) > 0$。然后我们有 $M_7 > 0$ 和 $W_g(0) > W_b(a/b)$。

综上所述，我们得到定理 3.6 中列出的结果。

引理 4.1 的证明

从公式(4-2)中，我们可以得到$\frac{\partial \pi^{SC-0}(p)}{\partial p} = \bar{a} - 2kp + \bar{M}$，$\frac{\partial^2 \pi^{SC-0}(p)}{\partial p^2} = -2k < 0$。因此，当$\frac{\partial \pi^{SC-0}(p)}{\partial p} = 0$，公式(4-2)得到最大值。然后我们可以得到引理 4.1(i) 中的最优运作决策。接着我们发现$\frac{\partial \pi^{SC-0?}}{\partial C} = \frac{C[b_0^2e_0^2k^2(1+r)^2 - 4b_0k]}{2k} + \frac{4a_0k + 2ab_0e_0k(1+r) - 2a_0b_0e_0^2k^2(1+r)^2 + 2b_0e_0k[2Q + kp_0r(1+r)]}{4k}$ 和 $\frac{\partial^2 \pi^{SC-0*}}{\partial C^2} = \frac{b_0^2e_0^2k^2(1+r)^2 - 4b_0k}{2k}$。当 $C = 0$，$\frac{\partial \pi^{SC-0*}}{\partial C} > 0$。如果 $r > (2 - e_0\sqrt{b_0k})/(e_0\sqrt{b_0k})$，$\frac{\partial^2 \pi^{SC-0*}}{\partial C^2} > 0$。$\frac{\partial^2 \pi^{SC-0*}}{\partial C^2}$ 在 C 中呈增加趋势并且总是大于 0，因此，π^{SC-0*} 在 C 中也呈增加态势；否则，如果 $r \leqslant (2 - e_0\sqrt{b_0k})/(e_0\sqrt{b_0k})$，$\frac{\partial^2 \pi^{SC-0*}}{\partial C^2} < 0$。$\frac{\partial \pi^{SC-0*}}{\partial C}$ 与 C 呈线性递减，因此，需要有一个 C_0 使得$\frac{\partial^2 \pi^{SC-0*}}{\partial C^2} = 0$ 并且当 $C > C_0$，$\frac{\partial \pi^{SC-0*}}{\partial C} < 0$。继而得出 π^{SC-0*} 在 C 中首先增加，然后减少。从而我们的得到引理 4.1(ii) 中的结果。

引理 4.2 的证明

从公式(4-4)中，我们可以得到$\frac{\partial \pi_p^{DR-0}(p)}{\partial p} = \bar{a} - 2kp + k\omega$，$\frac{\partial^2 \pi_p^{DR-0}(p)}{\partial p^2} = -2k < 0$。因此，平台的反应函数为 $p^{DR-0*} = (\bar{a} + k\omega)/2k$。把反应函数带入公式

(4-3)中,可以得到$\frac{\partial \pi_m^{DR-0}(\omega)}{\partial \omega}=\frac{1}{2}[\bar{a}-krp_0-2k\omega+ke_0(a_0-b_0C)]$,$\frac{\partial^2 \pi_m^{DR-0}(\omega)}{\partial \omega^2}=-k<0$。同样,存在一个最优的批发价格$\omega^{DR-0*}=\frac{\bar{a}+\overline{M}}{2k}$使得制造商的利润最大。因此,可以获得最优的零售价格$p^{DR-0*}=\frac{3\bar{a}+\overline{M}}{4k}$,从而可以得出最优的制造商利润和平台利润,其分别为$\pi_m^{DR-0*}=\frac{(\bar{a}-\overline{M})^2}{8k}+p_0Q+(a_0-b_0C)(C-Qe_0)$和$\pi_p^{DR-0*}=\frac{(\bar{a}-\overline{M})^2}{16k}$。

引理 4.3 的证明

从公式(4-5)中,我们可以得到$\frac{\partial \pi_p^{DM-0}(p)}{\partial p}=\bar{a}(1-\varphi)+\overline{M}-2pk(1-\varphi)$,$\frac{\partial^2 \pi_p^{DM-0}(p)}{\partial p^2}=-2k(1-\varphi)<0$。因此,存在一个最优的零售价格使制造商的利润最大化。我们可以令$\frac{\partial \pi_p^{DM-0}(p)}{\partial p}=0$得出在平台抽成模式下分散决策的最优的零售价格即$p^{DM-0*}=[\bar{a}(1-\varphi)+\overline{M}]/[2k(1-\varphi)]$。继而得出的制造商和平台的最大利润,其分别为$\pi_m^{DM-0*}=\frac{[\bar{a}(1-\varphi)-\overline{M}]^2}{4k(1-\varphi)}+p_0Q+(a_0-b_0C)(C-Qe_0)-F$和$\pi_p^{DM-0*}=\frac{\varphi\{[\bar{a}(1-\varphi)]^2-\overline{M}^2\}}{4k(1-\varphi)^2}+F$。

推论 4.1 的证明

我们对平台抽成模式以及再销售模式下的制造商的利润进行了比较。

$\pi_{difference}^{0*}=\pi_m^{DM-0*}-\pi_m^{DR-0*}=\frac{[\bar{a}(1-\varphi)-\overline{M}]^2}{4k(1-\varphi)}-F-\frac{(\bar{a}-\overline{M})^2}{8k}=\frac{1}{2}[2\bar{a}^2(1-\varphi)+\frac{2\overline{M}^2}{1-\varphi}-(\bar{a}+\overline{M})^2]-F$。当$\varphi=1-\frac{\overline{M}}{\bar{a}}$,我们得到了最大水平的$\pi_{difference}^{0*}=4\bar{a}\overline{M}-(\bar{a}+\overline{M})^2-F$。显然$(\bar{a}+\overline{M})^2>4\bar{a}\overline{M}$,$\pi_{difference}^{0*}$在$\varphi$的情况下递减。因此,我们发现当$\varphi=\varphi_0$,$\pi_{difference}^{0*}=0$。因而,当$0<\varphi<\varphi_0$,$\pi_{difference}^{0*}>0$;否则$\pi_{difference}^{0*}<0$,其中$\varphi_0=1-\frac{(\bar{a}+\overline{M})^2+2F+\sqrt{[(\bar{a}+\overline{M})^2-2F]^2-16\bar{a}^2\overline{M}^2}}{4\bar{a}^2}$。

命题 4.1 的证明

① 当$\bar{q}+r\bar{q}-q^{SC-0*}-rq^{SC-0*}>0$,我们发现$p<\tilde{p}$,其中$\tilde{p}=(\bar{a}+2\Delta a+$

$\overline{M})/2k$。在这一种情况中，$\pi^{SC}(p)=p_0(Q+r\overline{q})+p\overline{q}-(a_0-b_0C)[e_0(Q+r\overline{q}+\overline{q})-C]-\lambda_1(\overline{q}+r\overline{q}-q^{SC-0*}-rq^{SC-0*})$。从公式(4-7)中，我们可以得到 $\frac{\partial\pi_p^{SC}(p)}{\partial p}=\overline{a}+\Delta a-2kp+\overline{M}+\lambda_1k(1+r)$，$\frac{\partial^2\pi_p^{SC}(p)}{\partial p^2}=-2k<0$。因此，存在一个最优的零售价使得利润实现最大化。当 $\frac{\partial\pi_p^{SC}(p)}{\partial p}=0$，可以得到最优的零售价 $p^{SC*}=\frac{\overline{a}+\Delta a+\overline{M}}{2k}+\frac{\lambda_1}{2}(1+r)$。

比较 p^{SC*} 和 $\tilde{p}$，可以发现，当 $\Delta a>\lambda_1k(1+r)$，$p^{SC*}<\tilde{p}$，因此，最优的零售价格是 $p^{SC*}=\frac{\overline{a}+\Delta a+\overline{M}}{2k}+\frac{\lambda_1}{2}(1+r)$，

$\pi^{SC*}=\frac{(\overline{a}-\overline{M})(\overline{a}+2\Delta a-\overline{M})+[\Delta a-\lambda_1k(1+r)]^2}{4k}+p_0Q+(a_0-b_0C)(C-Qe_0)$；否则 $p^{SC*}>\tilde{p}$。因此，最优的零售价格为 $p^{SC*}=\tilde{p}=(\overline{a}+2\Delta a+\overline{M})/2k$，$\pi^{SC*}=\frac{(\overline{a}-\overline{M})(\overline{a}+2\Delta a-\overline{M})}{4k}+p_0Q+(a_0-b_0C)(C-Qe_0)$。

② 当 $\overline{q}+r\overline{q}-q^{SC-0*}-rq^{SC-0*}\leqslant 0$，我们发现 $p\geqslant\tilde{p}$，在这种情况中，$\pi^{SC}(p)=p_0(Q+r\overline{q})+p\overline{q}-(a_0-b_0C)[e_0(Q+r\overline{q}+\overline{q})-C]-\lambda_2(q^{SC-0*}+rq^{SC-0*}-\overline{q}-r\overline{q})$。从公式(4-7)中，我们可以得到 $\frac{\partial\pi_p^{SC}(p)}{\partial p}=\overline{a}+\Delta a-2kp+\overline{M}-\lambda_2k(1+r)$，$\frac{\partial^2\pi_p^{SC}(p)}{\partial p^2}=-2k<0$。因此，存在一个最优的零售价使得利润实现最大化。当 $\frac{\partial\pi_p^{SC}(p)}{\partial p}=0$，可以得到最优的零售价即 $p^{SC*}=\frac{\overline{a}+\Delta a+\overline{M}}{2k}-\frac{\lambda_1}{2}(1+r)$。

比较 p^{SC*} 和 $\tilde{p}$，可以发现，当 $\Delta a<-\lambda_2k(1+r)$，$p^{SC*}>\tilde{p}$，因此，最优的零售价格是 $p^{SC*}=\frac{\overline{a}+\Delta a+\overline{M}}{2k}-\frac{\lambda_2}{2}(1+r)$，

$\pi^{SC*}=\frac{(\overline{a}-\overline{M})(\overline{a}+2\Delta a-\overline{M})+[\Delta a+\lambda_2k(1+r)]^2}{4k}+p_0Q+(a_0-b_0C)(C-Qe_0)$；否则 $p^{SC*}\leqslant\tilde{p}$。因此，最优的零售价格为 $p^{SC*}=\tilde{p}=(\overline{a}+2\Delta a+\overline{M})/2k$，$\pi^{SC*}=\frac{(\overline{a}-\overline{M})(\overline{a}+2\Delta a-\overline{M})}{4k}+p_0Q+(a_0-b_0C)(C-Qe_0)$。

因此，基于上述情形 ① 和情形 ② 的结果，我们在命题4.1中把 Δa 分为三种情况。

命题 4.2 的证明

从公式(4-8)中,我们可以得到$\frac{\partial \pi_p^{DR}(p)}{\partial p}=\bar{a}+\Delta a-2kp+k\omega$,$\frac{\partial^2 \pi_p^{DR}(p)}{\partial p^2}=-2k<0$。因此,存在一个最优的零售价格使得利润实现最大值。当$\frac{\partial \pi_p^{DR}(p)}{\partial p}=0$,可以得到最优价格,即 $p^{DR-0*}=(\bar{a}+\Delta a+k\omega)/2k$。然后我们决定批发价格 ω。

① 当$\bar{q}+r\bar{q}-q^{DR-0*}-rq^{DR-0*}>0$,我们发现$\omega<\bar{\omega}$,其中$\bar{\omega}=(\bar{a}+2\Delta a+\bar{M})/2k$。在这一种情况中,$\pi_m^{DR}(\omega)=p_0(Q+r\bar{q})+\omega\bar{q}-(a_0-b_0C)[e_0(Q+r\bar{q}+\bar{q})-C]-\lambda_1(\bar{q}+r\bar{q}-q^{DR-0*}-rq^{DR-0*})^+$以及$\pi_p^{DR}(p)=(p-\omega)\bar{q}$。然后我们得到$\frac{\partial \pi_p^{DR}(\omega)}{\partial \omega}=[\bar{a}+\Delta a-2k\omega+\bar{M}+\lambda_1 k(1+r)]/2$,$\frac{\partial^2 \pi_p^{DR}(\omega)}{\partial \omega^2}=-2k<0$。因此,存在一个最优的批发价使得利润实现最大化。当$\frac{\partial \pi_p^{DR}(\omega)}{\partial \omega}=0$,可以得到最优的批发价即$\omega^{DR*}=\frac{\bar{a}+\Delta a+\bar{M}}{2k}+\frac{\lambda_1}{2}(1+r)$。然后可以得到最优的零售价 $p^{DR*}=\frac{3\bar{a}+3\Delta a+\bar{M}}{4k}+\frac{\lambda_1}{4}(1+r)$。

比较ω^{DR*}和$\bar{\omega}$可以发现,当$\Delta a>\lambda_1 k(1+r)$,$\omega^{DR*}<\bar{\omega}$,因此,最优的批发价和零售价分别是$\omega^{DR*}=\frac{\bar{a}+\Delta a+\bar{M}}{2k}+\frac{\lambda_1}{2}(1+r)$和$p^{DR*}=\frac{3\bar{a}+3\Delta a+\bar{M}}{4k}+\frac{\lambda_1}{4}(1+r)$。制造商和平台的的最大利润分别为$\pi_m^{DR*}=\frac{(\bar{a}-\bar{M})(\bar{a}+2\Delta a-\bar{M})+[\Delta a-\lambda_1 k(1+r)]^2}{8k}+p_0Q+(a_0-b_0C)(C-Qe_0)$和$\pi_p^{DR*}=\frac{[\bar{a}+\Delta a-\bar{M}-\lambda_1 k(1+r)]^2}{16k}$。否则,最优的批发价格和零售价格分别为$\omega^{DR*}=\bar{\omega}=(\bar{a}+2\Delta a+\bar{M})/2k$和$p^{DR*}=(3\bar{a}+4\Delta a+\bar{M})/4k$。继而分别得出制造商和平台的最大利润$\pi_m^{DR*}=\frac{(\bar{a}-\bar{M})(\bar{a}+2\Delta a-\bar{M})}{8k}+p_0Q+(a_0-b_0C)(C-Qe_0)$以及$\pi_p^{DR*}=\frac{(\bar{a}-M)^2}{16k}$。

② 当$\bar{q}+r\bar{q}-q^{DR-0*}-rq^{DR-0*}\leqslant 0$,我们发现$\omega\geqslant\bar{\omega}$。在这一种情况中,$\pi_m^{DR}(\omega)=p_0(Q+r\bar{q})+\omega\bar{q}-(a_0-b_0C)[e_0(Q+r\bar{q}+\bar{q})-C]-\lambda_2$

$(q^{DR-0*}+rq^{DR-0*}-q-rq)^+$ 以及 $\pi_p^{DR}(p)=(p-\omega)q$。然后我们得到 $\frac{\partial\pi_p^{DR}(\omega)}{\partial\omega}=[\bar{a}+\Delta a-2k\omega+\overline{M}-\lambda_2 k(1+r)]/2$，$\frac{\partial^2\pi_p^{DR}(\omega)}{\partial\omega^2}=-2k<0$。因此，存在一个最优的批发价使得利润实现最大化。当 $\frac{\partial\pi_p^{DR}(\omega)}{\partial\omega}=0$，可以得到最优的批发价即 $\omega^{DR*}=\frac{\bar{a}+\Delta a+\overline{M}}{2k}-\frac{\lambda_2}{2}(1+r)$。然后可以得到最优的零售价 $p^{DR*}=\frac{3\bar{a}+3\Delta a+\overline{M}}{4k}-\frac{\lambda_2}{4}(1+r)$。

比较 ω^{DR*} 和 $\bar{\omega}$ 可以发现，当 $\Delta a<-\lambda_2 k(1+r)$，$\omega^{DR*}\geqslant\bar{\omega}$，因此，最优的批发价和零售价格分别是 $\omega^{DR*}=\frac{\bar{a}+\Delta a+\overline{M}}{2k}-\frac{\lambda_2}{2}(1+r)$ 和 $p^{DR*}=\frac{3\bar{a}+3\Delta a+\overline{M}}{4k}-\frac{\lambda_2}{4}(1+r)$。制造商和平台的的最大利润分别为 $\pi_m^{DR*}=\frac{(\bar{a}-\overline{M})(\bar{a}+2\Delta a-\overline{M})+[\Delta a+\lambda_2 k(1+r)]^2}{8k}+p_0 Q+(a_0-b_0 C)(C-Qe_0)$ 和 $\pi_p^{DR*}=\frac{[\bar{a}+\Delta a-\overline{M}+\lambda_2 k(1+r)]^2}{16k}$。否则，最优的批发价格和零售价格分别为 $\omega^{DR*}=\bar{\omega}=(\bar{a}+2\Delta a+\overline{M})/2k$ 和 $p^{DR*}=(3\bar{a}+4\Delta a+\overline{M})/4k$。继而分别得出制造商和平台的最大利润 $\pi_m^{DR*}=\frac{(\bar{a}-\overline{M})(\bar{a}+2\Delta a-\overline{M})}{8k}+p_0 Q+(a_0-b_0 C)(C-Qe_0)$ 以及 $\pi_p^{DR*}=\frac{(\bar{a}-M)^2}{16k}$。

因此，基于情形 ① 和情形 ② 的结果，我们在命题 4.2 中把 Δa 分为三种情形。

推论 4.2 的证明

在再销售模式下，集中和分散情况下的利润差异如下所示：

$$\pi_{SC-DR}=\pi^{SC*}-(\pi_m^{DR*}+\pi_p^{DR*})=$$

$$\begin{cases}\frac{(\bar{a}+\Delta a)^2-2\overline{M}(\bar{a}+\Delta a)-2\lambda_2 k(1+r)(\bar{a}-\Delta a)+[\overline{M}+\lambda_2 k(1+r)]^2}{16k} \\ -\vec{a}\leqslant\Delta a\leqslant-\lambda_2 k(1+r) & \text{情况 1} \\ \frac{(\bar{a}-\overline{M})(\bar{a}-\overline{M}+4\Delta a)}{16k} \\ -\lambda_2 k(1+r)<\Delta a\leqslant\lambda_1 k(1+r) & \text{情况 2}\end{cases}$$

$$\begin{cases}\dfrac{(\bar{a}+\Delta a)^2-2\overline{M}(\bar{a}+\Delta a)+2\lambda_1 k(1+r)(\bar{a}-\Delta a)+[\overline{M}-\lambda_1 k(1+r)]^2}{16k} \\ \Delta a>\lambda_1 k(1+r) \qquad \text{情况 3}\end{cases}$$

在以下两个条件下，即① $\bar{a}+\Delta a>0$，确保在线渠道市场规模大于零；② $\bar{a}-\overline{M}>0$，确保了最优需求 $d^*=q^*=\bar{a}-kp^{DR-0*}>0$。我们发现在情况 1 中 $(-\bar{a}\leqslant\Delta a\leqslant-\lambda_2 k(1+r))$，当 $\Delta a<\min\{\dfrac{\overline{M}-\bar{a}}{4},-k\lambda_2(1+r)\}$ 且 $\dfrac{\bar{a}-\Delta a-2\sqrt{\Delta a(\overline{M}-\bar{a})}}{k(1+r)}<\lambda_2<\dfrac{-\Delta a}{k(1+r)}$ 时，$\pi_{SC-DR}<0$；在情况 2 中 $(-\lambda_2 k(1+r)<\Delta a\leqslant\lambda_1 k(1+r))$，当 $\min\{\dfrac{\overline{M}-\bar{a}}{4},-k\lambda_2(1+r)\}\leqslant\Delta a<\dfrac{\overline{M}-\bar{a}}{4}$ 时，$\pi_{SC-DR}<0$；在情况 3 中，不存在 $\pi_{SC-DR}<0$。总结而言，当 $\Delta a<\dfrac{\overline{M}-\bar{a}}{4}$ 且 $\lambda_2>\dfrac{\bar{a}-\Delta a-2\sqrt{\Delta a(\overline{M}-\bar{a})}}{k(1+r)}$ 时，分散式情况下再销售模式的利润大于集中式情况下的利润。

命题 4.3 的证明

① 当 $q+r\bar{q}-q^{DM-0*}-rq^{DM-0*}>0$，我们发现 $p<\tilde{p}_{dm}$，其中 $\tilde{p}_{dm}=\dfrac{(\bar{a}+2\Delta a)(1-\varphi)+\overline{M}}{2k(1-\varphi)}$。在这个情况下，$\pi_m^{DM}(p)=p_0(Q+r\bar{q})+(1-\varphi)p\bar{q}-(a_0-b_0C)[e_0(Q+r\bar{q}+\bar{q})-C]-F-\lambda_1(\bar{q}+r\bar{q}-q^{DM-0*}-rq^{DM-0*})^+$，$\pi_p^{DM}(\varphi)=\varphi p\bar{q}+F$。从公式(4-8)中，我们可以得出 $\dfrac{\partial\pi_m^{DM}(p)}{\partial p}=(\bar{a}+\Delta a)(1-\varphi)-2kp(1-\varphi)+\overline{M}+\lambda_1 k(1+r)$，$\dfrac{\partial^2\pi_m^{DM}(p)}{\partial p^2}=-2k(1-\varphi)<0$。因此，存在一个最优零售价格能够提供最大利润。我们可以通过求解导数为零的方式获得最优零售价格，即 $\dfrac{\partial\pi_m^{DM}(p)}{\partial p}=0$。因此，我们得出最优零售价格为 $p^{DM*}=\dfrac{(\bar{a}+\Delta a)(1-\varphi)+\overline{M}+\lambda_1 k(1+r)}{2k(1-\varphi)}$。

比较 p^{DM*} 和 $\tilde{p}_{dm}$，当 $\Delta a>\dfrac{\lambda_1 k(1+r)}{1-\varphi}$，$p^{DM*}<\tilde{p}_{dm}$，最优零售价格为 $p^{DM*}=\dfrac{(\bar{a}+\Delta a)(1-\varphi)+\overline{M}+\lambda_1 k(1+r)}{2k(1-\varphi)}$，同时制造商和平台的最大利润分别为

$$\pi_m^{DM*} = \frac{[(\bar{a}+\Delta a)(1-\varphi)-\bar{M}]^2-\lambda_1 k(1+r)[2\Delta a(1-\varphi)-\lambda_1 k(1+r)]}{4k(1-\varphi)} +$$

$p_0 Q+(a_0-b_0 C)(C-Qe_0)-F$ 和

$\pi_p^{DM*} = \frac{\varphi\{(\bar{a}+\Delta a)^2(1-\varphi)^2-[\bar{M}+\lambda_1 k(1+r)]^2\}}{4k(1-\varphi)^2}+F$；否则，最优零售价格为 $p^{DM*}=\tilde{p}_{dm}=\frac{(\bar{a}+2\Delta a)(1-\varphi)+\bar{M}}{2k(1-\varphi)}$，制造商和平台的最大利润依次为 $\pi_m^{DM*}=\frac{1}{4k(1-\varphi)^2}[(1-\varphi)\bar{a}-\bar{M}][(1-\varphi)(\bar{a}+2\Delta a)-\bar{M}]+p_0 Q+(a_0-b_0 C)(C-Qe_0)-F$ 和 $\pi_p^{DM*}=\frac{[(1-\varphi)\bar{a}-\bar{M}][(1-\varphi)\bar{a}+\bar{M}+2\Delta a(1-\varphi)]}{4k(1-\varphi)^2}+F$。

② 当 $\bar{q}+r\bar{q}-q^{DM-0*}-rq^{DM-0*}\leqslant 0$，我们发现 $p\geqslant\tilde{p}_{dm}$ 在这个情况下，$\pi_m^{DM}(p)=p_0(Q+r\bar{q})+(1-\varphi)p\bar{q}-(a_0-b_0 C)[e_0(Q+r\bar{q}+\bar{q})-C]-F-\lambda_2(q^{DM-0*}+rq^{DM-0*}-\bar{q}-r\bar{q})^+$，$\pi_p^{DM}(\varphi)=\varphi p\bar{q}+F$。从公式(4-8)中，我们可以得出 $\frac{\partial\pi_m^{DM}(p)}{\partial p}=(\bar{a}+\Delta a)(1-\varphi)-2kp(1-\varphi)+\bar{M}-\lambda_2 k(1+r)$，$\frac{\partial^2\pi_m^{DM}(p)}{\partial p^2}=-2k(1-\varphi)<0$。因此，存在一个最优零售价格能够提供最大利润。我们可以通过求解导数为零的方式获得最优零售价格，即 $\frac{\partial\pi_m^{DM}(p)}{\partial p}=0$。因此，我们得出最优零售价格为 $p^{DM*}=\frac{(\bar{a}+\Delta a)(1-\varphi)+\bar{M}-\lambda_2 k(1+r)}{2k(1-\varphi)}$。

比较 p^{DM*} 和 $\tilde{p}_{dm}$，当 $\Delta a<\frac{\lambda_1 k(1+r)}{1-\varphi}$，$p^{DM*}>\tilde{p}_{dm}$，最优零售价格为 $p^{DM*}=\frac{(\bar{a}+\Delta a)(1-\varphi)+\bar{M}-\lambda_2 k(1+r)}{2k(1-\varphi)}$，同时制造商和平台的最大利润分别为

$$\pi_m^{DM*} = \frac{[(\bar{a}+\Delta a)(1-\varphi)-\bar{M}]^2+\lambda_2 k(1+r)[2\Delta a(1-\varphi)+\lambda_2 k(1+r)]}{4k(1-\varphi)} +$$

$p_0 Q+(a_0-b_0 C)(C-Qe_0)-F$ 和

$\pi_p^{DM*} = \frac{\varphi\{(\bar{a}+\Delta a)^2(1-\varphi)^2-[\bar{M}-\lambda_2 k(1+r)]^2\}}{4k(1-\varphi)^2}+F$；否则，最优零售价格为 $p^{DM*}=\tilde{p}_{dm}=\frac{(\bar{a}+2\Delta a)(1-\varphi)+\bar{M}}{2k(1-\varphi)}$，制造商和平台的最大利润依次为 $\pi_m^{DM*}=\frac{1}{4k(1-\varphi)^2}[(1-\varphi)\bar{a}-\bar{M}][(1-\varphi)(\bar{a}+2\Delta a)-\bar{M}]+p_0 Q+(a_0-b_0 C)(C-$

$Qe_0) - F$ 和 $\pi_p^{DM*} = \dfrac{[(1-\varphi)\bar{a} - \bar{M}][(1-\varphi)\bar{a} + \bar{M} + 2\Delta a(1-\varphi)]}{4k(1-\varphi)^2} + F$。

因此，根据情况 ① 和 ② 中的解决方案，我们将 Δa 分为三种情况，如命题 4.3 所示。

命题 4.4 的证明

制造商利润在再销售模式和平台抽成模式下的差异如下所示：

$$\pi_{DR-DM} = \pi_m^{DR*} - \pi_m^{DM*}$$

$$
\begin{cases}
\dfrac{(1-2\varphi)(\bar{a}+\Delta a)^2 - 2\bar{M}(\bar{a}+\Delta a) + 2\Delta a\lambda_2 k(1+r)}{8k} + \\
\quad \dfrac{\{\bar{M}^2 + [\lambda_2 k(1+r)]^2\}(1+\varphi)}{8k(1-\varphi)} + F \\
\quad -\bar{a} \leqslant \Delta a \leqslant -\dfrac{\lambda_2 k(1+r)}{1-\varphi} & \text{情况 1} \\
\dfrac{\bar{a}(1-2\varphi)(\bar{a}+2\Delta a) - 2\bar{M}(\bar{a}+\Delta a) - [\Delta a + \lambda_2 k(1+r)]^2}{8k} + \dfrac{\bar{M}^2(1+\varphi)}{8k(1-\varphi)} + F \\
\quad -\dfrac{\lambda_2 k(1+r)}{1-\varphi} < \Delta a \leqslant -\lambda_2 k(1+r) & \text{情况 2} \\
\dfrac{\bar{a}(1-2\varphi)(\bar{a}+2\Delta a) - 2\bar{M}(\bar{a}+\Delta a)}{8k} + \dfrac{\bar{M}^2(1+\varphi)}{8k(1-\varphi)} + F \\
\quad -\lambda_2 k(1+r) < \Delta a \leqslant \lambda_1 k(1+r) & \text{情况 3} \\
\dfrac{\bar{a}(1-2\varphi)(\bar{a}+2\Delta a) - 2\bar{M}(\bar{a}+\Delta a) - [\Delta a - \lambda_1 k(1+r)]^2}{8k} + \dfrac{\bar{M}^2(1+\varphi)}{8k(1-\varphi)} + F \\
\quad \lambda_1 k(1+r) < \Delta a \leqslant \dfrac{\lambda_1 k(1+r)}{1-\varphi} & \text{情况 4} \\
\dfrac{(1-2\varphi)(\bar{a}+\Delta a)^2 - 2\bar{M}(\bar{a}+\Delta a) - 2\Delta a\lambda_1 k(1+r)}{8k} + \\
\quad \dfrac{\{\bar{M}^2 + [\lambda_1 k(1+r)]^2\}(1+\varphi)}{8k(1-\varphi)} + F \\
\quad \Delta a > \dfrac{\lambda_1 k(1+r)}{1-\varphi} & \text{情况 5}
\end{cases}
$$

(2) 我们讨论了五种情况下的差异，

情况 ①：$-\bar{a} \leqslant \Delta a \leqslant -\dfrac{\lambda_2 k(1+r)}{1-\varphi}$。当 $\Delta a = -\bar{a}$ 时，$\pi_{DR-DM}(-\bar{a}) = \dfrac{\{\bar{M}^2 + [\lambda_2 k(1+r)]^2\}(1+\varphi)}{8k(1-\varphi)} - \dfrac{\bar{a}\lambda_2 k(1+r)}{4k} + F$。因此我们发现，如果

$\frac{-\lambda_2 k(1+r)}{1-\varphi} \leqslant \bar{a} \leqslant max\{\frac{-\lambda_2 k(1+r)}{1-\varphi}, \hat{a}\}$，那么 $\pi_{DR-DM}(-\bar{a}) > 0$；否则 $\pi_{DR-DM}(-\bar{a}) \leqslant 0$，此时 $a = \frac{\{[\lambda_2 k(1+r)]^2 + \bar{M}^2\}(1+\varphi)}{2\lambda_2 k(1+r)(1-\varphi)}$。

从公式(4-13)中，我们可以得到$\frac{\partial \pi_{DR-DM}}{\partial \Delta a} = \frac{1}{4k}[(1-2\varphi)(\bar{a}+\Delta a) - \bar{M} + \lambda_2 k(1+r)]$，$\frac{\partial^2 \pi_{DR-DM}}{\partial \Delta a^2} = \frac{1}{4k}(1-2\varphi) > 0$。因此，这是一个凸优化问题。当 $\Delta a < \Delta a_{\min 1}$，$\pi_{DR-DM}$ 随着 Δa 递增而递减，此时 $\Delta a_{\min 1} = -\bar{a} + \frac{\bar{M} - \lambda_2 k(1+r)}{1-2\varphi}$。当 $\Delta a = \Delta a_{\min 1}$，$\frac{\partial \pi_{DR-DM}}{\partial \Delta a} = 0$ 时，这就意味着 π_{DR-DM} 有最小解，同时 $\pi_{DR-DM} = \frac{\bar{M}\lambda_2 k(1+r)(1-\varphi) - \varphi^2\{\bar{M}^2 + [\lambda_2 k(1+r)]^2\}}{4k(1-\varphi)(1-2\varphi)} - \frac{\bar{a}\lambda_2 k(1+r)}{4k} + F$。当 $F < \frac{\bar{a}\lambda_2 k(1+r)}{4k} - \frac{\bar{M}\lambda_2 k(1+r)(1-\varphi) - \varphi^2\{\bar{M}^2 + [\lambda_2 k(1+r)]^2\}}{4k(1-\varphi)(1-2\varphi)}$，我们发现 $\pi_{DR-DM} < 0$；

否则当 $F \geqslant \frac{\bar{a}\lambda_2 k(1+r)}{4k} - \frac{\bar{M}\lambda_2 k(1+r)(1-\varphi) - \varphi^2\{\bar{M}^2 + [\lambda_2 k(1+r)]^2\}}{4k(1-\varphi)(1-2\varphi)}$，我们发现 $\pi_{DR-DM} \geqslant 0$。因此，当 $\Delta a_{\min 1} < \Delta a \leqslant -\frac{\lambda_2 k(1+r)}{1-\varphi}$，$\pi_{DR-DM}$ 随着 Δa 递增而递增。

因此，当$\frac{-\lambda_2 k(1+r)}{1-\varphi} \leqslant \bar{a} \leqslant \max\{\frac{-\lambda_2 k(1+r)}{1-\varphi}, \tilde{a}\}$时，存在唯一的 $\Delta a_1^* < \Delta a_{\min 1}$，如果 $\Delta a < \Delta a_1^*$，则 $\pi_{DR-DM} > 0$，即再销售模式对制造商更有利，而当 $\bar{a} > \max\{\frac{-\lambda_2 k(1+r)}{1-\varphi}, \tilde{a}\}$，如果 $-\bar{a} \leqslant \Delta a < \Delta a_{\min 1}$，则 $\pi_{DR-DM} < 0$，即平台抽成模式对制造商更有利。

情况②：$-\frac{\lambda_2 k(1+r)}{1-\varphi} < \Delta a \leqslant -\lambda_2 k(1+r)$。类似地，$\frac{\partial \pi_{DR-DM}}{\partial \Delta a} = \frac{1}{4k}[(1-2\varphi)\bar{a} - \Delta a - \bar{M} - \lambda_2 k(1+r)]$，$\frac{\partial^2 \pi_{DR-DM}}{\partial \Delta a^2} = -\frac{1}{4k} < 0$。因此，这是一个凸优化问题。当 $\Delta a < \Delta a_{\max 1}$，$\pi_{DR-DM}$ 随着 Δa 递增而递增，其中 $\Delta a_{\max 1} = \bar{a}(1-2\varphi) - \lambda_2 k(1+r) - \bar{M} > -\lambda_2 k(1+r)$。因此，在这种情况下，$\pi_{DR-DM}$ 总是随着 Δa 递增而递增。

情况③：$-\lambda_2 k(1+r) < \Delta a < \lambda_1 k(1+r)$。类似地，$\frac{\partial \pi_{DR-DM}}{\partial \Delta a} = \frac{1}{4k}[(1-$

$2\varphi)\bar{a}-\overline{M}]$，$\frac{\partial^2\pi_{DR-DM}}{\partial\Delta a^2}=0$。因此，根据我们的假设，目标是一个线性函数，约束条件基于大于零。因此，在这种情况下，π_{DR-DM} 随着 Δa 递增而递增。

情况④：$\lambda_1 k(1+r)<\Delta a\leqslant\frac{\lambda_1 k(1+r)}{1-\varphi}$。类似地，$\frac{\partial\pi_{DR-DM}}{\partial\Delta a}=\frac{1}{4k}[(1-2\varphi)\bar{a}-\Delta a-\overline{M}+\lambda_1 k(1+r)]$，$\frac{\partial^2\pi_{DR-DM}}{\partial\Delta a^2}=-\frac{1}{4k}<0$。因此，这是一个凸优化问题。当 $\Delta a<\Delta a_{\max 2}$，$\pi_{DR-DM}$ 随着 Δa 递增而递增，其中 $\Delta a_{\max 2}=\bar{a}(1-2\varphi)+\lambda_1 k(1+r)-\overline{M}>\lambda_1 k(1+r)$。因此，在这种情况下，$\pi_{DR-DM}$ 总是随着 Δa 递增而递增。

情况⑤：$\Delta a>\frac{\lambda_1 k(1+r)}{1-\varphi}$。类似地，$\frac{\partial\pi_{DR-DM}}{\partial\Delta a}=\frac{1}{4k}[(1-2\varphi)(\bar{a}+\Delta a)-\overline{M}-\lambda_1 k(1+r)]$，$\frac{\partial^2\pi_{DR-DM}}{\partial\Delta a^2}=\frac{1}{4k}(1-2\varphi)>0$。因此，这是一个凸优化问题。当 $\Delta a>\Delta a_{\min 2}$，$\pi_{DR-DM}$ 随着 Δa 递增而递增，其中 $\Delta a_{\min 2}=-\bar{a}-\frac{\lambda_2 k(1+r)+\overline{M}}{1-2\varphi}<\frac{\lambda_1 k(1+r)}{1-\varphi}$。因此，在这种情况下，$\pi_{DR-DM}$ 总是随着 Δa 递增而递增，并且 $\lim_{\Delta a\to+\infty}\pi_{DR-DM}=+\infty$。

综上所述，当 $\Delta a<\Delta a_{\min 1}$ 时，π_{DR-DM} 总是随着 Δa 递增而递减的。反之，当 $\Delta a>\Delta a_{\min 1}$ 时，π_{DR-DM} 随着 Δa 递增而递增。因此，对于以下条件：(i) $\pi_{DR-DM}(\Delta a_{\min 1})<0$；(ii) $\lim_{\Delta a\to+\infty}\pi_{DR-DM}>0$；(iii) 当 $\frac{-\lambda_2 k(1+r)}{1-\varphi}\leqslant\bar{a}\leqslant\max\{\frac{-\lambda_2 k(1+r)}{1-\varphi},\tilde{a}\}$ 时，$\pi_{DR-DM}(-\bar{a})>0$；否则，$\pi_{DR-DM}(-\bar{a})\leqslant 0$。根据命题4.4，我们可以得出以上结论。

命题 4.5 的证明

在没有需求波动下，$p^{SC-0*}=\frac{\bar{a}+\overline{M}}{2k}$。

① 在再销售模式下，$\frac{\partial\pi_p^{DR-0}(p)}{\partial p}=\bar{a}-2kp+k\omega$。因此，$p^{DR-0}=\frac{\bar{a}+k\omega}{2k}$。将 p^{SC-0*} 设为 p^{DR-0} 后，我们发现 $\omega=\frac{\overline{M}}{k}$。因此，当 $r<r_0$ 时，制造商和平台可以协调；否则，制造商和平台无法协调，其中 $r_0=\frac{e_0(a_0-b_0 C)}{p_0-e_0(a_0-b_0 C)}$。

② 在平台抽成模式下，$\dfrac{\partial \pi_p^{DM-0}(p)}{\partial p} = \bar{a}(1-\varphi) + \bar{M} - 2pk(1-\varphi)$。因为 $p^{SC-0*} \neq p^{DM-0}$，所以制造商和平台之间无法协调。

命题 4.6 的证明

在需求波动下，

$$p^{SC*} = \begin{cases} \dfrac{\bar{a} + \Delta a + \bar{M}}{2k} - \dfrac{\lambda_2(1+r)}{2} & -\bar{a} \leqslant \Delta a \leqslant -\lambda_2 k(1+r) & \text{情况 1} \\ \dfrac{\bar{a} + 2\Delta a + \bar{M}}{2k} & -\lambda_2 k(1+r) < \Delta a \leqslant \lambda_1 k(1+r)。 & \text{情况 2} \\ \dfrac{\bar{a} + \Delta a + \bar{M}}{2k} + \dfrac{\lambda_1(1+r)}{2} & \Delta a > \lambda_1 k(1+r) & \text{情况 3} \end{cases}$$

在再销售模式下，$\dfrac{\partial \pi_p^{DR}(p)}{\partial p} = \bar{a} + \Delta a + k\omega - 2kp$。因此，$p^{DR} = \dfrac{\bar{a} + \Delta a + k\omega}{2k}$。我们将讨论三种情况下的协调问题。

情况①：$-\bar{a} \leqslant \Delta a \leqslant -\lambda_2 k(1+r)$。在设定 $p^{SC*} = p^{DR}$ 后，我们发现当 $r < r_1$ 时，制造商和平台可以协调；否则，制造商和平台无法协调，其中 $r_1 = \dfrac{e_0(a_0 - b_0 C) - \lambda_2}{p_0 - e_0(a_0 - b_0 C) + \lambda_2}$。

情况②：$-\lambda_2 k(1+r) < \Delta a \leqslant \lambda_1 k(1+r)$。在设定 $p^{SC*} = p^{DR}$ 后，我们发现当 $r < r_2$ 时，制造商和平台可以协调；否则，制造商和平台无法协调，其中 $r_2 = \dfrac{e_0 k(a_0 - b_0 C) + \Delta a}{k[p_0 - e_0(a_0 - b_0 C)]}$。

情况③：$\Delta a > \lambda_1 k(1+r)$。在设定 $p^{SC*} = p^{DR}$ 后，我们发现当 $r < r_3$ 时，制造商和平台可以协调；否则，制造商和平台无法协调，其中 $r_3 = \dfrac{e_0(a_0 - b_0 C) + \lambda_1}{p_0 - e_0(a_0 - b_0 C) - \lambda_1}$。

综上所述，当 $r < r_1$ 时，制造商和平台可以协调；当 $r_1 \leqslant r < r_2$ 时，如果 $\Delta a > -\lambda_2 k(1+r)$，制造商和平台可以协调；否则，制造商和平台无法协调；当 $r_2 \leqslant r < r_3$ 时，如果 $\Delta a > \lambda_1 k(1+r)$，制造商和平台可以协调；否则，制造商和平台无法协调。因此，基于这三种情况的解，我们可以得出命题 4.6。

命题 4.7 的证明

在具有需求波动的平台抽成模式下，我们讨论了五种情况下的协调问题。

情况①：$-\bar{a}\leqslant\Delta a\leqslant-\dfrac{\lambda_2 k(1+r)}{1-\varphi}$。此时不存在 φ 使得 $p^{DM*}=p^{SC*}$。因此，制造商和平台无法协调。

情况②：$-\dfrac{\lambda_2 k(1+r)}{1-\varphi}<\Delta a\leqslant-\lambda_2 k(1+r)$。此时不存在 φ 使得 $p^{DM*}=p^{SC*}$。因此，制造商和平台无法协调。

情况③：$-\lambda_2 k(1+r)<\Delta a\leqslant 0$。在设定 $p^{DM*}=p^{SC*}$ 后，我们发现当 $\varphi=\dfrac{\Delta a}{\Delta a+\bar{M}}$ 时，制造商和平台可以协调。因此，当 $r<r_2$ 时，制造商和平台无法协调；否则，制造商和平台可以协调，其中 $r_2=\dfrac{e_0 k(a_0-b_0 C)+\Delta a}{k[p_0-e_0(a_0-b_0 C)]}$。

情况④：$0<\Delta a\leqslant\lambda_1 k(1+r)$。在设定 $p^{DM*}=p^{SC*}$ 后，我们发现当 $\varphi=\dfrac{\Delta a}{\Delta a+\bar{M}}$ 时，制造商和平台可以协调。因此，当 $r<r_2$ 时，制造商和平台无法协调；否则，制造商和平台可以协调。

情况⑤：$\lambda_1 k(1+r)<\Delta a\leqslant\dfrac{\lambda_1 k(1+r)}{1-\varphi}$。在设定 $p^{DM*}=p^{SC*}$ 后，我们发现当 $\varphi=\dfrac{\lambda_1 k(1+r)}{\lambda_1 k(1+r)+\bar{M}}$ 时，制造商和平台可以协调。因此，当 $r<r_3$ 时，制造商和平台无法协调；否则，制造商和平台可以协调，其中 $r_3=\dfrac{e_0(a_0-b_0 C)+\lambda_1}{p_0-e_0(a_0-b_0 C)-\lambda_1}$。

情况⑥：$\Delta a>\dfrac{\lambda_1 k(1+r)}{1-\varphi}$。此时不存在 φ 使得 $p^{DM*}=p^{SC*}$。因此，制造商和平台无法协调。

因此，基于这六种情况的解，我们可以得出命题 4.7。

定理 5.1 的证明

将 q_{B-R} 代入 π^p_{B-R}，求出 π^p_{B-R} 关于 p_{B-R} 的一阶导数和二阶导数分别为 $d\pi^p_{B-R}/dp_{B-R}=-[1-(1-\alpha)T]\{2p_{B-R}(1-T)+sT-(1-T)w_{B-R}+\alpha[-1+2p_{B-R}T-T(s+w_{B-R})]\}/\alpha$，$d^2\pi^p_{B-R}/dp^2_{B-R}=-2[1-(1-\alpha)T]^2/\alpha<0$。令该一阶导数为 0，得到 $p_{B-R}=\{w_{B-R}-T(s+w_{B-R})+\alpha[1+T(s+w_{B-R})]\}/[2-2(1-\alpha)T]$。将 p_{B-R} 代入 π^m_{B-R}，求出其关于 w_{B-R} 的一阶导数和二阶导数分别是 $d\pi^m_{B-R}/dw_{B-R}=\{\alpha+sT-\alpha sT-2[1-(1-\alpha)T]w_{B-R}\}/(2\alpha)$，$d^2\pi^m_{B-R}/dw^2_{B-R}=-(1-T+\alpha T)/\alpha$。因为 T 的范围在 $0\sim1$，$\alpha>0.5$，所以 $1-T+\alpha T>0$，

$d^2\pi^m_{B-R}/dw^2_{B-R}=-(1-T+\alpha T)/\alpha<0$。令该一阶导数为0，得到 $w^*_{B-R}=(\alpha+sT-\alpha sT)/[2-2(1-\alpha)T]$，随后可以很容易地得到定理5.1中的结果。

性质5.1的证明

① π^{p*}_{B-R} 关于 α 的一阶导数为 $d\pi^{p*}_{B-R}/d\alpha=[\alpha^2(1-sT)^2+T^2(8\alpha^2-s^2)]/(16\alpha^2)$。由于 $\alpha\in(0.5,1)$，$s\in(0,1)$，然后可以得到 $d\pi^{p*}_{B-R}/d\alpha>0$。$\pi^{m*}_{B-R}$ 关于 α 的一阶导数为 $d\pi^{m*}_{B-R}/d\alpha=[-\alpha-(1-\alpha)sT][-\alpha+(\alpha+s+\alpha s)T-(1-\alpha)sT^2]/\{8[\alpha-(1-\alpha)\alpha T]^2\}$。上式的分母为正，分子第一项可以改为为 $-[\alpha+(1-\alpha)sT]$，其为负。令 $f(\alpha)=[-\alpha+(\alpha+s+\alpha s)T-(1-\alpha)sT^2]=s(1-T)T-\alpha[1-T(1+s+sT)]$，并令 $f(\alpha)=0$，然后可以得到 $\alpha_0=s(1-T)T/[1-T(1+s+sT)]$，因此，当 $\alpha<\alpha_0$ 时，$d\pi^{m*}_{B-R}/d\alpha<0$；当 $\alpha>\alpha_0$ 时，$d\pi^{m*}_{B-R}/d\alpha>0$。

② π^{p*}_{B-R} 关于 T 的一阶导数为 $d\pi^{p*}_{B-R}/dT=-(1-\alpha)[-\alpha s-s^2T+\alpha(8+s^2)T]/(8\alpha)$。令 $f(T)=-\alpha s-s^2T+\alpha(8+s^2)T=(8\alpha+\alpha s^2-s^2)T-\alpha s$，并令 $f(T)=0$，然后可以得到 $T_0=\alpha s/(8\alpha+\alpha s^2-s^2)$。由于 $\alpha\in(0.5,1)$，s 和 T 的范围在0到1之间，然后可以得到 $8\alpha-s^2>3>\alpha s(1-s)$，这表明 $8\alpha+\alpha s^2-s^2>\alpha s$，其确保 $T_0=\alpha s/(8\alpha+\alpha s^2-s^2)<1$。因此，当 $T<T_0$ 时，$d\pi^{p*}_{B-R}/dT>0$；当 $T>T_0$ 时，$d\pi^{p*}_{B-R}/dT<0$。π^{m*}_{B-R} 关于 T 的一阶导数为 $d\pi^{m*}_{B-R}/dT=(1-\alpha)[\alpha+(1-\alpha)sT][\alpha+2s-(1-\alpha)sT]/\{8\alpha[1-(1-\alpha)T]^2\}$。由于 $\alpha\in(0.5,1)$，s 和 T 的范围在0到1之间，然后可以得到 $(1-\alpha)>0$，$\alpha+(1-\alpha)sT>0$，$\alpha-(1-\alpha)sT>0$，其确保 $d\pi^{m*}_{B-R}/dT>0$。然后可以得到性质5.1中的结果。

定理5.2的证明

将 q_{B-M} 代入 π^m_{B-M}，求出 π^m_{B-M} 关于 p_{B-M} 的一阶导数和二阶导数分别为 $d^2\pi^m_{B-M}/dp^2_{B-M}=-2[1-(1-\alpha)T]^2(1-\varphi)/(\alpha\rho)<0$。令该一阶导数为0，得到 $p^*_{B-M}=[-s(T-\alpha T)+\alpha\rho(1-\varphi)]/\{2[1-(1-\alpha)T](1-\varphi)\}$，随后可以很容易地得到定理5.2中的结果。

定理5.3的证明

根据定理5.1－5.2，可以得到 $\pi^{m*}_{B-R}-\pi^{m*}_{B-M}=(\alpha+sT-\alpha sT)^2/\{8[\alpha-(1-\alpha)\alpha T]\}-(1-\alpha)(s-T)T/2-[(1-\alpha)^2s^2T^2+\alpha^2\rho^2(1-\varphi)^2]/[4\alpha\rho(1-\varphi)]$

$$=\frac{\begin{array}{l}\{(1-\alpha)2s^2T^2[2-2(1-\alpha)T-\rho(1-\varphi)]+\\ 2(1-\alpha)\alpha sT[1-2(1-\alpha)T]\rho(1-\varphi)-\\ \alpha\rho(1-\varphi)[4(1-T)T^2-2\alpha^2T(2T^2+\rho-\rho\varphi)\\ +\alpha(1-2\rho+2T(-2T+4T^2+\rho)+2(1-T)\rho\varphi)]\}\end{array}}{\{-8\alpha\rho(1-\varphi)[1-(1-\alpha)T]\}}$$

。由于 $\alpha\in(0.5,1)$，ρ，

φ, T 的范围在 $0\sim1$，所以 $\{-8\alpha\rho(1-\varphi)[1-(1-\alpha)T]\}<0$，即上式 $\pi_{B-R}^{m*}-\pi_{B-M}^{m*}$ 的分母为负。令上式 $\pi_{B-R}^{m*}-\pi_{B-M}^{m*}$ 的分子为 0，得到 ρ_0

$$\rho_0=\frac{\begin{array}{c}\{[\alpha^2-2(1-\alpha)\alpha sT+(1-\alpha)(4\alpha+4(1-\alpha)\alpha s+\\(1-\alpha)s^2)T^2-4(^1-\alpha)2\alpha T^3]+\\\sqrt{\begin{array}{c}[-16(1-\alpha)^2\alpha^2s^2T^2(1-(1-\alpha)T)^2+\\(\alpha^2-2(1-\alpha)\alpha sT+(1-\alpha)(4\alpha+4(1-\alpha)\alpha s+\\(1-\alpha)s^2)T^2-4(1-\alpha)^2\alpha T^3)^2]\end{array}}\}\end{array}}{\{4\alpha^2[1-(1-\alpha)T](1-\varphi)\}},$$

$$\rho_1=\frac{\begin{array}{c}\{[\alpha^2-2(1-\alpha)\alpha sT+(1-\alpha)(4\alpha+4(1-\alpha)\alpha s+\\(1-\alpha)s^2)T^2-4(^1-\alpha)2\alpha T^3]-\\\sqrt{\begin{array}{c}[-16(1-\alpha)^2\alpha^2s^2T^2(1-(1-\alpha)T)^2+(\alpha^2-2(1-\alpha)\alpha sT+\\(1-\alpha)(4\alpha+4(1-\alpha)\alpha s+(1-\alpha)s^2)T^2-4(1-\alpha)^2\alpha T^3)^2]\end{array}}\}\end{array}}{\{4\alpha^2[1-(1-\alpha)T](1-\varphi)\}}\text{（舍）。}$$

因此，当 $\rho<\rho_0$ 时，$\pi_{B-R}^{m*}-\pi_{B-M}^{m*}>0$；当 $\rho\geqslant\rho_0$ 时，$\pi_{B-R}^{m*}-\pi_{B-M}^{m*}\leqslant0$；随后可以得到定理 5.3 中的结果。

定理 5.4 和定理 5.5 的证明

类似于定理 5.1 和定理 5.2 的证明。

定理 5.6 的证明

类似于定理 5.3 的证明。见附录 B 中表 B-4 所列。

情况 1：将 p_{R-T} 代入 π_{R-T}，求出 π_{R-T} 关于 q_{R-T} 的一阶导数和二阶导数分别为 $d\pi_{R-T}/dq_{R-T}=\alpha-2\alpha q_{R-T}+sT-\alpha sT$，$d^2\pi_{R-T}/dq_{R-T}^2=-2\alpha<0$，令该一阶导数为 0，得到 $q_{R-T}^*=(\alpha+sT-\alpha sT)/(2\alpha)$，因此，$q_{R-T}^*=(\alpha+sT-\alpha sT)/(2\alpha)$ 是外生消费者退货窗口下平台系统在再销售模式下的最优运作决策。按照类似的方法可以证明附录 B 中表 B-4 中的其他情况。

定理 5.7 的证明

将 q_{B-R-SR} 代入 π_{B-R-SR}^{p}，求出 π_{B-R-SR}^{p} 关于 p_{B-R-SR} 的一阶导数和二阶导数分别为 $d\pi_{B-R-SR}^{p}/dp_{B-R-SR}=$

$$\begin{array}{l}[1-(1-\alpha)T]\{2p_{B-R-SR}(1-T)-(1-T)w_{B-R-SR}\\+sT\varphi_{B-R-SR}+\alpha[2p_{B-R-SR}T-1-T(s\varphi_{B-R-SR}+w_{B-R-SR})]\}\end{array}/(-\alpha),$$

$d^2\pi_{B-R-SR}^{p}/dp_{B-R-SR}^2=-2[1-(1-\alpha)T]^2/(\alpha)<0$。令该一阶导数为 0，得到 $p_{B-R-SR}=[\alpha+w_{B-R-SR}-Tw_{B-R-SR}+\alpha Tw_{B-R-SR}-(1-\alpha)sT\varphi_{B-R-SR}]/[2-2(1-\alpha)T]$。根据附录 B 中表 B-4，$q_{R-T}^*=(\alpha+sT-\alpha sT)/(2\alpha)$ 是外生消费者退

货窗口下平台系统在再销售模式下的最优运作决策。由于 $p_{B-R-SR}=[\alpha+w_{B-R-SR}-Tw_{B-R-SR}+\alpha Tw_{B-R-SR}-(1-\alpha)sT\varphi_{B-R-SR}]/[2-2(1-\alpha)T]$。可以得到 $q_{B-R-SR}=1-[\alpha+w_{B-R-SR}-Tw_{B-R-SR}+\alpha Tw_{B-R-SR}-(1-\alpha)sT\varphi_{B-R-SR}][1-(1-\alpha)T]/\{[2-2(1-\alpha)T]\alpha\}$。

令 $q_{B-R-SR}=q^*_{R-T}$，得到 $w_{B-R-SR}=-[sT(1-\alpha)(1-\varphi_{B-R-SR})]/[1-(1-\alpha)T]$。由于 $\alpha\in(0.5,1)$，s,T,φ_{B-R-SR} 的范围在 0 到 1 之间，然后可以得到 $sT(1-\alpha)>0$，$(1-\varphi_{B-R-SR})>0$，$[1-(1-\alpha)T]>0$。因此 $w_{B-R-SR}=-[sT(1-\alpha)(1-\varphi_{B-R-SR})]/[1-(1-\alpha)T]<0$，残值收入共享契约不能协调外生消费者退货窗口下的再销售模式中的平台系统。

将 q_{B-M-SR} 代入 π^m_{B-M-SR}，求出 π^m_{B-M-SR} 关于 p_{B-M-SR} 的一阶导数和二阶导数分别为 $d\pi^m_{B-M-SR}/dp_{B-M-SR}=[1-(1-\alpha)T]\{-sT\varphi_{B-M-SR}-2p_{B-M-SR}[1-(1-\alpha)T](1-\varphi)+\alpha(\rho+sT\varphi_{B-M-SR}-\rho\varphi)\}/(\alpha\rho)$，$d^2\pi^m_{B-M-SR}/dp^2_{B-M-SR}=-2[1-(1-\alpha)T]^2(1-\varphi)/(\alpha\rho)$。由于 $\alpha\in(0.5,1)$，ρ,φ 的范围在 0 和 1 之间，所以 $d^2\pi^m_{B-M-SR}/dp^2_{B-M-SR}=-2[1-(1-\alpha)T]^2(1-\varphi)/(\alpha\rho)<0$。令该一阶导数为 0，得到 $p_{B-M-SR}=[sT\varphi_{B-M-SR}-\alpha(\rho+sT\varphi_{B-M-SR})+\alpha\rho\varphi]/\{-2[1-(1-\alpha)T](1-\varphi)\}$，根据附录 B 中表 B-4，$q^*_{M-T}=(sT-\alpha sT+\alpha\rho)/(2\alpha\rho)$ 是外生消费者退货窗口下平台系统在平台抽成模式下的最优运作决策。由于 $p_{B-M-SR}=[sT\varphi_{B-M-SR}-\alpha(\rho+sT\varphi_{B-M-SR})+\alpha\rho\varphi]/\{-2[1-(1-\alpha)T](1-\varphi)\}$，可以得到 $q_{B-M-SR}=1-p_{B-M-SR}[1-(1-\alpha)T]/(\alpha\rho)=1-[sT\varphi_{B-M-SR}-\alpha(\rho+sT\varphi_{B-M-SR})+\alpha\rho\varphi][1-(1-\alpha)T]/\{-2[1-(1-\alpha)T](1-\varphi)\alpha\rho\}$， 令 $q_{B-M-SR}=q^*_{M-T}$，得到 $\varphi=1-\varphi_{B-M-SR}$，因此，残值收入共享契约可以协调外生消费者退货窗口下的平台抽成模式中的平台系统。按照类似的方法，可以证明内生消费者退货窗口下的协调结果。

定理 5.8 和定理 5.9 的证明

按照定理 5.7 的证明方法，可以得到定理 5.8 和定理 5.9 的结果。

定理 6.1 的证明

从公式(6－2)和公式(6－3)中，我们可以得到制造商的利润如下：$\pi^m_M=p_0[Q+r(\alpha-p_M+\tau e_M)]+(1-\varphi)(\alpha-p_M+\tau e_M)p_M-he^2_M$。那么，$\partial\pi^m_M/\partial p_M=-p_0r+(1-\varphi)(\alpha+\tau e_M)-2(1-\varphi)p_M$，$\partial\pi^m_M/\partial e_M=p_0r\tau+(1-\varphi)\tau p_M-2he_M$，$\partial^2\pi^m_M/\partial p^2_M=-2(1-\varphi)$，$\partial^2\pi^m_M/\partial e^2_M=-2h$，$\partial^2\pi^m_M/\partial p_M\partial e_M=\partial^2\pi^m_M/\partial e_M\partial p_M=$

$\tau(1-\varphi)$。π_M^m 的海塞矩阵如下：$\begin{bmatrix} -2(1-\varphi) & \tau(1-\varphi) \\ \tau(1-\varphi) & -2h \end{bmatrix}$。

显然 $-2(1-\varphi)<0,4h(1-\varphi)-\tau^2(1-\varphi)^2>0$。因此，矩阵是负定的。然后我们可以得到最优价格和碳减排水平 $p_M^*=\{p_0r\tau^2(1-\varphi)-2h[p_0r-\alpha(1-\varphi)]\}/\{[4h-\tau^2(1-\varphi)](1-\varphi)\}$，$e_M^*=[\tau(p_0r+\alpha-\alpha\varphi)]/[4h-\tau^2(1-\varphi)]$。

由公式(6-2)，我们可知 $q_M^*=[2h(p_0r+\alpha-\alpha\varphi)]/\{[4h-\tau^2(1-\varphi)](1-\varphi)\}$。

通过将 p_M^*，e_M^* 和 q_M^* 代入到模型(6.2)和(6.3)中，我们得到 $\pi_M^{m*}=\{h[p_0r+\alpha(1-\varphi)]^2+p_0Q[4h-\tau^2(1-\varphi)^2]\}/\{[4h-\tau^2(1-\varphi)](1-\varphi)\}$，$\pi_M^{p*}=2h\varphi\{2h[\alpha(1-\varphi)-p_0r]+p_0r\tau^2(1-\varphi)\}[p_0r+\alpha(1-\varphi)]/\{[4h-\tau^2(1-\varphi)](1-\varphi)^2\}$。

定理 6.2 的证明

由公式(6-5)可知 $\partial\pi_R^p/\partial p_R=-2p_R+w_R+\alpha+\tau e_R$。我们可以很容易地得到反应函数如下 $p_R=(w_R+\alpha+\tau e_R)/2$。然后我们将反应函数进一步代入公式(6-4)中，将制造商的利润改写为 $\pi_R^m=p_0(Q+rq_R)+(2p_R-\alpha-\tau e_R)q_R-he_R^2$。$\pi_R^m$ 对 q_R 和 e_R 的一阶偏导数和二阶偏导数如下：$\partial\pi_R^m/\partial q_R=-4q_R+p_0r+\alpha+\tau e_R$，$\partial\pi_R^m/\partial e_R=-2he_R+\tau q_R$，$\partial^2\pi_R^m/\partial q_R^2=-4$，$\partial^2\pi_R^m/\partial q_R\partial e_R=\tau$，$\partial^2\pi_R^m/\partial e_R^2=-2h$。我们得到 π_R^m 的海塞矩阵如下：$\begin{bmatrix} -4 & \tau \\ \tau & -2h \end{bmatrix}$。

可见 $-2<0$，和 $(8h-\tau^2)>0$，因此，上述矩阵是负定的。这样就可以得到定理 6.2。

定理 6.3 的证明

① 我们可以很容易地发现它需要 $\varphi=0$ 因此 $q_M^*=q_T^*$，$e_M^*=e_T^*$ 时，不能协调制造商和平台抽成模式平台。

② 从定理 6.2 的证明，我们获得反应函数如下 $p_R=(w_R+\alpha+\tau e_R)/2$，$q_R=\alpha-p_R+\tau e_R$，和 $e_T^*=\tau(p_0r+\alpha)/(4h-\tau^2)$。我们让 $e_R=e_T^*$，$q_R=q_T^*$。需要 $w=-p_0r$。然后我们可以很容易得到定理 6.3②。

定理 6.4 和定理 6.6 的证明

定理 6.4，6.5，6.6 的证明与定理 6.1 的证明相似，因此我们在这里省略他们。

命题 6.2 的证明

命题 6.2 的证明与定理 6.1 的证明相似，因此我们在这里省略他们。

命题 7.1 的证明

批发价格契约(ω^{cw}, l^{cw})在参数满足条件$(1-\varphi)p^{cw} > \omega^{cw} > 0$时协调供应链。

$$\omega^{cw} = \begin{cases} \dfrac{\varphi[4c_1^2(a+1-\frac{c_0}{c_1}\gamma)-(8c_1^2-\gamma^2)]}{2(8c_1^2-\gamma^2)}, \gamma \leqslant \dfrac{8c_0c_1}{a+1}, \\ \dfrac{\varphi(a-1)}{4}, \gamma > \dfrac{8c_0c_1}{a+1}. \end{cases} \text{和} (1-\varphi)p^{cw} - \omega^{cw}$$

$$= \begin{cases} \dfrac{4c_1^2(a+1-\frac{c_0}{c_1}\gamma)-[\gamma^2+8c_1^2(a-\frac{c_0}{c_1}\gamma)]\varphi}{2(8c_1^2-\gamma^2)}, \gamma \leqslant \dfrac{8c_0c_1}{a+1}, \\ \dfrac{1+a-2a\varphi}{4}, \gamma > \dfrac{8c_0c_1}{a+1}. \end{cases}$$

为了让$\omega^{cw} > 0$，我们有$a > a_1 = 1 + \frac{c_0}{c_1}\gamma - \frac{\gamma^2}{4c_1^2}$。现在我们比较$a_1$和$a_2$。

$a_2 - a_1 = \dfrac{(8c_1^2-\gamma^2)(4c_0c_1-\gamma)}{4\gamma c_1} > 0$。因此，$a_2 > a_1$。从上述分析可知，当$1 \leqslant a \leqslant a_1$时，我们有$\omega^{cw} \leqslant 0$，这意味着批发价格契约不能协调供应链。当$a_1 < a \leqslant a_2$时，我们有$\omega^{cw} > 0$。为了协调供应链，平台的佣金率$\varphi$应该被设置成使得$(1-\varphi)p^{cw} - \omega^{cw} > 0$成立，即$4c_1^2(a+1-\frac{c_0}{c_1}\gamma)-[\gamma^2+8c_1^2(a-\frac{c_0}{c_1}\gamma)]\varphi > 0$。当$a_1 < a \leqslant a_2$时，我们有$\gamma^2 + 8c_1^2(a-\frac{c_0}{c_1}\gamma) > 0$。因此，约束可以设置为$\varphi < \varphi_2 = \dfrac{4c_1^2(a+1-\frac{c_0}{c_1}\gamma)}{8c_1^2(a-\frac{c_0}{c_1}\gamma)+\gamma^2} < 1$。当$a > a_2$，即$\gamma > \dfrac{8c_0c_1}{a+1}$时，我们有$\omega^{cw} = \dfrac{\varphi(a-1)}{4} > 0$。为了实现$(1-\varphi)p^{cw} - \omega^{cw} > 0$，佣金率$\varphi$应满足$\varphi < \varphi_3 = \dfrac{a+1}{2a}$。根据我们的假设，当$a > a_2$时，批发价格契约可以协调供应链。

命题 7.2 的证明

如果交货成本分摊契约$(\omega^{cp}, \beta, l^{cp})$符合条件$(1-\varphi)p^{cp} > \omega^{cp} > 0$，则能够协

调供应链。我们知道：$\omega^{\beta}=\begin{cases}\dfrac{1-\varphi}{2}[1+(1-\varphi)(a-\dfrac{c_0}{c_1}\gamma)]>0,\ \gamma\leqslant\dfrac{8c_0c_1}{a+1},\\ \dfrac{\varphi(a-1)}{4}>0,\quad \gamma>\dfrac{8c_0c_1}{a+1}.\end{cases}$ 和

$(1-\varphi)p^{\beta}-\omega^{\beta}=\begin{cases}\dfrac{(1-\varphi)(N_a+M_a\varphi)}{2(8c_1^2-\gamma^2)},\ \gamma\leqslant\dfrac{8c_0c_1}{a+1},\\ \dfrac{a+1-2a\varphi}{4},\ \gamma>\dfrac{8c_0c_1}{a+1}.\end{cases}$ 。其中 $M_a=(8c_1^2-\gamma^2)(a-\dfrac{c_0}{c_1}\gamma)$，$N_a=(\gamma^2-4c_1^2)(a+1-\dfrac{c_0}{c_1}\gamma)$。

情况 1. 当 $1\leqslant a\leqslant a_2=\dfrac{8c_0c_1}{\gamma}-1$。

当 $a\leqslant a_2$ 时，意味着 $\gamma\leqslant\dfrac{8c_0c_1}{a+1}$。在这个条件下，我们首先考虑因子 M_a 是正数还是负数。由于 $8c_1^2-\gamma^2>0$，如果 $a\leqslant a_3=\dfrac{c_0}{c_1}\gamma$，则有 $M_a\leqslant 0$，如果 $a>a_3$，则 $M_a>0$。因此，为了协调供应链，平台的佣金率 φ 应设置为使得 $(1-\varphi)p^{\beta}-\omega^{\beta}>0$。

当 $\gamma\leqslant 2c_1$ 时，由于 $a+1-\dfrac{c_0}{c_1}\gamma>0$，我们有 $N_a\leqslant 0$。在这种情况下，很容易验证 $a_3\leqslant a_1<a_2$，其中 $a_1=1+\dfrac{c_0}{c_1}\gamma-\dfrac{\gamma^2}{4c_1^2}$。接下来，我们在以下三种情况下进行分析。(a) 如果 $1<a\leqslant a_3$，则由于 $M_a<0$ 和 $N_a<0$，对于任何 $\varphi\in(0,1)$，我们都有 $(1-\varphi)p^{\beta}-\omega^{\beta}<0$；(b) 如果 $a_3<a\leqslant a_1$，则有 $M_a>0$。考虑到 $N_a+M_a\varphi$ 关于 φ 的单调性，我们有 $N_a+M_a\varphi\leqslant N_a+M_a=4c_1^2(a-1-\dfrac{c_0}{c_1}\gamma)+\gamma^2\leqslant 0$。因此，对于任何 $\varphi\in(0,1)$，我们都有 $(1-\varphi)p^{\beta}-\omega^{\beta}<0$；(c) 如果 $a_1<a\leqslant a_2$，则由于 $M_a>0$ 和 $N_a<0$，因此，$(1-\varphi)p^{\beta}-\omega^{\beta}>0$ 等价于 $N_a+M_a\varphi>0$，即 $\varphi>\dfrac{-N_a}{M_a}$。

当 $\gamma>2c_1$ 时，我们有 $N_a>0$。在这种情况下，很容易验证 $a_1<a_3<a_2$。与上述分析类似，我们也在以下三种情况下进行分析。(a) 如果 $1<a\leqslant a_1$，则有 $M_a<0$。$(1-\varphi)p^{\beta}-\omega^{\beta}>0$ 等价于 $N_a+M_a\varphi>0$，即 $\varphi<\dfrac{N_a}{-M_a}$。(b) 如果

$a_1 < a \leqslant a_3$，则有 $M_a \leqslant 0$。考虑到 $N_a + M_a\varphi$ 关于 φ 的单调性，我们有 $N_a + M_a\varphi \geqslant N_a + M_a = 4c_1^2(a - 1 - \frac{c_0}{c_1}\gamma) + \gamma^2 \geqslant 0$。因此，对于任何 $\varphi \in (0,1)$，我们都有 $(1-\varphi)p^{cß} - \omega^{cß} > 0$；(c) 如果 $a_3 < a \leqslant a_2$，则有 $M_a > 0$。由于 $N_a > 0$，因此对于任何 $\varphi \in (0,1)$，我们都有 $(1-\varphi)p^{cß} - \omega^{cß} > 0$。

情况 2. 当 $a > a_2$。

在这种情况下，我们有 $\omega^{cß} = \dfrac{\varphi(a-1)}{4} > 0$。要让 $(1-\varphi)p^{cß} - \omega^{cß} > 0$ 成立，需要满足 $\varphi < \dfrac{a+1}{2a} < 1$，这在假设中已经给出。

定理 8.1 的证明

由公式(8-3)，我们知道制造商的利润为 $\pi_A^m = (1-\varphi)[\theta\alpha(1+\rho) - \beta p_A + \tau e_A]p_A - (a_0 - b_0C)\{(e_0 - e_A)[\theta\alpha(1+\rho) - \beta p_A + \tau e_A] - C\} - he_A^2$。然后我们得到 $\partial\pi_A^m/\partial p_A = \beta(e_0 - e_A)(a_0 - b_0C) - [2p_A\beta - \alpha\theta(1+\rho) - e_A\tau](1-\varphi)$，

$\partial\pi_A^m/\partial e_A = (a_0 - b_0C)[-p_A\beta + \alpha\theta(1+\rho) - e_0\tau] - 2e_A[h - \tau(a_0 - b_0C)] + p_A\tau(1-\varphi)$，$\partial^2\pi_A^m/\partial p_A^2 = -2\beta(1-\varphi)$，$\partial^2\pi_A^m/\partial e_A^2 = -2h + 2\tau(a_0 - b_0C)$，和 $\partial^2\pi_A^m/\partial p_A\partial e_A = \partial^2\pi_A^m/\partial e_A\partial p_A = \tau(1-\varphi) - \beta(a_0 - b_0C)$。$\pi_A^m$ 的海瑟矩阵为：

$$\begin{pmatrix} -2\beta(1-\varphi) & \tau(1-\varphi) - \beta(a_0 - b_0C) \\ \tau(1-\varphi) - \beta(a_0 - b_0C) & -2h + 2\tau(a_0 - b_0C) \end{pmatrix}。$$

已知 $-2\beta(1-\varphi) < 0$ 和 $4h\beta(1-\varphi) - [\tau(1-\varphi) - \beta(a_0 - b_0C)]^2 > 0$，因此海瑟矩阵是负定的。让 $\partial\pi_A^m/\partial p_A = 0$ 和 $\partial\pi_A^m/\partial e_A = 0$，我们得到 $e_A^* = \dfrac{[\alpha\theta(1+\rho)(1-\varphi) - e_0\beta(a_0 - b_0C)][\beta(a_0 - b_0C) + \tau(1-\varphi)]}{4h\beta(1-\varphi) - [\beta(a_0 - b_0C) + \tau(1-\varphi)]^2}$ 和 $p_A^* = \dfrac{\alpha\theta(1+\rho)\{2h(1-\varphi) - (a_0 - b_0C)[\beta(a_0 - b_0C) + \tau(1-\varphi)]\} + e_0(a_0 - b_0C)\{2h\beta - \tau[\beta(a_0 - b_0C) + \tau(1-\varphi)]\}}{4h\beta(1-\varphi) - [\beta(a_0 - b_0C) + \tau(1-\varphi)]^2}$。然后我们得到 $q_A^* = \dfrac{2h\beta[\alpha\theta(1+\rho)(1-\varphi) - e_0\beta(a_0 - b_0C)]}{4h\beta(1-\varphi) - [\beta(a_0 - b_0C) + \tau(1-\varphi)]^2}$。将 p_A^*，e_A^*，和 q_A^* 代入公式(8-2)和公式(8-3)，我们得到

$\pi_A^{m*} = C(a_0 - b_0C) + \dfrac{h[\alpha\theta(1+\rho)(1-\varphi) - e_0\beta(a_0 - b_0C)]^2}{4h\beta(1-\varphi) - [\beta(a_0 - b_0C) + \tau(1-\varphi)]^2}$ 和 π_A^{p*}

$$= \frac{2h\beta[\alpha\theta(1+\rho)(1-\varphi) - e_0\beta(a_0 - b_0C)]\{2h[\alpha\theta(1+\rho)(1-\varphi) + e_0\beta(a_0 - b_0C)] - (a_0 - b_0C)[\beta(a_0 - b_0C) + \tau(1-\varphi)][\alpha\theta(1+\rho) - e_0\tau]\}}{\{4h\beta(1-\varphi) - [\beta(a_0 - b_0C) + \tau(1-\varphi)]^2\}^2}。$$

推论 8.1 的证明

(1) 定理 8.1 展示 $q_A^* = \frac{2h\beta[\alpha\theta(1+\rho)(1-\varphi)-e_0(a_0-b_0C)\beta]}{4h\beta(1-\varphi)-[(a_0-b_0C)\beta+\tau(1-\varphi)]^2}$。关于 C 的一阶导数如下:

$$\partial q_A^*/\partial C = 2b_0h\beta^2 \frac{e_0b_0^2\beta^2C^2+2b_0\beta_0[\alpha\theta(1+\rho)(1-\varphi)-a_0e_0\beta]C-e_0\tau^2(1-\varphi)2-2\alpha\theta(1+\rho)(1-\varphi)[a_0\beta+\tau(1-\varphi)]+e_0a_0^2\beta^2+4h\beta e_0(1-\varphi)}{\{4h\beta(1-\varphi)-[(a_0-b_0C)\beta+\tau(1-\varphi)]^2\}^2}。$$

为了简化,我们定义一个关于 C 二次函数

$$f_1(C)=e_0b_0^2\beta^2C^2+2b_0\beta_0[\alpha\theta(1+\rho)(1-\varphi)-a_0e_0\beta]C-e_0\tau^2(1-\varphi)2-2\alpha\theta(1+\rho)(1-\varphi)[a_0\beta+\tau(1-\varphi)]+e_0a_0^2\beta^2+4h\beta e_0(1-\varphi)$$

。我们定义 $A_1=e_0b_0^2\beta^2$, $B_1=2b_0\beta_0[\alpha\theta(1+\rho)(1-\varphi)-a_0e_0\beta]$,和 $C_1=-e_0\tau^2(1-\varphi)^2-2\alpha\theta(1+\rho)(1-\varphi)[a_0\beta+\tau(1-\varphi)]+e_0a_0^2\beta^2+4h\beta e_0(1-\varphi)$。我们很容易发现 $A_1>0, B_1>0, C_1<0$,和 $\Delta>0$。因此 $f_1(C)=0$ 有两个根:$C_{A1}=\frac{a_0e_0\beta-\alpha\theta(1+\rho)(1-\varphi)+\sqrt{\{(1-\varphi)[\alpha\theta(1+\rho)+e_0\tau]^2-4h\beta e_0^2\}(1-\varphi)}}{e_0b_0\beta}$ 和

$$C_{A2}=\frac{a_0e_0\beta-\alpha\theta(1+\rho)(1-\varphi)-\sqrt{\{(1-\varphi)[\alpha\theta(1+\rho)+e_0\tau]^2-4h\beta e_0^2\}(1-\varphi)}}{e_0b_0\beta}。$$

我们容易发现 $C_{A2}<0$ 和 $C_{A1}>0$。因此,我们得到了推论 8.1(1)。

(2) 定理 8.1 展示了

$e_A^*=\frac{[\alpha\theta(1+\rho)(1-\varphi)-e_0\beta(a_0-b_0C)][\beta(a_0-b_0C)+\tau(1-\varphi)]}{4h\beta(1-\varphi)-[\beta(a_0-b_0C)+\tau(1-\varphi)]^2}$。让 $X=a_0-b_0C$,我们获得关于 X 的一阶导数如下:$\partial e_A^*/\partial X=\frac{\beta\{(\alpha+\alpha\rho+e_0\tau)\beta^2X^2+2\beta[(\alpha+\alpha\rho+e_0\tau)-8h\beta e_0]X+8h\beta(\alpha+\alpha\rho-e_0\tau)+\tau^2(\alpha+\alpha\rho+e_0\tau)\}}{\{8h\beta-[X\beta+\tau]^2\}^2}$。为了简化,我们定义一个二阶函数 $f_2(X)=(\alpha+\alpha\rho+e_0\tau)\beta^2X^2+2\beta[(\alpha+\alpha\rho+e_0\tau)-8h\beta e_0]X+8h\beta(\alpha+\alpha\rho-e_0\tau)+\tau^2(\alpha+\alpha\rho+e_0\tau)$。我们定义 $A_2=(\alpha+\alpha\rho+e_0\tau)\beta^2$, $B_2=2\beta[(\alpha+\alpha\rho+e_0\tau)-8h\beta e_0]$,和 $C_2=8h\beta(\alpha+\alpha\rho-e_0\tau)+\tau^2(\alpha+\alpha\rho+e_0\tau)$。这很容易发现 $A_2>0, B_2>0$,和 $C_2>0$。因此我们得到 $\partial e_A^*/\partial X>0$。因此我们得到命题 1(2)。

定理 8.2 的证明

我们从公式(8-6)获得 $\partial\pi_{Rp}^{\ell}/\partial p_{Rm}=\alpha(1+\rho)-2p_{Rm}\beta+w_{Rm}\beta+e_{Rm}\tau$。它的

反应函数为 $p_{Rm}=\dfrac{\alpha(1+\rho)+w_{Rm}\beta+e_{Rm}\tau}{2\beta}$。我们将反应函数代入公式(8-5)后发现 $\pi_{Rm}^{m}=w_{Rm}[\dfrac{\alpha(1+\rho)-w_{Rm}\beta+\tau e_{Rm}}{2}]-(a_0-b_0C)\{(e_0-e_{Rm})[\dfrac{\alpha(1+\rho)-w_{Rm}\beta+\tau e_{Rm}}{2}]-C\}-he_{Rm}^2$。因此我们得到 $\partial\pi_{Rm}^{m}/\partial w_{Rm}=\dfrac{1}{2}[\alpha(1+\rho)+e_0\beta(a_0-b_0C)-2w_{Rm}\beta+e_{Rm}\tau-e_{Rm}\beta(a_0-b_0C)]$,

$\partial\pi_{Rm}^{m}/\partial e_{Rm}=\dfrac{1}{2}\{-4he_{Rm}+(a_0-b_0C)[\alpha(1+\rho)-w_{Rm}\beta(a_0-b_0C)]+[(2e_{Rm}-e_0)(a_0-b_0C)+w_{Rm}]\}$,

$\partial^2\pi_{Rm}^{m}/\partial w_{Rm}^2=-\beta$,$\partial^2\pi_{Rm}^{m}/\partial e_{Rm}^2=-2h+\tau(a_0-b_0C)$,和 $\partial^2\pi_{Rm}^{m}/\partial w_{Rm}\partial e_{Rm}=\partial^2\pi_{Rm}^{m}/\partial e_{Rm}\partial w_{Rm}=\dfrac{\tau-\beta(a_0-b_0C)}{2}$。$\pi_{Rm}^{m}$ 的海瑟矩阵如下:

$$\begin{pmatrix}-\beta & \dfrac{\tau-\beta(a_0-b_0C)}{2}\\ \dfrac{\tau-\beta(a_0-b_0C)}{2} & -2h+\tau(a_0-b_0C)\end{pmatrix}。$$

已知 $-\beta<0$ 和 $8h\beta-[\beta(a_0-b_0C)+\tau]^2>0$,海瑟矩阵是负定的。因此我们得到定理 8.2。

推论 8.2 的证明

推论 8.2① 和 8.2② 的证明基本相似于推论 8.1① 和 8.1②,所以我们省略了他们。

从定理 8.2,我们得到 $\pi_{Rm}^{p*}=\dfrac{4h^2\beta[\alpha(1+\rho)-\beta e_0(a_0-b_0C)]^2}{\{8h\beta-[\beta(a_0-b_0C)+\tau]^2\}^2}$。$\pi_{Rm}^{p*}$ 关于 C 的一阶导数为 $\partial\pi_{Rm}^{p*}/\partial C=8b_0h^2\beta^2[\alpha(1+\rho)-\beta e_0(a_0-b_0C)]\dfrac{e_0b_0^2\beta^2C^2+2b_0\beta[\alpha(1+\rho)-\beta e_0a_0]C-2\alpha(1+\rho)(a_0\beta+\tau)+e_0(8h\beta+a_0^2\beta^2-\tau^2)}{\{8h\beta-[\beta(a_0-b_0C)+\tau]^2\}^3}$。为了简化,我们定义 $f_3(C)=e_0b_0^2\beta^2C^2+2b_0\beta[\alpha(1+\rho)-\beta e_0a_0]C-2\alpha(1+\rho)(a_0\beta+\tau)+e_0(8h\beta+a_0^2\beta^2-\tau^2)$,它是关于 C 的二次函数。我们让 $A_3=e_0b_0^2\beta^2$,$B_3=2b_0\beta_0[\alpha(1+\rho)-a_0e_0\beta]$,和 $C_3=-2\alpha(1+\rho)(a_0\beta+\tau)+e_0(8h\beta+a_0^2\beta^2-\tau^2)$。容易得到 $A_3>0$,$B_3>0$,$C_3<0$,和 $\Delta>0$。因此 $f_3(C)=0$ 有两个根,分别为 $C_3=$

$\frac{a_0e_0\beta-\alpha(1+\rho)-\sqrt{-8h\beta e_0^2+[\alpha(1+\rho)+e_0\tau]^2}}{e_0b_0\beta}$ 和

$C_4=\frac{a_0e_0\beta-\alpha(1+\rho)+\sqrt{-8h\beta e_0^2+[\alpha(1+\rho)+e_0\tau]^2}}{e_0b_0\beta}$。我们发现 $C_3<0$ 和 $C_4>0$。然后我们得到推论 8.2。

定理 8.3 的证明

让 $p_{Rp}=w_{Rp}+\Delta$,制造商利润为 $\pi_{Rp}^m=w_{Rp}[(1+\rho)\alpha-\beta(w_{Rp}+\Delta)+\tau e_{Rp}]-(a_0-b_0C)\{(e_0-e_{Rp})[(1+\rho)\alpha-\beta(w_{Rp}+\Delta)+\tau e_{Rp}]-C\}-he_{Rp}^2$。然后我们得到 $\partial\pi_{Rp}^m/\partial e_{Rp}=-2e_{Rp}h-\beta(w_{Rp}+\Delta)(a_0-b_0C)+\alpha(1+\rho)(a_0-b_0C)+\tau[(2e_{Rp}-e_0)(a_0-b_0C)+w_{Rp}]$,

$\partial\pi_{Rp}^m/\partial w_{Rp}=-\beta[(e_{Rp}-e_0)(a_0-b_0C)+2w_{Rp}+\Delta]+\alpha(1+\rho)+e_{Rp}\tau$, $\partial^2\pi_{Rp}^m/\partial w_{Rp}^2=-2\beta$,

$\partial^2\pi_{Rp}^m/\partial e_{Rp}^2=-2h+\beta(a_0-b_0C)$,$\partial^2\pi_{Rp}^m/\partial w_{Rp}\partial e_{Rp}=\tau-\beta(a_0-b_0C)$。因此,$\pi_{Rp}^m$ 的海瑟矩阵为

$$\begin{pmatrix}-2\beta & \tau-\beta(a_0-b_0C)\\ \tau-\beta(a_0-b_0C) & -2h+\beta(a_0-b_0C)\end{pmatrix}。$$

已知 $-2\beta<0$ 和 $8h\beta-2[\beta(a_0-b_0C)+\tau]^2>0$,海瑟矩阵是负定的。让 $\partial\pi_{Rp}^m/\partial w_{Rp}=0$ 和 $\partial\pi_{Rp}^m/\partial e_{Rp}=0$。然后我们得到

$w_{Rp}=\frac{2h\{\beta[e_0(a_0-b_0C)-\Delta]+\alpha(1+\rho)\}-(a_0-b_0C)[\beta(a_0-b_0C)+\tau]\{[e_0\tau-\beta\Delta+\alpha(1+\rho)\}}{4h\beta-[\beta(a_0-b_0C)+\tau]^2}$ 和 $e_{Rp}=\frac{[\beta(a_0-b_0C)+\tau]\{\beta[e_0(a_0-b_0C)+\Delta]-\alpha(1+\rho)\}}{4h\beta-[\beta(a_0-b_0C)+\tau]^2}$。我们容易得到当 $\Delta=\frac{\alpha(1+\rho)-e_0\beta(a_0-b_0C)}{2\beta}$ 时,π_{Rp}^p 有最大值。然后我们得到最优运作决策和总利润,他们被展示在定理 8.3。

推论 8.3 的证明

推论 8.3① 和 8.3② 的证明基本相似于命题 8.1① 和 8.1②,所以我们省略他们。

定理 8.3 展示 $\pi_{Rp}^{p*}=\frac{h[\alpha(1+\rho)-\beta e_0(a_0-b_0C)]^2}{8h\beta-2[\beta(a_0-b_0C)+\tau]^2}$ 然后我们得到 $\partial\pi_{Rp}^{p*}/\partial C=h\beta b_0[\alpha(1+\rho)-\beta e_0(a_0-b_0C)]$

$\frac{\beta b_0[\alpha(1+\rho)+e_0\tau]C+4h\beta e_0-(a_0\beta+\tau)[\alpha(1+\rho)+e_0\tau]}{\{4h\beta-[\beta(a_0-b_0C)+\tau]^2\}^2}$。考虑到 $\alpha(1+\rho)-\beta e_0(a_0-b_0C)>0$，我们让 $f_4(C)=\beta b_0[\alpha(1+\rho)+e_0\tau]C+4h\beta e_0-(a_0\beta+\tau)[\alpha(1+\rho)+e_0\tau]$ 并得到推论 8.3(3)。

定理 8.4 的证明

定理 8.1 展示

$e_A^*=\frac{[\alpha\theta(1+\rho)(1-\varphi)-e_0\beta(a_0-b_0C)][\beta(a_0-b_0C)+\tau(1-\varphi)]}{4h\beta(1-\varphi)-[\beta(a_0-b_0C)+\tau(1-\varphi)]^2}$。定理 8.2 展示 $e_{Rm}^*=\frac{[\beta(a_0-b_0C)+\tau][\alpha(1+\rho)-\beta e_0(a_0-b_0C)]}{8h\beta-[\beta(a_0-b_0C)+\tau]^2}$。定理 8.3 展示 $e_{Rp}^*=\frac{[\beta(a_0-b_0C)+\tau][\alpha(1+\rho)-\beta e_0(a_0-b_0C)]}{8h\beta-2[\beta(a_0-b_0C)+\tau]^2}$。我们很容易发现 $8h\beta-[\beta(a_0-b_0C)+\tau]^2>8h\beta-2[\beta(a_0-b_0C)+\tau]^2$ 和 $e_{Rm}^*<e_{Rp}^*$。

$$e_A^*-e_{Rm}^*=\frac{\begin{array}{c}\alpha\theta(1+\rho)(1-\varphi)\{8h\beta-[(a_0-b_0C)\beta+\tau]2\}[(a_0-b_0C)\beta+\tau(1-\varphi)]\\-\beta e_0(a_0-b_0C)\{8h\beta-[(a_0-b_0C)\beta+\tau]2\}[(a_0-b_0C)\beta+\tau(1-\varphi)]\\-[\alpha(1+\rho)-\beta e_0(a_0-b_0C)][(a_0-b_0C)\beta+\tau]\\\{4h\beta(1-\varphi)-[(a_0-b_0C)\beta+\tau(1-\varphi)]2\}\end{array}}{\{8h\beta-[(a_0-b_0C)\beta+\tau]^2\}\{4h\beta(1-\varphi)-[(a_0-b_0C)\beta+\tau(1-\varphi)]^2\}}。$$

回顾 $8h\beta-[(a_0-b_0C)\beta+\tau]^2>0$ 和 $4h\beta(1-\varphi)-[(a_0-b_0C)\beta+\tau(1-\varphi)]^2>0$，我们让

$$\begin{aligned}g(\theta)=&\ \alpha\theta(1+\rho)(1-\varphi)\{8h\beta-[(a_0-b_0C)\beta+\tau]2\}[(a_0-b_0C)\beta+\tau(1-\varphi)]\\&-\beta e_0(a_0-b_0C)\{8h\beta-[(a_0-b_0C)\beta+\tau]2\}[(a_0-b_0C)\beta+\tau(1-\varphi)]\\&-[\alpha(1+\rho)-\beta e_0(a_0-b_0C)][(a_0-b_0C)\beta+\tau]\{4h\beta(1-\varphi)-\\&[(a_0-b_0C)\beta+\tau(1-\varphi)]2\}\end{aligned}。$$

然后，我们得到如果 $0<\theta<\theta_1$，则 $e_A^*<e_{Rm}^*$；如果 $\theta>\theta_1$，则 $e_A^*>e_{Rm}^*$，这里 $\theta_1=\frac{\begin{array}{c}\beta e_0(a_0-b_0C)\{8h\beta-[(a_0-b_0C)\beta+\tau]2\}[(a_0-b_0C)\beta+\tau(1-\varphi)]\\+[\alpha(1+\rho)-\beta e_0(a_0-b_0C)][(a_0-b_0C)\beta+\tau]\\\{4h\beta(1-\varphi)-[(a_0-b_0C)\beta+\tau(1-\varphi)]2\}\end{array}}{\alpha(1+\rho)(1-\varphi)\{8h\beta-[(a_0-b_0C)\beta+\tau]^2\}[(a_0-b_0C)\beta+\tau(1-\varphi)]}$。通过相同的方式，我们得到如果 $0<\theta<\theta_2$，则 $e_A^*<e_{Rp}^*$；如果 $\theta>\theta_2$，则 $e_A^*>e_{Rp}^*$，这里

$$\theta_2=\frac{\begin{array}{c}2\beta e_0(a_0-b_0C)\{4h\beta-[(a_0-b_0C)\beta+\tau]2\}[(a_0-b_0C)\beta+\tau(1-\varphi)]\\+[\alpha(1+\rho)-\beta e_0(a_0-b_0C)][(a_0-b_0C)\beta+\tau]\\\{4h\beta(1-\varphi)-[(a_0-b_0C)\beta+\tau(1-\varphi)]2\}\end{array}}{2\alpha(1+\rho)(1-\varphi)\{4h\beta-[(a_0-b_0C)\beta+\tau]^2\}[(a_0-b_0C)\beta+\tau(1-\varphi)]}。$$

我们得知 $\theta_1 < \theta_2$。因此，我们得到定理 8.4。

定理 8.5 的证明

定理 8.5① 的证明基本相似于定理 8.4，所以我们省略它。

从定理 8.2 和定理 8.3，我们得知

$$\pi_{Rm}^{p*} = \frac{4h^2\beta[\alpha(1+\rho)-\beta e_0(a_0-b_0C)]^2}{\{8h\beta-[\beta(a_0-b_0C)+\tau]^2\}^2}\pi_{Rp}^{p*} = \frac{h[\alpha(1+\rho)-\beta e_0(a_0-b_0C)]^2}{8h\beta-2[\beta(a_0-b_0C)+\tau]^2}。$$

然后，我们得知 $\pi_{Rm}^{p*} - \pi_{Rp}^{p*} = h[\alpha(1+\rho)-\beta e_0(a_0-b_0C)]^2 \dfrac{-\{[\beta(a_0-b_0C)+\tau]-4h\beta\}^2-16h\beta}{\{8h\beta-[\beta(a_0-b_0C)+\tau]^2\}^2\{8h\beta-2[\beta(a_0-b_0C)+\tau]^2\}} < 0$。因此我们容易得到定理 8.5(b)。

定理 9.1 的证明

情况 1：$0 < \rho < \dfrac{2h\gamma(2-\varphi)}{(1-\varphi)\{2h\gamma-2[(1+\tau_b)\tau_g]^2+\varphi[(1+\tau_b)\tau_g]^2\}}$。

π_{M-m} 关于 w_{M-r} 和 e_M 的一阶偏导数分别是：

$$\partial\pi_{M-m}/\partial w_{M-r} = \frac{e_M[(1+\tau_b)\tau_g]+w_{M-r}\gamma(-3+\varphi)+a(1+\rho-\rho\varphi)}{2},$$

$$\partial\pi_{M-m}/\partial e_M = \frac{[(1+\tau_b)\tau_g][w_{M-r}\gamma+a(1+\rho)(1-\varphi)]-e_M\{4h\gamma-[(1+\tau_b)\tau_g]^2(1-\varphi)\}}{2\gamma}。$$

π_{M-m} 关于 w_{M-r} 和 e_m 的二阶偏导数分别是：

$\partial^2\pi_{M-m}/\partial w_{M-r}^2 = -\gamma(3-\varphi)/2$，

$\partial^2\pi_{M-m}/\partial e_M^2 = -\{4h\gamma-[(1+\tau_b)\tau_g]^2(1-\varphi)\}/(2\gamma)$，

$\dfrac{\partial^2\pi_{M-m}}{\partial w_{M-r}\partial e_M} = \dfrac{\partial^2\pi_{M-m}}{\partial e_{M-r}\partial w_{M-r}} = \dfrac{[(1+\tau_b)\tau_g]}{2}$。

π_{M-m} 的海塞矩阵如下：

$$H = \begin{bmatrix} -\gamma(3-\varphi)/2 & [(1+\tau_b)\tau_g]/2 \\ [(1+\tau_b)\tau_g]/2 & -\{4h\gamma-[(1+\tau_b)\tau_g]^2(1-\varphi)\}/(2\gamma) \end{bmatrix}$$

易得 $|H| = \dfrac{\partial^2\pi_{M-m}}{\partial w_{M-r}^2}\dfrac{\partial^2\pi_{M-m}}{\partial e_{M-r}^2} - \dfrac{\partial^2\pi_{M-m}}{\partial w_{M-r}\partial e_M}\dfrac{\partial^2\pi_{M-m}}{\partial e_{M-r}\partial w_{M-r}} = h\gamma(3-\varphi) - \dfrac{[(1+\tau_b)\tau_g]^2(2-\varphi)^2}{4}$。由 $h > [(1+\tau_b)\tau_g]^2(2-\varphi)^2/[4\gamma(3-\varphi)]$，易证得 $|H| > 0$。令 $\partial\pi_{M-m}/\partial w_{M-r} = 0$ 和 $\partial\pi_{M-m}/\partial e_M = 0$，得到 $p_M^* = \dfrac{2a\rho(1-\varphi)\{h\gamma+[(1+\tau_b)\tau_g]^2\}+2h\gamma a(4-\varphi)}{\gamma\{4h\gamma(3-\varphi)-[(1+\tau_b)\tau_g]^2(2-\varphi)^2\}}$ 和

$w_{M-r}^{*}=\dfrac{4h\gamma a+a\rho(1-\varphi)\{4h\gamma+\varphi[(1+\tau_b)\tau_g]^2)\}}{\gamma\{4h\gamma(3-\varphi)-[(1+\tau_b)\tau_g]^2(2-\varphi)^2\}}$。通过比较 p_M^* 和 w_{M-r}^*。得

$p_M^*-w_{M-r}^*=a\dfrac{h\gamma(4-2\varphi)-\rho(1-\varphi)\{2h\gamma-2[(1+\tau_b)\tau_g]^2+\varphi[(1+\tau_b)\tau_g]^2\}}{\gamma\{4h\gamma(3-\varphi)-[(1+\tau_b)\tau_g]^2(2-\varphi)^2\}}$。由

$h>[(1+\tau_b)\tau_g]^2(2-\varphi)^2/[4\gamma(3-\varphi)]$ 和

$0<\rho<\dfrac{2h\gamma(2-\varphi)}{(1-\varphi)\{2h\gamma-2[(1+\tau_b)\tau_g]^2+\varphi[(1+\tau_b)\tau_g]^2\}}$，得到 $p_M^*>w_{M-r}^*$。

情况 2：$\rho\geqslant\dfrac{2h\gamma(2-\varphi)}{(1-\varphi)\{2h\gamma-2[(1+\tau_b)\tau_g]^2+\varphi[(1+\tau_b)\tau_g]^2\}}$。

易得 $p_M^*\leqslant w_{M-r}^*$。这意味着制造商并不通过零售商销售产品。然后，我们可以按以下方式计算制造商的利润：

$$\pi_{M-m}=(1-\varphi)p_M D_p-he_M^2 \tag{A-3}$$

π_{M-m} 关于 p_M 和 e_M 的一阶偏导数分别是：

$\partial\pi_{M-m}/\partial p_M=(1-\varphi)\{a-2p_M\gamma+a\rho+e_M[(1+\tau_b)\tau_g]\}$，$\partial\pi_{M-m}/\partial e_M=-2he_M+(1-\varphi)[(1+\tau_b)\tau_g]p_M$。

π_{M-m} 关于 p_M 和 e_M 的二阶偏导数分别是：

$\partial^2\pi_{M-m}/\partial p_M^2=-2\gamma(1-\varphi)$，$\partial^2\pi_{M-m}/\partial e_M^2=-2h$，$\dfrac{\partial^2\pi_{M-m}}{\partial p_M\partial e_M}=\dfrac{\partial^2\pi_{M-m}}{\partial e_M\partial p_M}=[(1+\tau_b)\tau_g](1-\varphi)$。$\pi_{M-m}$ 的海塞矩阵如下：

$$H=\begin{pmatrix}-2\gamma(1-\varphi) & [(1+\tau_b)\tau_g](1-\varphi)\\ [(1+\tau_b)\tau_g](1-\varphi) & -2h\end{pmatrix}$$

易得 $|H|=4h\gamma-[(1+\tau_b)\tau_g]^2(1-\varphi)$。由 $h>[(1+\tau_b)\tau_g]^2(1-\varphi)/(4h)$，易证得 $|H|>0$。令 $\partial\pi_{M-m}/\partial p_M=0$ 和 $\partial\pi_{M-m}/\partial e_M=0$，易得 $p_M^*=\dfrac{2ah(1+\rho)}{4h\gamma-[(1+\tau_b)\tau_g]^2(1-\varphi)}$ 和 $e_M^*=\dfrac{a[(1+\tau_b)\tau_g](1+\rho)(1-\varphi)}{4h\gamma-[(1+\tau_b)\tau_g]^2(1-\varphi)}$。然后我们进一步得到 $q_{M-r}^*=0$，$q_{M-p}^*=\dfrac{2ah\gamma(1+\rho)}{4h\gamma-[(1+\tau_b)\tau_g]^2(1-\varphi)}$ 和 $\pi_{M-m}^*=\dfrac{a^2h(1+\rho)^2(1-\varphi)}{4h\gamma-[(1+\tau_b)\tau_g]^2(1-\varphi)}$。

定理 9.2 的证明

情况 1：$0<\rho<2h\gamma/\{3h\gamma-[(1+\tau_b)\tau_g]^2\}$。

零售商的反应函数是 $w_{R-r}=\{2p_R\gamma-a-e_R[(1+\tau_b)\tau_g]\}/\gamma$，平台的反应函数是 $w_{R-p}=\{2p_R\gamma-(1+\rho)a-e_R[(1+\tau_b)\tau_g]\}/\gamma$。由于 $w_{R-r}(w_{R-p})$ 和 p_R 有一

一对应的关系，将最优零售价格和最优减排水平代入公式(9－8)后，我们可以得到 $\partial\pi_{R-m}/\partial p_R = -8p_R\gamma + 3a(2+\rho) + 6e_R[(1+\tau_b)\tau_g]$，$\partial\pi_{R-m}/\partial e_R = \frac{-6p_R\gamma[(1+\tau_b)\tau_g] + 2a[(1+\tau_b)\tau_g](2+\rho) + 2e_R\{h\gamma + 2(1+\tau_b)\tau_g]^2\}}{\gamma}$。

π_{R-m} 关于 p_R 和 e_R 的一阶偏导数分别是：

$\partial^2\pi_{R-m}/\partial p_R^2 = -8\gamma$，$\partial^2\pi_{R-m}/\partial e_R^2 = -2\{h\gamma + 2[(1+\tau_b)\tau_g]^2\}/\gamma$，$\frac{\partial^2\pi_{R-m}}{\partial p_R\partial e_R} = \frac{\partial^2\pi_{M-m}}{\partial e_R\partial p_R} = 6[(1+\tau_b)\tau_g]$。$\pi_{R-m}$ 的海塞矩阵如下：

$$H = \begin{pmatrix} -8\gamma & 6[(1+\tau_b)\tau_g] \\ 6[(1+\tau_b)\tau_g] & -2\{h\gamma + 2[(1+\tau_b)\tau_g]^2\}/\gamma \end{pmatrix}$$

易得 $|H| = \frac{\partial^2\pi_{R-m}}{\partial p_R^2}\frac{\partial^2\pi_{R-m}}{\partial e_R^2} - \frac{\partial^2\pi_{R-m}}{\partial p_R\partial e_R}\frac{\partial^2\pi_{R-m}}{\partial e_R\partial p_R} = 4\{4h\gamma - [(1+\tau_b)\tau_g]\} > 0$。

令 $\partial\pi_{R-m}/\partial p_R = 0$ 和 $\partial\pi_{R-m}/\partial e_R = 0$，我们得到定理 9.2.2(2) 的最优决策。易得 $p_R^* > w_{R-P}^*$。我们再比较 p_R^* 和 w_{R-r}^*。

$$p_R^* - w_{R-r}^* = \frac{3ah(2+\rho)}{2\{4h\gamma - [(1+\tau_b)\tau_g]^2\}} - \frac{\rho a\{4h\gamma - [(1+\tau_b)\tau_g]^2\} + 2h\gamma a(2+\rho)}{2\gamma\{4h\gamma - [(1+\tau_b)\tau_g]^2\}} = a\,\frac{2hr - \{3hr - [(1+\tau_b)\tau_g]^2\}\rho}{2\gamma\{4h\gamma - [(1+\tau_b)\tau_g]^2\}}$$

。我们得到：$h > [(1+\tau_b)\tau_g]^2/(3\gamma)$ 和 $0 < \rho < 2hr/\{3hr - [(1+\tau_b)\tau_g]^2\}$。然后我们得到 $p_R^* > w_{R-P}^*$。

情况 2：$\rho \geqslant 2h\gamma/\{3h\gamma - [(1+\tau_b)\tau_g]^2\}$。

我们得到 $p_R^* < w_{R-r}^*$。也就是说，制造商不通过零售商销售产品。然后，我们可以得到制造商的利润如下：

$$\pi_{R-m} = w_{R-p}D_p - he_R^2 \tag{A-4}$$

平台的反应函数是 $w_{R-p} = \{2p_R\gamma - (1+\rho)a - e_R[(1+\tau_b)\tau_g]\}/\gamma$。由于 w_{R-p} 和 p_R 之间存在一一对应的关系，我们将最优零售价格和最优减排水平代入公式(9－8)，可以得到：

$\partial\pi_{R-m}/\partial p_R = -4p_R\gamma + 3a(1+\rho) + 3e_R[(1+\tau_b)\tau_g]$，

$\partial\pi_{R-m}/\partial e_R = \frac{[(1+\tau_b)\tau_g][3p_R\gamma - 2a(1+\rho)] - 2e_R\{h\gamma + [(1+\tau_b)\tau_g]^2\}}{\gamma}$。

π_{R-m} 关于 p_R 和 e_R 的二阶偏导数分别是

$\partial^2\pi_{R-m}/\partial p_R^2=-4\gamma,\partial^2\pi_{R-m}/\partial e_R^2=-2\{h\gamma+[(1+\tau_b)\tau_g]^2\}/\gamma,\frac{\partial^2\pi_{R-m}}{\partial p_R\partial e_R}=$

$\frac{\partial^2\pi_{R-m}}{\partial e_R\partial p_R}=3[(1+\tau_b)\tau_g]$。$\pi_{R-m}$ 的海塞矩阵为

$$H=\begin{bmatrix}-4\gamma & 3[(1+\tau_b)\tau_g]\\3[(1+\tau_b)\tau_g] & -2(h\gamma+\tau^2)/\gamma\end{bmatrix}$$

易得 $|H|=\frac{\partial^2\pi_{R-m}}{\partial p_R^2}\frac{\partial^2\pi_{R-m}}{\partial e_R^2}-\frac{\partial^2\pi_{R-m}}{\partial p_R\partial e_R}\frac{\partial^2\pi_{R-m}}{\partial e_R\partial p_R}=\{8h\gamma-[(1+\tau_b)\tau_g]^2\}>0$。

令 $\partial\pi_{R-m}/\partial p_R=0$ 和 $\partial\pi_{R-m}/\partial e_R=0$，我们得到 $p_R^*=\frac{6ah(1+\rho)}{8h\gamma-[(1+\tau_b)\tau_g]^2}$，$w_{R-p}^*=\frac{4ah(1+\rho)}{8h\gamma-[(1+\tau_b)\tau_g]^2}$，$e_R^*=\frac{a[(1+\tau_b)\tau_g](1+\rho)}{8h\gamma-[(1+\tau_b)\tau_g]^2}$，$q_{R-p}^*=\frac{2ah\gamma(1+\rho)}{8h\gamma-[(1+\tau_b)\tau_g]^2}$，$q_{R-r}^*=0$，$\pi_{R-m}^*=\frac{a^2h(1+\rho)^2}{8h\gamma-[(1+\tau_b)\tau_g]^2}$，$\pi_{R-r}^*=0$，$\pi_{R-p}^*=\frac{4a^2h^2\gamma(1+\rho)^2}{\{8h\gamma-[(1+\tau_b)\tau_g]^2\}^2}$。

定理 9.3 的证明

π_{R-m} 关于 p_M^c 和 e_M^c 的一阶偏导数分别是：

$\partial\pi_{R-m}/\partial p_M^c=a[2+\rho-(1+\rho)\varphi]-(2-\varphi)\{2p_M^c\gamma-e_M^c[(1+\tau_b)\tau_g]\}\partial\pi_{R-m}/\partial e_M^c=-2he_M^c+p_M^c[(1+\tau_b)\tau_g](2-\varphi)$。

π_{R-m} 关于 p_M^c 和 e_M^c 的二阶偏导数分别是：

$\partial^2\pi_m^c/\partial(p_M^c)^2=-2\gamma(2-\varphi),\partial^2\pi_m^c/\partial(e_M^c)^2=-2h,\frac{\partial^2\pi_M^c}{\partial p_M^c\partial e_M^c}=\frac{\partial^2\pi_M^c}{\partial e_M^c\partial p_M^c}=[(1+\tau_b)\tau_g](2-\varphi)$。$\pi_M^c$ 的海塞矩阵如下：

$$H=\begin{bmatrix}-2\gamma(2-\varphi) & [(1+\tau_b)\tau_g](2-\varphi)\\ [(1+\tau_b)\tau_g](2-\varphi) & -2h\end{bmatrix}$$

易得 $|H|=4h\gamma(2-\varphi)-[(1+\tau_b)\tau_g]^2(2-\varphi)^2$。由 $h>[(1+\tau_b)\tau_g]^2(2-\varphi)/(4\gamma)$，易得 $|H|>0$。令 $\partial\pi_m^c/\partial p_M^c=0,\partial\pi_m^c/\partial e_M^c=0$，我们得到定理 9.3 里的最优决策。

推论 9.1 的证明

情况 1：$0<\rho<\frac{2h\gamma(2-\varphi)}{(1-\varphi)\{2h\gamma-2[(1+\tau_b)\tau_g]^2+\varphi[(1+\tau_b)\tau_g]^2\}}$。

由定理 9.1，$e_M^*=\frac{a\tau[(1+\tau_b)\tau_g][(2-\varphi)^2+\rho(4-\varphi)(1-\varphi)]}{4h\gamma(3-\varphi)-[(1+\tau_b)\tau_g]^2(2-\varphi)^2}$。由定理 9.5，$e_M^{c*}=\frac{a[(1+\tau_b)\tau_g][(2-\varphi)+(1-\varphi)\rho]}{4h\gamma-[(1+\tau_b)\tau_g]^2(2-\varphi)}$。易证得：

$$(e_M^{c*}-e_M^*)=\frac{a[(1+\tau_b)\tau_g][(2-\varphi)+(1-\varphi)\rho]}{4h\gamma-[(1+\tau_b)\tau_g]^2(2-\varphi)}-\frac{a[(1+\tau_b)\tau_g][(2-\varphi)^2+\rho(4-\varphi)(1-\varphi)]}{4h\gamma(3-\varphi)-[(1+\tau_b)\tau_g]^2(2-\varphi)^2}。$$

$$=\frac{2a[(1+\tau_b)\tau_g]\{2h\gamma[2-(1-\varphi)\rho-\varphi)]+\rho[(1+\tau_b)\tau_g]^2(2-\varphi)(1-\varphi)\}}{\{4h\gamma-[(1+\tau_b)\tau_g]^2(2-\varphi)\}[4h\gamma(3-\varphi)-[(1+\tau_b)\tau_g]^2(2-\varphi)^2]}$$

令 $f(\rho)=2h\gamma[2-(1-\varphi)\rho-\varphi)]+\rho[(1+\tau_b)\tau_g]^2(2-\varphi)(1-\varphi)$。很显然 $(e_M^{c*}-e_M^*)$ 是由 $f(\rho)$ 决定的。为了简化 $f(\rho)$，我们令 $f(\rho)=2h\gamma[2-(1-\varphi)\rho-\varphi)]+\rho[(1+\tau_b)\tau_g]^2(2-\varphi)(1-\varphi)$。因为 $h>[(1+\tau_b)\tau_g]^2(2-\varphi)/(2\gamma)$ 和 $0<\rho<\frac{2h\gamma(2-\varphi)}{(1-\varphi)\{2h\gamma-2[(1+\tau_b)\tau_g]^2+\varphi[(1+\tau_b)\tau_g]^2\}}$，易证得 $f(\rho)>0$。因此，$e_M^{c*}>e_M^*$。此外，我们还证得 $\frac{d(e_M^{c*}-e_M^*)}{d\rho}<0$。

情况 2：$\rho\geqslant\frac{2h\gamma(2-\varphi)}{(1-\varphi)\{2h\gamma-2[(1+\tau_b)\tau_g]^2+\varphi[(1+\tau_b)\tau_g]^2\}}$。

由定理 9.1，$e_M^*=\frac{a[(1+\tau_b)\tau_g](1+\rho)(1-\varphi)}{4h\gamma-[(1+\tau_b)\tau_g]^2(1-\varphi)}$，由定理 9.5，$e_M^{c*}=\frac{a[(1+\tau_b)\tau_g][(2-\varphi)+(1-\varphi)\rho]}{4h\gamma-[(1+\tau_b)\tau_g]^2(2-\varphi)}$，易证得 $a[(1+\tau_b)\tau_g][(2-\varphi)+(1-\varphi)\rho]>a[(1+\tau_b)\tau_g](1+\rho)(1-\varphi)$ 和 $\{4h\gamma-[(1+\tau_b)\tau_g]^2(2-\varphi)\}<\{4h\gamma-[(1+\tau_b)\tau_g]^2(1-\varphi)\}$。因此，$e_M^{c*}>e_M^*$。此外，我们还证得 $\frac{d(e_M^{c*}-e_M^*)}{d\rho}>0$。

定理 9.4 的证明

按照证明定理 9.3 的相同过程，我们可以得到定理 9.4 中所示的最优决策。

推论 9.2 的证明

按照证明推论 9.1 的相同过程，我们可以得到推论 9.2 中所示的最优决策。

定理 9.5 的证明

从公式(9-3)中，我们可以得到零售商的反应函数 $p=\{a+w\gamma+e[(1+\tau_b)\tau_g]\}/(2\gamma)$。由定理 9.3，得 $e_M^{c*}=\frac{a[(1+\tau_b)\tau_g][(2-\varphi)+(1-\varphi)\rho]}{4h\gamma-[(1+\tau_b)\tau_g]^2(2-\varphi)}$，$p_M^{c*}=\frac{2ah[2+\rho(1-\varphi)-\varphi]}{\{4h\gamma-[(1+\tau_b)\tau_g]^2(2-\varphi)\}(2-\varphi)}$。将它们代入反应函数，得到能够是的供

应链协调的 $w_M^c = \frac{a\rho(1-\varphi)}{\gamma(2-\varphi)}$。为了比较 p_M^{c*} 和 w_M^c，我们得：如果 $0 < \rho \leqslant \frac{2h\gamma(2-\varphi)}{(1-\varphi)\{2h\gamma - 2[(1+\tau_b)\tau_g]^2 + \varphi[(1+\tau_b)\tau_g]^2\}}$，则 $p_M^{c*} > w_M^c$；如果 $\rho > \frac{2h\gamma(2-\varphi)}{(1-\varphi)\{2h\gamma - 2[(1+\tau_b)\tau_g]^2 + \varphi[(1+\tau_b)\tau_g]^2\}}$，该制造商只通过在线平台销售产品。也就是说，供应链无法进行协调。

推论 9.3 的证明

从定理 9.5 中，我们知道制造商的利润是

$$\pi_{M-m}^{c*} = \frac{\begin{array}{c} a^2\{4h^2\gamma^2[2\rho(3-\varphi)(2-\varphi)+(2-\varphi)2+ \\ \rho^2(1-\varphi)2](1-\varphi)-\rho^2[(1+\tau_b)\tau_g]4(2-3\varphi+\varphi^2)2 \\ -h\gamma[(1+\tau_b)\tau_g]2(2-\varphi)[\rho^2(2-3\varphi+\varphi^3)- \\ 2\rho(4-\varphi)(2-\varphi)(1-\varphi)-(2-\varphi)3]\} \end{array}}{\gamma\{4h\gamma-[(1+\tau_b)\tau_g]^2(2-\varphi)\}^2(2-\varphi)^2}$$

。零售商的利润是

$$\pi_{M-r}^{c*} = \frac{a^2\{2h\gamma(2-\rho+\rho\varphi-\varphi)+\rho[(1+\tau_b)\tau_g]^2(2-\varphi)(1-\varphi)\}^2}{\gamma\{4h\gamma-[(1+\tau_b)\tau_g]^2(2-\varphi)\}^2(2-\varphi)^2}$$

。从定理 9.1① 中，我们知道制造商的利润是

$$\pi_{M-m}^{*} = \frac{\begin{array}{c} a^2\{h\gamma[(2-\varphi)^2+2\rho(4-\varphi)(1-\varphi)+ \\ \rho^2(1-\varphi)^2]+\rho^2[(1+\tau_b)\tau_g]^2(1-\varphi)^2]\} \end{array}}{\gamma\{4h\gamma(3-\varphi)-[(1+\tau_b)\tau_g]^2(2-\varphi)^2\}}$$

，零售商的利润是 $\pi_{M-r}^{*} = \frac{a^2\{2h\gamma(2-\rho+\rho\varphi-\varphi)+\rho[(1+\tau_b)\tau_g]^2(2-\varphi)(1-\varphi)\}^2}{\gamma\{4h\gamma(3-\varphi)-[(1+\tau_b)\tau_g]^2(2-\varphi)^2\}^2}$。为了实现制造商和零售商的利润“双赢”，需要 $\pi_{M-m}^{c*}+T > \pi_{M-m}^{*}$ 和 $\pi_{M-r}^{c*}-T > \pi_{M-r}^{*}$。然后我们得到 $(\pi_{M-m}^{*}-\pi_{M-m}^{c*}) < T < (\pi_{M-r}^{c*}-\pi_{M-r}^{*})$。令 $\underline{T}_M = \pi_{M-m}^{*}-\pi_{M-m}^{c*}$，我们得 $\underline{T}_M =$

$$\frac{\begin{array}{c} 8a^2h\{2h\gamma(2-\varphi-\rho+\rho\varphi)+\rho[(1+\tau_b)\tau_g]^2(2-\varphi) \\ (1-\varphi)\}^2\{2h\gamma(5-2\varphi)-[(1+\tau_b)\tau_g]^2(2-\varphi)^2\} \end{array}}{\begin{array}{c} \{4h\gamma-[(1+\tau_b)\tau_g]^2(2-\varphi)\}^2\{4h\gamma(3-\varphi)- \\ [(1+\tau_b)\tau_g]^2(2-\varphi)^2\}^2(2-\varphi)^2 \end{array}}$$

。令 $\overline{T}_M = \pi_{M-r}^{c*}-\pi_{M-r}^{*}$，我们得到

$$\overline{T}_M = \frac{\begin{array}{c} 8a^2h\{2h\gamma(2-\varphi-\rho+\rho\varphi)+\rho[(1+\tau_b)\tau_g]^2(2-\varphi) \\ (1-\varphi)\}^2\{2h\gamma(5-2\varphi)-[(1+\tau_b)\tau_g]^2(2-\varphi)^2\} \end{array}}{\begin{array}{c} \{4h\gamma-[(1+\tau_b)\tau_g]^2(2-\varphi)\}^2\{4h\gamma(3-\varphi)- \\ [(1+\tau_b)\tau_g]^2(2-\varphi)^2\}^2(2-\varphi)^2 \end{array}}$$

。因此，我们可以得到推论 9.3 所示的结果。

定理 9.6 的证明

从小节 9.3.1，我们得到零售商的反应函数 $p=\{a+w\gamma+e[(1+\tau_b)\tau_g]\}/(2\gamma)$。由定理 9.6，我们得到 $e_R^{c*}=\frac{a[(1+\tau_b)\tau_g]}{3h\gamma-[(1+\tau_b)\tau_g]^2}$，$p_R^{c*}=\frac{\{3h\gamma-[(1+\tau_b)\tau_g]^2\}\rho a+4h\gamma a}{2\gamma\{3h\gamma-[(1+\tau_b)\tau_g]^2\}}$。将它们代入反应函数，我们得到 $w_R^c=\frac{\rho a\{3h\gamma-[(1+\tau_b)\tau_g]^2\}+h\gamma a}{\gamma\{3h\gamma-[(1+\tau_b)\tau_g]^2\}}$。然后得到

$p_R^{c*}-w_R^c=\frac{2h\gamma a-\rho a\{3h\gamma-[(1+\tau_b)\tau_g]^2\}}{2\gamma\{3h\gamma-[(1+\tau_b)\tau_g]^2\}}$。因此，如果 $0<\rho<2h\gamma/\{3h\gamma-[(1+\tau_b)\tau_g]^2\}$，则供应链可以在 $w_R^c=\frac{\rho a\{3h\gamma-[(1+\tau_b)\tau_g]^2\}+h\gamma a}{\gamma\{3h\gamma-[(1+\tau_b)\tau_g]^2\}}$ 时协调；如果 $\rho\geqslant 2h\gamma/\{3h\gamma-[(1+\tau_b)\tau_g]^2\}$，供应链不能实现协调。

推论 9.4 的证明

根据定理 9.6，我们知道制造商的利润是 $\pi_{R-m}^{c*}=\frac{a^2\{h^2\gamma^2(4+6\rho-9\rho^2)-2h\gamma[(1+\tau_b)\tau_g]^2(1+\rho-3\rho^2)-\rho^2[(1+\tau_b)\tau_g]^4\}}{2\gamma\{3h\gamma-[(1+\tau_b)\tau_g]^2\}^2}$，零售商的利润是 $\pi_{R-r}^{c*}=\frac{a^2\{2h\gamma-3h\gamma\rho+\rho[(1+\tau_b)\tau_g]^2\}^2}{4\gamma\{3h\gamma-[(1+\tau_b)\tau_g]^2\}^2}$。根据定理 9.2(1)，我们知道制造商的利润是 $\pi_{R-m}^{*}=\frac{a^2\{h\gamma(4+4\rho-7\rho^2)+2\rho^2[(1+\tau_b)\tau_g]^2\}}{4\gamma\{4h\gamma-[(1+\tau_b)\tau_g]^2\}}$，零售商的利润是 $\pi_{R-r}^{*}=\frac{a^2\{2h\gamma-3h\gamma\rho+\rho[(1+\tau_b)\tau_g]^2\}^2}{4\gamma\{4h\gamma-[(1+\tau_b)\tau_g]^2\}^2}$。为了实现制造商和零售商利润的"双赢"，需要 $\pi_{R-m}^{c*}+T>\pi_{R-m}^{*}$ 和 $\pi_{R-r}^{c*}-T>\pi_{R-r}^{*}$。然后我们得到 $(\pi_{R-m}^{*}-\pi_{R-m}^{c*})<T<(\pi_{R-r}^{c*}-\pi_{R-r}^{*})$。为了让 $\underline{T}_R=\pi_{R-m}^{*}-\pi_{R-m}^{c*}$，我们得到 $\underline{T}_R=\frac{a^2h\{2h\gamma-3h\gamma\rho+\rho[(1+\tau_b)\tau_g]^2\}^2}{4\{4h\gamma-[(1+\tau_b)\tau_g]^2\}\{3h\gamma-[(1+\tau_b)\tau_g]^2\}^2}$。同样地，我们令 $\overline{T}_R=\pi_{R-r}^{c*}-\pi_{R-r}^{*}$，并得到

$\overline{T}_R=\frac{a^2h\{7h\gamma-2[(1+\tau_b)\tau_g]^2\}\{2h\gamma-3h\gamma\rho+\rho[(1+\tau_b)\tau_g]^2\}^2}{4\{12h^2\gamma^2-7h\gamma[(1+\tau_b)\tau_g]^2+[(1+\tau_b)\tau_g]^4\}^2}$。因此，我们可以得到推论 9.4 中所示的结果。

定理 9.7 的证明

按照证明定理 9.3 相同的方法，我们可以得到定理 9.7 中所示的最优决策。

定理 9.8 的证明

① 在平台抽成模式下，如果

$0<\rho\leqslant\dfrac{2h\gamma(2-\varphi)}{(1-\varphi)\{2h\gamma-2[(1+\tau_b)\tau_g]^2+\varphi[(1+\tau_b)\tau_g]^2\}}$，我们可以得到零售商的反应函数 $p_T^c=\{a+w_T^c\gamma+e_T^c[(1+\tau_b)\tau_g]\}/(2\gamma)$。在将定理 9.7 中的最优决策代入到反应函数后，我们得到 $w_T^c=a\rho/(2\gamma)$。然后得到 $p_T^{c*}-w_T^c=\dfrac{2h\gamma a-\{h\gamma-[(1+\tau_b)\tau_g]^2\}\rho a}{4h\gamma^2-2\gamma[(1+\tau_b)\tau_g]^2}$。我们讨论以下三种情况下的 $(p_T^{c*}-w_T^c)$ 的值。

情况 1：$\dfrac{[(1+\tau_b)\tau_g]^2(2-\varphi)}{2\gamma}<h<\dfrac{[(1+\tau_b)\tau_g]^2}{\gamma}$。

在这种情况下，我们可以轻松得到 $p_T^{c*}>w_T^c$。

情况 2：$\dfrac{[(1+\tau_b)\tau_g]^2}{\gamma}\leqslant h<\dfrac{[(1+\tau_b)\tau_g]^2(2-\varphi)}{\gamma}$。

我们设 $p_T^{c*}-w_T^c=0$，然后得 $\rho_T=\dfrac{2h\gamma}{h\gamma-[(1+\tau_b)\tau_g]^2}$。我们可以证得 $\rho_T=\dfrac{2h\gamma}{h\gamma-[(1+\tau_b)\tau_g]^2}>\dfrac{2h\gamma(2-\varphi)}{(1-\varphi)\{2h\gamma-2[(1+\tau_b)\tau_g]^2+\varphi[(1+\tau_b)\tau_g]^2\}}$。因此 $p_T^{c*}>w_T^c$。

情况 3：$h\geqslant\dfrac{[(1+\tau_b)\tau_g]^2(2-\varphi)}{\gamma}$。

在这种情况下，我们可以类似地得到 $\rho_T=\dfrac{2h\gamma}{h\gamma-[(1+\tau_b)\tau_g]^2}<\dfrac{2h\gamma(2-\varphi)}{(1-\varphi)\{2h\gamma-2[(1+\tau_b)\tau_g]^2+\varphi[(1+\tau_b)\tau_g]^2\}}$。然后，我们得到，如果 $0<\rho<\rho_T$，那么 $p_T^{c*}>w_T^c$；如果 $\rho>\rho_T$，那么 $p_T^{c*}<w_T^c$。

类似地，如果 $\rho>\dfrac{2h\gamma(2-\varphi)}{(1-\varphi)\{2h\gamma-2[(1+\tau_b)\tau_g]^2+\varphi[(1+\tau_b)\tau_g]^2\}}$，则制造商、零售商和平台无法协调。

② 在再销售模式下，按照证明定理 9.8① 的相同过程，我们可以发现制造商、零售商和平台不能实现协调。

定理 10.1 的证明

令 $p_r=\omega_r+v, v>0$。将公式(10－1)和公式(10－2)及 $p_r=\omega_r+v$ 代入 $\pi_r^M(\omega)$ 公式(10－3)中，由 $\pi_r^M(\omega)/\omega_r=(1+\rho)\alpha+\beta\sigma_r+2\eta[e_0(a_0-b_0C)-(v-$

$2\omega_r)]=0$ 可得 $\omega_r=\{2\eta[e_0(a_0-b_0C)-v]+\beta\sigma_r+(1+\rho)\alpha\}/(4\eta)$。将 ω_r 表达式代入 $\pi_r^P(p,\sigma)$ 到公式（10-4）中，求得 $\pi_r^P(p_r,\sigma_r)$ 的海塞矩阵为 $\begin{bmatrix}-2\eta & (\beta+\eta)/2\\(\beta+\eta)/2 & -3\beta/2\end{bmatrix}$。由于 $2\eta<\beta<(3+2\sqrt{2})\eta$，故海塞矩阵为负定，$\pi_r^P(p_r,\sigma_r)$ 存在极大值。再由

$$\begin{cases}\partial\pi_r^P(p_r,\sigma_r)/\partial v=(1+\rho)\alpha+(\beta+\eta)\sigma_r-2\eta[e_0(a_0-b_0C)+2v]/2=0\\ \partial\pi_r^P(p_r,\sigma_r)/\partial\sigma_r=(1-4\lambda)(1+\rho)\alpha+\\ 2[(\beta+\eta)v-3\beta\sigma_r+\eta e_0(a_0-b_0C)]/4=0\end{cases}$$

，联立可得

$$\begin{cases}v^*=[\alpha(1+\rho)[7\beta+\eta-4\lambda(\beta+\eta)]+\\ 2\eta(\eta-5\beta)e_0(a_0-b_0C)]/[2(10\beta\eta-\beta^2-\eta^2)]\\ \sigma_r^*=[\alpha(1+\rho)[\beta+\eta(3-8\lambda)]-2\eta(\beta-\eta)e_0(a_0-b_0C)]/(10\beta\eta-\beta^2-\eta^2)\end{cases}$$

。根据上述结果，可得定理 10.1 中的最优运作决策。

命题 10.1 的证明

①$\partial q_{1r}^*/\partial C=[\beta\eta(\beta+\eta)e_0b_0]/(10\beta\eta-\beta^2-\eta^2)$，显然当 $2\eta<\beta<(3+2\sqrt{2})\eta$ 时，$\partial q_{1r}^*/\partial C>0$。②$\partial q_{2r}^*/\partial C=-[\beta\eta(\beta-3\eta)e_0b_0]/(10\beta\eta-\beta^2-\eta^2)$，令 $\partial q_{2r}^*/\partial C>0$ 可得 $2\eta<\beta<3\eta$，因此当 $2\eta<\beta<3\eta$ 时，$\partial q_{2r}^*/\partial C>0$，当 $3\eta\leqslant\beta<(3+2\sqrt{2})\eta$ 时，$\partial q_{2r}^*/\partial C<0$。由于 $CS_{1r}^*=(q_{1r}^*)^2/(2\eta)$、$CS_{2r}^*=(q_{2r}^*)^2/(2\eta)$，易得 $\partial CS_{1r}^*/\partial C(\partial CS_{2r}^*/\partial C)$ 的结果与 $\partial q_{1r}^*/\partial C(\partial q_{2r}^*/\partial C)$ 相同。③$\partial Q_{1r}^*/\partial C=[4\beta\eta^2e_0b_0]/(10\beta\eta-\beta^2-\eta^2)$，显然当 $2\eta<\beta<(3+2\sqrt{2})\eta$ 时，$\partial Q_{1r}^*/\partial C>0$。由于 $CE_r^*=e_0Q_{1r}^*$，故 $\partial CE_r^*/\partial C$ 的结果与 $\partial Q_{1r}^*/\partial C$ 相同，即 $\partial CE_r^*/\partial C>0$。

命题 10.2 的证明

令 $\pi_r^{M*}=A_1C^2+B_1C+\delta_1$，其中 $A_1=8\beta^2b_0^2e_0^2\eta^3/(10\beta\eta-\beta^2-\eta^2)^2-b_0$，$B_1=4\beta b_0e_0\eta^2/(10\beta\eta-\beta^2-\eta^2)^2-a_0\times\{\alpha(1+\rho)[\beta(3-2\lambda)+2\eta\lambda-\eta]-4a_0b_0e_0\eta\}>0$。易得对称轴 $\bar{C}_1=-B_1/2A_1=$

$$\frac{a_0[(10\beta\eta-\beta^2-\eta^2)^2-16\beta^2b_0e_0^2\eta^3]+4\alpha\beta b_0e_0\eta^2(1+\rho)[\beta(3-2\lambda)+2\eta\lambda-\eta]}{2b_0[(10\beta\eta-\beta^2-\eta^2)^2-8\beta^2b_0e_0^2\eta^3]}$$

。令 $(10\beta\eta-\beta^2-\eta^2)^2>8\beta^2b_0e_0^2\eta^3$，可得 $e_0<\sqrt{(10\beta\eta-\beta^2-\eta^2)^2/(8\eta^3\beta^2b_0)}$。此时 $A_1<0$，$\bar{C}_1>0$，故 $\pi_r^{M*}=A_1C^2+B_1C+\delta_1$ 开口向下且对称轴大于零。因此，当 $0<C<\bar{C}_1$ 时，$\partial\pi_r^{M*}/\partial C>0$，当 $C\geqslant\bar{C}_1$ 时，$\partial\pi_r^{M*}/\partial C<0$。反之，当 $e_0\geqslant$

$\sqrt{(10\beta\eta-\beta^2-\eta^2)^2/(8\eta^3\beta^2 b_0)}$ 时，$A_1>0$，$\bar{C}_1<0$，此时 $\pi_r^{M*}=A_1C^2+B_1C+\delta_1$ 开口向上且对称轴小于零，故 $\partial\pi_r^{M*}/\partial C>0$。

命题 10.3 的证明

易得 $\partial\sigma_r^*/\partial\rho=\alpha[\beta+\eta(3-8\lambda)]/(10\beta\eta-\beta^2-\eta^2)$，由于本模型假设 λ 较低，故 $\partial\sigma_r^*/\partial\rho>0$。

命题 10.4 的证明

由于 $q_{1r}^*>0$，$Q_r^*>0$，易得 $\partial q_{1r}^*/\partial\rho>0$，$\partial Q_r^*/\partial\rho>0$，$\partial CE_r^*/\partial\rho>0$。

由于 $\partial q_{2r}^*/\partial\rho=(\beta^2-7\beta\eta+2\eta^2)\lambda-\beta^2+5\beta\eta-\eta^2$，令 $-\beta^2+5\beta\eta-\eta^2>0$，可得当 $2\eta<\beta<(5+\sqrt{21})\eta/2$ 时，$\partial q_{2r}^*/\partial\rho>0$；令 $-\beta^2+5\beta\eta-\eta^2<0$，可得当 $(5+\sqrt{21})\eta/2\leqslant\beta<(3+2\sqrt{2})\eta$ 时，$\partial q_{2r}^*/\partial\rho<0$。

定理 10.2 的证明：

将公式(10-1)、公式(10-2)代入制造商公式(10-6)，求得 $\pi_m^M(p_m,\sigma_m)$ 的海塞矩阵为 $\begin{bmatrix}-4\eta(1-\varphi) & (1-\varphi)(\beta+\eta)\\(1-\varphi)(\beta+\eta) & -2\beta(1-\varphi)\end{bmatrix}$。由于 $2\eta<\beta<(3+2\sqrt{2})\eta$，故海塞矩阵为负定，$\pi_m^M(p_m,\sigma_m)$ 存在极大值。再由

$$\begin{cases}\partial\pi_m^M(p_m,\sigma_m)/\partial p_m=(1-\varphi)[\alpha(1+\rho)-\\4\eta p_m+(\beta+\eta)\sigma_m]+2\eta e_0(a_0-b_0C)=0\\\partial\pi_m^M(p_m,\sigma_m)/\partial\sigma_m=(1-\varphi)[p_m(\beta+\eta)-\\\alpha\lambda(1+\rho)-2\beta\sigma_m]-\beta e_0(a_0-b_0C)=0\end{cases}$$

，联立可得

$$\begin{cases}p_m^*=\{\alpha(1+\rho)(1-\varphi)[\beta(2-\lambda)-\eta\lambda]-\\\beta(\beta-3\eta)e_0(a_0-b_0C)\}/[(1-\varphi)(6\beta\eta-\beta^2-\eta^2)]\\\sigma_m^*=[\alpha(1+\rho)(1-\varphi)(\beta-4\eta\lambda+\eta)-\\2\eta(\beta-\eta)e_0(a_0-b_0C)]/[(1-\varphi)(6\beta\eta-\beta^2-\eta^2)]\end{cases}$$

。根据上述结果，可得定理 10.2 中的最优运作决策。

命题 10.5 的证明

①$\partial q_{1m}^*/\partial\varphi=-[\beta\eta(\beta+\eta)e_0(a_0-b_0C)]/[(1-\varphi)^2(6\beta\eta-\beta^2-\eta^2)]$，显然 $\partial q_{1m}^*/\partial\varphi<0$。②$\partial q_{2m}^*/\partial\varphi=[\beta\eta(\beta-3\eta)e_0(a_0-b_0C)]/[(1-\varphi)^2(6\beta\eta-\beta^2-\eta^2)]$，令 $\partial q_{2m}^*/\partial\varphi<0$ 可得 $2\eta<\beta<3\eta$，因此当 $2\eta<\beta<3\eta$ 时，$\partial q_{2m}^*/\partial\varphi<0$，当 $3\eta\leqslant\beta<(3+2\sqrt{2})\eta$ 时，$\partial q_{2m}^*/\partial\varphi>0$。由于 $CS_{1m}^*=(q_{1m}^*)^2/(2\eta)$、$CS_{2m}^*=$

$(q_{2m}^*)^2/(2\eta)$，易得 $\partial CS_{1m}^*/\partial\varphi(\partial CS_{2m}^*/\partial\varphi)$ 的结果与 $\partial q_{1m}^*/\partial\varphi(\partial q_{2m}^*/\partial\varphi)$ 相同。(c)$\partial Q_{1m}^*/\partial\varphi=-[4\beta\eta^2 e_0(a_0-b_0C)]/[(1-\varphi)^2(6\beta\eta-\beta^2-\eta^2)]$，显然当 $2\eta<\beta<(3+2\sqrt{2})\eta$ 时，$\partial Q_{1m}^*/\partial\varphi<0$。由于 $CE_m^*=e_0Q_{1m}^*$，故 $\partial CE_m^*/\partial\varphi$ 的结果与 $\partial Q_{1m}^*/\partial\varphi$ 相同，即 $\partial CE_m^*/\partial\varphi<0$。

命题 10.6 的证明

易得 $\partial\sigma_m^*/\partial\varphi=-[2\eta(\beta-\eta)e_0(a_0-b_0C)]/[(1-\varphi)^2(6\beta\eta-\beta^2-\eta^2)]$，显然当 $2\eta<\beta<(3+2\sqrt{2})\eta$ 时，$\partial\sigma_m^*/\partial\varphi<0$。

命题 10.7 的证明

与命题 10.2 的证明同理，故不再赘述。

定理 10.3 的证明

易得 $p_r^*-p_m^*=\dfrac{\beta(\beta-3\eta)(k\rho+b)}{(1-\varphi)(10\beta\eta-\beta^2-\eta^2)(6\beta\eta-\beta^2-\eta^2)}$，其中 $k=\alpha(1-\varphi)[\beta(2\lambda-3)-2\eta\lambda+\eta]$，$b=\alpha(1-\varphi)[\beta(2\lambda-3)-2\eta\lambda+\eta]+e_0(a_0-b_0C)[\varphi(6\beta\eta-\beta^2-\eta^2)+4\beta\eta]$。由于 $Q_r^*>0$，故 $\beta(3-2\lambda)+2\eta\lambda-\eta>0$，即 $k<0$。当 $2\eta<\beta<(3+2\sqrt{2})\eta$ 时，$\varphi(6\beta\eta-\beta^2-\eta^2)+4\beta\eta>0$，此时有两种情形。(a) 当 $\alpha(1-\varphi)[\beta(3-2\lambda)+2\eta\lambda-\eta]>e_0(a_0-b_0C)[\varphi(6\beta\eta-\beta^2-\eta^2)+4\beta\eta]$ 时，可得 $0<\varphi<1-\dfrac{e_0(a_0-b_0C)(10\beta\eta-\beta^2-\eta^2)}{\alpha[\beta(3-2\lambda)+2\eta\lambda-\eta]+e_0(a_0-b_0C)(6\beta\eta-\beta^2-\eta^2)}=\bar{\varphi}\in(0,1)$，$b<0$，$\bar{\rho}_1=-b/k<0$。此时，当 $2\eta<\beta<3\eta$ 时，$p_r^*-p_m^*>0$，当 $3\eta\leqslant\beta<(3+2\sqrt{2})\eta$ 时，$p_r^*-p_m^*<0$。(b) 当 $\alpha[\beta(3-2\lambda)+2\eta\lambda-\eta](1-\varphi)<e_0(a_0-b_0C)[\varphi(6\beta\eta-\beta^2-\eta^2)+4\beta\eta]$ 时，可得 $\bar{\varphi}<\varphi<1$，$b>0$，$\bar{\rho}_1=-b/k>0$。此时，当 $2\eta<\beta<3\eta$ 时，若 $0<\rho<\bar{\rho}_1$，则 $p_r^*-p_m^*<0$；若 $\rho>\bar{\rho}_1$，则 $p_r^*-p_m^*>0$，当 $3\eta\leqslant\beta<(3+2\sqrt{2})\eta$ 时，情况则相反。

定理 10.4 的证明

与命题 10.3② 的证明同理，故不再赘述。

定理 10.5 的证明

将需求公式(10-1)、公式(10-2)代入利润公式(10-9)中，求得 $\prod_T$ 的海塞矩阵为 $\begin{bmatrix}-4\eta & \beta+\eta\\ \beta+\eta & -3\beta\end{bmatrix}$。显然，当 $\beta\in(2\eta,(3+2\sqrt{2})\eta)$ 时，有 $-4\eta<0$ 且 $(-4\eta)\times(-3\beta)-(\beta+\eta)^2>0$，故 $\prod_T$ 存在极大值。再由

$$\begin{cases}\partial \prod_T/\partial p = 2\eta e_0(a_0 - b_0C) + \alpha(1+\rho) + \sigma(\beta+\eta) - 4\eta p = 0 \\ \partial \prod_T/\partial \sigma = \beta e_0(a_0 - b_0C) - \alpha\lambda(1+\rho) - 2\beta\sigma + p(\beta+\eta) = 0\end{cases}$$，联立可得

$$\begin{cases}p^{c*} = \{\alpha(1+\rho)[\beta(2-\lambda) - \eta\lambda] - \beta(\beta-3\eta)e_0(a_0 - b_0C)\}/(6\beta\eta - \beta^2 - \eta^2) \\ \sigma^{c*} = [\alpha(1+\rho)(\beta - 4\eta\lambda + \eta) - 2\eta(\beta-\eta)e_0(a_0 - b_0C)]/(6\beta\eta - \beta^2 - \eta^2)\end{cases}$$。

再销售模式下，由于 $\omega = [\alpha(1+\rho) + \beta\sigma + 2\eta e_0(a_0 - b_0C) - 2\eta v]/(4\eta)$，故 $\omega^{c*} = \{2e_0(4\beta\eta - \beta^2 - \eta^2)(a_0 - b_0C) - \alpha(1+\rho)[2(\beta-\eta)\lambda - 3\beta + \eta]\}/[2(6\beta\eta - \beta^2 - \eta^2)]$，$p^{c*} - \sigma^{c*} - \omega^{c*} = [2\eta(\beta-\eta)e_0(a_0 - b_0C) - \alpha(1+\rho)(\beta - 4\eta\lambda + \eta)]/[2(6\beta\eta - \beta^2 - \eta^2)]$。令 $p^{c*} - \sigma^{c*} - \omega^{c*} > 0$，可得 $\rho < \{[2\eta(\beta-\eta)e_0(a_0 - b_0C)]/[\alpha(\beta - 4\eta\lambda + \eta)]\} - 1 = \bar{\rho}$。此外，为了确保 $q_{1r} > 0$，可得 $\rho > \{[\eta(\beta+\eta)e_0(a_0 - b_0C)]/[\alpha(\beta(1-\lambda) + \eta(5\lambda - 2)]\} - 1 = \underline{\rho}$。令 $\bar{\rho} - \underline{\rho} > 0$，可得 $\beta > (4+\sqrt{13})\eta > (3+2\sqrt{2})\eta$，此时 $p^{c*} - \sigma^{c*} - \omega^{c*}$ 和 q_{1r} 不可同时大于零，故供应链不可协调。

平台抽成模式下，将集中式最优运作决策代入

$$\begin{cases}\partial \pi_m^M(p,\sigma)/\partial p = (1-\varphi)\alpha(1+\rho) + 2\eta e_0(a_0 - b_0C) - \\ (1-\varphi)[4\eta p - (\beta+\eta)\sigma] = 0 \\ \partial \pi_m^M(p,\sigma)/\partial \sigma = (1-\varphi)[p(\beta+\eta) - \alpha\lambda(1+\rho) - 2\beta\sigma] - \beta e_0(a_0 - b_0C) = 0\end{cases}$$，

可得 $\varphi = 0$，故供应链不可协调。

定理 10.6 的证明

与定理 10.5 的证明同理，故不再赘述。

定理 11.1 的证明

从公式(11－1)～公式(11－4)中，我们可以得到一阶偏导 $\partial\pi_M^m/\partial q_M = \{[(1+\rho)\alpha - 2q_M - \theta l_M](1-\varphi) + p_0 r\beta\}/\beta$，二阶偏导 $\partial^2\pi_M^m/\partial q_M^2 = -2(1-\varphi)/\beta$。很显然 $-2(1-\varphi)/\beta < 0$。我们得到反应函数为 $q_M = \{p_0 r\beta + (1-\varphi)[\alpha(1+\rho) - \theta l_M]\}/[2(1-\varphi)]$。将 q_M 代入公式(11－1)，我们得到 $p_M = \{[\alpha(1+\rho) - \theta l_M](1-\varphi) - p_0 r\beta\}/[2\beta(1-\varphi)]$。将 q_M 和 p_M 代入公式(11－5)，我们得到 $\partial\pi_M^p/\partial l_M = \{4c_1(c_0 - c_1 l)(1+r_0)\beta - \theta[\alpha(1+\rho) - \theta l_M]\varphi\}/(2\beta)$，$\partial^2\pi_M^p/\partial l_M^2 = -[4c_1^2(1+r_0)\beta - \theta^2\varphi]/(2\beta)$。很明显 $-[4c_1^2(1+r_0)\beta - \theta^2\varphi]/(2\beta) < 0$。因此，我们得到最优的最优交货时间是 $l_M^* = [4c_0c_1\beta(1+r_0) - \alpha\theta\varphi(1+\rho)]/[4c_1^2\beta(1+r_0) - \theta^2\varphi]$。将 l_M^* 代入 $q_M = \{p_0 r\beta + (1-\varphi)[\alpha(1+\rho) - \theta l_M]\}/[2(1-\varphi)]$，得到

最优的生产量是 $q_M^* = \dfrac{\beta\{4c_1^2(1+r_0)[p_0 r\beta+\alpha(1+\rho)(1-\varphi)]}{-4c_0c_1\theta(1+r_0)(1-\varphi)-p_0 r\theta^2\varphi\}}/\{2(1-\varphi)[4c_1^2(1+r_0)\beta-\theta^2\varphi]\}$。将 q_M^* 和 l_M^* 代入公式(11-4)和公式(11-5),我们得到两家企业的最优利润为

$$\pi_M^{m*}=\frac{\begin{array}{c}\{\{(8c_0c_1^3(1+r_0)2\alpha\beta\theta(1+\rho)(1-\varphi)-4c_1^4(1+r_0)2\\ \beta(4Fr_0\beta+\alpha^2(1+\rho)2(1-\varphi))+(c_0^2-F)r_0\theta^4\varphi^2)-\\ 2c_0c_1r_0\alpha\theta^3(1+\rho)\varphi^2+c_1^2\theta^2(-4c_0^2(1+r_0)2\beta(1-\varphi)+\varphi(8Fr_0(1+r_0)\beta\\ +r_0\alpha^2(1+\rho)2\varphi)))-T[4(1+r_0)\beta-\theta^2\varphi]2\}[4(1-\varphi)]+\\ \{2c_1p_0(1+r_0)[2c_1Q-c_0r\theta\\ +c_1r\alpha(1+\rho)]-p_0Q\theta^2\varphi\}[4(1-\varphi)][4c_1^2(1+r_0)\beta-\theta^2\varphi]+\\ [4(1+r_0)\beta-\theta^2\varphi]2p_0^2r^2\beta\}\end{array}}{[4c_1^2(1+r_0)\beta-\theta^2\varphi]^2[4(1-\varphi)]},$$

$$\pi_M^{p*}=\frac{\begin{array}{c}\{\theta^2\varphi[4c_0^2(1+r_0)(1-\varphi)2-4Fr_0(1-\varphi)2+p_0^2r^2\beta\varphi]-\\ 8c_0c_1(1+r_0)\alpha\theta(1+\rho)(1-\varphi)2\varphi+4c_1^2(1+r_0)[4Fr_0\beta(1-\varphi)2+\\ \alpha^2(1+\rho)2(1-\varphi)2\varphi-p_0^2r^2\beta^2]\}\end{array}}{\{4\,(1-\varphi)^2[4c_1^2(1+r_0)\beta-\theta^2\varphi]\}}。$$

命题 11.1 的证明

我们得到一阶偏导

$\partial q_M^*/\partial\varphi = \dfrac{\{\beta[16c_1^4p_0r(1+r_0)2\beta^2-4c_0c_1(1+r_0)\theta^3(1-\varphi)2+}{p_0r\theta^4\varphi^2+4c_1^2(1+r_0)\theta^2(\alpha(1+\rho)(1-\varphi)2-2p_0r\beta\varphi)]\}}/\{2\,(1-\varphi)^2[4c_1^2(1+r_0)\beta-\theta^2\varphi]^2\}$。简便起见,我们让 $f(\varphi)=16c_1^4\beta^2rp_0\,(1+r_0)^2-(4c_0c_1\theta^3+4c_0c_1\theta^3r_0)\,(1-\varphi)^2+p_0r\theta^4\varphi^2+4c_1^2(1+r_0)\theta^2(\alpha(1+\rho)\,(1-\varphi)^2-2p_0r\beta\varphi)$。通过观察 $f(\varphi)=0$,我们发现如果 $CCSE$ 为正,那么 $B^2-4AC=-16c_1p_0r(1+r_0)\,[4c_1^2(1+r_0)\beta\theta-\theta^3]^2[c_1\alpha(1+\rho)-c_0\theta]<0$,

$A=\theta^2\{p_0r\theta^2+4c_1(1+r_0)[c_1\alpha(1+\rho)-c_0\theta]\}>0$,$B=-8c_1(1+r_0)\theta^2[c_1(\alpha+\alpha\rho+p_0r\beta)-c_0\theta]<0$,$C=4c_1(1+r_0)[4c_1^3p_0r(1+r_0)\beta^2-c_0\theta^3+c_1\alpha\theta^2(1+\rho)]>0$。因此,$f(\varphi)>0$,即 $\partial q_M^*/\partial\varphi>0$。如果 $CCSE$ 为负,那么 $A=\theta^2\{p_0r\theta^2+4c_1(1+r_0)[c_1\alpha(1+\rho)-c_0\theta]\}>0$,$B=-8c_1(1+r_0)\theta^2[c_1(\alpha+\alpha\rho+p_0r\beta)-c_0\theta]<0$,$C=4c_1(1+r_0)[4c_1^3p_0r(1+r_0)\beta^2-c_0\theta^3+c_1\alpha\theta^2(1+\rho)]>0$,$B^2-4AC=-16c_1p_0r(1+r_0)\,[4c_1^2(1+r_0)\beta\theta-\theta^3]^2[c_1\alpha(1+\rho)-c_0\theta]>0$。我们通过解等式 $f(\varphi)=0$,得到两个阈值

$$\varphi_1=\frac{4c_1(1+r_0)\theta^2[c_1(\alpha+p_0r\beta+\alpha\rho)-c_0\theta]-2\theta[4c_1^2(1+r_0)\beta-\theta^2]\sqrt{c_1p_0r(1+r_0)[c_0\theta-c_1\alpha(1+\rho)]}}{\theta^2[4c_1^2(1+r_0)\alpha(1+\rho)+p_0r\theta^2-4c_0c_1(1+r_0)\theta]},$$

$$\varphi_2=\frac{4c_1(1+r_0)\theta^2[c_1(\alpha+p_0r\beta+\alpha\rho)-c_0\theta]+2\theta[4c_1^2(1+r_0)\beta-\theta^2]\sqrt{c_1p_0r(1+r_0)[c_0\theta-c_1\alpha(1+\rho)]}}{\theta^2[4c_1^2(1+r_0)\alpha(1+\rho)+p_0r\theta^2-4c_0c_1(1+r_0)\theta]}$$。因为当潜在市场容量足够大时,φ_2 大于 1,所以我们忽略这个阈值。

命题 11.2 的证明

一阶偏导 $\partial\pi_M^{p*}/\partial r=-p_0^2r\beta\varphi/[2(1-\varphi)^2]$,很明显,我们证明了命题 11.2.

定理 11.2 的证明

使 $p_R=w_R+\Delta$,线上需求 $q_R=(1+\rho)\alpha-\beta(w_R+\Delta)-\theta l_R$,制造商的利润 $\pi_R^m=p_0\{Q+r[(1+\rho)\alpha-\beta(w_R+\Delta)-\theta l_R]\}+w[(1+\rho)\alpha-\beta(w_R+\Delta)-\theta l_R]+r_0[(c_0-c_1l)^2-F]$。二阶偏导$\partial^2\pi_R^m/\partial w_R^2=-2/\beta<0$,通过解等式 $\partial\pi_R^m/\partial w_R=0$,得到 $w_R=[\alpha(1+\rho)-p_0r\beta-\beta\Delta-l_R\theta]/(2\beta)$,并将其代入 $q_R=(1+\rho)\alpha-\beta(w_R+\Delta)-\theta l_R$,进一步将 q_R 代入 $\pi_R^p=\Delta q_R-(c_0-c_1l_R)^2-r_0[(c_0-c_1l_R)^2-F]$。发现$\partial^2\pi_R^p/\partial l^2=-2c_1^2(1+r_0)<0$,$\partial^2\pi_R^p/\partial\Delta^2=-\beta<0$。联立解等式 $\partial\pi_R^p/\partial l=0$ 和 $\partial\pi_R^p/\partial\Delta=0$,得到 $l=\{8c_0c_1(1+r_0)\beta-\theta[\alpha(1+\rho)+p_0r\beta]\}/[8c_1^2(1+r_0)\beta-\theta^2]$,

$\Delta=4c_1(1+r_0)[c_1(\alpha+\alpha\rho+p_0r\beta)-c_0\theta]/[8c_1^2(1+r_0)\beta-\theta^2]$。将他们代入 q_R 和 w_R,最优的运作决策是 $q_R^*=2c_1(1+r_0)\beta[c_1(\alpha+p_0r\beta+\alpha\rho)-c_0\theta]/[8c_1^2(1+r_0)\beta-\theta^2]$,

$l_R^*=\{8c_0c_1\beta(1+r_0)-\theta[\alpha(1+\rho)+p_0r\beta]\}/[8c_1^2\beta(1+r_0)-\theta^2]$,

$w_R^*=[p_0r\theta^2-2c_0c_1(1+r_0)\theta+2c_1^2(1+r_0)(\alpha+\alpha\rho-3p_0r\beta)]/[8c_1^2(1+r_0)\beta-\theta^2]$,两家企业的利润是

$$\pi_R^{m*}=\{(p_0Q+r_0c_0^2-r_0F)\theta^4-8c_0c_1^3(1+r_0)2\beta\theta(\alpha+\alpha\rho+p_0r\beta)-2c_0c_1r_0\theta^3(\alpha+\alpha\rho+p_0r\beta)+4c_1^4(1+r_0)2\beta[16\beta p_0Q-16\beta Fr_0+(\alpha+\alpha\rho+p_0r\beta)2]+c_1^2\theta^2(4(c_0^2-4p_0Q)\beta+4r_0(2\beta c_0^2+r_0\beta c_0^2)+16\beta r_0(F+Fr_0-p_0Q)+r_0(\alpha+\alpha\rho+p_0r\beta)2\}/[8c_1^2(1+r_0)\beta-\theta^2]^2,$$

$$\pi_R^{p*}=\{[c_o^2(1+r_0)-Fr_0]\theta^2-2c_0c_1(1+r_0)\theta[\alpha(1+\rho)+p_0r\beta]+c_1^2(1+r_0)[8Fr_0\beta+(\alpha+\alpha\rho+p_0r\beta)2]-T[8c_1^2(1+r_0)\beta-\theta^2]\}/[8c_1^2(1+r_0)\beta-\theta^2]。$$

命题 11.3 的证明

① 一阶偏导 $\partial q_R^* / \partial\theta = -2c_1(1+r_0)\beta\{c_0[8c_1^2(1+r_0)\beta+\theta^2]-2c_1\theta(\alpha+p_0r\beta+\alpha\rho)\}/[8c_1^2(1+r_0)\beta-\theta^2]^2$。通过解等式 $\partial q_R^* / \partial\theta=0$，得到两个阈值 $\theta_1=\{c_1(\alpha+p_0r\beta+\alpha\rho)-\sqrt{c_1^2[(\alpha+p_0r\beta+\alpha\rho)-8c_0^2(1+r_0)\beta]}\}/c_0$，$\theta_2=\{c_1(\alpha+p_0r\beta+\alpha\rho)+\sqrt{c_1^2[(\alpha+p_0r\beta+\alpha\rho)-8c_0^2(1+r_0)\beta]}\}/c_0$。我们知道 $c_0-c_1l_R^*>0$，即 $\theta<c_1(\alpha+\alpha\rho+p_0r\beta)/c_0$。所以，我们保留 $\theta=\{c_1(\alpha+p_0r\beta+\alpha\rho)-\sqrt{c_1^2[(\alpha+p_0r\beta+\alpha\rho)-8c_0^2(1+r_0)\beta]}\}/c_0$。因此，命题 11.3 可以被证明。

② 命题 11.3① 的证明过程和 11.3② 相似。因此，我们不对命题 11.3② 再次进行证明。

定理 11.3.1 的证明

我们解等式 $q_M^*=q_R^*$ 并且获得两个阈值。为了避免证明的繁琐性，我们保留较大值

$$r_0=\frac{\begin{array}{c}-c_0c_1\theta^3(1-\varphi)2+c_1^2\theta^2(\alpha(1+\rho)(1-\varphi)2+\\ p_0r\beta(1+\varphi+\varphi^2))-8c_1^3\beta\{(1-\varphi)[c_1\alpha(1+\rho)\\ -c_0\theta]+c_1p_0r\beta(1+\varphi)\}+\sqrt{\begin{array}{c}(c_1^2\theta^4(4c_1p_0r\beta\varphi((c_0\theta-c_1\alpha(1+\rho))\\ (1-\varphi)-c_1p_0r\beta(1+\varphi))\\ +((1-\varphi)2(c_1\alpha(1+\rho)\\ -c_0\theta)+c_1p_0r\beta(1+\varphi+\varphi^2))2))\end{array}}\end{array}}{8c_1^3\beta\{(1-\varphi)[c_1\alpha(1+\rho)-c_0\theta]+c_1p_0r\beta(1+\varphi)\}}$$

。让 $M=-c_0c_1\theta^3(1-\varphi)^2+c_1^2\theta^2(\alpha(1+\rho)(1-\varphi)^2+p_0r\beta(1+\varphi+\varphi^2))-8c_1^3\beta\{(1-\varphi)[c_1\alpha(1+\rho)-c_0\theta]+c_1p_0r\beta(1+\varphi)\}$，$N=c_1^2\theta^2\alpha(1+\rho)(1-\varphi)^2-8c_1^3\beta(1-\varphi)c_1\alpha(1+\rho)=c_1^2\alpha(1+\rho)(1-\varphi)[-8c_1^2\beta+\theta^2(1-\varphi)]$。我们知道 $c_1^2\alpha(1+\rho)(1-\varphi)[-8c_1^2\beta+\theta^2(1-\varphi)]<0$。因此，$r_0$ 小于零，很容易得到二次项系数大于零。因此，$q_M^*>q_R^*$。(2) 解等式 $l_M^*=l_R^*$，即 $\{4c_1^2\beta\theta[\alpha(1+\rho)(1-2\varphi)+p_0r\beta]-4c_0c_1\beta\theta^2(1-2\varphi)\}(1+r_0)-p_0r\beta\theta^3\varphi=0$，得到的解为 $r_0=\dfrac{4c_1^2[\alpha(1+\rho)(1-2\varphi)+p_0r\beta]-p_0r\theta^2\varphi-4c_0c_1\theta(1-2\varphi)}{4c_1[c_0\theta-c_1\alpha(1+\rho)](1-2\varphi)-4c_1^2p_0r\beta}$。我们观察这个解并发现 r_0 与 r 是正向关系。我们对 r 复制 -1 和 1 并且依次代入 $r_0=\dfrac{4c_1^2[p_0r\beta+(\alpha+\rho\alpha)(1-2\varphi)]-p_0r\theta^2\varphi-4c_0c_1\theta(1-2\varphi)}{[c_0\theta-c_1\alpha(1+\rho)]4c_1(1-2\varphi)-4c_1^2p_0r\beta}$ 并发现 r_0 总是小于零。并且发现 $4c_1^2\beta\theta[\alpha(1+\rho)(1-2\varphi)+p_0r\beta]-4c_0c_1\beta\theta^2(1-2\varphi)>0$。因此，只有当 $r_0>0$ 时，才会有 $l_M^*>l_R^*$。

定理 11.3.2 的证明

我们通过 T 比较 π_M^{m*} 和 π_R^{m*}，很容易得到定理 11.3.2。

引理 11.1 的证明

集中式情况下的总利润函数 $\pi_{ec}=p_0(Q+q_{ec}r)+p_{ec}q_{ec}-(c_0-c_1l_{ec})^2$，联立解等式 $\partial\pi_{ec}^*/\partial q_{ec}=0$ 和 $\partial\pi_{ec}^*/\partial l_{ec}=0$，我们得到最优的运作决策为 $q_{ec}^*=\{2c_1\beta[c_1(\alpha+\alpha\rho+p_0r\beta)-c_0\theta]\}/(4c_1^2\beta-\theta^2)$，$l_{ec}^*=[4c_0c_1\beta-\theta(\alpha+\alpha\rho+p_0r\beta)]/(4c_1^2\beta-\theta^2)$。

定理 11.4 的证明

在平台抽成模式下，我们得到 $\partial\pi_{Me}^p/\partial l_{Me}=[2c_1(c_0-c_1l_{Me})(1+r_0)\beta-q_{Me}\theta\varphi]/\beta$ 和 $\partial^2\pi_{Me}^p/\partial l_{Me}^2=-2c_1^2(1+r_0)$。通过解等式 $\partial\pi_{Me}^p/\partial l_{Me}=0$ 并且得到 $l_{Me}=[2c_0c_1\beta(1+r_0)-q_{Me}\theta\varphi]/[2c_1^2(1+r_0)\beta]$。将 l_{Me} 代入公式(11-9)，并且进一步解等式 $\partial\pi_{Me}^m/\partial q_{Me}=0$。我们得到最优的生产量为 $q_{Me}^*=\dfrac{2c_1(1+r_0)^2\beta[c_1p_0r\beta-c_0\theta(1-\varphi)+c_1\alpha(1+\rho)(1-\varphi)]}{4c_1^2(1+r_0)^2\beta(1-\varphi)-\theta^2\varphi[2(1+r_0)-(2+r_0)\varphi]}$。然后我们将 q_{Me}^* 代入 $l_{Me}=[2c_0c_1\beta(1+r_0)-q\theta\varphi]/[2c_1^2(1+r_0)\beta]$，得到最优的交货时间 $l_{Me}^*=$

$$\frac{(1+r_0)\{c_1(1+r_0)\theta[p_0r\beta+\alpha(1+\rho)(1-\varphi)]\varphi+c_0[\theta^2(1+r_0-\varphi)\varphi-4c_1^2(1+r_0)2\beta(1-\varphi)]\}}{\{c_1(1+r_0)[\theta^2\varphi(2(1+r_0)-(2+r_0)\varphi)-4c_1^2(1+r_0)2\beta(1-\varphi)]\}}$$

。从引理 11.1 可以得到 $q_{ec}^*=\{2c_1\beta[c_1(\alpha+\alpha\rho+p_0r\beta)-c_0\theta]\}/(4c_1^2\beta-\theta^2)$，$l_{ec}^*=[4c_0c_1\beta-\theta(\alpha+\alpha\rho+p_0r\beta)]/(4c_1^2\beta-\theta^2)$。然后将 q_{ec}^* 带入反应函数 $l_{Me}=[2c_0c_1\beta(1+r_0)-q\theta\varphi]/[2c_1^2(1+r_0)\beta]$。然后解等式 $l_{Me}=l_{ec}^*$，我们得到 $\varphi=1+r_0$。很明显，佣金率大于 1，这意味着制造商不会通过平台卖产品，说明两家企业不会实现协调。

在再销售模式下，我们得到 $\partial\pi_{Re}^p/\partial p_{Re}=\alpha(1+\rho)+(w_{Re}-2p_{Re})\beta-l_{Re}\theta$，$\partial\pi_{Re}^p/\partial l_{Re}=2c_1(c_0-c_1l_{Re})(1+r_0)+(w_{Re}-p_{Re})\theta$，$\partial^2\pi_{Re}^p/\partial p_{Re}^2=-2\beta$，$\partial^2\pi_{Re}^p/\partial l_{Re}^2=-2c_1^2(1+r_0)$，$\partial^2\pi_{Re}^p/\partial p_{Re}\partial l_{Re}=-\theta$。通过解等式 $\partial\pi_{Re}^p/\partial p_{Re}=0$ 和 $\partial\pi_{Re}^p/\partial l_{Re}=2c_1(c_0-c_1l_{Re})(1+r_0)+(w_{Re}-p_{Re})\theta=0$，得到 $p_{Re}=[2c_1^2(1+r_0)(\alpha+\alpha\rho+w_{Re}\beta)-2c_0c_1(1+r_0)\theta-w_{Re}\theta^2]/[4c_1^2(1+r_0)\beta-\theta^2]$，

$l_{Re}=[4c_0c_1(1+r_0)\beta-\theta(\alpha+\alpha\rho-w_{Re}\beta)]/[4c_1^2(1+r_0)\beta-\theta^2]$。我们将 p_{Re} 和 l_{Re} 代入公式(11-11)并且能够得到制造商的利润。通过解等式 $\partial\pi_{Re}^m/\partial w_{Re}=0$

并且得到

$$w_{Re}^{*}=\{c_0(1+2r_0)\theta^3-4c_0c_1^2(1+r_0)2\beta\theta+4c_1^3(1+r_0)2\beta(\alpha+\alpha\rho-p_0r\beta)-c_1\theta^2[(1+2r_0)\alpha(1+\rho)-p_0r(1+r_0)\beta]\}/$$

$\{c_1\beta[8c_1^2(1+r_0)^2\beta-(2+3r_0)\theta^2]\}$。我们将 w_{Re}^{*} 代入 p_{Re} 和 l_{Re}。因此，我们得到最优的运作决策

$$p_{Re}^{*}=\{(c_0+2c_0r_0)\theta^3-6c_0c_1^2(1+r_0)2\beta\theta+2c_1^3(1+r_0)2\beta[3\alpha(1+\rho)-p_0r\beta]-c_1\theta^2[(1+2r_0)\alpha(1+\rho)-p_0r(1+r_0)\beta]\}/$$

$\{c_1\beta[8c_1^2(1+r_0)^2\beta-(2+3r_0)\theta^2]\}$，$l_{Re}^{*}=[8c_0c_1^2(1+r_0)^2\beta-c_0(1+2r_0)\theta^2-c_1(1+r_0)\theta(\alpha+\alpha\rho+p_0r\beta)]/[8c_1^3(1+r_0)^2\beta-c_1(2+3r_0)\theta^2]$。我们将 l_{ec}^{*} 代入公式(11-12)并且获得 $\partial\pi_{Re}^{p}/\partial p_{Re}=[-4c_0c_1\theta\beta+(2p_{Re}+p_0r-w_{Re})\beta\theta^2+4c_1^2\beta(\alpha+\alpha\rho-2p_{Re}\beta+w_{Re}\beta)]/(4c_1^2\beta-\theta^2)$，$\partial^2\pi_{Re}^{p}/\partial p_{Re}^2=-2\beta$。通过解等式 $\partial\pi_{Re}^{p}/\partial p_{Re}=0$，我们得到 $p_{Re}=[(p_0r-w_{Re})\theta^2+4c_1^2(\alpha+\alpha\rho+w_{Re}\beta)-4c_0c_1\theta]/(8c_1^2\beta-2\theta^2)$。为了使 $p_{Re}=p_{ec}^{*}$，即 $[(p_0r-w_{Re})\theta^2+4c_1^2(\alpha+\alpha\rho+w_{Re}\beta)-4c_0c_1\theta]/(8c_1^2\beta-2\theta^2)=[p_0r\theta^2-2c_0c_1\theta+2c_1^2(\alpha+\alpha\rho-p_0r\beta)]/(4c_1^2\beta-\theta^2)$，必须有 $w_{Rec}=-p_0r$。需要注意的是，$p_{ec}^{*}-w_{Rec}=2c_1[c_1(\alpha+\alpha\rho+p_0r\beta)-c_0\theta]/(4c_1^2\beta-\theta^2)>0$。因此，当 $w_{Rec}=-p_0r$ 时，两家企业能够协调。

引理 11.2 的证明

在集中式情况下，总利润为 $\pi_{w}=p_{w}(q_{w}+q_0)-(c_0-c_1l_{w})^2$，很容易求出当总利润最大时的最优生产量和交货时间：$q_{w}^{*}=\{2c_1^2\alpha[\beta\rho+r\beta(1+\rho)+2\eta(1+\rho)]+\theta^2\alpha(1+r)-2c_0c_1[\beta(1+r)+2\eta]\theta\}/[4c_1^2(\beta+r\beta+\eta)-(\theta+\theta r)^2]$，

$l_{w}^{*}=\{4c_0c_1[\beta(1+r)+\eta]-(\alpha\theta+\alpha\theta r)[2+r(1+\rho)+\rho]\}/[4c_1^2(\beta+r\beta+\eta)-(1+r)^2\theta^2]$。

定理 11.5 的证明

在平台抽成模式下，通过联立解等式 $\partial\pi_{Mv}^{r}/\partial l_{Mv}=0$ 和 $\partial\pi_{Mv}^{r}/\partial p_{Mv}=0$，我们得到 $p_{Mv}=\{2c_1(1+r_0)[c_1w_{Mv}^{r}(r\beta+\eta)-c_0r\theta+c_1\alpha+c_1\alpha r(1+\rho)]\}/[(\eta+r\beta)(4c_1^2+4c_1^2r_0)-\theta^2\varphi r]$，

$l_{Mv}=\{4c_0c_1(1+r_0)(r\beta+\eta)-\theta[w_{Mv}^{r}(\eta+r\beta)+\alpha+\alpha r+\alpha r\rho))]\varphi\}/[4c_1^2(1+r_0)(\eta+r\beta)-\theta^2r\varphi]$。通过联立解等式 $l_{w}^{*}=l_{Mv}$ 和 $p_{w}^{*}=p_{Mv}$，我们得到 $w_{Mvc}^{r}=\{(1+r)\alpha\theta^2+4c_1^2\alpha[\eta(1+\rho)-\beta]-4c_0c_1\eta\theta\}/\{(r\beta+\eta)[4c_1^2(\beta+r\beta+\eta)-(1+r)^2\theta^2]\}$，$\varphi_{w}=(1+r)(1+r_0)$。在再销售模式下，通过联立解等式 ∂

$\pi_{Rv}^{p}/\partial l_{Rv}=0$ 和 $\partial\pi_{Rv}^{r}/\partial p_{Rv}=0$。我们得到 $l_{Rv}=\{[4c_0c_1(1+r_0)+(2w_{Rv}^{p}-w_{Rv}^{r})\theta](r\beta+\eta)-\alpha\theta-\alpha\theta r(1+\rho)\}/[(\eta+r\beta)(4c_1^2+4c_1^2r_0)-r\theta^2]$，$p_{Rv}=2c_1^2(1+r_0)[w_{Rv}^{r}(r\beta+\eta)+\alpha(1+r+r\rho)]-2c_0c_1r(1+r_0)\theta-rw_{Rv}^{p}\theta^2\}/[4c_1^2(1+r_0)(r\beta+\eta)-r\theta^2]$。将 q_{vc}^{*} 和 l_{vc}^{*} 代入 $q_v=(1+\rho)\alpha-\beta p_v-\theta l_v$，我们得到 $p_{vc}^{*}=[2c_1^2\alpha(2+r+\rho+r\rho)-2c_0c_1(1+r)\theta]/[4c_1^2(\beta+r\beta+\eta)-(1+r)^2\theta^2]$。通过联立解等式 $l_{vc}^{*}=l_{Rv}$ 和 $p_{vc}^{*}=p_{Rv}$，我们得到了 $w_{Rvc}^{p}=\{2c_1(r+r_0+rr_0)[c_1\alpha(2+r+\rho+r\rho)-c_0\theta(1+r)]\}/[\theta^2(1+r)^2-4c_1^2(\beta+r\beta+\eta)]$，

$w_{Rvc}^{r}=\{\theta^2\alpha(1+r)+4c_1^2\alpha[\eta(1+\rho)-\beta]-4c_0c_1r\theta\}/\{(r\beta+\eta)[4c_1^2(\beta+r\beta+\eta)-(1+r)^2\theta^2]\}$。

定理 11.6 的证明

我们不考虑第三方的运作决策，在平台抽成模式下，制造商是领导者。平台的反应函数是 $l_{Mv}=[2(1+r_0)c_0c_1^2-c_1p_{Mv}\theta\varphi]/[2(1+r_0)c_1^3]$，将 p_{vc}^{*} 代入 l_{Mv}，并解等式 $l_{vc}^{*}=l_{Mv}$，我们得到 $\varphi_{vc}=(1+r)(1+r_0)$。在再销售模式下，将 l_{vc}^{*} 代入 $\pi_{Rv}^{p}=(p_{Rv}-w_{Rv})q_{Rv}-(c_0-c_1l_{Rv})^2-r_0L-T$，通过解等式 $\partial\pi_{Rv}^{p}/\partial p_{Rv}=0$，我们得到反应函数

$$p_{Rv}=\frac{\{[w_{Rv}\beta+\alpha(1+\rho)][4c_1^2(\beta+r\beta+\eta)-(1+r)2\theta^2]+\theta[(1+r)\alpha\theta(2+r+\rho+r\rho)-4c_0c_1(\beta+r\beta+\eta)]\}}{}/\{2\beta[4c_1^2(\beta+r\beta+\eta)-(1+r)^2\theta^2]\}$$

然后，通过解等式 $p_{Rv}=p_{vc}^{*}$，我们得到 $w_{Rvc}=-\{(1+r)\alpha\theta^2+4c_1^2\alpha[\eta(1+\rho)-\beta]-4c_0c_1r\theta\}/[4c_1^2(\beta+r\beta+\eta)-(1+r)^2\theta^2]$。

定理 12.1 的证明

公式(12－3) 可以得到平台的预期利润为 $\pi_p^{D-M}(l^{D-M})=\varphi p^{D-M}[(1+\rho)\alpha-\beta p^{D-M}-\mu l^{D-M}+tS+\varepsilon^{*}]-(c_0-c_1l^{D-M})^2$。$E[\pi_p^{D-M}(l^{D-M})]$ 关于 l^{D-M} 的一阶和二阶导数分别为：$\frac{dE[\pi_p^{D-M}(l^{D-M})]}{dl^{D-M}}=2c_1(c_0-c_1l^{D-M})-p^{D-M}\mu\varphi$ 和 $\frac{d^2E[\pi_p^{D-M}(l^{D-M})]}{d(l^{D-M})^2}=-2c_1^2$。我们可以通过设定 $\frac{dE[\pi_p^{D-M}(l^{D-M})]}{dl^{D-M}}=0$ 来获得平台的反应函数。那么，我们有 $l^{D-M}=(2c_1c_0-p^{D-M}\mu\varphi)/(2c_1^2)$。将反应函数代入公式(12－2) 中，我们可以得到制造商的预期利润如下：

$$E[\pi_m^{D-M}(p^{D-M})]=p_0\{Q+r[(1+\rho)\alpha-\beta p^{D-M}-\mu\frac{2c_1c_0-p^{D-M}\mu\varphi}{2c_1^2}+tS]\}+$$

$$(1-\varphi)p^{D-M}[(1+\rho)\alpha-\beta p^{D-M}-\mu\frac{2c_1c_0-p^{D-M}\mu\varphi}{2c_1^2}+tS]-$$

$(a_0-b_0C)\{e_0(1+r)[(1+\rho)\alpha-\beta p^{D-M}-\mu\frac{2c_1c_0-p^{D-M}\mu\varphi}{2c_1^2}+tS]+e_0Q-C\}$。$E[\pi_m^{D-M}(p^{D-M})]$ 关于 p^{D-M} 的一阶和二阶导数分别为

$$\frac{dE[\pi_m^{D-M}(p^{D-M})]}{dp^{D-M}}=\frac{\begin{array}{c}2c_1c_0\mu(-1+\varphi)+2\alpha c_1^2(1+\rho)(1-\varphi)+\\ \mu^2\varphi[p_0r-e_0(a_0-b_0C)(1+r)+2p^{D-M}(1-\varphi)]\\ +2c_1^2\{\beta[-p_0r+e_0(a_0-b_0C)(1+r)-\\ 2p^{D-M}(1-\varphi)]+St(1-\varphi)\end{array}}{2c_1^2},$$

$$\frac{d^2E[\pi_m^{D-M}(p^{D-M})]}{d(p^{D-M})^2}=\frac{(-1+\varphi)(2c_1^2\beta-\mu^2\varphi)}{c_1^2}<0。$$

然后，我们可以得到最优零售价格如下：$p^{D-M*}=\frac{\begin{array}{c}2(1-\varphi)c_1[\alpha c_1(1+\rho)+c_1St-c_0\mu]-\\ (2c_1^2\beta-\mu^2\varphi)[p_0r-e_0(a_0-b_0C)(1+r)]\end{array}}{2(1-\varphi)(2c_1^2\beta-\mu^2\varphi)}$。

同样地，我们可以得到最优交货时间和生产量，如下

$$l^{D-M*}=\frac{\begin{array}{c}4c_0c_1(1-\varphi)(2c_1^2\beta-\mu^2\varphi)-\mu\varphi\{2c_1(1-\varphi)[\alpha c_1(1+\rho)+c_1St-c_0\mu]-\\ (2c_1^2\beta-\mu^2\varphi)[p_0r-e_0(a_0-b_0C)(1+r)]\}\end{array}}{4c_1^2(1-\varphi)(2c_1^2\beta-\mu^2\varphi)},$$

$$q^{D-M*}=\frac{\begin{array}{c}2c_1^2\{\beta[p_0r-e_0(a_0-b_0C)(1+r)]+St(1-\varphi)\}-\\ 2c_0c_1\mu(1-\varphi)+2\alpha c_1^2(1+\rho)(1-\varphi)-\mu^2\varphi[p_0r-e_0(a_0-b_0C)(1+r)]\end{array}}{4c_1^2(1-\varphi)}。$$

定理 12.2 的证明

与定理 12.1 的证明类似，我们可以得到定理 12.2 的结果。

定理 12.3 的证明

与定理 12.1 的证明类似，我们可以得到定理 12.4 中的结果。

定理 12.4 的证明

与定理 12.1 的证明类似，我们可以得到定理 12.5 中的结果。

定理 12.5 的证明

(1) 从定理 12.1 中，我们知道

$q^{D-M*}=\frac{\begin{array}{c}2c_1^2\{\beta[p_0r-e_0(a_0-b_0C)(1+r)]+St(1-\varphi)\}-\\ 2c_0c_1\mu(1-\varphi)+2\alpha c_1^2(1+\rho)(1-\varphi)-\mu^2\varphi[p_0r-e_0(a_0-b_0C)(1+r)]\end{array}}{4c_1^2(1-\varphi)}$。从定理 12.2 中，我们知道

$$q^{D-M-B*}=\frac{2c_1^2[\alpha(1+\rho)+T](1-\varphi)-2c_0c_1\mu(1-\varphi)+(2c_1^2\beta-\mu^2\varphi)[p_0r-e_0(a_0-b_0C)(1+r)-c_B(1+r)]}{4c_1^2(1-\varphi)}$$。我们可以验证

$$q^{D-M*}-q^{D-M-B*}=\frac{2c_1^2\{c_B\beta(1+r)-T(1-\varphi)+St(1-\varphi)\}-c_B(1+r)\mu^2\varphi}{4c_1^2(1-\varphi)}$$。

易得以下结果：(a) 如果 $r\leqslant\frac{2c_1^2(T-St)(1-\varphi)-c_B(2c_1^2\beta-\mu^2\varphi)}{c_B(2c_1^2\beta-\mu^2\varphi)}$，$q^{D-M*}\leqslant q^{D-M-B*}$；(b) 如果 $r>\frac{2c_1^2(T-St)(1-\varphi)-c_B(2c_1^2\beta-\mu^2\varphi)}{c_B(2c_1^2\beta-\mu^2\varphi)}$，$q^{D-M*}>q^{D-M-B*}$。同样地，我们可以比较 E^{D-M*} 和 E^{D-M-B*} 的值.

(2) 与情况(1) 相似，我们可以得到

$$l^{D-M*}-l^{D-M-B*}=\frac{\mu\varphi\{2c_1^2[T(1-\varphi)-St(1-\varphi)]+c_B(1+r)[2c_1^2\beta-\mu^2\varphi]\}}{4c_1^2(1-\varphi)(2c_1^2\beta-\mu^2\varphi)}$$。

我们知道 $T>St$。易得以下结果：$l^{D-M*}>l^{D-M-B*}$。

定理 12.6 的证明

由定理 12.1 和定理 12.2 可以验证

$$\pi_m^{D-M*}-\pi_m^{D-M-B*}=$$

$$-\frac{\begin{array}{c}\{4(1+r)u^3(\varphi-1)\varphi c_0c_1c_B+8u(\varphi-1)c_0c_1^3[(St-T)(\varphi-1)-\\(1+r)\beta c_B]+(1+r)u^4\varphi^2c_B[(1+r)(c_B+2(a_0-b_0C)e_0)-2rp_0]\\+4c_1^4[(1+r)2\beta^2c_B^2+2\beta c_B((2Q+T+rT+a(1+r)(1+\rho))\\(\varphi-1)+\beta(1+r)((1+r)(a_0-b_0C)e_0-rp_0))-\\(\varphi-1)(-4F\beta+(St-T)(St+T+2a(1+\rho))(\varphi-1)\\+2(St-T)\beta((1+r)(a_0-b_0C)e_0-rp_0))]\\-4u^2\varphi c_1^2[(1+r)2\beta c_B^2+c_B((2Q+T+rT+a(1+r)(1+\rho))\\(\varphi-1)+2(1+r)\beta((1+r)(a_0-b_0C)e_0-rp_0))\\+(\varphi-1)(2F+(St-T)(-(1+r)(a_0-b_0C)e_0+rp_0))]\}\end{array}}{8(\varphi-1)c_1^2(u^2\varphi-2\beta c_1^2)}$$。我们发现 $(\pi_m^{D-M*}-\pi_m^{D-M-B*})$ 与平台赋能能力 ρ 有线性关系，ρ 的系数为 $\frac{4\alpha(1-\varphi)c_1^2[2\beta(1+r)c_Bc_1^2-2c_1^2(T-St)(1-\varphi)-(1+r)c_B\varphi\mu^2]}{8c_1^2(1-\varphi)(2\beta c_1^2-\mu^2\varphi)}$。如果 $r\leqslant\frac{2c_1^2(T-St)(1-\varphi)-c_B(2c_1^2\beta-\mu^2\varphi)}{c_B(2c_1^2\beta-\mu^2\varphi)}$，我们可以发现：① 当 $0<\rho\leqslant\bar{\rho}^M$ 时，$\pi_m^{D-M*}\geqslant\pi_m^{D-M-B*}$；② 当 $\rho>\bar{\rho}^M$ 时，$\pi_m^{D-M*}<\pi_m^{D-M-B*}$。如果 $r>\frac{2c_1^2(T-St)(1-\varphi)-c_B(2c_1^2\beta-\mu^2\varphi)}{c_B(2c_1^2\beta-\mu^2\varphi)}$，我们可以发现：① 当 $0<\rho\leqslant\bar{\rho}^M$ 时，

$\pi_m^{D-M*} \leqslant \pi_m^{D-M-B*}$；② 当 $\rho > \bar{\rho}^M$ 时，$\pi_m^{D-M*} > \pi_m^{D-M-B*}$。阈值为 $\bar{\rho}^M=$

$$\frac{\begin{array}{c}-16F\beta(1-\varphi)c_1^4-(8a+4St+4T)(St-T)(1-\varphi)2c_1^4-\\4St(St-T)(1-\varphi)2c_1^4-4(1+r)u^3(1-\varphi)\varphi c_0c_1c_B\\+[8Q+4a(1+r)+4(1+r)T]u^2(1-\varphi)\varphi c_1^2c_B-\\ [16Q+8a(1+r)+8T+8rT]\beta(1-\varphi)c_1^4c_B\\-4(1+r)2u^2\beta\varphi c_1^2c_B^2+4(1+r)2\beta^2c_1^4c_B^2-\\8u(1-\varphi)c_0c_1^3[(St-T)(\varphi-1)-(1+r)\beta c_B]\\+(1+r)u^4\varphi^2c_B[(1+r)(c_B+2(a_0-b_0C)e_0)-2rp_0]+\\8\beta(St-T)(1-\varphi)c_1^4[(1+r)(a_0-b_0C)e_0-rp_0]\\-8(1+r)u^2\beta\varphi c_1^2c_B[(1+r)(a_0-b_0C)e_0-rp_0]+\\8(1+r)\beta^2c_1^4c_B[(1+r)(a_0-b_0C)e_0-rp_0]\\+4u^2(1-\varphi)\varphi c_1^2[2F+(St-T)(-(1+r)(a_0-b_0C)e_0+rp_0)]\end{array}}{(8a(St-T)(1-\varphi)^2c_1^4-4au^2(1+r)(1-\varphi)c_1^2c_B+8a\beta(1+r)(1-\varphi)c_1^4c_B)}。$$

定理 12.7 的证明

与定理 12.5 的证明类似，我们可以得到定理 12.9 中给出的结果。

定理 12.8 的证明

与定理 12.6 的证明类似，我们可以得到定理 12.8 中的结果。值得注意的是，$\bar{\rho}^R=$

$$\frac{\begin{array}{c}-2ac_1^2(St-T)+2c_0c_1(St-T)u+2Fu^2+\\c_1^2\{-S^2t^2+T^2+\beta[-8F-c_B(1+r)\\(c_B+2e_0(a_0-b_0C)+(c_B-2p_0+2e_0(a_0-b_0C))r)\beta]\}-\\2ac_1^2(1+r)\beta c_B-2c_1^2(1+r)T\beta c_B+2c_0c_1(1+r)u\beta c_B+\\2c_1^2(1+r)[c_B+e_0(a_0-b_0C)+r(c_B-p_0+e_0(a_0-b_0C))]\beta^2c_B\\+2Q(u^2-4c_1^2\beta)c_B+2c_1^2\beta[St-T+c_B(1+r)\beta][(1+r)(a_0-b_0C)e_0-rp_0)\end{array}}{2ac_1^2(St-T)+2ac_1^2(1+r)\beta c_B}。$$

定理 13.1 的证明

将需求函数带入平台利润函数，求出平台利润函数关于 p_{B-R} 的一阶导数是 $\partial\pi_{R-TP}^{p}/\partial p_{R-TP}=a-2p_{R-TP}\beta+w_{R-TP}\beta+a\rho$，第三方公司利润函数关于 τ_{R-TP} 的一阶导数是 $\partial\pi_{R-TP}^{tp}/\partial\tau_{R-TP}=-(a-p_{R-TP}\beta+a\rho)[b-(a_0-b_0C)(1-2\lambda)e_m-\sigma]-2c\tau_{R-TP}$。令平台利润函数关于 p_{B-R} 的一阶导数为 0，得到反应函数 $p_{R-TP}=\dfrac{a+w_{R-TP}\beta+a\rho}{2\beta}$ 和

$\tau_{R-TP}=\dfrac{-(a-w_{R-TP}\beta+a\rho)[b-(a_0-b_0C)(1-2\lambda)e_m-\sigma]}{4c}$。将 p_{B-R} 和 τ_{R-TP} 带入制造商利润函数，求出制造商利润函数关于 w_{B-R} 的一阶导数和二阶导数

分别是 $\partial\pi_{R-TP}^{m}/\partial w_{R-TP}=$

$$\frac{\begin{array}{c}a(1+\rho)[2c+(a_0-b_0C)e_m\beta\lambda(b-(a_0-b_0C)(1-2\lambda)e_m-\sigma)]\\+\beta[-4cw_{R-TP}+a_0^2e_m^2w_{R-TP}\beta(1-2\lambda)\lambda+\\b_0^2C^2e_m^2w_{R-TP}\beta(1-2\lambda)\lambda+b_0Ce_m(-2c+w_{R-TP}\beta\lambda(b-\sigma))+\\a_0e_m(2c+w_{R-TP}\beta\lambda(\sigma-2b_0Ce_m(1-2\lambda)-b))]\end{array}}{4c}$$ 和

$\partial^2\pi_{R-TP}^{m}/\partial w_{R-TP}^2=\dfrac{-\beta\{4c+(a_0-b_0C)e_m\beta\lambda[b-(a_0-b_0C)(1-2\lambda)e_m-\sigma]\}}{4c}<$

0。令制造商利润函数关于 w_{B-R} 的一阶导数为 0,得到 $w_{R-TP}^{*}=$

$$\frac{\begin{array}{c}\{2(a_0-b_0C)ce_m\beta+a(1+\rho)[2c+\\(a_0-b_0C)e_m\beta\lambda(b-(a_0-b_0C)e_m(1-2\lambda)-\sigma)]\}\end{array}}{\{\beta[4c+(a_0-b_0C)e_m\beta\lambda(b-(a_0-b_0C)e_m(1-2\lambda)-\sigma)]\}}$$

。随后可以很容易地得出定理 13.1 的结果。

定理 13.2－13.4 的证明

按照证明定理 13.1 的类似过程,可以得到定理 13.2－13.4 的结果。

定理 13.5 的证明

根据定理 13.1－13.2,可以得出 $\pi_{R-TP}^{m*}-\pi_{R-TP-B}^{m*}=$

$$\frac{\begin{array}{c}-\{c\,(a-a_0e_m\beta+b_0Ce_m\beta+a\rho)^2\\ [bc_b-(a_0-b_0C)(1-2\lambda)c_be_m-(c_b(1+r_b)-(a_0-b_0C)r_be_m\lambda)\sigma]\}\end{array}}{\begin{array}{c}2[4c+(a_0-b_0C)e_m\beta\lambda(b-(a_0-b_0C)(1-2\lambda)e_m-\sigma))\\ [4c-\beta(c_b-(a_0-b_0C)e_m\lambda)(b-(a_0-b_0C)(1-2\lambda)e_m-(1+r_b)\sigma)]\end{array}}$$

。令上式为 0,得出 $e_{m1}=\dfrac{c_b(r_b\sigma+\sigma-b)}{(a_0-b_0C)[r_b\lambda\sigma-c_b(1-2\lambda)]}$ 和 $e_{m1}=\dfrac{a+a\rho}{(a_0-b_0C)\beta}$(舍去)。因此,当 $e_m\leqslant e_{m1}$ 时,$\pi_{R-TP}^{m*}\geqslant\pi_{R-TP-B}^{m*}$,当 $e_m>e_{m1}$ 时,$\pi_{R-TP}^{m*}<\pi_{R-TP-B}^{m*}$,由此证明定理 13.5。

定理 13.6,13.7 的证明

类似于定理 13.5 的证明,可以得到定理 13.6－13.7 中的结果。

定理 14.1 的证明

由公式(14－1) 可以得到以下结果:$\partial E[\pi_p^R]/\partial p=-2p+w-(p-w)\beta+a\lambda(1+\rho)-\beta[p+t\eta-a(1-\lambda)(1+\rho)]$ 和 $\partial^2E[\pi_p^R]/\partial p^2=(-2-2\beta)<0$,平台的反应函数为:$p=\dfrac{w(1+\beta)-t\beta\eta+a[\beta+(1-\beta)\lambda(1+\rho)]}{2(1+\beta)}$。我们将这个反应函数代入公式(14－4) 式中,得到 $\dfrac{\partial E[\pi_m^R]}{\partial w}=$

$\frac{a[\beta(1-\lambda)+\lambda](1+\rho)-t\beta\eta-2w(1+\beta)-2[p_0r-(1+r)e_0(a_0-b_0C)]}{2}$ 和

$\frac{\partial^2 E[\pi_m^R]}{\partial w^2}=-(1+\beta)<0$。之后我们得到最优的批发价格如下：$w^{R*}=$

$\frac{a[\beta(1-\lambda)+\lambda](1+\rho)-t\beta\eta-2[p_0r-(1+r)e_0(a_0-b_0C)]}{2(1+\beta)}$。最优产量和在线零售价为

$$p^{R*}=\frac{3\{a[\beta+(1-\beta)\lambda](1+\rho)-t\beta\eta\}-2[p_0r-(1+r)e_0(a_0-b_0C)]}{4(1+\beta)},$$

$$q_{1-R}^*=\frac{a[\lambda+\beta(-3+7\lambda)](1+\rho)+3t\beta\eta+2[p_0r-(1+r)e_0(a_0-b_0C)]}{4(1+\beta)},$$

$$q_{2-R}^*=\frac{a[4+\beta(1-\lambda)-7\lambda](1+\rho)-t(4+\beta)\eta+2[p_0r-(1+r)e_0(a_0-b_0C)]}{4(1+\beta)}。$$

(Q. E. D.)

依据公式(14-5)，我们可以得到：$\frac{\partial E[\pi_m^A]}{\partial p}=-2[p_0r-(1+r)e_0(a_0-b_0C)]+(1-\varphi)\{a[\beta+(1-\beta)\lambda](1+\rho)-t\beta\eta-2p(1+\beta)\}$ 和 $\frac{\partial^2[\pi_m^A]}{\partial p^2}=-2(1+\beta)(1-\varphi)<0$。

然后我们可以得到最优的线上零售价格如下：

$$p^{A*}=\frac{(1-\varphi)\{a[\beta+(1-\beta)\lambda](1+\rho)-t\beta\eta\}-2[p_0r-(1+r)e_0(a_0-b_0C)]}{2(1+\beta)(1-\varphi)}。$$

最优生产量如下：

$$q_{1-A}^*=\frac{2[p_0r-(1+r)e_0(a_0-b_0C)]+(1-\varphi)\{t\beta\eta-a(1+\rho)(\beta-\lambda-3\beta\lambda)\}}{2(1+\beta)(1-\varphi)},$$

$$q_{2-A}^*=\frac{2[p_0r-(1+r)e_0(a_0-b_0C)]-t(2+\beta)\eta(1-\varphi)+a(1-\varphi)(1+\rho)[2+\beta(1-\lambda)-3\lambda]}{2(1+\beta)(1-\varphi)}。$$

定理 14. 2 的证明

因为定理 14. 2 的证明与定理 14. 1 的证明类似，因此在此省略其证明。

定理 14. 3 的证明

已知，信息不敏感消费者和信息敏感消费者的最优预期消费者剩余分别为：$E[CS_{1-R}^*]=\int_0^{q_{1-R}^*}(p-p^{R*})dq_{1-R}$，$E[CS_{2-R}^*]=\int_0^{q_{2-R}^*}(p-p^{R*})dq_{2-R}$。我们可以证明 $E[CS_{1-R}^*]=(q_{1-R}^*)^2/2$。同理，我们得到 $CS_{1-R-B}^*=(q_{1-R-B}^*)^2/2$。因此，消

费者剩余的预期值取决于生产量。根据定理 14.1 可知，$q_{1-R}^{*}=\frac{a[\lambda+\beta(-3+7\lambda)](1+\rho)+3t\beta\eta+2[p_0r-(1+r)e_0(a_0-b_0C)]}{4(1+\beta)}$。根据定理 14.4，我们可知，

$q_{1-R-B}^{*}=\frac{a(1+\rho)(-3+8\lambda)+2[p_0r-(1+r)e_0(a_0-b_0C)-c_B(1+r)]}{8}$。然后，我们可以得到

$$q_{1-R}^{*}-q_{1-R-B}^{*}=\frac{2\{(1-\beta)[p_0r-(1+r)e_0(a_0-b_0C)]+c_B(1+r)(1+\beta)\}+6t\beta\eta-3a(1+\rho)(2\lambda-1)(1-\beta)}{8(1+\beta)}$$

。如果 $r<r_1$，很容易证明 $q_{1-R}^{*}<q_{1-R-B}^{*}$，这意味着 $E[CS_{1-R}^{*}]<CS_{1-R-B}^{*}$。同理，如果 $r<r_1$，我们可以得到 $E[CS_{2-R}^{*}]<CS_{2-R-B}^{*}$，按照相同的过程，我们可以在 $r_1<r<r_2$ 和 $r>r_2$ 情况下得到其他的结果。

定理 14.4 的证明

① 我们知道 $E[\pi_{m-offline}^{R*}]=p_0[Q+r(q_{1-R}^{*}+q_{2-R}^{*})]$ 和 $\pi_{m-offline}^{R-B*}=p_0[Q+r(q_{1-R-B}^{*}+q_{2-R-B}^{*})]$。我们很容易发现 $E[\pi_{m-offline}^{R*}]$ 和 $\pi_{m-offline}^{R-B*}$ 的值取决于在线渠道的总生产量。接着，我们得到：$(q_{1-R}^{*}+q_{2-R}^{*})-(q_{1-R-B}^{*}+q_{2-R-B}^{*})=$

$$\frac{2\{(1-\beta)[p_0r-(1+r)e_0(a_0-b_0C)]+c_B(1+r)(1+\beta)\}-2t\eta(2-\beta)-3a(1+\rho)(2\lambda-1)(1-\beta)}{4(1+\beta)}$$

。

因此，如果 $r<r_3$，那么 $(q_{1-R}^{*}+q_{2-R}^{*})<(q_{1-R-B}^{*}+q_{2-R-B}^{*})$，这意味着 $E[\pi_{m-offline}^{R*}]<\pi_{m-offline}^{R-B*}$。同理，如果 $r>r_3$，我们得到 $E[\pi_{m-offline}^{R*}]>\pi_{m-offline}^{R-B*}$。

② 我们知道 $E[\pi_{m-online}^{R*}]=w^{R*}q_{1-R}^{*}+\beta w^{R*}q_{2-R}^{*}$。根据定理 14.1，我们可以得出 $E[\pi_{m-online}^{R*}]=$

$\frac{-4[p_0r-(1+r)e_0(a_0-b_0C)]^2+\{t\beta\eta-a[\beta(1-\lambda)+\lambda](1+\rho)\}^2}{8(1+\beta)}$。我们知道 $\pi_{m-online}^{R-B*}=w^{R-B*}q_{1-R-B}^{*}+w^{R-B*}q_{2-R-B}^{*}$。根据定理 14.2，我们可得出 $\pi_{m-online}^{R-B*}=\frac{a^2(1+\rho)^2-4[p_0r-(1+r)e_0(a_0-b_0C)-c_B(1+r)]^2}{16}$。很容易证明 $\pi_{m-online}^{R-B*}$ 是一个关于 c_B 的凸函数。此外，有一个阈值

$c_B=\frac{a(1+\rho)+2p_0r-2(1+r)e_0(a_0-b_0C)}{2(1+r)}$ 满足 $\pi_{m-online}^{R-B*}=0$。我们还可以证

明$\frac{dE[\pi_{m-online}^{R*}]}{d\beta}=\frac{2\{t\beta\eta-a[\beta(1-\lambda)+\lambda](1+\rho)\}[t\eta-a(1+\rho)(1-\lambda)](1+\beta)+4[{}_{0}^{p}r-(1+r)e_0(a_0-b_0C)]2-\{{}^{t}\beta\eta-a[\beta(1-\lambda)+\lambda](1+\rho)\}2}{8(1+\beta)^2}>$ 0。此外，我们可以轻松的证明，如果 $\beta=1, E[\pi_{m-online}^{R*}]=\frac{-4[p_0r-(1+r)e_0(a_0-b_0C)]^2+[a(1+\rho)-t\eta]^2}{16}<\pi_{m-online}^{R-B*}(c_B=0)$。因此，使用区块链的单位成本存在一个阈值 $\bar{c}_B^1$，如果 $0\leqslant c_B<\bar{c}_B^1, E[\pi_{m-online}^{R*}]<\pi_{m-online}^{R-B*}$；如果 $c_B\geqslant\bar{c}_B^1, E[\pi_{m-online}^{R*}]\geqslant\pi_{m-online}^{R-B*}$。

③ 按照证明定理 14.4① 和 ② 的过程，我们同样可以得到定理 14.4③ 中的结果。

定理 14.5 的证明

按照证明定理 14.3 的过程，我们同样可以得到定理 14.5 中的结果。

定理 14.6 的证明

按照证明定理 14.4 的过程，我们同样可以得到定理 14.6 中的结果。

定理 15.1 的证明

从公式(15-4) 中，我们可以得出 π_{M-m} 对于参数 p 的一阶偏导数如下：$d\pi_{M-m}/dp=\frac{[1-T(1-\alpha)]\{sT(-1+\alpha)-p_0r+(1-\varphi)[\alpha(1+\rho)+2pT(1-\alpha)-2p]\}}{[\alpha(1+\rho)]}$。二阶偏导数为：$\partial^2\pi_{M-m}/\partial p^2=\frac{2[1+T(-1+\alpha)]^2(-1+\varphi)}{\alpha(1+\rho)}$。很显然，$\partial^2\pi_{M-m}/\partial p^2<0$，函数是凸函数。因此，我们可以通过设置一阶导数为零，得到最优零售价：$p_M^*=\frac{\alpha(1+\rho)(1-\varphi)-p_0r-sT(1-\alpha)}{2(1-\varphi)[1-T(1-\alpha)]}$。将 p_M^* 带入公式(15-2) ~ 公式(15-4) 中，我们可以得到：$q_M^*=\frac{p_0r+sT(1-\alpha)+\alpha(1+\rho)(1-\varphi)}{2\alpha(1+\rho)(1-\varphi)}$，$\pi_{M-p}^*=\frac{\varphi\{[\alpha(1+\rho)(-1+\varphi)]^2-[p_0r+s(T-T\alpha)]^2\}}{4\alpha(1+\rho)(1-\varphi)^2}$，$\pi_{M-m}^*=(A+B)/[4\alpha(1+\rho)(1-\varphi)]$，其中 $A=\alpha(1+\rho)(1-\varphi)[\alpha(1+\rho)(1-\varphi)+2p_0(2Q+r)$，$B=2(s-T)T(1-\alpha)]+[p_0r+sT(1-\alpha)]^2$。

定理 15.2 的证明

从公式(15-5) 中，我们可以得到 π_{R-p} 对于参数 p 的一阶和二阶偏导数，分别如下：$d\pi_{R-p}/dp=\frac{[1-T(1-\alpha)]\alpha(1+\rho)+[1-T(1-\alpha)][T(1-\alpha)(2pT-s-w)+w-2p]}{\alpha(1+\rho)}$，

$\partial^2\pi_{R-p}/\partial p^2=-\frac{2[1+T(-1+\alpha)]^2}{\alpha(1+\rho)}<0$。然后我们可以得到反应函数如下：$p_{R-p}=\frac{w-T(s+w)(1-\alpha)+\alpha(1+\rho)}{2-2T(1-\alpha)}$。将这个反应函数代入公式(15-6)中，我们可以得到：

$d\pi_{R-m}/dw=\frac{\alpha(1+\rho)+(1-\alpha)(s+2w)T-[1-T(1+\alpha)]p_0r-2w}{2\alpha(1+\rho)}$，

$\partial^2\pi_{R-m}/\partial w^2=-[1-T(1-\alpha)]/[\alpha(1+\rho)]<0$。因此，我们可以通过令一阶导数 $d\pi_{R-m}/dw=0$，得到最优批发价格，

即：$w_R^*=\frac{sT(1-\alpha)+\alpha(1+\rho)-p_0r[1-T(1-\alpha)]}{2[1-T(1-\alpha)]}$。然后我们就可以得到定理 15.2 中所示的结果。

定理 15.3 的证明

从公式（15－8）中，我们发现 $d\pi_{M-AI-p}/dp=\frac{(1-\varphi)(1+\rho)+[c_a-p_0r-2p(1-\varphi)]}{(1+\rho)}$，因此很明显二阶导数小于零。因此，当一阶导数等于零时，最优零售价就达到了。因此，最优的零售价是：

$p_{M-AI}^*=\frac{(c_a-p_0r)+(1-\varphi)(1+\rho)}{2(1-\varphi)}$。然后我们得到 $q_{M-AI}^*=\frac{(p_0r-c_a)+(1+\rho)(1-\varphi)}{2(1+\rho)(1-\varphi)}$，$\pi_{M-AI-p}^*=\frac{\varphi\{[(1+\rho)(1-\varphi)]^2-(c_a-p_0r)^2\}}{4(1+\rho)(1-\varphi)^2}$，

$\pi_{M-AI-m}^*=\frac{4(1+\rho)(1-\varphi)p_0Q+[(c_a-p_0r)-(1+\rho)(1-\varphi)]^2}{4(1+\rho)(1-\varphi)}$。

定理 15.4 的证明

按照证明定理 15.2 的相同过程，我们可以得到定理 15.4 中的结果。

定理 15.5 的证明

从定理 15.1 和定理 15.3 中，我们可以得知制造商在无 AI 和有 AI 的情况下的最优利润分别如下：$\pi_{M-m}^*=(A+B)/[4\alpha(1+\rho)(1-\varphi)]$，$\pi_{M-AI-m}^*=\frac{4(1+\rho)(1-\varphi)p_0Q+[(c_a-p_0r)-(1+\rho)(1-\varphi)]^2}{4(1+\rho)(1-\varphi)}$，其中 $A=\alpha(1+\rho)(1-\varphi)[\alpha(1+\rho)(1-\varphi)+2p_0(2Q+r)+2(s-T)T(1-\alpha)]$，$B=-$

$[p_0 r + sT(1-\alpha)]^2$。然后，我们可以得到 $\dfrac{d^2(\pi^*_{M-AI-m} - \pi^*_{M-m})}{dr^2} = -\dfrac{p_0^2(1-\alpha)}{4\alpha(1+\rho)(1-\varphi)} < 0$。令$(\pi^*_{M-AI-m} - \pi^*_{M-m}) = 0$，我们推导出：

$$r^1_{M-m} = \frac{p_0[c_a\alpha + sT(1-\alpha)] - \sqrt{\{p_0{}^2\alpha[B + (-1+\alpha)^2 A]\}}}{p_0{}^2(-1+\alpha)},$$

$$r^2_{M-m}\ \frac{p_0[c_a\alpha + sT(1-\alpha)] + \sqrt{\{p_0{}^2\alpha[B + (-1+\alpha)^2 A]\}}}{p_0{}^2(-1+\alpha)},\text{其中}$$

$A = [sT + (1+\rho)(-1+\varphi)]^2 - 2T^2(1+\rho)(-1+\varphi)$，$B = c_a{}^2 - 2c_a(-1+\alpha)[sT + (1+\rho)(-1+\varphi)]$。根据定理15.1中所示，为保持 p^*_M 的正值，我们可以证明 $r > r^2_{M-m}$。由于 $\dfrac{d^2(\pi^*_{M-AI-m} - \pi^*_{M-m})}{dr^2} < 0$，当 $r \leqslant r^1_{M-m}$ 时，有 $\pi^*_{M-AI-m} \geqslant \pi^*_{M-m}$；当 $r > r^1_{M-m}$ 时，有 $\pi^*_{M-AI-m} < \pi^*_{M-m}$。为简化问题，我们令 $r_{M-m} = r^1_{M-m}$，并得到了定理15.5中所示的结果。

定理 15.6－15.8 的证明

按照证明定理15.5的相同过程，我们可以得到定理15.6、定理15.7和定理15.8中所示的结果。

附录 B

表 B-1　祖父制下的最优区域配额

交货时间的性价比	制造商的份额比例	环境损害系数	最优区域配额
$0 < \lambda^2/\lambda_1^2 < 2$	$0 \leqslant \varphi \leqslant 1$	$0 < v < v_{11}$	$C_g^* = a/b$
		$v_{11} < v < \overline{v}_1$	$C_g^* = C_g^0$
		$\overline{v}_1 \leqslant v$	$C_g^* = 0$
$2 \leqslant \lambda^2/\lambda_1^2 < 4$	$0 \leqslant \varphi < \overline{\varphi}$	$0 < v < v_{11}$	$C_g^* = a/b$
		$v_{11} < v < \overline{v}_1$	$C_g^* = C_g^0$
		$\overline{v}_1 \leqslant v$	$C_g^* = 0$
	$\overline{\varphi} \leqslant \varphi \leqslant 1$	$0 < v \leqslant \overline{v}_3$	$C_g^* = a/b$
		$\overline{v}_3 < v$	$C_g^* = 0$
$4 \leqslant \lambda^2/\lambda_1^2$	$0 \leqslant \varphi < \overline{\varphi}$	$0 < v < v_{11}$	$C_g^* = a/b$
		$v_{11} < v < \overline{v}_1$	$C_g^* = C_g^0$
		$\overline{v}_1 \leqslant v$	$C_g^* = 0$
	$\overline{\varphi} \leqslant \varphi < 4\lambda_1^2/\lambda^2$	$0 < v \leqslant \overline{v}_3$	$C_g^* = a/b$
		$\overline{v}_3 < v$	$C_g^* = 0$
	$4\lambda_1^2/\lambda^2 \leqslant \varphi \leqslant 1$	$0 < v < v_{14}$	$C_g^* = a/b$
		$v_{14} \leqslant v < \overline{v}_4$	$C_g^* = C_g^1$
		$\overline{v}_4 \leqslant v$	$C_g^* = 0$

$$\text{其中 } C_g^0=\frac{ae_0\lambda_1[2\lambda_1^2-\varphi\lambda^2(2-\varphi)]+\varphi(\alpha\lambda_1-\lambda\lambda_0)[2\lambda_1^2+\varphi\lambda^2(1-\varphi)]-v\varphi e_0\lambda_1(4\lambda_1^2-\varphi\lambda^2)}{be_0\lambda_1[2\lambda_1^2-\varphi\lambda^2(2-\varphi)]},$$

$C_g^1=(ae_0+\alpha\varphi-2v\varphi e_0)/(be_0)$。

表 B-2　基准制下的最优区域配额

交货期的性价比	制造商的份额比例	$e_0<e_m$		$e_0>e_m$	
		环境损害系数	最优区域配额	环境损害系数	最优区域配额
$0<\lambda^2/\lambda_1^2<2$	$0\leqslant\varphi\leqslant1$	$0<v<\bar{v}_1$	$C_b^*=0$	$0<v<v_{11}$	$C_b^*=a/b$
		$\bar{v}_1\leqslant v<v_{11}$	$C_b^*=C_b^0$	$v_{11}\leqslant v<\bar{v}_1$	$C_b^*=C_b^0$
		$v_{11}\leqslant v$	$C_b^*=a/b$	$\bar{v}_1\leqslant v$	$C_b^*=0$
$2\leqslant\lambda^2/\lambda_1^2<4$	$0\leqslant\varphi<\bar{\varphi}$	$0<v<\bar{v}_1$	$C_b^*=0$	$0<v<v_{11}$	$C_b^*=a/b$
		$\bar{v}_1\leqslant v<v_{11}$	$C_b^*=C_b^0$	$v_{11}\leqslant v<\bar{v}_1$	$C_b^*=C_b^0$
		$v_{11}\leqslant v$	$C_b^*=a/b$	$\bar{v}_1\leqslant v$	$C_b^*=0$
	$\bar{\varphi}<\varphi\leqslant1$	$0<v\leqslant\bar{v}_3$	$C_b^*=0$	$0<v\leqslant\bar{v}_3$	$C_b^*=a/b$
		$\bar{v}_3<v$	$C_b^*=a/b$	$\bar{v}_3<v$	$C_b^*=0$
$4\leqslant\lambda^2/\lambda_1^2$	$0\leqslant\varphi<\bar{\varphi}$	$0<v<\bar{v}_1$	$C_b^*=0$		$C_b^*=a/b$
		$\bar{v}_1\leqslant v<v_{11}$		$v_{11}\leqslant v<\bar{v}_1$	$C_b^*=C_b^0$
		$v_{11}\leqslant v$	$C_b^*=a/b$	$\bar{v}_1\leqslant v$	$C_b^*=0$
	$\bar{\varphi}\leqslant\varphi<4\lambda_1^2/\lambda^2$	$0<v\leqslant\bar{v}_3$	$C_b^*=0$	$0<v\leqslant\bar{v}_3$	$C_b^*=a/b$
		$\bar{v}_3<v$	$C_b^*=a/b$	$\bar{v}_3<v$	$C_b^*=0$
	$4\lambda_1^2/\lambda^2\leqslant\varphi\leqslant1$	$0<v<\bar{v}_4$	$C_b^*=0$	$0<v<v_{14}$	$C_b^*=a/b$
		$\bar{v}_4\leqslant v<v_{14}$ $0<v<v_{11}$	$C_b^*=C_b^1$	$v_{14}\leqslant v<\bar{v}_4$	$C_b^*=C_b^1$
		$v_{14}\leqslant v$	$C_b^*=a/b$	$\bar{v}_4\leqslant v$	$C_b^*=0$

$$\text{其中 } C_b^0=\frac{a\lambda_1(e_0-e_m)[2\lambda_1^2-\varphi\lambda^2(2-\varphi)]+\varphi(\alpha\lambda_1-\lambda\lambda_0)[2\lambda_1^2+\varphi\lambda^2(1-\varphi)]-v\varphi e_0\lambda_1(4\lambda_1^2-\varphi\lambda^2)}{b\lambda_1(e_0-e_m)[2\lambda_1^2-\varphi\lambda^2(2-\varphi)]},$$

$$C_b^1=\frac{a(e_0-e_m)+\alpha\varphi-2v\varphi e_0}{b(e_0-e_m)}。$$

表 B-3　两种分配规则下的最优运作决策与社会福利比较

λ^2/λ_1^2	φ	$e_0 < e_m$			$e_0 > e_m$		
		v	最优运作决策	社会福利	v	最优运作决策	社会福利
$0 < \lambda^2/\lambda_1^2 < 2$	$0 \leqslant \varphi \leqslant 1$	$0 < v < v_{11}$	$\begin{matrix} q_g^* < q_b^* \\ l_g^* > l_b^* \end{matrix}$	$W_g < W_b$	$0 < v < \bar{v}_1$	$\begin{matrix} q_g^* = q_b^* \\ l_g^* = l_b^* \end{matrix}$	$W_g = W_b$
		$v_{11} \leqslant v$	$\begin{matrix} q_g^* \leqslant q_b^* \\ l_g^* \geqslant l_b^* \end{matrix}$	$W_g > W_b$	$\bar{v}_1 \leqslant v$	$\begin{matrix} q_g^* \leqslant q_b^* \\ l_g^* \geqslant l_b^* \end{matrix}$	$W_g > W_b$
$2 \leqslant \lambda^2/\lambda_1^2 < 4$	$0 \leqslant \varphi < \bar{\varphi}$	$0 < v < v_{11}$	$\begin{matrix} q_g^* < q_b^* \\ l_g^* > l_b^* \end{matrix}$	$W_g < W_b$	$0 < v < \bar{v}_1$	$\begin{matrix} q_g^* = q_b^* \\ l_g^* = l_b^* \end{matrix}$	$W_g = W_b$
		$v_{11} \leqslant v$	$\begin{matrix} q_g^* < q_b^* \\ l_g^* \geqslant l_b^* \end{matrix}$	$W_g > W_b$	$\bar{v}_1 \leqslant v$	$\begin{matrix} q_g^* \leqslant q_b^* \\ l_g^* \geqslant l_b^* \end{matrix}$	$W_g > W_b$
	$\bar{\varphi} < \varphi \leqslant 1$	$0 < v < v_{13}$	$\begin{matrix} q_g^* < q_b^* \\ l_g^* > l_b^* \end{matrix}$	$W_g < W_b$	$0 < v < \bar{v}_3$	$\begin{matrix} q_g^* = q_b^* \\ l_g^* = l_b^* \end{matrix}$	$W_g = W_b$
		$v_{13} \leqslant v$	$\begin{matrix} q_g^* < q_b^* \\ l_g^* > l_b^* \end{matrix}$	$W_g \geqslant W_b$	$\bar{v}_3 \leqslant v$	$\begin{matrix} q_g^* < q_b^* \\ l_g^* > l_b^* \end{matrix}$	$W_g \geqslant W_b$
$4 \leqslant \lambda^2/\lambda_1^2$	$0 \leqslant \varphi < \bar{\varphi}$	$0 < v < v_{11}$	$\begin{matrix} q_g^* < q_b^* \\ l_g^* > l_b^* \end{matrix}$	$W_g < W_b$	$0 < v < \bar{v}_1$	$\begin{matrix} q_g^* = q_b^* \\ l_g^* = l_b^* \end{matrix}$	$W_g = W_b$
		$v_{11} \leqslant v$	$\begin{matrix} q_g^* \leqslant q_b^* \\ l_g^* \geqslant l_b^* \end{matrix}$	$W_g > W_b$	$\bar{v}_1 \leqslant v$	$\begin{matrix} q_g^* \leqslant q_b^* \\ l_g^* \geqslant l_b^* \end{matrix}$	$W_g > W_b$
	$\bar{\varphi} \leqslant \varphi < 4\lambda_1^2/\lambda^2$	$0 < v < v_{13}$	$\begin{matrix} q_g^* < q_b^* \\ l_g^* > l_b^* \end{matrix}$	$W_g < W_b$	$0 < v < \bar{v}_3$	$\begin{matrix} q_g^* = q_b^* \\ l_g^* = l_b^* \end{matrix}$	$W_g = W_b$
		$v_{13} \leqslant v$	$\begin{matrix} q_g^* < q_b^* \\ l_g^* > l_b^* \end{matrix}$	$W_g \geqslant W_b$	$\bar{v}_3 \leqslant v$	$\begin{matrix} q_g^* < q_b^* \\ l_g^* > l_b^* \end{matrix}$	$W_g \geqslant W_b$
	$4\lambda_1^2/\lambda^2 \leqslant \varphi \leqslant 1$	$0 < v < v_{14}$	$\begin{matrix} q_g^* < q_b^* \\ l_g^* = l_b^* \end{matrix}$	$W_g < W_b$	$0 < v < \bar{v}_4$	$\begin{matrix} q_g^* = q_b^* \\ l_g^* = l_b^* \end{matrix}$	$W_g = W_b$
		$v_{14} \leqslant v$	$\begin{matrix} q_g^* \leqslant q_b^* \\ l_g^* = l_b^* \end{matrix}$	$W_g > W_b$	$\bar{v}_4 \leqslant v$	$\begin{matrix} q_g^* \leqslant q_b^* \\ l_g^* = l_b^* \end{matrix}$	$W_g > W_b$

其中

$$v_{13} = \frac{a\lambda_1(2e_0 - e_m)[2\lambda_1^2 - \varphi\lambda^2(2-\varphi)] + 2\varphi(a\lambda_1 - \lambda\lambda_0)[2\lambda_1^2 + \varphi\lambda^2(1-\varphi)]}{2e_0\lambda_1\varphi(4\lambda_1^2 - \varphi\lambda^2)}。$$

表 B－4　集中情况下的最优运作决策

情况 1	$p_{R-T}^{*}=[\alpha-(1-\alpha)sT]/[2-2(1-\alpha)T]$	$q_{R-T}^{*}=(\alpha+sT-\alpha sT)/(2\alpha)$
情况 2	$p_{M-T}^{*}=[\alpha\rho-(1-\alpha)sT]/[2-2(1-\alpha)T]$	$q_{M-T}^{*}=(sT-\alpha sT+\alpha\rho)/(2\alpha\rho)$
情况 3	$q_{T-R}^{*}=\alpha/[2\alpha-(1-\alpha)s^{2}]$	$T_{T-R}^{*}=\alpha s/[2\alpha-(1-\alpha)s^{2}]$
情况 4	$q_{T-M}^{*}=\alpha\rho/[2\alpha\rho-(1-\alpha)s^{2}]$	$T_{T-M}^{*}=\alpha s\rho/[2\alpha\rho-(1-\alpha)s^{2}]$
情况 5	$p_{O-B-R-T}^{*}=[\alpha-p_{0}r-(1-\alpha)sT]/[2-2(1-\alpha)T]$	$q_{O-B-R-T}^{*}=(\alpha+p_{0}r+sT-\alpha sT)/(2\alpha)$
情况 6	$p_{O-B-M-T}^{*}=[\alpha\rho-p_{0}r-(1-\alpha)sT]/[2-2(1-\alpha)T]$	$q_{O-B-M-T}^{*}=(\alpha\rho+p_{0}r+sT-\alpha sT)/(2\alpha\rho)$
情况 7	$q_{O-R-T}^{*}=(\alpha+p_{0}r)/[2\alpha-(1-\alpha)s^{2}]$	$T_{O-R-T}^{*}=(\alpha+p_{0}r)s/[2\alpha-(1-\alpha)s^{2}]$
情况 8	$q_{O-M-T}^{*}=(\alpha\rho+p_{0}r)/[2\alpha\rho-(1-\alpha)s^{2}]$	$T_{O-M-T}^{*}=(\alpha\rho+p_{0}r)s/[2\alpha\rho-(1-\alpha)s^{2}]$

表 B－5　阈值展示

$A=(a_{0}-b_{0}C)e_{m}\beta\lambda[b-(a_{0}-b_{0}C)e_{m}(1-2\lambda)-\sigma]$
$B=[b-(a_{0}-b_{0}C)e_{m}(1-2\lambda)-\sigma]$
$D=\beta[c_{b}-(a_{0}-b_{0}C)e_{m}\lambda][b-(a_{0}-b_{0}C)e_{m}(1-2\lambda)-(1+r_{b})\sigma]$
$E=[b-(a_{0}-b_{0}C)e_{m}(1-2\lambda)-(1+r_{b})\sigma]$
$\eta=\sqrt{(a_{0}-b_{0}C)^{2}\beta[-8a^{2}c\lambda(1-2\lambda)(1+\rho)^{2}(1-\varphi)\varphi+\beta(a\lambda(1+\rho)(b-\sigma)\varphi+2c(1+\varphi))^{2}]}$
$\varepsilon=\sqrt{[(a_{0}-b_{0}C)^{2}\beta(4a^{2}\lambda(1-2\lambda)(1+\rho)^{2}\varphi(-2c(1-\varphi)+c_{b}\beta(\sigma+r_{b}\sigma-b)\varphi)+\beta(a(1+\rho)(-c_{b}(1-2\lambda)+(\sigma+r_{b}\sigma-b)\lambda)\varphi-2c(1+\varphi))^{2})]}$
$F=[b-(a_{0}-b_{0}C)(1-\lambda)e_{m}-\sigma]$
$G=[b+c_{b}-(a_{0}-b_{0}C)(1-\lambda)e_{m}-(1+r_{b})\sigma]$
$H=[b-(1-\lambda)Ve_{m}-\sigma]$
$I=[b+c_{b}-(1-\lambda)e_{m}V-(1+r_{b})\sigma]$
$J=[b-e_{m}V(1-2\lambda)-\sigma]$
$K=[b+c_{b}-e_{m}V(1-2\lambda)-(1+r_{b})\sigma]$
$L=[p_{0}r-a_{0}e_{m}(1+r)+b_{0}Ce_{m}(1+r)]\beta+a(1+\rho)$
$M=[p_{0}r\beta-e_{m}V(1+r)\beta+a(1+\rho)]$